THE TWO FACES
OF AMERICAN
FREEDOM

AZIZ RANA

美国自由的两面性

〔美〕阿齐兹·拉纳 著

王传兴 赵丽娟 译 王传兴 校

上海人民出版社

献给我的父母亲和奥黛特（Odette）

我已漫游很久、漫游在世界各地，
现又面对家园、愉悦而欢乐，
（可很久以前我在何处启程？
且因何故而依然未曾发现？）

———沃尔特·惠特曼（Walt Whitman），
《从加州岸滩面西而望》
（"Facing West from California's Shores"，1860 年）

名 家 推 荐

一部引人注目的关于美国政治文化的创造性力作。

——杰迪代亚·珀迪(Jededian Purdy),杜克大学法学院

在对美国革命的探究中,通过使帝国主义和定居主义成为核心概念,拉纳对"美国例外论"给予了毁灭性的打击。

——乔舒亚·西蒙(Joshua Simon),《定居者殖民研究》

此书最为出色之处,乃是拉纳将美国历史上的失败者汇编成精妙绝伦的英雄谱,这些失败者或者提供了"定居者社会"的替代性选择,或者试图实现真正自由和平等的希望。

——斯蒂芬·普雷瑟(Stephen B. Presser),《美国历史评论》

这是一部真正重要的著作,因为它对美国宪政发展在根本上给出了一种重新诠释。

——布鲁斯·阿克曼(Bruce Ackerman),耶鲁大学法学院

本书将定居者自由的概念置于美国政治思想、政治发展和民主理论的学术地图上。

——罗杰斯·史密斯(Rogers Smith),宾夕法尼亚大学

《美国自由的两面性》确立了拉纳作为一位美国民主严肃研究者的地位。

——詹姆斯·克洛彭伯格(James T. Kloppenberg),《美国历史期刊》

虽然拉纳并非对美国宪政史上共和主义自由与帝国扩张之间的联系进行研究的首位法学学者,但他却是通过定居者殖民理论棱镜来进行这样研究的第一人……通过应用这一理论框架,拉纳提供了一种激动人心的原创性叙述,即早期美国人的自由思想与帝国主义是如何相互依赖的;二者一道推动了一种曾有重大影响、支撑美国宪政的意识形态的发展。

——安东尼·奥罗克(Anthony O'Rourke),《密歇根法学评论》

在《美国自由的两面性》中,拉纳有效地将历史分析、宪政诠释与理论反思组合在一起,从而表明帝国与美国的政治制度及其发展相互交织在一起,这种相互交织的程度比许多观察家认识到的更深。

——斯蒂芬·休曼(Stefan Heumann),《政治科学季刊》

一个激动人心的修正主义故事,因为在作为定居者和殖民者的我们自己过去的双重性中,它找到了与美国政治文化、政治思想以及公民身份学说那些论调截然对立的答案。

——斯蒂芬·平佩尔(Stephen Pimpare),《法律与政治书评》

这是一部严肃而新颖的"修正派"政治思想史著作,揭示了被主流论述忽视或掩盖的重要思想脉络与复杂历史面向。英文原著出版在十年之前,但对于思考当今美国的政治现实,它非但没有过时,而且更显示出发人深省的重要意义。

——刘擎,华东师范大学政治哲学与思想史教授

目　录

　　我们对自由的叙述，可能恰好出现在奴隶制和对原住民进行剥夺的背景中。这些背景是与自由形成对照的生动体现：奴役和束缚。

　　将北美想象成"（英裔殖民者）定居的"土地，不仅拒绝了原住民的财产要求，而且前提是要从根本上抹去印第安人的存在。……这种抹除的想法将会在独立后的美国和其他定居者社会成为不变的主题。

　　妇女不是自由公民，而是处于类似帝国臣民的状态，因为她们面临自由裁量的等级制权力结构。

　　如今人民党对这两类人（黑人和白人）说："你们被隔离开来，因此你们各自的收入就可能分别受到盘剥。有人使你们相互仇恨，因为这种仇恨正是基于奴役你们二者的金融专制主义。……"

帝国已成自由的主人、而非自由的奴仆；而且那种曾一度强有力的
观点——自由不能为了帝国安全而被交易，已化为遥远的政治
余烬。

尽管定居者帝国已死，但是美国对国际警察权力和全球优势地位
的实践，却坚持把外部人当作实现美国国家目标的工具。

中译本导读
——美国定居主义政治意识形态内涵及其嬗变

作为政治意识形态的美国定居主义

何谓美国定居主义？它是一种美国政治意识,也即一种美国政治文化或一种美国政治意识形态。[1]因为政治意识"既包括民族和个人的政治心理(政治文化),又包括社会集团的意识形态。政治文化反映的主要是民众的政治心理,而意识形态则是一种居统治地位的政治意识"[2]。它也是一种美国政治思想,因为政治思想"属于社会意识形态,它是关于社会政治制度、政治生活、国家以及社会各阶级和社会集团的政治地位、政治关系等问题的观点和理论的总和"[3]。

定居主义可以说是美国意识形态的底色,因为正如拉纳在本书中文版前言中所说:"美国最初的开端和政治根基,首先是作为一个定居者社会。"而无论当年英国人在爱尔兰、南非、澳大利亚,葡萄牙人和西班牙人在南美,欧洲犹太人在以色列/巴勒斯坦,或者法国人在阿尔及利亚,定居主义政治意识形态总是强调"'国家'对内建立法治和对私人产权的保护,创造带有保护性的经济秩序,对外则采取野蛮方式,无视他人利益"[4]。

同样地,正如拉纳在本书中文版前言中所说,美国定居者社会也产生了将"对内部自由和成员身份的丰富叙述,以及外部的帝国从属模式"二者结合起来的"自身的意识形态和制度"。也即美国定居主义的两个大前提——美国的内外扩张与自由公民权力下放且自主的自治。此外,美国自身特殊的历史环境,使得美国定居主义呈现出两个鲜明的特点:其一,美国定居主义"自由"双重性内涵中的新教主义内核;其二,美国定居主义持续至今的动态变化。

新教主义与美国定居主义"自由"双重性内涵

从"非主流"角度看,美国定居主义政治意识形态与新教主义之间存在天然的联系;美国定居主义"自由"因其特殊历史环境而具有自身独特的双重性内涵。

第一,美国定居主义与新教主义之间的天然联系。这种联系可以从以下的三个方面进行递进式的阐释。

其一,美国信念(American Creed)是美国政治认同的根本。在分析美国国家认同或民族性格时,塞缪尔·P.亨廷顿(Samuel P. Huntington)是从美国"国家的政治文化和信仰"角度,而非从(美国的)品格特征、社会特点、地理和环境特性、行为模式、历史经历等方面来进行的。[5]亨廷顿认为美国信念的内容包括自由、平等、个人主义、民主,以及宪政下的法治;[6]美国信念的价值和原则被高度地概括表达为对自由的支持、民主、多数人的统治、少数人的权利、言论和宗教自由;以及不那么清晰地被表达的价值和原则,即平等需要来自美国公众之中几乎所有群体的一致同意。[7]由于"美国的民族主义是从政治上而非从基本构成上来界定的"[8],因此在美国而非在任何其他社会,"意识形态与国民性是融合为一体的,而前者的消失将意味着后者的终结"[9]。

其二,美国信念的根本来源是美国新教主义。美国信念的来源包括四个方面:对人的行为加以限制的中世纪基本法(fundamental law)思想;17世纪的新教主义思想——它为美国的世界观贡献了道德主义、千禧年主义和个人主义;洛克和启蒙运动的自然权利、自由、社会契约、政府的有限作用、政府取决于社会的思想;以及对已为人们所接受的基于阶层、地位,和继承下来的特权合法性构成挑战的平等思想,也即在《独立宣言》中提出的作为对社会进行组织的基础的思想。[10] 由于盎格鲁-新教文化作为美国认同的核心已经有三个世纪之久[11],因此包括"自由"在内的美国信念的几乎所有核心思想,"都在持异议的新教主义中有其源头"[12]。需要指出的是,此处"盎格鲁-新教文化"中的新教,是指源于英国更深层次的宗教改革中的清教运动,而非新教中的英国国教圣公会;早在美国定居者社会建立之前,英格兰信奉新教的清教徒"反对继续使用'天主教的'(Romish)仪式,例如圣餐仪式、跪拜,以及穿长袍。……他们把圣公会的等级制谴责为教皇制的以及基督教《圣经》中不存在的"[13]内容。

其三,美国定居主义的内核是新教主义。一般而言,定居主义乃是定居者社会中人们所坚持的"内外有别"的政治意识形态;而具体到美国这个定居者社会,定居主义政治意识形态的内核则与新教主义密不可分。因为早期英国定居者移民到北美"主要是因为宗教迫害,……这样的定居者来源形成了一种文化氛围,在其中许多定居者将北美看作一个'神圣的实验'、一个免受宗教压迫干扰的宗教天堂"[14]。因此,盎格鲁-新教文化对于界定美国特性起着决定性的作用,而所谓美国信念只不过是这一文化的产物。亨廷顿把北美大陆早期的殖民开拓者定义为"定居者",而不是"移民";二者之间存在根本的不同。定居者是离开一个现有的社会,他们通常成群出走,以便建立一个新的群体,建立"山巅之城",位处一个全新而通常遥远的边疆地区。[15]正如约翰·温斯罗普(John Winthrop)所宣称的那样:"北美的新英格兰将是一座矗立在浑浊黑暗的旧世界中唯一的纯洁明亮的山巅之城。"[16]因此,美国的核心文化就是由这些早期定居者创造的。[17]这些早期的英裔美国定居者,毫无疑问,他们中许多人当时定居美国,是为了"避免宗教迫害;大多数人来到这里,因为他们是向上移动的、因为他们是有雄心抱负的男男女女,这些人在旧世界几乎看不到实现自己目标的任何希望"[18]。而移民则与其先辈定居者相反,他们只是顺应和接受了这种盎格鲁-新教文化而已。[19]

具体而言,新教主义之所以是美国定居主义政治意识形态的内核,原因包括两个。第一个原因是新教的一神教观念。"清教徒不承认伪教,斥之为缺乏神性。"[20]这种排他性在清教徒定居者中间最为明显,因为他们尤其把自己看作"上帝的选民"、是被上帝"差遣到蛮荒之野",以作为基督教虔诚的典范,并帮助促成"人间天国"的降临。[21]在殖民地时期,许多英国扩张主义者是极端派清教徒,他们甚至连爱尔兰将天主教礼拜仪式与前基督教传统混合在一起的做法,都看作"既是非宗教的,又明显是异教徒的"[22]"外部人",而原住民被看作异教徒"外部人"就更是不在话下了。结果,原住民的"异教徒主义和野蛮状态",使得他们的"当地社会丧失了他们宣称对自己土地所拥有合法主权的资格"。[23]

第二个原因是新教强调禁欲主义,即强调勤勉劳动的价值和反对享乐。一方面,清教徒认为,"劳动是历来所推崇的禁欲途径"[24],"上帝的神意已毫无例外地替每个人安排了一个职业,人必须各事其业,辛勤劳作"[25],因此"除非从事某种正经行业,否则人的一切业绩只可能是无足轻重,不成体统,他会把过多的时间花在懒散闲逛而非工作上"[26];另一方面,清教徒认为,"任何无节制的人生享乐,……都会驱使人舍弃职责,背离宗教,因此理应成为理性禁欲主义的仇敌"[27]。在殖民地时期,像潘恩那样的定居者精英们,将原住民构建为一个终日闲逛、无所事事的"理性禁欲主义的仇敌",认为依然处于"自然的原始人状态"的原住民"由于缺乏全部文明和对工作价值的欣赏,原住民的生活乃是'接连不断的假日'"[28]。洛克"把未开垦土地看作'未耕耘荒地'",则意味着"领土既可以是有人居住的,也可以是出于道德和政治目的而被视为无人居住的"[29]。定居者因此就可以"通过种族和宗教优越论观点",来使得对作为异教徒"外部人"的"原住民土地的剥夺……正当化"[30]。

需要强调的是,虽然定居主义政治意识形态的内核是新教主义,但并不能说新教主义等同于定居主义,因为"美国文明当中一开始就包含着基督教人道主义和启蒙理性主义,其中不乏对歧视、排斥和压迫予以缓释、纠正和抗拒的道德要素和智识力量,蕴含对'他者'的欣赏和尊重"[31]。

第二，美国定居主义"自由"双重性内涵。上述存在于整个美国历史中对美国信念的"这些价值的广泛赞同，在可能的不同政治价值命运中得到了体现"[32]。因此，一方面，自由作为一种政治理想，无疑是美国信念的一个核心内容。另一方面，在美国政治实践中，早期美国人的自由思想与帝国主义，却是"相互依赖的；二者且一道推动了一种曾有重大影响、支撑美国宪政的意识形态的发展"[33]。换言之，美国政治理想中的自由思想与实践中的自由思想，二者之间其实一直发生错位。亨廷顿有关"后来的移民只是顺应和接受了这种文化而已"的观点，隐然道出了美国"早期定居者"与"后来的移民"之间存在的本质性差异：作为承载定居主义政治意识形态的定居者，其对立面是后来的移民；前者是"内部人"，后者是"外部人"；前者是盎格鲁-新教文化的承载者，后者只是需要顺应这种文化的接受者而已。至此，亨廷顿完成了基于美国信念的"内部人"与"外部人"的理论诠释，其目标指向既是历史的，更是现实的。就像亨廷顿所说的那样，在当代美国，"后来者"对基于美国信念的美国国家认同构成了潜在挑战：

> 族裔、种族和性别认同出现在前面。与其先辈相反，许多移民乃是"和"字符号（ampersands），因为他们保留双重忠诚和双重公民认同。西班牙裔的涌入则提出了有关美国语言和文化统一性的问题。[34]

由此观之，亨廷顿讲述的是一个有关美国信念的"主流"且正面的故事。相反，《美国自由的两面性》讲述的，却是一个有关美国自由双重性的"激动人心的修正主义故事"[35]，因为英裔美国定居者"将他们对内部自由的考虑，理解为必须对外部进行监管和控制的模式"[36]。

美国定居主义的动态变化

一方面，美国定居主义"自由"双重性，就其本质内涵而言是恒久不变的;另一方面,美国定居主义"自由"双重性,就其具体内涵而言却非静止不变的,而是随着美国历史环境的变化而变化。

伴随着美国历史进程的展开,最能体现这种变化的,是定居者拥有的作为自治的自由与美国定居者帝国内外扩张性的相互交织,是"帝国与美国的政治制度及其发展相互交织在一起"[37]。因此最好是把大多数美国经验理解为一种"定居者帝国(settler empire)的宪法试验"[38]。在国内,有增无减的经济上和政治上的等级制实践的相继出现,"为集体生活的基本样式起到了相互强化的作用"[39]。在国外,"对国际警察权力和全球优势地位追求的做法"使得美国一直"坚持把外部人当作实现美国国家目标的工具来对待"。[40]因此拉纳在本书中文版前言中认为,美国的定居主义国家起源,"确立了我称之为定居者帝国的宪政机制,这一机制为美国人的生活提供了三个多世纪的政治主权和法律权力的基本叙述"。由此,通过对美国定居主义"自由"的重新诠释,"通过使帝国主义和定居主义成为核心概念",本书作者"对致力于美国例外论的学术研究给予了毁灭性的打击"。[41]

具体而言,可以从三个不同的宏观历史阶段,来理解定居者拥有的作为自治的自由与美国定居者帝国内外扩张性的相互交织。在每一个历史阶段,美国定居主义的两个大前提可谓相得益彰。正因为如此,在美国早期历史上,"对于许多殖民者来说,原住民被剥夺财产不仅只关乎物质上的自利,它还是有意义的扩张性自治的前提"[42]。

第一阶段,殖民地时期英裔美国人面对的定居主义双重矛盾。这一时期英裔美国人的定居主义政治意识形态典型特点,是存在于宗主国英国与英裔定居者之间,以及英裔定居者与被征服者之间两对虽然不同但密切关联的矛盾。

就前一对矛盾而言,英裔美国人认为,英国把定居者和被征服的人都作为臣民加以类似地对待,会直接威胁到他们长期享有的自治——而这被他们"看作祖传下来的一种基本权利"。拉纳在本书中文版前言中认为,历史上,美国定居主义"自由"的双重性内涵,源于伊丽莎白一世征服爱尔兰时将爱尔兰人构建为"既是异教徒,又是野蛮人"的模式之中。[43]但随着英帝国扩大,英国"需要维持对文化上如此不同的帝国进行控制,会直接与当地殖民自治相冲突"[44]。也就是说,在殖民地时期,英裔美国人与宗主国之间的矛盾,表现为宗主国的帝国利益,与英裔定居者寻求维持其作为有着"共同的祖先、宗教、土地利用和自由观念"的帝国中心臣民的自由(自治)之间的矛盾;在英裔定居者反叛前的100多年里,北美殖民地扩张一直是定居者殖民化的一项分权自治事业。因为从根本上说,帝国中心对殖民地"不会'长期保持对……大不列颠的依赖'"进行猜忌的"英格兰本土主义"观点,是"把帝国式的英国看作一个贸易帝国、而非建立在领土扩张基础上的帝国"[45]。

就后一对矛盾而言,一方面,在英裔美国人反叛前,殖民者发展出了一套值得注意的有关自由的强大叙述,它"要求经济上、政治上和精神上的独立。自由意味着个体有能力坚持对集体生活所有主要场所进行控制"。另一方面,具有讽刺意义的是,这一自治憧憬的先决条件,却"是对原住民土地财产的剥夺"[46]。因此,"只有针对原住民的残暴扩张战争,可以与动员奴隶劳动所需要的胁迫与暴力相提并论"[47]。

这就意味着这个新共和国或帝国的改革愿景,基本上是"以殖民地原来的状况为基础,以对共和主义独立和领土扩张的承诺为驱动"[48]。但现实情况是,由于"臣民身份事实上意味着自由裁量权和强制形式的皇家特权"都适用于许多殖民地臣民,无论他们是没有财产的英裔定居者、非洲奴隶,还是印第安人,这就意味着定居者与非英裔臣民比邻共存。这显然对英裔定居者的特权——扩张和奴役——构成了直接挑战,因为虽然在北美扩张那些最初的阶段,定居者们可能曾是诸多分层化臣民中的某一群体,但随着时间的流逝,"却牢固地确立了定居者享有对非英裔人口的至上社会政治地位"[49]。

第二阶段,建国以来的美国定居主义"自由"追求。在美国建国到美国作为大国登上世界舞台之前的这一时期,美国定居主义"自由"的追求,突出表现为定居者特权在长达一个多世纪的拓疆过程中由盛而衰的变化,并最终使得定居者社会走向解体。但与此同时,美国定居主义则以新的叙述方式,继续发挥着政治意识形态的强大影响力。

美国建国伊始,定居者就开始强烈反对政府权力,并充满敌意地谨防任何国家干预。之所以如此,是因为西部农民和那些起义者(谢司起义参加者和威士忌起义参加者)一样,抱怨沿海精英没有充分尽力减少原住民进攻的威胁,或者为定居者农业扩大领地。这种民粹主义自治梦想面临的不可避免的困难在于,美国定居者虽然从英帝国那儿获得了司法独立,但是这些前殖民地依然在重商主义体系内受到束缚,结果制约着实质性的独立。这种民粹主义的自治愿景因而扭曲变形为"将强有力的联邦政府行动与对外建立帝国计划连接到了一起"[50]。作为民粹主义自治梦想变化的结果,是美国政府享有两种不同形式的主权权力,即在对外的殖民征服以不受约束的、将所有边界看作临时性的帝国权利为条件的同时,内部权力却受制于作为自治的自由这样一种设想。这种二元性宪政的根源,归根结底,是因为 18 世纪末、19 世纪初的定居者重申了此前的殖民地的原状,并使英国的帝国特许权宪法化。美国定居主义"自由"双重性因而获得了最根本的宪政制度保障。也因此,19 世纪上半叶的美国"领土扩张不再是'天定命运'的杰作,而是一场……'巨大的土地抢夺',利用联邦军队强行迁移印第安人部落是利用'国家'权力为白人定居者腾出兴建棉花种植园的空间"[51]。而美国南方的繁荣则一直是"以三四百万人处于奴役状态为基础的"[52]。结果,正如《经济学人》在 1865 年所描述的那样:"如果我们要采纳完全自由的原则,那么很明显深肤色种族必须以某种方式自愿服从白人。"[53]

但是,由于美国内战结束后"自由民成为拥有土地的自耕农的希望是短暂的"[54],因此 19 世纪末的美国"内部人"身份成了一个充满争议的议题。随着工厂生产制开始主导工业化、资本逐步集中于少数实力雄厚的企业手中,进军太平洋的计划似乎更能强化经济精英的利益,而非促进定居者的平等和个体产权;结果到 19 世纪末,"把对内部的自由与对外部的帝国特权连接起来的纽带,已受到了严重损害"[55]。在将他们的民意基础诉诸"人民"的杰克逊民主党崛起的同时,农场主联盟组织(the Farmers Alliance)运动——这一运动参与人数超过 200 万,涉及 42 个州和地区,并最终瓦解了美国定居者社会——关注的根本问题是,要为新的公民身份伦理基础打下什么样的根基。为此,自称为民粹主义者的改革家们提出的设想是一个新的工业社会,一个人在其中没有等级制度和对大众控制的社会。而恰恰是这些人早在南北战争之前就已"稳步变成保护族裔上的内部人的推动力",因此并不奇怪的是,"许多被动员起来的南方白人,很容易转变为定居者至上论者"。[56]

由此可见,美国定居者社会虽然在19世纪末开始瓦解,但定居主义作为一种美国的政治意识形态,不仅没有被抛弃,而且还得到了进一步强化。结果,集体制度偏离了定居者社会中所蕴含的解放性承诺;美利坚帝国以及美利坚帝国的持续扩张和控制,已变成了自我延续的方式。

第三阶段,定居主义与美国在世界上的扩张。随着19世纪末美国大陆拓疆活动的结束,美国定居者社会因而走向解体;与此同时,随着19世纪末20世纪初美国作为世界大国登上舞台,定居主义转而成为美国全球扩张的政治意识形态基础。也就是说,美国定居主义国内政治中的"内部人"与"外部人"区隔,开始运用到美国的对外扩张政策之中。

美国定居者社会因而走向解体的一个标志,是早先关于(白种)外国人选举权法律的逐步取消,以至于此前已进入美国即能够获得政治参与权的白种外国人,开始被当作"外部人"而非定居者殖民事业的共同参与者。到1917年,随着领土扩张的前提不复存在,美国公众愈加将所有新移民——无论其族裔背景如何——都看作经济竞争对手。当然,如果从移民限制而非政治参与角度看,美国国会1924年通过的《民族始籍法》(the National Origins Act),实质上针对的是有色人种。

但即便采取了上述对移民的限制政策,当时美国的基本困境却是工薪阶层如何才能获得经济上的独立。出现这种困境的根本原因在于,大陆拓疆活动的结束,"从根本上使得领土扩张与提供内部共和主义自由之间的帝国连接断裂了",由此导致"团体中的完全成员身份失去了其伦理基础"。[57]在此前,工作和直接政治参与曾为定居者主义背景下的自由公民身份提供了伦理基础;面对新的困境,思想家和政治家们转而求助于美国定居主义的"另一个前提——帝国方案——来寻求解决之道"[58]。两种不同的种族主义论调对这一主张做出了回应,像密歇根大学的J.尼尔·斯蒂尔(J. Neal Steere)教授这样的反帝国扩张论者认为,就像美国原住民和被解放的奴隶这样的外部人群体一样,因帝国扩张而导致的英裔美国人定居者社会出现不可避免的"种族混杂",使得非白人外来群体固有的劣势"对美国社会的种族凝聚力和内部民主构成了永久的挑战";而像西奥多·罗斯福(Theodore Roosevelt)这样的帝国扩张者则明确表示,"殖民主义只是实现和平、自由世界的一种手段"[59]。

随着第一次世界大战之后美国国内孤立主义的加强,在20世纪20年代和30年代期间,反帝国扩张者的支持者迫切要求美国从侵略性的全球立场全面后撤。美国新一代的帝国扩张论者因而要等到新政时期了。按照富兰克林·D.罗斯福新政拥护者瑟曼·阿诺德(Thurman Arnold)的观点:"美国应该使人道主义的帝国主义在国内外成为社会政策的一般基础。"[60]结果,在这样一个时代,"定居者帝国必须让位于美国全球主导地位和国内安全的迫切需求"[61]。因为"美国本身已成了支配性的全球存在,从而主张要求国际警察权,并寻求稳定、经济财富和永久的和平"[62]。撰写于1950年的美国国家安全委员会第68号文件,呼应了阿诺德的"人道主义的帝国主义"理想,并排他性地将苏联归为"外部人"异类;认为除了寻求制衡苏联这一目标之外,"我们应努力通过符合自由民主原则的方式带来秩序和正义"[63]。由此可知,美国定居主义中的全球性扩张主义,归根结底,乃是美国定居主义"自由"双重性在对外政策中的延伸。

美国定居主义"自由"双重性的"复归"

"复归"事实上并不意味着美国定居主义作为一种政治意识形态曾经缺位。在当代,美国定居主义政治意识形态的"复归",集中体现在跨越半个多世纪的两场运动之中:20世纪60年代的民权运动和21世纪初的民粹主义运动。在这两场运动中,坚持把"外部人"——包括美国国境之内的移民——当作工具来实现美国国家"财富和支配权"的这些目标,现已"日益呈现为诸如此类的内部安全问题,以及对美国地位进行无限的保护"[64]。

20世纪60年代的民权运动。在这场运动中，一方面，它针对的是历史遗留问题，即亟待解决的美国黑人"外部人"身份问题；另一方面，在新的历史背景下，虽然这场运动最终在形式上解决了黑人的"外部人"身份问题，但黑人实质上的"外部人"身份问题却仍然是积重难返的一个痼疾。对此，杜波依斯（W.E.B.Du Bois）在动身流亡到新独立的加纳之前慨叹道，虽然美国"正绝对接近……一个美国黑人在法律上与其他美国人平等的时刻"，但唯有消除实质上的等级制，美国人才终将"恢复民主制，而我们对此虽然长期吹嘘却几乎无所作为"。[65]马丁·路德·金因而呼吁说，只有在国内将黑人、穷困白人，以及尤其是那些来自中南美洲的移民联合起来，才有可能"克服我们必须实际预料到的激烈反对"[66]。在国际上，金则号召说："我们今日唯一的希望，……在于我们有能力出来投身于一个常常充满敌意的世界，从而宣告我们永远反对贫穷、种族主义和军国主义。"[67]

21世纪初的民粹主义运动。民粹主义曾在美国历史上反复出现，包括19世纪60年代的"格兰奇"（Grange）运动、19世纪90年代平民主义与进步主义之间的合与分、20世纪30年代休伊·朗（Huey Long）的"财富分享"组织（Share Our Wealth）、20世纪60年代乔治·华莱士（George Wallace）主张恢复民权运动中白人中产阶级失去的特权、20世纪90年代初罗斯·佩罗（Ross Perot）通过草根阶层的力量来发起税收福利改革和团结在全球化阴影中失势的人，等等。

随着2008年全球金融危机爆发以来美国民粹主义的强势"崛起"，21世纪10年代的美国见证了"政治极化、有关谁属于政治共同体的冲突、经济不平等严重且日益加剧、行政权力过度使用"等威胁，而且今天"美国在其历史上头一次，在同一时间面对所有这四项威胁"。[68]其中的左、右翼民粹主义运动，是美国政治中又一次族裔或身份——"内部人"与"外部人"——政治之争的"复归"。在美国国内，定居主义"自由"的两面性，无论是表现为以萨拉·佩林（Sarah Heath Palin）为代表的共和党茶党运动（Tea Party movement），还是以特朗普为代表的共和党"让美国再次伟大"（Make America Great Again, MAGA）运动，都因对美国国内政治的"不满"而诉诸"人民"。在此过程中,被路易斯·哈茨(Louis Hartz)称为美国政治中长期存在的"洛克式的共识"69,以及蕴含于其中的"政治正确性"的底线被不断突破。"人民"因此被撕裂,从而导致美国政治出现严重隙裂。其中突出表现为当代美国的移民问题和少数族裔权利问题。

在移民问题上,作为国际不平等结构的产物、作为美国在全球秩序内"同侪之首"(the first among equals)地位的产物,美国目前的绝大多数移民团体最初来自全球南方地区(亚洲某些地区、非洲、加勒比地区、中南美洲),从而"在移民方式中颠覆了典型的定居者范式"70。结果,"这些身处集体生活边缘的移民的地位,恰恰在美国边界之内,重复了国外支配西方与其历史上的殖民之间的依附性关系"71。由于移民被排他性地当作"外部人"对待,他们的"轻微违法都会招致强制驱逐,……甚至连永久性居民都是在'一种遭受不断检查的条件下'在美国生活"72。在族裔问题上,2020年5月25日,非裔男子乔治·弗洛伊德(George Floyd)成为死于白人警察暴力执法的又一案例;之后爆发的"黑人的命也重要"(Black Lives Matter,BLM)运动表明,至今黑人自由所涉及的依然"不仅仅是结束形式上的种族隔离"73。

21世纪初美国民粹主义运动中的定居主义"外部人"身份政治,也被裹挟于美国对外政策之中,尤其是在新冠肺炎疫情背景下的特朗普政府对华政策之中。在美国定居主义"外部人"政治意识形态执念下,特朗普政府不是组织动员美国社会力量并携手国际社会合作抗疫,而是采取一种"全政府方法"74来与像中国这样的所谓"敌对力量进行竞争"。75

行文至此、掩卷之余,还可以明显感受到美国定居主义政治意识形态的冲击力。这正是《美国自由的两面性》一书的价值所在,因为它"发现了与那些美国政治文化、政治思想和公民身份学说的论调截然对立的答案"76。

本书中译本导读的撰写以及中文版前言、导论、第一章、第二章、结论、书评等的翻译工作由王传兴完成,第三章和第四章的翻译工作由赵丽娟完成;王传兴对全书进行了校译。

最后要说的是,本书的翻译得到了上海人民出版社的大力支持,世界政治与经济中心前主任潘丹榕、现主任钱敏给予本书重要关切,编辑项仁波和史美林在译稿审读和校对过程中提出了切实中肯的修改建议。在此对她们投入的大量时间和精力表示诚挚的感谢!

王传兴

2020 年 9 月 21 日

注　释

1. 卡尔·马克思认为,意识形态是对历史唯心主义的否定和揭示、对社会存在的系统解释,在总体上是一类确定的文化;卡尔·曼海姆认为,意识形态是"思想方式"——包括"特殊的"意识形态(因情境真相不符合其利益而对某一社会情境真相的掩饰或扭曲)和"全面"的意识形态(一种世界观或对一种生活方式的彻底信奉);马克斯·韦伯认为,意识形态是"对统治合法性的信奉",通过信仰体系可以将物质控制转变为合法统治,而所谓信仰体系指的是说明为什么某人或某些人应该服从某种统治的理论体系或意识形态。例如,我们耳熟能详的政治意识形态有马克思主义、民主社会主义、新自由主义、新保守主义、社群主义、民族主义等。参见杨光斌主编:《政治学导论》(第 4 版),中国人民大学出版社 2012 年,第 67 页。在《美国自由的两面性》一书中,政治意识形态更接近于韦伯意义上的政治意识形态含义,即"对统治合法性的信奉"。

2. 杨光斌主编:《政治学导论》(第 4 版),第 48 页。

3. 王振槐:《西方政治思想史》,南京大学出版社 1997 年,第 3 页。

4. 王希:"中文版序一",载[美]斯文·贝克特:《棉花帝国:一部资本主义全球史》,徐轶杰、杨燕译,北京:民主与建设出版社 2019 年,第 5 页。

5. Samuel P. Huntington, *American Politics：the Promise of Disharmony* (Cambridge, Massachusetts：the Belknap Press of Harvard University Press, 1981), 14.

6. Ibid., 14.

7. Ibid., 18.

8. Ibid., 23.

9. Ibid., 27.

10 Ibid., 36

11. Samuel P. Huntington, *Who Are We？：The Challenges to America's National Identity*(Simon and Schuster, 2004), xv—xvi.

12. Ibid., 68.

13. Paul Robert Lucas，*American Odyssey*，*1607—1789*（Englewood Cliffs，New Jersey：Prentice-Hall，Inc.，1984），31.

14. Aziz Rana，*Two Faces of American Freedom*（Cambridge，Massachusetts：Harvard University Press，2010），55.

15. Samuel P. Huntington，*Who Are We*?：*the Challenges to America's National Identity*，39—40.

16. John Winthrop，A model of Christian Charity（1630），in Daniel J. Boorstin，（ed.），*An American Primer*（Chicago：The University of Chicago Press，1966 ），10—23，转引自王希：《原则与妥协：美国宪法的精神与实践》，北京大学出版社 2000 年，第 15 页；也可参见 John Winthrop，"A Model of Christian Charity，" in *Puritan Political Ideas*，*1558—1794*，ed. Edmund Morgan（Indianapolis：Hackett Publishing，2003），75—93，93，转引自 Aziz Rana，*The Two Faces of American Freedom*，55。

17. Samuel P. Huntington，*Who We Are*?：*the Challenges to America's National Identity*，39—40.

18. Paul Robert Lucas，*American Odyssey*，*1607—1789*，xiii.

19. Samuel P. Huntington，*Who Are We*?：*the Challenges to America's National Identity*，39—40.

20. ［德］马克斯·韦伯：《新教伦理与资本主义精神》，于晓、陈维纲等译，陕西师范大学出版社 2006 年，第 94 页。

21. Aziz Rana，*The Two Faces of American Freedom*，55.

22. Ibid.，29.

23. Ibid.，24.

24. ［德］马克斯·韦伯：《新教伦理与资本主义精神》，第 90 页。

25. 同上书，第 91 页。

26. 同上书，第 92 页。

27. 同上书，第 96 页。

28. Paine，"Agrarian Justice（1795），" in *Michael Foot and Isaac Kramnick eds.*，*Thomas Paine Reader*（New York：Penguin，1987），474。转引自 Aziz Rana，*The Two Faces of American Freedom*，130。

29. Ibid.，49.

30. Ibid.，12.

31. 牛可：《"白人至上主义"与"多元文化主义"间的根本冲突》，载《世界知识》2017 年第 18 期，第 21 页。

32. 其中就包括南北战争前南方那一套政治价值的命运，由此说明"美国信念"对于美国民族的意义。参见 Samuel P. Huntington，*American Politics*：*the Promise of Disharmony*，18。

33. Review by Anthony O'Rourke，Michigan Law Review，amazon，
https://www.amazon.com/-/zh/Two-Faces-American-Freedom/dp/067428433X/
ref = sr_1_1?__mk_zh_CN = %E4%BA%9A%E9%A9%AC%E9%80%8A%
E7%BD%91%E7%AB%99&dchild = 1&keywords = the + two + faces + of +
american + freedom&qid = 1596677972&s = books&sr = 1-1，log on：September
8，2020.

34. Samuel P. Huntington，*Who Are We?*：*The Challenges to America's National Identity*，4.

35. Review by Stephen Pimpare，*Law & Politics Book Review*，amazon，
https://www.amazon.com/-/zh/Two-Faces-American-Freedom/dp/067428433X/
ref = sr_1_1?__mk_zh_CN = %E4%BA%9A%E9%A9%AC%E9%80%8A%
E7%BD%91%E7%AB%99&dchild = 1&keywords = the + two + faces + of +
american + freedom&qid = 1596677972&s = books&sr = 1-1，log on：September
8，2020.

36. Aziz Rana，*The Two Faces of American Freedom*，3.

37. Review by Stefan Heumann，*Political Science Quarterly*，amazon，
https://www.amazon.com/-/zh/Two-Faces-American-Freedom/dp/067428433X/
ref = sr_1_1?__mk_zh_CN = %E4%BA%9A%E9%A9%AC%E9%80%8A%
E7%BD%91%E7%AB%99&dchild = 1&keywords = the + two + faces + of +
american + freedom&qid = 1596677972&s = books&sr = 1-1，log on：September
8，2020.

38. Aziz Rana，*The Two Faces of American Freedom*，3.

39. Ibid.，327.

40. Ibid.，329.

41. Review by Joshua Simon，Settler Colonial Studies，amazon，https://
www. amazon. com/-/zh/Two-Faces-American-Freedom/dp/067428433X/ref
= sr_1_1? __mk_zh_CN = %E4%BA%9A%E9%A9%AC%E9%80%8A%
E7%BD%91%E7%AB%99&dchild = 1&keywords = the + two + faces + of +
american + freedom&qid = 1596677972&s = books&sr = 1-1，log on：September
8，2020.

42. Aziz Rana，*The Two Faces of American Freedom*，68.

43. 拉纳还在本书中文版前言中指出，同时代的英国法学家爱德华·柯克
（Edward Coke）和约翰·洛克（John Locke），曾分别从英格兰法律的角度和自
然法的角度，为这种定居主义"自由"的双重性提供了意识形态基础。

44. Aziz Rana，*The Two Faces of American Freedom*，22.

45. Ibid.，26.

46. Ibid.，22.

47.［美］斯文·贝克特:《棉花帝国:一部资本主义全球史·奴隶制盛行》,徐轶杰、杨燕译,北京:民主与建设出版社 2019 年,第 101 页。

48. Aziz Rana，*The Two Faces of American Freedom*，24.

49. Ibid.，45.

50. Ibid.，103.

51. 王希:"中文版序一",载［美］斯文·贝克特:《棉花帝国:一部资本主义全球史》,第 8 页。

52.［美］斯文·贝克特:《棉花帝国:一部资本主义全球史·一场震荡世界的战争》,第 217 页。

53. *The Economist*，December 9，1865，1488；Eric Foner, *Nothing but Freedom*：*Emancipation and Its Legacy*(Baton Rouge：Louisiana State University Press，1982)，27—28.转引自［美］斯文·贝克特:《棉花帝国:一部资本主义全球史》,第 237 页。

54.［美］斯文·贝克特:《棉花帝国:一部资本主义全球史》,第 246 页。

55. Aziz Rana，*The Two Faces of American Freedom*，178.

56. Ibid.，180.

57. Ibid.，240.

58. Ibid.，263.

59. Ibid.，282，283.

60. Ibid.，310.

61. Ibid.，273.

62. Ibid.，321.

63. U.S. Department of State，"United States Objectives and Programs for National Security,'' in *Foreign Relations of the United States*：*1950*，vol.1(Washington，D.C.：Government Printing Office，1977)，241.保密时间直到 1977 年,美国国家安全委员会第 68 号文件(NSC-68)一般归功于保罗·尼采(Paul Nitze),因为他当时是美国国务院政策规划室主任,并担任撰写这一文件的国家安全委员会研究小组(the National Security Council Study Group)主席。参见 Aziz Rana，*The Two Faces of American Freedom*，337。

64. Ibid.，p.329.

65. 参见 W. E. B. Du Bois，"Whither Now and Why,'' in Herbert Apkteker ed.，*The Education of Black People*：*Ten Critiques*，*1906—1960*(New York：Monthly Review Press，1973)，149—158(引自第 149、157 页)。参见 Aziz Rana，*The Two Faces of American Freedom*，329。

66. 参见 Martin Luther King, *Where Do We Go from Here*：*Chaos or Community*?(New York：Harper & Row，1967)，165。转引自 Aziz Rana，*The Two Faces of American Freedom*，334。

67. 参见 Martin Luther King，*Where Do We Go from Here：Chaos or Community*? 167，190。转引自 Aziz Rana，*The Two Faces of American Freedom*，334。

68. Suzanne Mettler and Robert C. Lieberman，"The Fragile Republic"，*Foreign Affairs*，September/October，2020.引文转引自"脆弱的共和国，脆弱的民主"，https：//mp.weixin.qq.com/s/t5C3B-SEcUZL-X-ONX4kcQ，2020 年 8 月 20 日登录。

69. See Chapter One in Louis Hartz，*The Liberal Tradition in America：An Interpretation of American Though since the Revolution*（Harcourt，Brace and Company，1955）.

70. Aziz Rana，*The Two Faces of American Freedom*，340.

71. Ibid.，343.

72. 引自 Mae Ngai，*Impossible Subjects：Illegal Aliens and the Making of Modern America*（Princeton，N.J.：Princeton University Press，2004），269。更多有关强制驱逐所带来的影响，参见"Group Reports That 1996 Immigration Law Separated 1.6 Million from Families，" *Associated Press*，July 18，2007，www.foxnews.com/story/0,2933,289734,00.html（2009 年 9 月 2 日登录）；以及 Serena Hoy，"The Other Detainees，" *Legal Affairs*，September/October 2004，www.legalaffairs.org（2009 年 9 月 2 日登录）。移民被驱逐的犯罪原因包括"开空头支票、卖价值 10 美元的大麻，或者在聚会打架时扯人的头发"。Hoy，"Other Detainees".转引自 Aziz Rana，*The Two Faces of American Freedom*，343。

73. Aziz Rana，*The Two Faces of American Freedom*，343.

74. "United States Strategic Approach to The People's Republic of China"，https：//www.defense.gov/Newsroom/Releases/Release/Article/2193725/united-states-strategic-approach-to-the-peoples-republic-of-china/，United States Strategic Approach to The People's Republic of China，MAY 20，2020，log on：July 14，2020.

75. Ibid.

76. Quoted from review of the book by Stephen Pimpare，Law & Politics Book Review，https：//www. amazon. com/-/zh/Two-Faces-American-Freedom/dp/067428433X/ref = sr_1_1?__mk_zh_CN = %E4%BA%9A%E9%A9%AC%E9%80%8A%E7%BD%91%E7%AB%99&dchild = 1&keywords = the + two + faces + of + american + freedom&qid = 1596677972&s = books&sr = 1-1，log on：August 11，2020.

中文版前言

    《美国自由的两面性》能够拥有新的读者群,实在令人激动不已。我非常感谢同济大学王传兴教授和复旦大学博士研究生赵丽娟同学在翻译此书时所做的大量辛苦工作。如果没有他们,这一切都将不会发生。本书受到21世纪伊始一项对美国的具体调查分析所激发。那时的美国享有巨大的经济、政治和军事权力,而且今日依旧如此。然而,美国这一超凡卓绝的全球地位,却受到以民众不确定性和渴望发生基本变化为特征的国内公共生活的牵制。虽然政治家们充满仪式感地引用像自由和民主之类的词汇,但关于这些词汇的含义是什么、以及如何使之得以实现,他们的语气却是含混不清的。就像我在本书的导论中所写的那样,这对美国政治的影响是意义深远的:"由于缺乏实质性的自由理想,美国设计权力针对的目标已将安全置于政治话语的中心,并陷入经济政治规则等级制形式的窠臼之中。这一切最明显地体现在公司地位的加强和扩张性行政部门的崛起。"[1]

    本书即是为了解这些发展的意义而做出的努力。在探究美国自由与美国权力之间关系的转变中,我对美国的宪政发展提供了全面的重新阐释。这一重新阐释将集体经历置于全球比较历史的背景之中。具体而言,就像类似的殖民化实验一样,如英国人在爱尔兰、南非和澳大利亚,欧洲犹太人在以色列/巴勒斯坦,或者法国人在阿尔及利亚,我认为美国最初的开端和政治根基,首先是作为一个定居者社会。这一定居者架构产生了其自身的意识形态和制度,结果将以下二者联系在一

1

起：对内部自由和成员身份的丰富叙述，以及外部的帝国从属模式。

这样的国家起源体现的不仅是一个遥远的排他性征服时期，虽然它们应受谴责，但却对当前的实践无言以陈。相反，它们确立了我称之为**定居者帝国**（settler empire）的宪政机制，这一机制为美国人的生活提供了三个多世纪的政治主权和法律权力的基本叙述。事实上，当今的困境在许多方面源于这些困难，即美国已经在建设一个去殖民化的后定居者社会，这个社会在扩大社会成员身份、对在国外使用美国警察权严加控制时，能够保持经济独立和政治参与、内部充满活力理想。

当我的这本书最初出版时，美国正享有与当下截然不同的政治契机。实际上，那时存在着这样的乐观主义，即在《美国自由的两面性》一书中所表达的担忧已最终得到解决。贝拉克·奥巴马，一个有着肯尼亚血统的多种族背景者，刚刚当选为总统，许多评论家和普通选民都把这种经历看作有点像数代人的行动主义和斗争达到了最高潮。对无数的美国人来说，这个国家终于践行其诺言、完成其自身的自由平等事业。不到十年之后，同样是这些评论家和选民中的许多人，不明白他们的国家发生了什么事情。一个据称接近于后种族社会的国家，现在怎么能由一个公然贩卖种族主义和厌恶女人言论的人来统治？虽然本书成书时间更早，但从许多方面来说，却可以将它解读为理解以下事实所做的努力，即唐纳德·特朗普和贝拉克·奥巴马是怎样完全成了美国的产物。

本书也与我过去曾描写，而且现在依然坚持认为的克林顿、布什和奥巴马当政那些年里的政治局限观点一脉相承，即美国国家精英们未能克服以下两个方面给这个国家所带来的毁灭性后果：美国的全球权力，以及并非与此不相关的国内政治经济自由的衰落。在我看来，这些局限为邪恶的右翼民族主义的复兴创造了条件。在美国，有意义的民主与美国变异的资本主义之间总是存在张力。在美国的全部历史中，通过剥夺原住民的财产和种族化的经济奴役，换言之，通过本书详述的殖民事业，这一张力基本得到了解决。

这也意味着有许多美国的伟大斗争致力于以更人道的政治经济取代资本主义，但恰恰是因为成员身份问题而受挫。例如，19世纪六七十年代重建时期的激进派,19 世纪 90 年代的平民主义运动,20 世纪 30 年代的新政,以及 20 世纪 60 年代达到顶点的黑人长期为了自由而进行的斗争,无不强调需要追求使经济正义普遍有效的政策。然而,所有这一切都面临强大的反对势力,他们狭隘地界定成员身份,恢复内部人与外部人的殖民地双重性。在此过程中,阶级团结被打破了,种族和经济特权得以保存。

尤其是在社会动乱和危机时期,排他性政治已成为分裂跨种族和有阶级意识的联盟、削弱与主流经济秩序的任何直接对抗并使自由事业倒退的反复出现的手段。回到特朗普身上,如今我们明白,这种动力又一次在围绕移民、种族、性别和伊斯兰恐惧症进行辩论的背景中出现。但是,特朗普的崛起也证明,在美国,最终打破仇外和缩减循环圈的唯一途径,是通过群众政治来处理资本主义与帝国之间根深蒂固地交织在一起的问题。而如果说克林顿、布什和奥巴马当政岁月的局限性为特朗普打开了方便之门,那它也加强了完全致力于这些目的的全国新运动。

本书显然是有关美国的具体事例,但却是作为比较研究而写的。我有意识地使用那些被发展出来的理论工具,尤其是那些定居主义理论工具,来了解亚洲、非洲、拉丁美洲、欧洲和澳大利亚的政治制度和意识形态。以这种方式,我认为这部作品提供了一个与研究许多国家的经历相关的分析框架,它完全不限于研究美国的经历。本书也是对全球大国陷阱的考察。这就是我选择沃尔特·惠特曼的伟大诗作《从加州岸滩面西而望》中的语言,作为整本书题词的原因:"我已漫游很久、漫游在世界各地/现又面对家园、愉悦而欢乐/(可很久以前我在何处启程?/且因何故而依然未曾发现?)。"

《美国自由的两面性》应作为对任何一个新兴强国中的人们的警示故事来阅读,警告他们严肃地思考帝国的道德、精神和物质成本。几乎每一个大国,都认为自己是个异于对手或其历史上同侪的真正例外,并认为唯有自己才能够使其利益与世界利益融为一体。但事实上,这些大国相互之间,及其与历史上的同侪之间,总是具有比它们的领导人愿意承认的远多得多的共同性。如果说美国人如今才迟迟面对这一事实,那么他们却并非已经不得不——并且将不得不——应对帝国影响的唯一的人。

阿齐兹·拉纳

纽约伊萨卡

2018 年 5 月 3 日

注　释

　　1. Aziz Rana，*The Two Faces of American Freedom*（Cambridge，Mass.：Harvard University Press，2010），4.

致　谢

　　本书曾受惠于许多人的好心帮助。首先,我对南希·罗森布拉姆(Nancy Rosenblum)、迈克尔·桑德尔(Michael Sandel)和理查德·塔克(Richard Tuck)表达感激之情,感谢他们在我写作本书计划开始时给予的鼓励和指导。他们每一位都为本书提供了无与伦比的洞见,耐心倾听我的想法,并帮助我澄清这些观点的范围和含义。我也要特别感谢布鲁斯·阿克曼(Bruce Ackerman)无数遍地阅读本书的那些材料版本,并慷慨无私地提供了至关重要的咨询意见。他们四位都展现了无与伦比的学术虔诚和个人责任,并且代表了我所冀望追随的教学榜样。通过提供道义上的支持,阅读书稿,或提出富有成效的研究路径建议,数不清的其他朋友、同事以及导师都对本书卓有贡献。许多人从自己繁忙的计划中抽出时间来帮助我的工作,我对此深表感谢。我要感谢克里·艾布拉姆斯(Kerry Abrams)、乔纳森·巴赫(Jonathan Bach)、阿斯尔伊·巴里(Aslı Bâli)、保罗·巴罗佐(Paulo Barrozo)、陈垦(Ken Chen)、诺亚·多伯(Noah Dauber)、斯蒂芬·德尔格特(Stefan Dolgert)、阿伦·菲舍尔(Aron Fischer)、威廉·福巴思(William Forbath)、贾森·弗兰克(Jason Frank)、尼克·弗雷恩(Nick Frayn)、杰弗里·格林(Jeffrey Green)、戴维·格雷沃尔(David Grewal)、福里斯特·海德尔(Forrest Heidel)、斯坦利·霍夫曼(Stanley Hoffmann)、丹尼尔·坎斯特鲁姆(Daniel Kanstroom)、德韦西·卡普尔(Devesh Kapur)、古贺幸子(Yukiko Koga)、沙龙·克劳斯(Sharon Krause)、杰

1

迪代亚·克朗克（Jedidiah Kroncke）、道格拉斯·凯萨（Douglas Kysar）、达里尔·李（Darryl Li）、卡鲁娜·曼特娜（Karuna Mantena）、丹尼尔·马科维茨（Daniel Markovits）、普拉塔普·梅塔（Pratap Mehta）、丹尼尔·摩西（Daniel Moses）、元村博（Hiroshi Motomura）、艾萨克·纳西希莫夫斯基（Isaac Nakhimovsky）、杰德迪亚·珀迪（Jedediah Purdy）、达尼娅·雷达（Danya Reda）、桑杰伊·雷迪（Sanjay Reddy）、戴维·罗迪格（David Roediger）、维里蒂·史密斯（Verity Smith）、乔治·范克利夫（George Van Cleve）以及帕特里克·韦尔（Patrick Weil）。多年以来，亚历克斯·古雷维奇（Alex Gourevitch）既是我的密友又是对谈者，我们的讨论是挑战之根、灵感之源。

哈佛大学查尔斯·沃伦中心（Charles Warren Center）的一项研究生协会奖学金（Graduate Society Fellowship），以及耶鲁大学法学院的奥斯卡·M.吕布豪森基金（Oscar M. Ruebhausen Fund）为本书提供了慷慨的资金支持。我十分感激哈佛大学出版社的本书编辑迈克尔·阿伦森（Michael Aronson），感谢他的信任和不知疲倦地致力于这一项目；感谢他编辑团队中的其他人，包括希瑟·休斯（Heather Hughes）、约翰·多诺霍（John Donohue）和朱莉·帕尔默-霍夫曼（Julie Palmer-Hoffman）。我也要感谢两位匿名评阅人的仔细评论和极其富有启发性的建议。此外，我深感荣幸在康奈尔大学完成了本书的写作，感谢康奈尔大学法学院的巨大支持，尤其感谢我的同事们在本书写作过程中最后阶段所给予的鼓励。

最后，如果没有我的家庭支持，本书是不可能完成的。我永远感激我的母亲菲莉丝·萨菲娅·加布里埃尔（Phyllis Safiya Gabriel）、父亲基普克里尔·阿利·阿扎德·拉纳（Kipkorir Aly Azad Rana），他们还未充分了解自己对我成长发展的影响。我感谢我肯尼亚和美国亲戚们的善良和热诚；还有我的"姻亲"家庭（"in-law" family），他们曾毫无保留地欢迎我。我最为感激的是我的伴侣兼知识伙伴奥黛特·利瑙（Odette Lienau），她曾无数次万分仔细地阅读书稿，并提供了大量的反馈意见，其间一直对我无限耐心、给我无限的爱。我将本书献给她和我的父母——他们是我人生之初最伟大的老师，并且依然如此。

导论　美国经验中的自由与帝国

　　政治共同体成员密切跟踪其国内选举，或庆祝其所喜欢的候选人获得胜利，这并不令人吃惊。然而，当相距遥远的国家进行政治竞选，人们也这样做的时候，这就令人诧异了，因为他们与这场竞选并无明显的关系，而且他们也无力影响其结果。可是，在贝拉克·奥巴马（Barack Obama）当选为美国总统前前后后的那些日子里，不仅全世界的人都全神贯注地关注选举结果，而且许多人还自发地参加庆祝活动。在那些参加如此大张旗鼓的庆祝活动的人中，美国公民却并不多。在像肯尼亚和印度尼西亚那些地方，大多数人从未去过美国（他们也不可能做到），而且他们日常所关注的东西，从未在选举期间作为政治讨论的组成内容而出现。

　　这种全球性的关注，意味着美国目前身不由己地被嵌入国际秩序中所呈现出的两个鲜明特点。第一，奥巴马的胜利，凸显了美国继续拥有的榜样性权力。在近些年里，美国的声望因其发动的全球范围不受欢迎的对外战争，以及大量被公开的侵犯囚犯人权行为而受到玷污。但是，对于全球社会来说，一位有着多种族色彩、背景为中产阶级的男子能够位居总统职务这一事实，向人们传达了美国这个国家的另一种梦想。它突出强调了充满活力的美国梦——在美国任何人都有机会在经济上取得成功，获得值得尊敬的社会地位和政治职位。对于国际反应，就美国评论家集中关注的程度而言，他们主要是这样诠释的：这种感情流露说明美国作为同侪国家中"第一国家"的地位，以及作为自由象征的地位并未受到削弱。

与此同时,全世界对这次选举的兴趣凸显了第二个较少被人讨论的特点。美国今日享有巨大的经济、军事和政治权力,这种权力在历史上或许无可与其比肩者。在紧随这次选举后发生的金融危机中,有些美国国内评论家已质疑美国是否正在丧失这一国际卓越地位,尤其是对于像中国这样的新兴国家而言。[1]然而,尽管对衰落感到担心害怕,但按照大多数计算标准,美国作为唯一的全球超级大国的地位依然坚如磐石。美国占世界总产出的20%,几乎是最接近它的那个国家——中国——产出的两倍。[2]以纯粹的军事实力而言,美国几乎占全球国防开支的一半,这一数字等于紧随其后的20个国家的军事开支之和。[3]至于2009年,美国大约有516 273名服役人员——其中还不包括国防部文职官员——被部署在国外,驻扎在已公布的海外716个军事基地,出现在大约150个外国里(几乎占全球国家的80%)。[4]美国既直接、也间接地利用这一权力,来塑造国际制度,干涉他国内政,并获得更弱小国家的支持以实现美国的目标。或许最突出之处在于,全世界对美国总统选举凝神关注,即是这一现实的体现。这些全神贯注美国总统选举并进行庆祝的场面,呈现了这样一幅图景,即身处远离美国政治权力中心的边缘地带的人们关注着中心,以明白他们可能把握住什么样的未来。它也意味着以下这样一种令人诧异不已、相互脱节的现象:一方面,美国公民基本上没有意识到那些群体的存在,或者说基本上没有意识到美国影响力是如何影响他们的;另一方面,与此相反,边缘地带的人们却感到自己受到美国及其实践行为的束缚。

本书力图弄清楚美国自由与美国权力之间关系的变化。此时此刻几乎不是美国第一次发现自己对那些并不适合被当作美国人的团体行使权力。事实上,美国革命本身主要关注殖民者与英国管理当局之间在以下问题上所存在的基本分歧,包括政治成员资格,以及政府应如何对那些内部人和外部人(insiders and outsiders)行使权力。在接下来的篇幅中,我要进行大规模的历史重构,这一重构行为始于美国建国伊始,探究美国权力设计(projections of power)背离明确的民主理想之程度。在此过程中,我重新阐释了美国政治起源的恒久意义,并阐明了定居者身份、经济独立,以及种族同化这些问题是如何以有关社会包容和自由真正含义的民众辩论为基础的。我尤其认为,最好把大多数美国经验理解为一种我所称之为定居者帝国(settler empire)的宪法和政治试验;而且我认为,如果不对更大范围内的意识形态和制度背景进行评价,我们就不能理解那些关于扩张、移民、种族和阶级的叙述,在各种不同的历史时刻是如何相互交织在一起的。

这一历史重构大体上聚焦于这样一个主题,即独特的美国自由理想如何带来了帝国架构,而随着时间推移,这恰恰损害了这一理想的诺言。美国最初的权力设计乃是英裔美国定居者所采用的集体自由这一特定方法的产物。这些殖民者将他们对内部自由的考虑理解为必须对外部进行监管和控制的模式。这种对自由的叙述强调持续人口流动和内部人对政治经济决策场所的直接控制,为一代代美国人提供了一种社会可能性的基本梦想。然而,这样的自由诺言在历史上却与社会从属联系在一起。许多定居者相信,要保留和促进其自身的民主制度,则需要对印第安人进行驱逐,并对依附群体——其中最突出的是奴隶——采用强制性做法,以确保他们自己获取财富,不必去从事那些卑微却至关重要的工作。这一事实体现了美国自由的两面性:长期以来我们难以想象出一种没有压迫的自由和不对从属社会进行控制的自由公民身份。然而,尽管有其野蛮性的一面,定居者帝国却服务于这一独特而充满活力的自治观,因为许多人认为这对实现雄心勃勃的解放事业(emancipatory ambitions)至关重要。

尽管存在这些根源,但是每每在这个国家历史上的关键时期,那些改革家和社会运动都寻求对自由的含义进行扩展,并把这一美国理想想象为没有征服或帝国色彩。他们的努力最终失败了,而到了 20 世纪,这一自治梦想本身也衰微了。结果,如今美国的对外权力基本上脱离了其历史性和主导性的承诺。正如美国获得如此国际优势以至于其国内选举成为全球性事件一样,以前曾引导美国经济政治扩张的内部自由概念如今已被边缘化了。从某种意义上说,美国的政治如今处于十字路口。美国在世界上独一无二的地位依然稳固。然而在国内,公共生活的明显特点是民众的不确定性,以及对发生根本变化的持续渴望。虽然自由民主的思想依然是集体口号——政客们几乎对此顶礼膜拜，但当前的基调却是模棱两可的，即这些口号意味着什么，它们在日常生活中如何能够实现。由于缺乏实质性的自由理想，美国设计权力针对的目标已将安全置于政治话语的中心，并陷入经济政治规则等级制形式的窠臼之中。这一切最明显地体现在公司地位的加强和扩张性行政部门的崛起上。因此，虽然美国以往那些最苛刻的帝国特点已被消除，但是现在区别于过去的并非施加于外部人——包括美国之外的和生活在美国边境之内的局外人——身上的那些外部权力形式终结了。相反，可以这么说，帝国已成自由之主，而非自由之仆。

虽然民众对变化进行讨论，我们的制度却似乎类似于亘古不变的社会事实，它们既非有形的事业和持续的政治活动，也非通过未来集体努力可以真正加以改变。就美国人对治理制度进行重新设想的严肃态度来说，承认外部权力与内部规范性承诺之间的深度联系至关重要。如今我们面临一系列关于美国政治共同体中成员身份性质以及国内和全球权力架构的挑战。为理解这些挑战，重要的是不仅要评估内部—外部之间的联系，而且要评估因过去争取包容和集体自由的斗争，而使得政治上的可能界限受制约的程度。这意味着要逐渐理解掌握许多决定并继续影响美国经验的基本问题。具体而言，在何种程度上美国是一项从宪法上组织起来的帝国事业？美国的法律架构如何随时间推移而发生变化？美国对作为移民国家的自我理解是如何与其定居者根基连接在一起的？移民在何种程度上维系或挑战了内部自由观念？种族和阶级思想如何参与到有关经济和政治自治的叙述之中？种族上的排他性在何种程度上促进或削弱了阶级平等？对这些问题的解答使我们能够理解美国制度性安排的结构，以及目前存在的可能对其进行修正的机会。

美国例外论和美国宪法完美论的迷思

这一对美国历史进行发掘的计划涉及对这个国家经验中占支配地

位的叙述：美国例外论。这种美国置身于充满争斗的欧洲历史之外——尤其是置身于欧洲有关社会地位和阶级的激烈冲突之外——的想法，继续在为美国身份提供强有力的神话。然而，恰恰是这一神话削弱了我们对当前美国制度进行批判性思考的能力、并削弱了我们理解是什么使得美国事业（American project）真正与众不同的能力。美国经验的与众不同之处并非因为美国缺少就阶级问题进行有意义的斗争。相反，其与众不同之处是斗争方式；通过对外部进行强制和控制，一种坚定的共和主义自由理想在这种方式中出现了。唯有质疑内部自由与外部征服之间的历史上的相互联系，我们才能够理解美国政治法律制度的发展，从而认识到隐含于当代的困难和机遇。

1793 年，法裔美国农场主 J.埃克托尔·圣约翰·德克雷弗克（J. Hector St. John de Crèvecoeur）或许是最早力图系统阐明美国例外论的思想的。他在《一位美国农场主的来信》（*Letters from an American Farmer*）一书闻名遐迩的开篇之处写道："那么什么是美国人呢，这种全新的人？"[5]除了强调包括当地风俗、宗教信仰和像自力更生这样的社会态度外，克雷弗克还将自由人的相对平等和独立看作从根本上把新制度与老欧洲区别开来的标志。四十年之后，亚历克西·德·托克维尔（Alexis de Tocqueville）重申了这一观点并坚持认为，由于不存在土地贵族，以及"殖民地产生之初"美国人即享有民主平等条件这一事实的存在，[6]美国在现代政治中为世人呈现了一种全新的实验。在 20 世纪的史学中，这一主张与路易斯·哈茨（Louis Hartz）的开创性作品《美国的自由主义传统》（*The Liberal Tradition in America*）最为牢固地联系在一起。哈茨在书中坚持认为，美国已为"洛克式的共识"（"Lockean consensus"）所吸引。这一共识并不强调社会阶级问题之重要性；相反，它所集中关注的乃是保护像财产权和言论自由之类的消极个人自由。[7]就像罗杰斯·史密斯（Rogers Smith）指出的那样，托克维尔的这一论点，既是集体自我认识至关重要的一个方面，也是崇拜业已确立的制度的关键途径。史密斯写道："托克维尔以来的美国政治分析家已将美国这个国家看作一个'自由民主'社会的典范，因为这一社会是由相对自由和平等的条件以及启蒙思想塑造而成的，而这些思想据说在美国建国之初即很盛行。"[8]

最终,美国例外论最为持久的遗产乃是这样一种方式,其中强调美国治理实践的不可避免,以及它的合法性。因此,按照这种观点,美国从一开始就避免了折磨欧洲的利己主义困境,它的那些最早期领袖从根本上解决了君主专制主义和阶级冲突的难题。这种观点认为,这些制度并非不断展现的大规模集体努力的产物,相反,它们是神话般的(mythic)建国者们赐给我们的礼物,因为他们不受民众竞争或不断斗争的束缚。美国例外论因而产生了第二个基本迷思,即马克·图什内特(Mark Tushnet)描述的对"完美宪法"的神化。按照这种理想化观点,"现有宪法……足以满足人们所认为的当代社会的那些需要"[9]。结果,在面对新的挑战和社会问题时,法官、律师和政治家们基本上都将他们的工作看作维护行动,他们的主要职责因而是强行从宪法上使问题得到合适的解决,从而保卫现有制度的正确性(appropriateness)。虽然政治反对派可以对宪法有不同解释,但是他们可能都同意这种观点,即如果政府现行的基本制度得到充分说明,那么它就提供了正确的纠正措施。

强化例外论和宪法完美论的相关思想,是一种文学教育(literary culture),其中最流行的历史著作是对过去伟大政治家的歌功颂德。这些人物被看作我们需要集体感恩、高于实际生活的形象。每年似乎都有称赞建国之父们智慧和敏锐品质的新传记作品问世,强调他们精于政治创造,强调这样的智慧对于社会秩序的重要性。尽管存在等级性得到加强的现实,以及与之相伴的公众不安,但是在对社会选择进行设想方面,主要类型的历史记忆却几乎提供不了什么帮助。例外论和宪法完美论只是再次肯定这样一种观念,即现存的是永恒的、不可避免的,而不是用于质疑制度结构的必要性或合法性——或者为将来的行动提供样板——的工具。

例外论不能作为对此时此刻进行评估的有力工具的根本原因是,这种观点只从内部人的视角去看待这个国家过去的历史。换言之,例外论对美国经验的描述完全忽视了美国自由的第二个维度——在塑造成员身份和集体自由这种内部观念中的对外权力所起的基本作用。就像许多人指出的那样,例外论和民主平等的神话罔顾那些充满族裔、种族和性别排他性的历史记录,更不用提真正的阶级不平等和冲突了。例如,史密斯在其论述美国公民资格的创新性著作《公民理想》(*Civic Ideals*)中认为,美国身份被浸透了多样性传统,既有自由民主论,又有意识形态上的偏狭性:"这种多样性传统观点认为,美国政治行为体总是在推进公民思想,这些思想吸取自由主义、民主共和主义,以及非平均主义的基本成分,以多种组合形式设计成在政治上受人欢迎的。"[10]但是,甚至连史密斯对例外论的批判,也倾向于将这些"多样性传统"作为孤立而互不关联的现象来描述——"在截然不同的混合物中不存在始终一致的折中方案"[11]*。结果是使民主遗产脱离了种族归属的做法和地位等级制,并使之不受它们的污染。然而,美国的历史记录显示,没能满足自由理想的不仅仅是过去的历史。民主理想本身是通过排他性机制,而非通过不同思潮汇入美国价值的源泉来获得其力量和含义。领土扩张计划以及对谁人可完全被算作社会内部人的看法,有助于产生和维持这些对自由的描述。

　　这种社会政治失败——即未能将内部人的自由与外部人的从属做法联系在一起——所产生的基本影响是:就当前的政治话语而言,催生这个国家制度的实际斗争依然难以理解。如果对这些制度是如何发展而来的没有清楚的理解,要想象出对其进行改革和完善的环境和条件就面临同等的困难。在某种意义上说,仅仅关注美国经验的一方面,我们看不见嵌入社会实践和政治分歧之中的悲剧和希望。然而,如果要发展出对有关全国性计划更完善的描述,从而发展出对目前困境的描述,则关乎往前迈出有违于许多美国人直觉的一步。它意味着对我们集体的过去如何参与到欧洲的殖民扩张历史中进行评估。唯有通过承认这一共同的历史,我们才能对美国对外权力的使用是如何持续影响我们的规范性承诺和宪政架构进行恰当的评估。

---

　　* 本书作者指出,这是指不同意识形态信仰混在一起的不协调(inconsistent combinations of different ideological beliefs)。——译者注

比较视角下的美国定居主义

与帝国征服中的类似实验一样,美国历史的开端和政治基础首先是作为一个定居者社会而存在的。虽然定居者的拓荒者形象已成美国大众文化中习以为常的内容,但定居者殖民主义对于国家制度和思想发展的核心地位,从根本上来说依然隐藏于集体意识之中。想象定居者经验的主要方法,要么是歌颂粗犷的拓荒者的英雄主义,要么是谴责美国定居者如何对待原住民。上述两种变化形式都没能意识到这一问题,即这一经验的解放性与排他性是如何深深地相互交缠在一起的。结果,它们对于我们过于简化而呆板地理解集体历史起到了推波助澜的作用。主流描述也忽视了这些方式,经由这些方式可以更广泛地对照定居者社会来理解美国的过去,能够清楚地显示出何为美国经验中共有的东西、何为美国经验中独特的东西。与此相对照,本书力图辨别清楚定居主义意识形态及其实践的早期类型,以及后来的变体,并寻求勾勒出美国身份是如何经由帝国建立的历史实践而形成。对民主自治(self-government)和经济独立这些集体目标而言,这些实践被认为是政治上的必要手段。

从技术上讲,定居者社会的特点是拥有大量的永久性帝国式族群,因而他们要寻求将母国的方式移植到新的环境中。就像罗纳德·韦策(Ronald Weitzer)所写的那样,殖民地定居点一般都会产生大量的政治经济制度,而且它们"从(帝国)中心(metropole)那里取得了事实上或法律上的政治独立地位"[12]。这种事实上的自治,对内部政治权力的分权化以及更低程度的等级制模式起到了推动作用。同样重要的是,在这样的社会里,殖民者的后裔也从原住民群体那儿夺取了政治上至高无上的地位,他们永久性地或许多代人都维持这种至高无上的地位,并且发展出复杂的思想来使这种强制性的不平等合法化。[13]

在帝国的扩张史中,现代定居者殖民主义曾有两个不同的时期。

第一波包括卡罗琳·埃尔金斯（Caroline Elkins）和苏姗·佩德森（Susan Pedersen）所称的"新世界殖民地"，欧洲在美国、南非、澳大利亚和其他地方的殖民地是其典型。[14]这些殖民地的特征是力图主张定居者社会排他性地拥有原住民的领土，这些领土被反复描述为处女地或无人居住地。进而言之，驱离本地原住民的主要方法更多的是渴望"攫取他们的土地，把他们赶到永远处于扩张的定居点边疆之外的地方；而非对原住民进行统治，或在他们的经济冒险中赢得原住民的支持"[15]。新世界殖民地一贯寻求削弱帝国中心对定居者生活所施加的权力；同时，为实现完全独立并彻底清除原住民群体，他们利用事实上的自治关系进行施压。

第二波发生在19世纪末和20世纪初期和中期，包括欧洲和日本在非洲和亚洲一些地方的定居点。与新世界殖民地相比，这些后来的殖民企图通常与原住民群体发生对峙，而原住民的规模和人数都使定居者在数量上成为明显的少数派。这一特点导致前后两波殖民化之间出现重要差异。定居者和帝国中心的官员们都不能简单地把原住民从领土上驱离；相反，他们被卷入"与人口数量总是更多的原住民之间久拖不决的谈判或斗争之中"[16]。这些现实意味着，虽然殖民者可能已从母国寻求更大的自治，但是最终他们依然在政治上——尤其是军事上——依赖帝国中心的权力，来维护其至高无上的社会地位和特权。在一个充满敌意的政治社会中，如果没有母国的支持，殖民者将持续地面临成为少数的危险。

在某种意义上，20世纪的定居主义与此前新世界定居主义的形式之间存在的关键差异，有助于解释为什么美国人如今几乎不会认为自己曾与定居者的过去或意识形态计划联系在一起。就像研究澳大利亚社会的学者帕特里克·沃尔夫（Patrick Wolfe）指出的那样，早期一波定居者的基本逻辑是对原住民群体进行清除，而非对他们进行剥削。这种清除出现的形式，不仅仅是以暴力针对本地社会，或者使原住民的政治经济实践解体；它也意味着定居者寻求取代原住民社会本身，并且"在被剥夺的土地基础上建立一个新的殖民社会"[17]。在某种意义上，把原住民领土想象成无人居住地，乃是定居者将自己变成"本地人"并

9

力图逃脱殖民主义范畴的重要组成部分。为保持这种想象,把美国看作一个例外国家的愿望,部分地建立在这样一种需求的基础之上,即拉开这个国家同其欧洲渊源的距离,并主张一种真正的美国本土特点或生活方式。

然而,由于没能将全国性计划置于定居者殖民主义的语境之中,美国公众话语在根本上忘记了美式自由叙述得以产生的条件及其对当代政治的意义。学者和评论家们在描述美国建立的民主特点时,不知不觉间只将定居者殖民地内部的那些方方面面隔离开来。因此,大多数有关这个国家根源的讨论,没能够正确评价这些内部特点,是如何作为定居者与被排除在外的原住民人口互动的结果而发展出来的。就像迈克尔·曼(Michael Mann)指出的那样,定居者民主在历史上曾与种族和政治清洗联系在一起。强调种族性作为经济和政治控制的正当理由已经意味着,这样的民主,与公民的基本观念复杂而紧密地捆绑在一起。这些观念将政治共同体描绘成一个以种族和文化相近为基础、与一片土地联系在一起的不可分割的联盟。对曼来说,在定居者社会中,民主政府的历史前提条件经常是征服、强行迁移,或者对那些被视为外部人的人进行公开谋杀。曼写道:

> 虽然这些明显是民主社会,但是他们对原住民的种族清洗,却经常比殖民地那些更不民主的帝国当局的所作所为更糟糕。无论是西班牙人、葡萄牙人,无论是英国君主、总督省长,还是天主教会和某些新教教会,他们都比定居者本身倾向于对原住民持更温和的立场。这就是为什么在美国革命战争中大多数印第安人支持英国人的原因。第二,在英国定居者中间,蓄意的种族屠杀爆发得比在西班牙或葡萄牙定居者中间更加普遍。在这两个案例中我们发现,行凶者间的民主越是稳固,种族屠杀就越是厉害。[18]

因此,聚焦于定居主义,为我们提供了将美国经验中的解放性与压迫性这两个特点联系起来的工具。虽然定居者社会的种族基础抚平了内部的不平等,但却使得依附性外部社会的构建正当化,无论这些外部社会是奴隶还是原住民。仅仅通过观察定居者殖民地的内部特点，许多评论家决不会遇到如此程度的问题，即我们的民主理想本身是由殖民支配产生和维持的。

　　这并不是说，美国对作为一项历史上例外的政治社会计划的自我理解是完全不切实际的。相反，美国经验的独特之处，必须根据其相对的稳定性来进行理解。美国评论家和公民经常将美国国家历史的方方面面看作独一无二、土生土长的东西。而事实上，这些特点不同程度地出现在众多定居者社会之中，其多样性就像法国人在阿尔及利亚、英国人在北爱尔兰、欧洲犹太人社会在以色列/巴勒斯坦一样。除此之外，这些本质特性经常包括：第一，相对于帝国中心或母国，定居者殖民地内部有更大程度的平等；第二，在文化上，有一种被"选择"作为某个种族或宗教去共同完成一项历史使命的感觉；第三，由于认为存在原住民和外国人的威胁，因而更加强调军国主义；第四，对不时被描述为腐败堕落的帝国中心的社会政治习俗保持警惕。[19]

　　甚至把边疆看作美国独特的思想，也模糊了由其他定居者社会所提出的类似主张。例如，虽然一个世纪前弗雷德里克·杰克逊·特纳（Frederick Jackson Turner）曾认为，边疆经验对塑造美国的个人主义和自治政府至关重要[20]，但南非阿非利卡人（Afrikanders）和澳大利亚盎格鲁定居者们（几乎是在同一历史时刻）提出了差不多相同的观点，以解释其自身社会的平等主义和独特性。对阿非利卡民族主义而言，无论是大迁徙（the Great Trek），还是人们所知的讲荷兰语的农夫开拓者（Voortrekker）——他们在19世纪三四十年代大规模移民到南非腹地，都既被叙述为在政治上是独立的，又被用来作为对欧洲扩张的庆祝。根据这种边疆神话，那些阿非利卡人拓荒定居者寻求的不仅是用于放牧的新土地，而且是通过建立奥兰治自由邦（the Orange Free State）和德兰士瓦（Transvaal）这样的共和国，来寻求脱离英国暴政的自由。[21]

　　然而，就像西摩·马丁·李普塞特（Seymour Martin Lipset）指出的那样，使美国定居主义榜样卓尔不同的，"它始于一次革命事件，它是'第一个新国家'，是除冰岛外第一个获得独立的殖民地"[22]。从16世纪欧洲帝国主义开始,美国是第一个定居者成功反叛帝国中心统治的例子。当然,其他定居者社会也曾使用暴力来减少或消除殖民当局过分的控制。南非阿非利卡人进行了两次终未成功的反抗英国强权的战争——1880—1881 年和 1899—1902 年的两场布尔战争,以维持共和主义者对奥兰治自由邦和德兰士瓦共和国的控制。[23]在爱尔兰,评论家们经常忘记 20 世纪发生的第一场反叛是在 1912 年 9 月 28 日,而不是 1916 年的复活节起义(the Easter Rebellion of 1916)。当时将近 50 万神圣盟约组织(the Solemn League and Covenant)的英国新教徒签名,以捍卫阿尔斯特免受爱尔兰本地统治运动(the Irish Home Rule)[24]的威胁。

然而,就像贯穿本书将要进行的讨论那样,13 个英国殖民地反叛成功,发展出了一种独特的定居者意识形态。这种意识形态融合了种族民族主义、新教神学与共和主义,以将作为自治的自由与领土帝国信念结合在一起。这样的自治包含消除所有模式的专制权力,并要求个人经由对生产的控制和民主参与来维护对经济与政治关系的实际决策权力。结果,美国定居主义围绕四个基本构成部分得以组织起来。第一,在使英国那些日渐普遍的 17 世纪共和主义思想激进化的过程中,定居者逐渐把经济独立看作自由公民的伦理基础。几个世纪以来,美国人把对工作手段和条件的控制,看作为内部人提供一种自治和道德独立的集体经验。定居者主要通过土地拥有权和个人所有权的方式,寻求建立一个对内而言的平等主义社会和政治上的参与性社会。第二,美国人把征服看作共和主义自由的基本动力。如果定居者没有新的领土,那么"自由劳动力"合乎伦理的利益在总体上就易受影响。换言之,作为一种政治需要,定居者认为共和主义在本质上必然导致帝国和扩张。

第三,定居者社会认为,共和主义原则在根本上并非普遍包容的。换言之,大多数定居者相信,并非每个人都能享有经济独立的好处。他们认为农业生活的本质意味着有些人从事以生产控制为标志的有尊严的工作,那就不得不由其他人参与到长期被认为低人一等的劳动形式之中,如租佃、雇佣劳动和家庭服务。因此,对定居者来说,在经济独立这一共和主义概念的核心内容中,存在着自由与非自由工作之间的基本区分。久而久之,美国人通过使用从属的外部群体,尤其是非洲奴隶,从事最具压迫性的生产方式来解决这一问题。而且他们通过种族和宗教优越论的观点,将对原住民土地的剥夺和对依附性劳动群体的控制正当化。

第四,定居者承认,为了维持共和主义的自由和领土征服计划,他们必然需要超过最初的英国殖民者流动之外的新移民。结果,他们为被视为共同种族、因而也是这项共和主义计划共同参与者的欧洲人,制定了明显开放的移民政策。这意味着就大部分美国经验而言,美国的边界本质上是欧洲移民的入境港口,他们经常很快就融入这一政治共同体之中。这些融入内容包括在今天看来令人十分吃惊的做法,例如普遍存在的非公民投票以及非公民获得西部联邦土地。一方面,通过扩大谁可算作美国人的种族和宗教类别,移民对领土的需求阻止了 19 世纪进程中移民社会内部最排外的倾向。另一方面,它也使社会的内部人与从属的外部人之间的分裂固化。因此,虽然许多新欧洲移民或许已即刻享受到自由公民和平等政治参与的必要条件,但长期生活在这片土地上的印第安人、黑人或墨西哥人却被拒绝享有这些基本权利。本质上,他们作为被殖民人口存在于美国领土之内,这种方式类似于 20 世纪定居者制度对原住民的控制方式,在其中"等级制划分……(被)固定于经济、政治制度和法律之中,与之相伴的是为定居者人口中的成员保留了……具体经济活动及政治上的特权"[25]。定居主义与移民并不是作为美国经验的两种不同描述而存在着;相反,就大部分过去的集体经验而言,美国作为移民国家的思想直接与定居者需求和制度上的特权绑在一起。

通过与其他殖民化例子比较而对美国社会的这种定居者结构及其稳定性进行评估,我们或许能够意识到目前对有关历史记录进行讨论所遭遇的最大困难。即便当内部自由与外部从属——美国自由的两面性——之间的相互关联在公众话语中被提出来的时候,定居者的排他性几乎总是被视为一种原罪。它代表了一种虽然应受谴责,却几乎没有被谈及的集体制度发展的历史片断。然而,定居者排外不仅仅是一个遥远的征服和从属时期,它为美国人的生活提供了超过三个世纪的基本统治架构。[26]这是因为经济独立和民主自治之目标有赖于不断扩张的计划。美国政治认同与关于帝国权力以及需要对原住民和依附性群体进行外部控制的这些设想,错综复杂地联系在一起。

在强调定居主义如何为集体生活设定意识形态和制度界限时,我的观点绝非要贬低或拒绝过去。我们对自由的叙述,可能恰好出现在奴隶制和对原住民进行剥夺的背景中。这些背景是与自由形成对照的生动体现:奴役和束缚。然而,由于英裔美国人至上和社会从属的标记,任何对定居主义的片面排斥,都必将忽视这样的情况是如何催生一种集体解放的可能性愿景。[27]就美国的大部分经验而言,这种愿景明确有力地说明了一种历史性的新政治动物的产生,并使之正当化:它乃是独立的帝国式定居者国家。

然而,在那些决定性的历史时刻,它也导致一些美国人想象出一种既包容又与领土征服没有关联的共和主义。在本质上,这些改革者把这一民主理想看作是对社会实践的指导,其在哲学上或政治上都不受现有奴役形式的束缚。他们为这个国家构想出一种不同的身份,这种身份将大大改变美国对外权力的使用,并因此创建一个具有普遍性而非帝国式的新美国政体。在某种意义上,他们提出了美国计划真正的例外论:努力去除共和主义理想中的压迫性根源,并使所有人都广泛地获得自由公民身份。

本 书 大 纲

本书各章分别探究了在某一特定历史时期中,定居者经验与自由观念之间的社会政治关系(conceptual relationship)。在第一章中,我详细描述了英国对北美殖民化的法律和政治基础,以及定居者意识形态将对集体自由的丰富理解与帝国计划结合到一起的方式。然后通过将美国革命重新阐释为定居者对帝国殖民化未来的反叛,我重新设想美国革命的核心原因和后果。到 18 世纪 60 年代,伦敦的司法行政管辖权增长得越来越快了,从印属孟加拉扩展到法属加拿大,并且几乎在一夜之间,其在殖民地管理中变成了全球性的文化多样性的工作。对英裔美国定居者来说,正在出现的帝国秩序对他们的共和主义自由思想,以及其相对于边缘化群体所享有的至高无上的社会地位来说都是一种威胁。通过反叛,殖民者重申了内部自由与外部从属之间的内在联系,并沿着旧帝国现状边界建立了一个独立的定居者帝国。最终结果是这样一个政治共同体:一方面它受到共和主义自治承诺的激发,另一方面却又因其内部的社会包容性思想相当有限而受到束缚。

第二章描写革命爆发经验对小农和市民来说,如何推动了集体抱负的激进化——我将其称为共和主义自由的民粹主义形式。对于这样的群体来说,获得有意义的独立要求加强政府的权力,并且使之与专横的民意联系在一起。然而,这种愿景遭遇到一种基本的后殖民困境,一种在 20 世纪出现的那些非洲和亚洲独立国家并不熟悉的困境。英国定居者发现自己嵌入在一个欧洲国家之间相互竞争的世界里,在这里从欧洲获得真正独立的目标完全与民粹主义政治的实施相左。结果,小农和市民逐渐把被商业和政治精英所利用的政府权力,看作对依然保留的民众自治的威胁。下面的这一事实强化了这种感觉,即联邦政府的权力日益同领土扩张和国会对旧的帝国特权主张联系在一起。小农和工匠从原来的革命梦想中退缩,代之以寻求警察国家行为,并通过将这种特权强加于边缘化群体来保护自己的社会地位。结果,新的美国发展出刚性的二元性政治,它将自由公民与日益复杂的对奴隶、获得解放的黑人、拥有半主权的印第安部落和墨西哥人(以及其他的)控制体系分开了。

在第三章中,我描述了对共和主义自由强有力的民粹主义叙述的重新出现和盛行,而与此同时发生的是对因内战、工业化和美国拓疆结束(frontier closing)所产生的社会目标和制度安排的全面重新评价。在此背景中,由农场主联盟组织(the Farmers Alliance)、劳动骑士团(the Knight of Labor)和人民党(the People's Party)组织的风起云涌的抗议运动,寻求使经济政治自治适应新的集体现实。激进的农业和劳工活动家最膨胀的想法是,认为应建立一种更具普遍性、非帝国式的平民政治模式,它涉及对美国外部权力及其对美国内部自由的腐蚀性影响进行彻底的批判。他们勾画出一种没有帝国的自由愿景,尽管常常并不完整。最后,人民党反叛的失败,意味着当未来的改革者试图挑战内部和外部权力模式时,他们面对制度和惯例年复一年地日益嵌入其中。

在第四章中,我描述了紧随人民党运动而扎根的一种不同宪政生活愿景。这一新的共识产生了由新政(the New Deal)所确立的宪政秩序,最终涉及放弃作为自治的自由观念。新政废弃了定居者的制度和理想,并沿着美国的欧洲对手的路线创建了新的治国术;或许具有讽刺意味的是,结果把美国总统变成了英国君王适当的代替者。在此过程中,新政人员强调的主要集体目标,不是经济独立问题或参与性公民身份问题,而是源于匮乏和外国威胁的安全问题。这种对安全的承诺涉及发展出强大而灵活的行政部门,这样才能够对国内外社会危机作出强有力的反应。它也意味着对旧有的帝国特权——这种特权现在集中在总统身上,改头换面成一般的常规国家权力模式,而非一种监管内部人与外部人之间界限的专门方法。在国际事务中,虽然美国抑制自己不去追求建立传统的殖民帝国,但是却不断追求全球性支配地位,并使这些政策作为国内外安全的必要措施而变得正当化。这种权力设计有助于强化新宪政主义,其中行政部门充当了权威性的代表机构并且代表"我们美利坚合众国的人民"(we the people)而广泛地发言。

通过本书的结论部分,我更加直接地追踪这一历史重构的当代意义,途径是集中关注后新政时期的改革计划和群众动员模式。我尤其关注民众为取得政治和经济上更大程度的包容——例如对黑人和妇女的包容——而努力的意义。这些努力按两条基本轨道进行。一方面,通过将先前被边缘化的群体中的精英纳入企业和政府特权的范围之内,这些努力起到了加强主流制度的作用。然而,另一方面,这些努力也不时明显起到将内部依附与外部权力联系起来的作用,并且在此过程中重申了非帝国式的普遍性共和主义政治的目标。事实上,民权运动(the civil rights movement)可以解读成我们最近期的集体尝试,以唤醒处于沉睡的、作为自治的自由的叙述,并将这些叙述与对美国干涉主义的响亮批评结合起来。如今,包容性目标依然有这样的二元潜在可能性——既维持统治等级制,又从根本上对其进行挑战。尽管存在这样的模糊性,但它依然是实现以下两方面目标的最佳有效途径:唤醒强有力的共和主义自由愿景;将这一愿景加入开放的政治共同体理想之中。尤其是,移民问题——美国边界内移民合适的经济和政治地位——为我们提供了一个核心方法,以从制度上同内部与外部权力的含义相衔接。

社会批评与对历史的运用

在严肃地开始本书的计划之前,有理由对有关本书的方法论进行简短的说明。虽然本书随后各章基本上遵循按年代排列的时序,并对过去的事件提供新的解释,但这种努力并非一项传统的历史学术工作。相反,我把这一研究计划看作一种社会批评形式,其中的历史呈现乃是为解决今日之问题以及明日之潜在可能性而服务的。我对过往历史的集中关注,归根结底只是工具性的;它寻求说明美国经验本身是如何掌握那些规范性工具,以尽力克服此时此刻的问题并想象出可替代的解放方案。

在许多方面来说,本书是对迈克尔·沃尔泽(Michael Walzer)所称的"关联性批评"(connected criticism)的一种实验。据此,沃尔泽的意思是说,有两种进行规范性观点研究的方式。一方面,一个人能够置身于具体的社会共同体之外,就好像他或者她是一个"不带感情色彩的陌生人",并且以出自普世正义的原则为基础,来对本地的组织机构进行评估。另一方面,批评者能够把他或者她自己的观点,作为某一社会的实践活动里的内部争论之组成部分来处理,并通过参照共有的传统、历史和价值,来寻求重塑集体生活。[28]我决定进行第二种类型的社会批评,乃是有意为之,因为对我们目前状况的评估激发了我的这种想法。

如今,对我们许多人来说,要想象出真正可供选择的替代性社会——一个对主流的等级制和内部与外部权力正当化构成挑战的替代性社会——是困难的。在某种程度上,政治哲学中对证据理论化的高度分析形式,只会加强统治制度与乌托邦联想之间的表面鸿沟。正如一个创新性例子,约翰·罗尔斯(John Rawls)在《正义论》(*A Theory of Justice*)中希望通过呈现完美的正义实现条件,来阐明当代生活的问题。他是通过复杂的思想实验来这样做的,在实验中,他想象人们在被置于"原初状态"[29]时会做出什么政治决定。这一乌托邦主义抽象形式存在的问题,乃是其无意间强调了我们集体不确定性的支配感。对理想状况的如此思考,与递减性的民众权力和政治异化的日常事实严重脱节。虽然这一乌托邦思想形式包含了一种社会创新途径,但是它从未使进行改善的承诺与实际机构的愿景联系在一起。进而言之,它没能在美国经验之内提出文化工具,而这些文化工具使得对正义的叙述不仅是普适性的抱负,而且成为我们当地有关社会可能性争议辩论的构成性元素。

在对特别塑造美国斗争的意识形态愿景进行深化时,我希望对嵌在我们过去历史中的有关人类自由强有力的叙述进行有力的阐明。在某种意义上,我愿意强调那些似乎激进的关于经济控制、政治参与和帝国遗产的观点,是如何成为内部改变计划和社会革新的核心内容,而我们通常不使这些观点与美国认同联系在一起。这一研究计划因此以自己的方式,试图创造一种这个国家创建和经验的不同意象,一种可以取代传统例外论和宪法完美性叙述的意象。在这一过程中,它主张当前公众话语的核心缺陷之一,恰恰是保护主义冲动(preservationist impulse),因为这种冲动趋于抹平我们丰富多样的政治争论传统。因此,社会批评家的基本任务,是显示那些明显边缘性的自由观点和社会成员本身,是如何成了我们身份基础的方方面面。这意味着我们要使那些目前似乎遥远,且文化上属于外国的实践和思想,作为我们自己的东西来欣赏。

最后,仅仅复制我们前人的政治行动,不足以减少社会的有专制主义色彩。即便在那些美国寻求使共和主义自由普遍化、寻求将经济和政治独立的承诺从殖民统治现实中逐出的历史时期,定居者思想依然对这些集体希望中的努力理解做出妥协让步。但是,先前时刻所提供的东西,却是理解我们当前问题和民主控制能够呈现的可能形态的基本轮廓。他们为批判支配当代思维的制度和概念提供了一种途径。在当前这个美国于国外地位卓越、于国内民主焦虑的时代,过去的历史表明,个人可以如何再次主张民众权力,以及这种权力如何能够与更完整、更包容的道德身份兼容。

注　释

1. 参见 James Tyson and Michael McKee,"Volcker says China's Rise Highlights Relative U.S. Decline," *Bloomberg*, September 29, 2009, www. bloomberg.com(accessed February 23, 2010);以及 Aaron Task,"Niall Ferguson: U.S. Empire in Decline, on Collision Course with China," *Yahoo Finance*, October 20, 2009, finance.yahoo.com(accessed February 23, 2010)。在最近《外交事务》上的一篇文章中,历史学家尼尔·弗格森(Niall Ferguson)进一步对他的关注进行了详细说明,认为不断增加的贸易逆差和不堪重负的军力打倒了以前的那些帝国。Niall Ferguson,"Complexity and Collapse: Empires on the Edge of Chaos," *Foreign Affairs*(March/April 2010), www. foreignaffairs.com(accessed March 18, 2010)。

2. Central Intelligence Agency,"The World Factbook 2009," www.cia. gov(accessed July 7, 2009).

3. Stockholm International Peace Research Institute,"SIPRI Yearbook 2009: Appendix 5A. Military Expenditure Data, 1999—2008," www.sipri.org (accessed July 7, 2009).

4. 参见 Department of Defense, Office of the Deputy Undersecretary of Defense(Installations and Environment), *Base Structure Report*, Fiscal Year 2008, DOD-94, DOD-22; Department of Defense,"Active Duty Military Personnel Strengths by Regional Area and by Country," December 31, 2007, www.globalsecurity.org(accessed May 3, 2010)。

5. J. Hector St. John de Crèvecoeur, *Letters from an American Farmer* (New York: Fox, Duffield, 1904), 54.

6. Alexis de Tocqueville, *Democracy in America*, ed. J.P. Mayer(New York: Doubleday, 1969), 50.

7. 参见 Louis Hartz, *The Liberal Tradition in America: An Interpretation of American Political Thought since the Revolution* (New York: Harcourt,

Brace，1955）。

　　8. Rogers M. Smith，"Beyond Tocqueville，Myrdal，and Hartz：The Multiple Traditions in America，" *American Political Science Review* 87（1993）：549—566（引自第 549 页）。

　　9. 参见 Mark Tushnet，"'Our Perfect Constitution' Revisited，" in *Terrorism，the Laws of War，and the Constitution：Debating Enemy Combatant Cases*，ed. Peter Berkowitz（Stanford，Calif.：Hoover Institute Press，2005），131—158（引用自第 132 页）。图什内特使用的术语取自亨利·莫纳汉（Henry Monaghan）稍早的一篇题为《我们完美无缺的宪法》（"Our Perfect Constitution，" *New York Law Review* 56（1981）：353—396）的文章，图什内特尤其关心这一假设如何将宪政决策从民众审议转向以法院为中心的解释。

　　10. Rogers Smith，*Civic Ideals：Conflicting Visions of Citizenship in U.S. History*（New Haven，Conn.：Yale University Press，1997），6.

　　11. Ibid.

　　12. Ronald Weitzer，*Transforming Settler States：Communal Conflict and Internal Security in Northern Ireland and Zimbabwe*（Berkeley：University of California Press，1990），26.

　　13. 历史学家和社会科学家对有关定居者制度作比较评估的努力，经常集中于劳动机制如何影响政治安排这一问题。例如，D.K.菲尔德豪斯（D.K. Fieldhouse）在 20 世纪 60 年代发展出一种类型学，以描述各种形式的定居主义，他将定居主义划分为三种基础类型：混合式、种植园式和纯粹定居式。参见 D.K. Fieldhouse，*The Colonial Empires：A Comparative Survey of the Eighteenth Century*（New York：Delacorte Press，1967），11—12。乔治·弗雷德里克森（George Fredrickson）也利用这种他视为提供理想类型的类型学，把种族排他性和种族控制的定居者模式与帝国中心的经济目标和劳动习惯结合在一起。参见 George M. Fredrickson，"Colonialism and Racism：The United States and South Africa in Comparative Perspective，" in *The Arrogance of Race：Historical Perspectives on Slavery，Racism，and Social Inequality*（Middletown，Conn.：Wesleyan University Press，1988），216—235，220—221。

　　14. Caroline Elkins and Susan Pedersen，"Settler Colonialism：A Concept and Its Uses，" in *Settler Colonialism in the Twentieth Century*，ed. Caroline Elkins and Susan Pedersen（New York：Routledge，2005），1—20（引用自第 2 页）。最新的关于新世界定居者殖民地如何在全球传播英国的风俗和语言，特别聚焦于移民模式和工业化的开始如何结合起来产生了繁荣的英裔美国定居者经济，这方面的内容也可参见 James Belich，*Replenishing the Earth：The Settler Revolution and the Rise of the Anglo-world，1783—1939*（New York：Oxford University Press，2009）。另一项新的研究是 Lisa Ford，*Settler Sover-*

eignty：*Jurisdiction and Indigenous People in America and Australia*，*1788—1836*(Cambridge，Mass.：Harvard University Press，2010)，该书提供了有关定居者—原住民关系如何在佐治亚和新南威尔士实际运作的绝佳比较评估研究。

15. Elkins and Pedersen，"Settler Colonialism," 2.

16. Ibid.，3.

17. 参见 Patrick Wolfe，"Settler Colonialism and the Elimination of the Native," *Journal of Genocide Research* 8(2006)：387—409(引自第 388 页)。

18. 一般参见 Michael Mann，"The Dark Side of Democracy：The Modern Tradition of Ethnic and Political Cleansing," *New Left Review* 235(May/June 1999)：18—45(引自第 26 页)。也可参见 Michael Mann，*The Dark Side of Democracy：Explaining Ethnic Cleansing*(New York：Cambridge University Press，2004)。

19. 关于更多被移植定居者社会的历史事例和一般特点,可一起参见 Elkins and Pedersen volume，Nicholas Canny and Anthony Padgen，eds.，*Colonial Identity in the Atlantic World*，*1500—1800*(Princeton，N.J.：Princeton University Press，1987)；Daiva Stasiulis and Nira Yuval-Davis，eds.，*Unsettling Settler Societies*：*Articulations of Gender*，*Race*，*Ethnicity*，*and Class*(Thousand Oaks，Calif.：Sage Publications，1995)。也可参见一卷新的有益作品,Jack Greene，ed.，*Exclusionary Empire*：*English Liberty Overseas*，*1600—1900*(New York：Cambridge University Press，2010)，该卷对英国自由思想和法治是如何在整个帝国进行运作的进行了评估,途径是将新世界定居者社会置于英属印度和非洲的殖民地实践背景之中。

20. 参见 Frederick Jackson Turner，*The Frontier in American History*(Tucson：University of Arizona Press，1986)。

21. 有关美国与阿非利卡人边疆神话相似性更完整的讨论,参见 George M. Fredrickson，"The Frontier in South African and American History," in *The Comparative Imagination*：*On the History of Racism*，*Nationalism*，*and Social Movements*(Berkeley：University of California Press，1997)，37—46；Howard Lamar and Leonard Thompson，eds.，*The Frontier in History*：*North America and Southern Africa Compared*(New Haven，Conn.：Yale University Press，1981)。有关美国与南非定居主义变体之间相似性更一般意义的讨论,参见 George M. Fredrickson，*White Supremacy*：*A Comparative Study in American and South African History*(New York：Oxford University Press，1981)。

22. Seymour Martin Lipset，"American Exceptionalism—A Double-Edged Sword," in *American Social and Political Thought*：*A Reader*，ed. Andreas

Hess(New York：New York University Press，2003)，39—44(引自第 40 页)。

23. 参见 Fredrickson，*White Supremacy*，191—195。

24. 到 1914 年的时候，为了准备内战，阿尔斯特志愿军(the Ulster Volunteer Force)已经将四万支来复枪走私到北爱尔兰，以维持英国定居者对当地的控制。事实上，今天有许多阿尔斯特民族主义者在 9 月 28 日庆祝他们自己的"独立日"。

25. Elkins and Pederson，"Settler Colonialism，" 4.

26. 为把握这一点，帕特里克·沃尔夫(Patrick Wolfe)写到了澳大利亚的例子："'定居者—殖民国家'的决定是澳大利亚社会的基本组织特点，而非仅仅有关其起源的声明……。(入)侵是一种整体结构而非一个事件。"Patrick Wolfe，*Settler Colonialism and the Transformation of Anthropology*(London：Cassell，1999)，163。

27. 弗雷德里克森的作品总体上来说，尤其是他的《白人至上》(*White Supremacy*)，对我自己的观点有着巨大的启示意义。然而，由于共和主义传统的解放性特点在政治上与从属模式之间的联系，他的"优等民族的民主"("herrenvolk democracy")方法有时过于仓促地舍弃了这些解放特点。在我看来，这种联系在哲学上并非根本性的；而至今依然未完成的美国生活计划维持了丰富的内部叙述，并使这些叙述广受赞赏。

28. 参见 Michael Walzer，*Interpretation and Social Criticism*(Cambridge，Mass.：Harvard University Press，1987)，33—66(引自第 38 页)。

29. 参见 John Rawls，*A Theory of Justice*(Cambridge，Mass.：Belknap Press of Harvard University Press，1971)。

第一章　定居者的反叛与
美国自由的基础

在弗吉尼亚和南北卡罗来纳,他们拥有大量的奴隶。虽然在
世界任何地方都是这种情形,但那些拥有自由者是目前为止最为
自己的自由而感到骄傲自豪的人。自由对他们来说不仅是一种享
受,而且是一种等级和特权。人们不明白,在那里,自由在他们中间
显得更加崇高和仁厚,因为在一些国家自由乃人所共有、像空气一
样广泛而普遍;而在那里自由却与贱业、灾祸以及外部奴役相连。

——埃德蒙·伯克(Edmund Burke),《与美国和解》

("Speech on Conciliation with Colonies",1775 年)

在美国国家历史中,没有什么事件像美国革命一样笼罩在神话之
中。对持美国例外论的历史学家和理论家来说,美国革命表明美国是
追求政治自由事业的独一无二的地方。汉娜·阿伦特(Hannah Arendt)
在《论革命》(On Revolution)一书中写道:"北美的殖民化和美国的共
和主义政府,构成了欧洲人或许最伟大、并且肯定是最大胆的事业。"她
惋惜道,相比于法国,美国的例子没有成为革命的样本,而且它的政治
建设行动依然是个历史的局外者。"事实令人悲哀,法国革命虽然以灾
难结束,但却创造了世界历史;而美国革命虽然取得如此成功的胜利,
却依然是一个基本没有超出本土重要性的事件。"[1]

对于阿伦特来说,美国革命的例外论源于两个相关的事实。其一,

美国自由的两面性

这是个体为了开创新的政治起点的自发行动。通过制定一整套制度，建国之父们致力于最纯粹形式的自由——集体政治创建行动。进而言之，使得这一革命行动具有如此解放色彩的，乃是它从根本上来说是政治性的、而非社会性的。按照阿伦特的说法，政治的特点是公共领域中共有的自发行为，而社会的特点则是一个经济体内共同的生产和消费驱动力。它们模仿自然的生产和再生产驱动力，而这些自然的生产和再生产则服务于生物必要性之目的。这样的模仿意味着，不同于公共领域，社会不允许人们展示其独特性或自由行动的能力。阿伦特认为，不同于法国革命，美国革命不关心社会地位或经济福利，因而超越了本能和必要性。相反，它包含使公共领域制度化的政治解放尝试，从而为自由提供恒久的居所。

虽然阿伦特关于社会与政治之间的区别受到了公正的批评，但是她对美国革命的描述却还在告诉世人，学者们是如何想象这个国家的创立，尤其是人们所以为的殖民地独立的激进性特点。最近没有哪位思想家比戈登·伍德（Gordon Wood）更捍卫这种主张。在其创新性著作《美国革命的激进主义》（*The Radicalism of the American Revolution*）一书中，伍德虽然不同意阿伦特主张中的许多内容，但他依然赞成作为建立在自由基础之上的共和国这一美国历史的独特性。对于伍德来说，美国革命的解放性特点恰好存在于这一事实之中，即革命提出了社会问题，并且彻底改变了殖民地里面的社会地位。他将这一革命事件描述为对贵族特权的抨击，并认为"在一个有着无数庇护关系和多重依附程度的君主世界里，没有什么能比这一使每个人获得独立的尝试更加激进"[2]。

然而，就像其他许多以美国例外论为前提的观点一样，阿伦特和伍德提供的那些看法在根本上误解了美国革命例外论的实际内容是什么。之所以如此，是因为他们忽视了这样一个事实：美国是一个定居者社会；美国革命——英裔美国定居者的反叛——既关乎帝国殖民化的本质，又关乎政治的肇始。在本章中，我认为在英国与其殖民地的冲突中，英帝国的意图和目标对定居者来说是至关重要的。因为在反叛前的一个多世纪里，北美殖民地扩张——就其广泛程度而言——一直是

24

定居者殖民化的一项分权自治事业。共同的祖先、宗教、土地利用和自由观念将殖民地与帝国中心连接到了一起,并有助于确保定居者征服与英国的更大利益相一致。然而,随着英帝国扩大,它也变得日益多样化,扩延到现代欧洲历史上此前未曾接触的世界不同民族和地方。对文化上如此不同的帝国维持控制的需要与当地殖民自治直接冲突。定居者长期享有这种自治权,并视其为一种祖传的基本权利。因此,定居者反叛既关乎过去,又关乎未来。定居者反叛表达了这样一种信念,即殖民者在坚持独立中能够重新主张失去的帝国地位。[3]

通过将美国革命置于有关帝国含义的辩论中,我们能够明白阿伦特和伍德提供的叙述所面临的基本困难。定居者寻求捍卫自己长期以来被获准的特权,因而要捍卫他们在文化和政治上的至上权力。那时候,这种至上权力要远远更加明显:因为有个正在出现的帝国,它似乎将重要的王权保护看作无论种族的所有臣民的权利,并认为宗教宽容对帝国的权威至关重要。换言之,阿伦特的自由新居所,在许多方面是对旧殖民共识的重建,只不过现在要重建的是抛弃英国监督这一共识。进而言之,定居者反叛毫无疑问是一个社会事件,它与由包容像原住民、天主教徒甚至黑人奴隶这样的边缘化群体所带来的霸权丧失有关。这种革命的社会推动力,也使得伍德的描述所存在的缺陷显得异常突出。唯有通过定居者的内部视角,人们才可以将反叛看作激进地寻求平等化的时刻。我坚决认为,事实上,这样的平等是以此为基础的,即强调敌友之间的二分法、强调作为公民被包容进来的那些人与作为对定居者自由构成威胁而被排除在外的那些人之间的二分法。

最终,阿伦特和伍德都没能领会这一社会动力,这或许证明了来自革命激进主义观点的最大缺陷。这些观点试图保持革命的经验不受那些从属形式的损毁,虽然这些从属形式曾对革命提供支撑。美国革命理想事实上有赖于许多排他性的内容,而并不是阿伦特的纯粹自由行为,或者伍德的普世化平等话语。对英裔美国定居者来说,这样的排他性强调了自由与帝国之间无法摆脱的联系。在反叛前的岁月里,殖民者发展出一套值得注意的有关自由的强有力叙述,这套叙述将自治视为要求经济上、政治上和精神上的独立。自由意味着个体有能力坚持对集体生活的所有主要场所进行控制。然而,这一憧憬的先决条件既是奴隶制的扩张,也是对原住民土地财产的剥夺。与定居者殖民化中的其他历史实验一样,定居者社会内部的解放性特点,在政治上使得对外部的支配成为必要。这种存在于自由与从属之间的本质联系,塑造了这个共和国的早期制度,并且对集体生活的方向施加了持久的影响。唯有承认这种二分法,我们才能意识到我们的集体经验——一个独立的定居者社会将共和主义与帝国糅合在一起的尝试——中,哪些东西才是历史上具有创新性的。

在接下来的篇幅中,我认为英国努力使其帝国权力在文化上更具包容性,尤其是在它与法国发生全球性战争之后,这危及定居者的至上地位和内部自由。这种方法不同于此前有关美国革命的叙述,那些叙述虽然强调殖民者的共和主义意识形态和英国当局的小心谨慎,但却没能将这些观点置于有关定居者殖民主义的未来这一更宏大的观点之中。通过以大量历史细节来描述美国定居主义出现的法律、政治和经济背景,我希望提出作为自治的自由的那些时常令人焦虑不安的意识形态根源。在这样做的时候,我的目标不仅要提供有关美国革命以及美国建国的一种替代性叙述,而且要强调美国自由中隐含的悲剧与希望。在本质上,这一悲剧和这一希望,都为长期所做的以下努力提供了背景:设想至上地位与自由这二者之间是如何能够分离开来的。

在本章的第一部分,我阐释了北美定居点最初的法律和政治基础,其中尤其关注的,是英国殖民者从伊丽莎白征服爱尔兰事件中照搬过来的一套意识形态假说和帝国实践活动,以对原住民进行剥夺。在本章的第二部分中,我探究了殖民化最早期的一个令人惊讶的特点。这一事实即是,定居者和被征服的人都被作为臣民加以类似的对待,他们乃是享有不变的自由裁量权的王权控制下的臣民,而这与西班牙或葡萄牙统治中的运作并无二致。其结果是,定居者与原住民每一方都面临强制性的权力模式。因此,某些社会流动性存在于殖民者与像奴隶和黑人自由民这样的边缘化群体之间。就像我在本章第三部分中所认为的那样,只有定居者的制度从外部监管中变得更具自治性,只有定居者制度越来越充满共和主义思想,新的现状才会在世上出现。这样一个框架将自由的英裔定居者与被殖民的对象严格地区分开来,对后者可以单独通过帝国武力来加以统治。这一讨论对法国-印第安人战争(French and Indian War)＊之前的定居者生活的基本特点一起进行了归纳,并对发展中的作为自治的自由(freedom as self-rule)叙述进行了描述,这些是美国革命发生数十年之前殖民社会的标志特点。

最后,在本章的第四部分中,我对英国企图重新组织一个多语言的新帝国进行了详细描述;并强调其对法属加拿大人、美洲原住民和非洲奴隶的政策,是如何威胁破坏定居者生活的基本信条的。通过对奴隶制与自由之间关系的讨论,我也评估了帝国中心—定居者之间的分歧,是如何表明两种根本上互不相容的有关自由的叙述的。这两种叙述分别运用于伦敦和殖民地。对定居者来说,更大程度的宽容和种族包容意味着剥夺所有英国臣民——无论祖先是否英国人或在信仰上是否新教徒——在政治上和经济上的自治。新的实践不是使得自由普及化,而只是将自由的含义进行阉割,并且使英裔美国殖民者陷入文化上自卑的境地。作为结论,我对这个新共和国的帝国改革愿景进行了勾勒;这种愿景基本上以殖民地原来的状况为基础,以对共和主义独立和领土扩张的承诺为驱动。最终,本章寻求为定居者的自由和征服观念奠定理论基础;本章还对集体斗争及其过程进行了分析,它们催生了作为自治的美国自由理念以及定居者的帝国计划。

为美国定居点建立法律和政治基础

要理解英裔美国殖民者所设想的他们在为什么而战以及他们在反

＊ 法国-印第安人战争(1754—1763 年),也称北美的"七年战争"。战争发生在英属美洲殖民地与新法兰西殖民地之间,英法殖民者都得到各自母国的支持,并与北美原住民结盟。——译者注

对什么,我们需要退一步来对最初如何使定居点正当化进行评估。这意味着我们需要回顾久远的过去,并且重新建构那时的社会困境、文化假定和政治实践。虽然这一切现在都已从人们的集体记忆中丧失,但它们却定义了殖民地时期的美国。在很大程度上,这些实践是从爱尔兰的经验中借鉴过来的,并强调在这种方式中,异教徒主义和野蛮状态使得当地社会丧失了他们宣称对自己土地所拥有合法主权的资格。除了关注爱尔兰的经验之外,我在这部分也考虑法学家和殖民地行政管理人员,例如爱德华·柯克爵士(Edward Coke)和约翰·洛克(John Locke),是如何为英国的殖民化建立基础的。英国的征服预先假定,虽然新原住民群体是国王的帝国臣民,但这一地位并不必然使其被赋予有意义的权利,而且对这些被征服的群体可以以君王认为合适的方式进行统治。

多语言帝国的困境

本章的中心观点是,美国革命最终是对英帝国中英裔殖民者地位转变进行的反叛,是对哪一个群体——定居者还是伦敦的行政管理人员——应该指挥帝国的扩张进行的反叛。为了评估北美早期殖民化与后来定居者的难以驾驭之间的联系,有益的做法是突出在美国革命爆发之前的英帝国状态。具体地说,由于急剧的全球领土扩增,伦敦的行政管理者开始明确地表达重新建构皇家臣民身份观念的重要性。

在 18 世纪 60 年代初期,英国及其殖民地举行了一系列战胜波旁王朝的庆祝活动,这些胜利导致了 1763 年《巴黎条约》(Treaty of Paris)的签订,从而巩固了英国对加拿大的控制,并将这个殖民帝国建成为北美支配性的政治力量。与民众信心高涨相反,1761 年出现了一本匿名的小册子,名为《维持瓜达卢普岛和平的理由——瓜达卢普岛一位绅士在写给他伦敦朋友的五封信中,解释为什么这样对加拿大更好》(*The Reasons for keeping Guadaloupe at a Peace*,*preferable to Canada explained in five letters from a Gentleman in Guadaloupe to his Fried in London*),这本小册子对全球性征服的政治、经济和道德价值提出了质疑。[4]这种毫无疑问的少数派立场后来被描述为“英格兰本土主义”

(Little Englander)方法，它与白厅（Whitehall）的贝德福德公爵（Duke of Bedford）关联最为紧密。[5]虽然使英国在政治上永久享有对法国至上优势的欲望使得这一观点实际上毫无成功的机会，[6]但是这些观点却大致显示了17世纪和18世纪英帝国的基本性质，以及那时因与法国之间的战争和其他帝国冒险行为所造成的根本性变化。

小册子的作者提出了几个反对保留新法兰西的观点，其中最明显的反对观点是认为支持和保护这一新殖民地所需的成本将超过由毛皮贸易带来的经济利益。作者还认为，这一新领地上的政治文化本质与英国海外定居点的传统和结构相左。就像菲利普·劳森（Philip Lawson）归纳的那样："新法兰西的人民……是外来种族，有着需要特别应对的不同文化和宗教。他们的忠诚永远令人怀疑，而且保证人们忠诚的唯一希望，有赖于在主要定居点和贸易区维持一支常备驻守部队。"[7]作者通过澄清为什么英国应保留西印度群岛，而应将加拿大还给法国来继续表达他的看法。首先，如果一个外国人的加拿大继续遏制定居者的野心，那么英国的美洲殖民地就会逐渐削弱其依附性的经济和贸易地位，并且会更加顺从英国的政策。第二，拥有瓜达卢普岛将把英国的美洲殖民地带入一个贸易共同体之中，从而为英国的经济需求服务，并将这些殖民地与英帝国更加紧密地捆绑在一起。作者对即将来到的诱发事件有先见之明，他写道，除非法国的势力继续存在、西印度群岛力量增强，否则"像北美这样一个如此广袤而肥沃的国家"将不会"长期保持对……大不列颠的依赖"，却没有想削弱帝国中心权威的极度"猜忌"。[8]

实际上，这种"英格兰本土主义"观点，把帝国式的英国主要看作一个贸易帝国，而非建立在领土扩张基础上的帝国。就像作者通过吸取历史教训而坚决主张的那样，领土扩张带来贪婪、腐败以及对在国内外维持公民规则的无数威胁：

> 在上个世纪开始之际，欧洲对西班牙心怀恐惧……但是，瞧瞧这个国家采取的有害措施所导致的致命后果吧。西班牙在新世界的异邦之地紧紧抓住征服不放，远远超过其母国的承受程度和能

力,因为她本身人口减少:虽然她欲壑难填地征服了那些国家,征
服了那些宝贵金属的无穷源泉,但她却因深陷那些错误道德箴言
而逐渐衰落。[9]

在对领土征服明智与否进行质疑时,"英格兰本土主义"观点意识
到,像征服这样如此激进的变化对英帝国统治意味着什么。18世纪60
年代之前,英帝国本质上是一个规模小且基本上同质性的美洲殖民地
集合体。在北美和加勒比海地区,英裔—新教徒定居者为帝国中心扩
张领土和经济权力。这些定居者带来了英国的政治概念和制度,尤其
是因征服爱尔兰而产生的殖民化模式。进而言之,在18世纪的大部分
时间里,与西班牙殖民地及其"无穷的黄金源泉"相比,无论(英国)母国
从这些殖民地获取了什么样的财富和权力,这种获取都是相对有限
的。[10]提到英帝国,实际上是对一系列复制旧世界习俗的殖民定居点进
行描述,而且其中的英裔定居者把自己看作享有英国特权的自由臣民。

然而,18世纪60年代大片领土的增加在英国的领地内带来了前
所未有的多样性新人口,这些领地之中包括先前其他大国的殖民地,以
及在印度和亚洲其他地方掠夺的土地。正如D.K.菲尔德豪斯(D. K.
Fieldhouse)指出的那样,到19世纪初,这一新兴的英帝国"规模如此之
大,情况如此之复杂,以至于在欧洲殖民史上(它)是全新的东西"[11]。
根据当代的估判,这样的扩张在1763年意味着英国有权宣称拥有"另
外7.5万法裔加拿大人,西堤群岛上约3万的种植园主、奴隶和加勒比
人,约10万美洲原住民,佛罗里达的一点点西班牙殖民者,以及据信在
孟加拉无论如何有1 000万到2 000万人"[12]。

这一大量增加的新人口,使得如何维持这一多样性帝国秩序的问
题变得明显突出了,并且提出了这样一个深刻的问题,即什么样的法律
结构和基本权利适用于这些新的臣民。在18世纪,臣民身份的观念依
然保留着中世纪的含意,即介于附属于君主与封臣之间的个人担保关
系。臣民享有这种地位,或者由于与生俱来的权利,或者源于征服或归
化。臣民与君主之间的关系,承载着一系列义务和权利。臣民向君主
效忠,而君主反过来对臣民进行保护。[13]在某种意义上,这一多语言混

杂的新帝国面临一个基本困境,即有关非英裔臣民身份的含义,尤其是在英国国内和英国殖民地中他们相对于英国人的地位。拒绝被征服的人民享有任何相关的保护权吗?他们与天生的英国人拥有相同的地位和权利吗?或者有替代性的框架吗?

1768年,就有关在印度的新领地问题,后来成为美洲部(American Department)副大臣的威廉·诺克斯(William Knox)坚持主张:"它们是英国的殖民地,其居民是英国臣民,尽管由他们自己的法律或者由东印度公司制定的法律来统治。"[14]关于地位和权利问题,诺克斯试图通过将所有个人归为英国权威下的臣民来化解。然而,是本地惯例而非英国的传统和政治制度,将确立遥远领地的原住民臣民身上的权利。对于殖民地行政管理官员来说,新出现帝国的多样性文化本质要求在长期实践中进行两个基本改变:帝国更大程度的集权和提高对原住民法律的容忍度。在这样做的时候,诺克斯和其他行政管理者发现,他们正在(经常不自觉地)挑战盎格鲁-清教殖民化的那些基本假定,结果是挑战帝国内部定居者在政治上至高无上的地位。

对爱尔兰的殖民化实验

英国16世纪末为征服凯尔特人的爱尔兰所努力积累的重要国家经验,为北美殖民地定居创造条件做出了最多贡献。[15]或许,这样的努力与北美未来殖民化之间最显而易见的联系是,大量富绅及其家族在爱尔兰定居点和后来的北美远征中都起到了关键作用。这些富绅及其家族常来自英格兰西部乡村。除沃尔特·雷利(Walter Raleigh)、汉弗莱·吉尔伯特(Humphrey Gilbert)、托马斯·莱恩(Thomas Lane),以及托马斯·怀特(Thomas White)之外,还有那些一直持续到17世纪具有(上述关键作用的)双重联系的家族,包括"像温思罗普家族、卡尔弗特家族,以及佩恩家族(the Winthrop, Calvert, and Penn families)这样的明显例子"[16]。然而,甚至更为关键的是,经由在爱尔兰的经验,英国发展出一套对领土征服的司法管辖权,以及维护英国权力并维持对本地社会进行政治控制的方法。

始于1565年,英国政府寻求将其领地扩展到"佩尔"地区(the

"Pale")——即都柏林及其周边地带,并将整个爱尔兰纳入英国君主控制之下。在此过程中,英国政府把英裔农民"植入"该地区。就像伊丽莎白(一世)时期大多数扩张努力一样,这一计划是由个体来进行的,他们被授予皇家特许证,为了私人和公共利益而对爱尔兰土地进行征服并在那里定居。尽管这些尝试可以用经济或战略理由来解释,但是英国君王及其殖民者却面临两个相互关联的法律和道德问题:第一,是什么给予君王拥有新土地的合法权利? 第二,怎样才能使得迁走原住民并代之以英国定居者的做法正当化?

有关土地拥有权的第一个问题相对容易解决,因为按照殖民化支持者的观点,十二、十三世纪的诺曼人征服确立了其对爱尔兰大部分土地的拥有权。虽然原住民再次主张,除"佩尔"地区外,他们控制了所有的爱尔兰土地,但是英国人却认为这样的占领并没有消除征服的权利。因此,本地爱尔兰人乃是英国君王所拥有土地的侵入者。事实上,英国政府甚至如此极端地认为,从阿尔斯特(Ulster)侯爵们——诺曼征服者中早已灭绝的一支——那里继承的遗产,确立了女王对爱尔兰土地的合法权利。不幸的是,诺曼人的先例并不那么适合伊丽莎白一世控制原住民的计划。虽然诺曼人将凯尔特人统治精英赶出了他们征服的土地,但是他们从未取代一般的原住民人口,而是将本地爱尔兰人作为佃农留下来。这一框架也由其后代——古代英国人(the Old English)——而得以维系,在伊丽莎白一世远征时期,其贵族构成了爱尔兰的统治阶级。[17]

因此,为了使英国殖民者的大规模土地没收行为和定居正当化,英国人没有援用诺曼人之于当地爱尔兰人的做法,而是援引对不信神者土地进行征服的诺曼人封建理论。他们通过将基督教与古典的地位范畴结合在一起来做到这一点,从而认为爱尔兰人既是异教徒,又是野蛮人,因此他们完全屈从于极端武力。就像其他的天主教社会一样,诺曼人认为,为了教会利益而进行战争是正义的——尤其是像十字军东征那样的战争,那些战争捍卫了基督教世界不受穆斯林"异教徒"的侵害。1455 年,弗朗西斯·詹宁斯(Francis Jennings)写道,教皇尼古拉斯五世(Pope Nicholas V)扩展了这一正义战争理论,并"授权葡萄牙国王

'对所有萨拉森人（Saracens）、无论什么样的异教徒，以及无论居于什么地方的所有其他基督教敌人'的人民进行奴役，并没收其土地和财产"[18]。然而，人们却很难将爱尔兰人归入异教徒行列，因为就像古代英国人一样，爱尔兰也实践着某种形式的天主教教义。然而，许多英国扩张主义者却是极端派新教徒，并认为爱尔兰将天主教礼拜仪式与前基督教传统混合在一起的做法既是非宗教的，又明显是异教徒的。就像殖民化的主要发起者亨利·悉尼爵士（Henry Sidney）所写的那样："按照其职业，他们都是教皇至上主义者（Papists），……但同样地，他们大部分人都是被盲目而愚钝地教导，因此人们宁可认为他们是无神论者或异教徒。"[19]虽然理论基础摇摇晃晃，但是悉尼和其他人都试图将爱尔兰人归为非基督徒和宗教的敌人，因此他们可以被杀戮或被迁移而为新的定居者让道。

就像乔治·弗雷德里克森（George Fredrickson）指出的那样，这些受封建精神鼓励的观点得到了有关文明与野蛮的典型观点的支持，它们为征服实践提供了额外的道德合法性。就像许多欧洲社会一样，英国人相信在基督教与文明之间存在基本区别。也就是说，像古罗马人和阿拉伯穆斯林，即便不是基督徒，也可以是文明或半文明的。然而，所有的基督教人民也都是文明的。爱尔兰人非常像南美和北美的印第安原住民，似乎既是异教徒又是野蛮人。对英国人来说，如此的野蛮状态基本上意味着爱尔兰原住民保留了殖民者并不熟悉的政治和社会形式，其所从事的并非定居性的固定农业，而是随季节迁移的畜牧业（为寻求更好放牧地的季节性移民）。按照16世纪西班牙法学家胡安·希内斯·德塞普尔韦达（Juan Ginés de Sèpulveda）的观点，野蛮人是文明人的"天然奴隶"，文明人可以用武力迫使他们屈从于文明。[20]利用这种逻辑，像彼得·卡鲁（Peter Carew）这样的英国殖民者因而认为，他们既有道德上的义务，也有法律上的权利来提升原住民社会的文明条件；而如果他们反抗，就使用暴力来"禁止、改革……那一野蛮民族松散、粗俗而且基本上是邪恶的生活"[21]。

通过将封建的地位范畴与古典的地位范畴结合在一起的做法，英国君主及其殖民者发展出了一套复杂精致的辩护词来对爱尔兰人进行剥夺。他们以此为假定，即相信可以合法地将"野蛮的爱尔兰人"排除在英国定居者建立的政治社会之外，而且在需要的时候对他们进行残忍的镇压。[22] 在冬天来临之际将许多阿尔斯特爱尔兰人驱赶到森林里之后，就像第一代埃塞克斯（Essex）侯爵沃尔特·德弗罗（Walter Devereux）认为的那样："世界会判定推翻这样一个邪恶的种族是多么虔诚的行为啊：就我而言，我认为没有比这更伟大的供奉给上帝的祭品。"[23] 最终结果是，经过 40 年的战争，詹姆斯一世（James I）于 1609 年为阿尔斯特人建立了土地定居点，其中"北爱尔兰六郡之中的五分之四专为英格兰或苏格兰定居者所占有；本土爱尔兰人要么被驱离阿尔斯特，要么被集中在剩余的五分之一土地上——一连串的小块保留地，他们被禁止离开，否则将被处死"[24]。对阿尔斯特的分割，与对北美印第安人部落的处理非常相似。二者都是按照纯粹的暴行以及给定的法律和道德理论来进行的。在某种意义上，爱尔兰构成了殖民地定居点的一个早期实验案例，或者说对此进行了"彩排"[25]。英国君主从中对外输出了一种征服和土地没收理论。这种理论认为，如果原住民社会未能合理使用土地或未能致力于宗教信仰，在被征服之后他们就实质上丧失了领土主权或受自己法律统治的权利。对美国殖民者来说，就像其对应的在阿尔斯特的那些英国殖民者一样，本土人群都被描述为对新社会秩序的永久威胁，因此他们受武力统治、甚或被清除都是合法的。

柯克、洛克与美国征服的意识形态基础

这些有关征服和地位的封建的古典观点，从一开始维持殖民化的企图中就被应用到北美及其人民身上。1606 年建立弗吉尼亚公司（Virginia Company）的皇家特许状，"为建立居所和种植园提供了执照，由此把我们各式各样的人组成的殖民地演绎成美国被普遍称为弗吉尼亚的地方，以及美洲其他地方的领地——无论是属于我们的领地，还是现在实际上不由任何基督教君主或人民拥有的领地"。根据这一特许状，殖民化的目的是以国王将异教徒皈依为基督徒的职责为基础的，而且这一职责由所有基督教君主一起分担。通过十字军东征，该公司的创建者希望给"神圣的国王陛下增添荣光"，途径是"向如此不堪的

人们宣传基督教宗教,因为这些人依然生活在对真正的知识和上帝膜拜的黑暗之中、可悲的无知状态之中;并……适时将生活在那些地方的异教徒和野蛮人引向人类礼仪、引向稳定和平稳的政府"。[26]

在皇家特许状可能的起草人当中,其中有一位是爱德华·柯克(Edward Coke)爵士,他是 17 世纪伟大的英国法学家。在两年后的1608 年卡尔文案(Calvin's Case)裁决中,他进一步阐明了帝国扩张的法律基础。[27]此案涉及苏格兰人(在苏格兰与英格兰联合之前)罗伯特·卡尔文(Robert Calvin),以及他作为外国人在英格兰法律中的权利问题。然而,柯克利用这个机会提出了殖民地征服问题,以及对友好的外国人与敌对的外国人之间的司法管辖区别问题。首先,柯克认为,所有国王的领土都是继承或征服而来的——这与罗马法区别开来了,并以爱尔兰的例子来详细说明被征服社会的法律地位。他坚持认为,征服者享有对被征服民众生死的绝对控制权,这种权力包括以国王认为任何适合和"他乐意"[28]的方式来"改变那一王国法律"的能力。这意味着对爱尔兰人的清除和严厉的居留地政策完全符合征服者对被征服臣民所拥有的权威,因为这样的群体在法律上是可以被杀戮和奴役的。

虽然没有具体提到美洲殖民地,但是柯克显然也把它们看作被征服的领土。[29]这是一项重要的主张,它将成为美国革命时期有关北美帝国地位争论的关键。他也注意阐明皇家领地下原住民群体的相关法律地位。他通过强调被征服臣民最好比真正的外国人拥有更少的法律权利来说明这一点,因为在友好的外国人与敌对的外国人之间存在差异。按照柯克的说法,"每一个人要么是作为外国人出生的,要么是作为臣民出生的。每一个外国人要么是同盟中的朋友,要么是公开战争中的敌人"。柯克将德国人、法国人、西班牙人以及"现在与我们的君主处于同盟中的所有基督教世界的国王和诸侯"描述为友好的外国人,他们可以获得英国的商品、住宅,并且可以在英国法庭诉讼以捍卫自己的这些权利。而对于敌对的人来说,他们不拥有英国君主及其法庭需要尊重的权利。进而言之,异教徒则是英国君主永久的敌人:"所有异教徒在法律上都是永久的敌人(因为法律假定,他们连最微乎其微的能够被皈依的可能性都没有),因为在异教徒——他们就像是恶魔的仆从——与基督徒之间存在永久的敌意,不可能有和平。"在本质上,柯克认为,作为异教徒,原住民不在基督徒提供的法律或政治保护范围之内。而这样的臣民一旦被征服,就可以通过严厉的政策、甚或灭绝方式来对待他们,就像对待"恶魔"或永久的敌人那样。在此,柯克巧妙地改变了弗吉尼亚皇家特许状执照的含义。该执照起初强调对土地的殖民化,以便使本土的美洲人皈依。虽然宗教皈依事业依然是正义的,但是如果对话失败,那么与印第安人部落进行永久战争也是合法的。[30]

柯克继而清楚阐明了英国国王如何对这样的土地拥有绝对权力。"如果一位基督教国王应该征服一个异教徒王国并使之服从统治,那么根据事实,异教徒法律就被废除了。因为它们不仅有违基督教精神,而且有违包含在摩西十诫中的神法和自然法。"换言之,柯克确立了封建征服法对所有非基督教民族——包括美洲本土人——的可适用性,无论他们是否事实上威胁到英国君主。柯克虽然紧紧抓住那些被继承和被征服领地上的那些古代法律范畴不放手,但是却拒绝接受基督教之前罗马人的这些观点:被征服民族可以保留自己的法律,不应根据信仰来对人进行区分。相反,柯克归纳道,虽然在被征服的基督教土地上以前的法律依然有效——除非国王选择改变这些法律,但是在被征服的异教徒土地上,国王通过其绝对的自由裁量权而直接进行统治:"国王自身及由他所任命的法官将根据自然衡平 * 对异教徒及其主张进行裁决,就像在古时候国王处理他们王国类似的例子时一样,在那之前还没有颁布任何确定的国内法。"正如柯克清楚表达的那样,十字军东征的封建话语,既为欧洲殖民化提供了法律支持,又强调了帝国对于原住民臣民所拥有无限权威的根本特点。[31]

从许多方面来说,柯克对待本土民族的方法不仅反映了伊丽莎白一世时期对爱尔兰的征服,而且反映了正发生于弗吉尼亚和其他殖民地的变化。虽然 1606 年颁发给弗吉尼亚公司的皇家特许状强调,征服乃是作为一种宗教皈依的途径,但是于 1609 年沿詹姆斯河流(James

---

  * natural equity,即自然正义。——译者注

River)殖民地推出的新特许状,却降低了宗教皈依的重要性,而是集中于通过军事控制来制服印第安部落。在托马斯·盖茨(Thomas Gates)总督为殖民地颁布的新法律下,关注焦点明显变成了通过武力来迫使本土社会进行效忠。作为被英国君王征服的臣民,印第安部落要向殖民地进贡,而且任何拒绝这样做的部落首领都将被当作囚徒。然而,尽管原住民群体像盎格鲁定居者一样效忠同一国王,但是人们却不认为他们应该与詹姆斯敦殖民地杂居在一起。按照盖茨法,当印第安人访问詹姆斯敦时,他们需要被押送,在没有总督许可下任何殖民者都不能与之交谈。进而言之,如果定居者试图离开殖民地并在印第安部落中生活,他们可以被处以死罪。因此,印第安人乃英国君王臣民的观念,对他们来说几乎不带有任何保护或权利的意思。它只意味着本土社会或被迫向享有自由裁量权的绝对王权宣誓效忠,或面对持续的战争,而后一种情况则是早期殖民生活中日益残忍、持续存在的因素。[32]

在17世纪,对剥夺和虐待原住民的道德辩护,不仅是基于基督教徒—异教徒之间存在区别这一假定。就像对爱尔兰人的征服一样,这些理由利用了有关野蛮与文明的观点。这些观点在很大程度上根据土地利用来界定文明,并且用来强化有关印第安人难以管束的叙述,以及加强针对印第安人自由裁量权的合法性。在卡尔文案大约70年之后,约翰·洛克(John Locke)在其《政府论》(下篇)(Second Treatise of Government)一书的第五章"论财产"("Of Property")中,为英国的殖民化和定居者对原住民土地的控制,从自然法的高度上阐明了其合法性。[33]洛克本人与美洲殖民化努力之间存在持久的联系,几乎持续到他生命的尽头。在1669年至1675年,洛克是卡罗来纳殖民地业主协会的秘书;在1673年10月至1674年12月,他也是英国贸易和外国种植园委员会(English Council for Trade and Foreign Plantations)的秘书和会计;在1696年至1700年,他是贸易董事会(Board of Trade)秘书,该董事会的前身乃是上述英国贸易和外国种植园委员会。戴维·阿米蒂奇(David Armitage)在他的一篇值得关注的发现性文章中提供了大量证据:1682年夏,当洛克最有可能正在撰写《政府论》(下篇)一书之际，他也正在修改《卡罗来纳基本法》(*the Fundamental Constitutions of Carolina*)。这一发现支持了该书第五章中对所谓殖民地所诠释的观点，并有助于解释该书频频引用北美的例子这一现象。[34]

在该书第五章中，洛克从耕种者的立场为殖民征服辩护，他将野蛮的印第安人区别于文明的定居者。前者给美洲留下的是"荒野丛林和未开垦的荒地"；后者通过勤勉和劳动，把自然变成宝贵的财产。洛克的观点首先是从私人产权的劳动理论开始的。该理论认为，"上帝把世界赐予人们共有"，以及所有个体都拥有自我维持生计的权利，这二者都是不言而喻的。由于这种权利，洛克认为"不能假定他（上帝）意欲使世界总应是保持共有的、未加开垦的"。洛克因此把私人获取土地看作人类生存之必须。然而，这样的获取唯有当它是个体劳动成果时才是合法的，因为：

> 每人都有能随时用多少就用有多少的权利，而对于他能以他的劳动予以影响的一切东西，他都享有财产权；凡是他的勤劳所及，以改变自然使其所处的原来状态的一切东西，都是属于他的。*

关键在于，洛克拒绝这样的观念，即个人圈地需要得到他人的同意。只要存在"充足以及留作共有的土地（即可）。如果这样的同意是必须的，那么尽管上帝给予了人们充足的土地，人们还是会饿死"。[35]

对洛克来说，北美体现了原始纯朴的自然状态。在北美，土地依然未开垦且充足。无论何人，只要其劳动融入自然之中，都有权利获得（土地）财产权。隐藏在洛克的名言——"开始之际，整个世界都是美洲（自然状态）"——之中的，是一系列相互关联的结论。首先，因为这样的土地未被占用并为公共所有，所以原住民民族并不拥有英格兰或其定居者务必尊重的土地权。既然上帝将产权赋予"勤劳而理性使用"土

---

* 此处译文转引自约翰·洛克：《政府论》(下篇)，叶启芳、瞿菊农译，商务印书馆2011年版，第29—30页。——译者注

地者(而勤劳苦干既是给予他的称号),那么确认懒惰闲散的本地人对土地的占有主张,就既与常识相悖,也不符合更高的自然法。这一观点所蕴含的意思与柯克的观点完全一致,即所有野蛮人的法律事实上都被废除了。就像阿米蒂奇所写的那样,"唯有土地以这种方式被占用之后,世界其他已引入货币经济且土地已变得稀缺的地方的土地,才能够'按照合约(compact)和协议'来进行分配"。换言之,既然美洲存在于一种先于私人财产和国内政府的自然状态之中,那么就有必要把本地民族视为不合法的。与柯克的观点相映衬,洛克的结论认为,原住民法律(语言上自相矛盾)对英格兰不构成约束,而且印第安部落不能成为任何有效契约的参与方。通过允许"大片土地"撂荒,"(美洲)居民因此没有与世界其他地方的人类一道,同意一起利用其共同财产",而这是一切合法土地售卖的基础。正如戴维·阿米蒂奇所说,这一观点紧随《卡罗来纳基本法》中的主张,《卡罗来纳基本法》"明确禁止卡罗来纳的定居者通过从本地人那儿'购买或获得礼物'来拥有或主张拥有任何土地,这是一个唯有英裔美国人之间才能持有契约的明显迹象"。在本质上,洛克对文明—野蛮二分法的实施,以及这种二分法强调固定农业作为政治承认的基础,是对封建征服话语的支持。虽然洛克用了不同的道德语言,但是他同时对定居者扩张和对原住民剥夺提供了辩护。[36]

在洛克对勤劳与懒惰的区分上,我们甚至能够更清晰地明白这一点。洛克视勤劳与懒惰为区隔定居者与当地人,进而区隔文明与野蛮的基础。按照他的观点,定居者对美洲土地的主张不仅是可以接受的,而且上升到受更高自然法驱使的道德必要性层次:

> 关于这一点,我还要进一步补充说,一个人基于他的劳动把土地划归私用,并不会减少而是增加了人类的共同积累。因为一英亩被圈用和耕种的土地所能生产的供应人类生活的产品,将比一英亩同样肥沃而共有人任其荒芜不治的土地(说得特别保守些)要多收获十倍。所以那个圈用土地的人将会从十英亩土地上所能得到的生活必需品,比从一百英亩放任自流的土地所得到的更要丰富,

真可以说是他给了人类九十英亩土地。[37] *

因此,同异教徒皈依计划需要英国征服的方式一样,集体进步之目标也使英裔在未耕作土地上定居成为必要。每种叙述都把定居者社会的对外暴力特点转变为道德要求。正如对不愿皈依基督教的异教徒应该以武力击败一样,不能进行农业产出的野蛮人必须被清除,以让位于勤劳理性的殖民者。

当然,人们应该注意到,洛克的观点产生于北美背景之中,其中定居者有关原住民财产的主张实际上要复杂得多。就像斯图尔特·班纳(Stuart Banner)证明的那样,在整个殖民时期,除直接没收外,出现的普遍土地获取模式是私人购买或原住民社会作为礼物进行赠与。班纳评论道,虽然 17 世纪的定居者反复宣称,其土地主张并不依赖于原住民的同意与否,但压倒性的趋势是经由法律程序、而非完全征服来获取财产。班纳写道,甚至连弗吉尼亚公司也遵守这一规范,因为"虽然公司竭力为其占有土地的权利进行理论上的辩护,但最终该公司的土地还是从印第安人手中购得的"。紧急情况使得购买土地的理由显得十分明白易懂。殖民地管理当局设法限制与依然强大的原住民群体发生战争。事实上,詹姆斯敦最初需要用死刑来处罚定居者潜逃的事实表明,与在困境中挣扎的这个殖民地相比,当地部落是相对繁荣的。就长期而言或许更为重要的是,购买行为有助于保证定居者土地所有权的有效性以及和平分配。[38]

尽管事实上土地获取基本上经由法律形式进行,但不应放弃英国人的特权理论。对定居者来说,土地所有权计划是在道德方面理解的,就像理性要求确保财产服务于产业和进步的目标那样。因此,虽然洛克有关与原住民签署所有契约无效的呼吁可能曾受到根本挑战,但是其中隐含的基本原理清楚表明了对原住民进行剥夺这一关键的理论基础。在本质上,英裔将有关财产与进步之间存在的联系,明显假定为原住民—定居者间自然而然的临时性安排。如果这些安排与定居者社会

---

* 此处译文转引自约翰·洛克:《政府论》(下篇),第 24 页。——译者注

的道德或物质目标发生冲突,就可以对它们进行修改甚或取消。

殖民化初期皇家对定居者的自由裁量权

随着17世纪的发展,伦敦的帝国中心及其在当地的殖民者,基本上认同印第安人乃是被征服的异教徒臣民这一观点,他们不享有对其所占据土地的领土权利。但定居者本身明确的法律政治地位依然有待确定。由于生活在新夺取的领土上,他们也是被征服的臣民吗? 或者说,依据其英国背景和清教徒宗教信仰,他们享有根本不同的地位吗?

英国对此困境做出的最初反应,可能会使今天的读者感到吃惊。起初,伦敦和北美的殖民当局强加这样一种王权观点,即将定居者与原住民群体、甚至非洲奴隶一道,归于封建臣民身份的序列之中。早期英裔定居者并不必然享有祖先的许多独有权利和特权;相反,在遭遇戒严法(martial law)或强制形式的劳工纪律时,他们在法律和政治上的待遇同其他任何被征服人口无异。然而,随着时间的推移,定居者们对这些法律和政治安排进行了改造。途径之一是从精神上吸收在英国复兴的共和主义思想;另一途径是主张建立一种新的社会框架,即英裔相对于其他臣民群体而言,享有至高无上的地位。然而,尽管新的惯例从根本上取代了原有的东西,但是殖民化最初的历史(及其法律推定)却并未完全消失。在美国独立革命期间,就适当利用皇家自由裁量权以控制那些桀骜不驯的英裔臣民而言,它却提供了伦敦与定居者殖民地之间冲突的来龙去脉。

再论卡尔文案:臣民身份的分层化和定居者与原住民之间的连续统一体

开始的时候,在北美殖民地,皇家臣民身份的观念并不带有提升法律或政治地位的推定,更不能说它蕴含了我们如今与"公民身份"这样的词联系在一起的自由和参与观念。相反,臣民身份只有受国王统治的含义,因而臣属于王权。对于第一批定居者而言,并不存在把许多英裔殖民者与非英裔群体分开来的根本区别。事实上,在决定一个人的权利和特权时,作为财产拥有者的地位——因此也是其社会地位——要比种族划分有意义得多。或许勾勒出这些现实的最好办法,是重新回到柯克在卡尔文案中做出的里程碑式裁决上。除了对征服原住民进行辩护外,该案还阐明了有关国王对王权与政治成员身份之间存在关联的设想。

柯克裁决案中的核心问题是努力阐明英国臣民身份的含义,以及王权统治下像定居者和原住民一样的各种不同社会群体之间的关系。在这样做的时候,柯克强调了存在于所有个体之间的自然等级制和封建等级制。这些等级制确立了地位优势者与劣势者之间的关系,即强者向弱者提供保护,以换取后者对前者的服从。对柯克而言,这些双向责任联系具有自然而不可改变的特点,其最佳例证是父母与孩子之间的关系。[39] 就像孩子对父母的忠诚一样,臣民的服从对象是拥有主权者的国王,国王在个体出生之日即给予其保护。按照柯克的说法,“这种忠诚和服从对每个臣民来说都是不可分割的事情;因为一旦个体出生,就应将与生俱来的忠诚和服从献给君王”[40]。至关重要的是,虽然主权者与个体之间的联系是双向的,但是这一点既不意味着这是政治契约的结果,也不意味着它有赖于国王持续有效地实施保护。对柯克来说,“忠诚”是永恒的、先于政治而存在,它反映了一种附加在国王自己身上的个人联系,而非国王作为特定王国统治者的宪法地位,因此这种忠诚自出生持续到死亡。

如今,我们通常将政治共同体中拥有成员身份而享有的最根本权利视为投票权。[41] 然而在 17 世纪,这种先于政治的永久臣民身份的主要好处,关乎对土地或不动产的保护。坚持封建忠诚,意味着财产拥有权为政治上的主权提供了基础,结果,土地精英经常决定当地居民的权利和活动。[42] 事实上,包括选举权和政治职务在内的其他特权通常广泛地受财产限制,因此在根本上取决于土地拥有。就像在早期现代欧洲许多地方一样,作为一项普遍性政策,在英国唯有独立的臣民才能享有继承权利益,因而也适合拥有土地。[43] 作为国王的臣民,习惯法(the common law)——起到英国的土地法作用——为保障个人财产法律权利提供了基本手段。换言之,它所体现的本质,是那些由君王提供以换取臣民忠诚的意味深长的保护措施。

虽然如此,但是作为王国臣民的地位,却不必定意味着一个人能够享有习惯法赋予的特权。这是因为,正如自然不平等证明对君王非契约的不变忠诚是正当的一样,这些不平等也在各种各样的政治法律维度上使社会成员身份分层化。在一个新兴帝国中,在国王统治下的不同领地拥有独特的宪法地位,为这样的分层化臣民身份(stratified subjectship)提供了主要例证。在柯克的设想中,国王拥有的社会忠诚,包括将所有个体服从关系汇聚起来与具体臣民对其国王服从之间的结合,这同以父权为标志的大家庭非常相像。[44]然而,给予每个臣民的实际权利,取决于每个王国及其臣民所建构的特定宪法框架,而非取决于对社会的自然忠诚。按照丹尼尔·赫尔斯博施(Daniel Hulsebosch)的观点,其核心意义在于,习惯法乃是一套管辖权限于英国的制度(包括威斯敏斯特的法庭和习惯法法庭),而非作为延伸到国外的国王领地的法律结构。[45]

结果,柯克认为,其他领地的臣民并非天然享有像陪审团审理和习惯法财产权这样的英国人的自由。国王的强制补救令状(mandatory and remedial writs)只存在于英国,“无论如何都不能延伸到任何其他王国、国家或民族,即便他们实际上服从并忠诚于国王”[46]。换言之,如果一个臣民在皇家领土出生,虽然他可以在英国拥有土地,在英国法庭起诉,但是习惯法体系并非自动将法律实践延伸到国外。进而言之,如果一个臣民在英国之外的领地归化,那么他在该领地的权利,并不一定能够转到英帝国的其他地区。[47]

作为众多分层化群体中的一个,这些结果对北美英裔殖民者来说是显而易见的。如果说原住民臣民面临着自由裁量的国王特权,那么早期的定居者本身,并不一定享有扩展的保护权或与国内英国人同等的待遇。在殖民扩张开始阶段,如果有什么的话,那么在被征服领土上,定居者得到的却经常是残酷无情的对待,他们被控制起来,就像他们也是被征服民族一样。[48]盖茨总督建立的那些用以征服印第安部落的法律,同样也对定居者产生了深具威慑性的权力方式。新殖民地很快就超出了起初的詹姆斯敦定居点范围,被统一安排进了约翰·史密斯(John Smith)称为"要塞"("forts")或"百人屯"("hundreds")的地区之中。从根本上来说,这些"要塞"是军营,基本上都是由戒严法(martial law)统治,而戒严法则绝对被置于所任命的总督自由裁量权之下。[49]为了管制定居者劳动力,英裔臣民被分成工作团伙,执行被分派的任务,而休息间隔则严格由敲击军鼓来决定。[50]法律还针对大规模的违法行为设立了死刑,包括亵渎神明、偷窃和撒谎,而且执行起来明显很残忍。埃德蒙·摩根(Edmund Morgan)告诉我们说:"一个人因为偷窃二、三品脱燕麦,就要用针穿过他的舌头,然后用链子把他锁在树上,直到饿死。"[51]虽然这一时期在英格兰采用戒严法已成了政治法律丑闻,但是在北美则被视为合法的且必要的。[52]如果没有严厉的军事权威,这个已然濒临崩溃边缘的新殖民地,就不能够靠自己为生,击退印第安人的进攻,或者避免大规模人员潜逃。

事实上,柯克的臣民身份设想在本质上把印第安人看作与定居者并无二致。这二者中的每个群体都对国王有着先于政治的非契约式服从,这种服从是不能被解除的。进而言之,不同领地具有独特宪政框架的想法,意味着国王在其权利范围内完全拥有针对被征服人民和英裔殖民者使用威吓性的任意权力。在这一分层化臣民身份设想中,所有社会成员都是王权或父权的依附者;而对于那些被征服领土上的人来说,这一自由裁量权的确非常宽泛。

不自由的程度:契约奴役与非洲奴隶制的兴起

除了被征服臣民和那些定居者生活在戒严法之下,这一分层化臣民身份设想也建构出一个对穷人拥有自由裁量权权威的普遍模式。那些人没有财产,经常处于经济政治惩罚的威吓性机制之下。这一设想强调延续那些在北美和英格兰面临束缚的人之间的法律地位和社会经历,无论其是否英裔后代、无论其宗教或种族。换言之,在北美殖民化的最早阶段,英裔定居者——只根据其作为定居者而言——并未被明显划定为不同性质的群体。对大部分人而言,他们同样生存在经常受到严厉控制之下,就像那些不享有君王特权的臣民一样。

虽然那些英国的土地乡绅可以享有习惯法的保护,但是对许多没有土地的穷人来说,日常生活却是充满强制性的。富裕的有产者将那些无产者视为漂泊流浪之众,认为他们不与任何社会相联系,是社会结构的威胁。这样的财产拥有者与弗吉尼亚殖民地的同侪并无不同,他们努力加强劳动纪律,并把贫穷农民改造成生产工人。结果,在整个16、17世纪,各种主张强制劳动的建议得到严肃考虑或被采用。具体而言,劳教所、监狱或"惩罚所"("houses of correction")(最早建于伊丽莎白一世统治下的1576年)被建立起来,以教育那些贫穷的人或无业者。教育内容既包括工作习惯,也包括更高的工作效率。正如马修·黑尔(Mathew Hale)爵士所写的那样,劳教所将强迫穷人"以及他们身后的孩子,进入一种有规律、有秩序和勤劳的生活轨道,对他们来说,这就像当今对待无所事事者、乞讨和盗窃者一样自然"[53]。

　　强制劳动的提倡者相信,穷孩子尤其应该工作。按照威廉·坦普尔(William Temple)爵士的观点,早在他们4岁时就该让其干活;而按照约翰·洛克的观点,3岁时就该让他们干活。[54]这样的日常惯例发展为纪律,有助于把贫穷劳动者反叛或威胁经济生产的可能性降低到最低程度。许多经济学家甚至认为,根本不应该教这些孩子读写,因为它可能导致游手好闲甚或煽动叛乱。根据一本小册子上的说法:"因为虽然几乎无人曾学过读写,但无论其父母还是他们自己都倾向于认为他们适合某些职位晋升,为达此目的,蔑视劳动雇佣并生活懒散,而非通过工作来贬低自己。"[55]除了劳教所和监狱,这一时期还制订了这样的法令,即采矿垄断企业有权利招募工人并有权利征集引入奴隶制的全面建议。[56]苏格兰启蒙哲学家安德鲁·弗莱彻(Andrew Fletcher)在1698年认为,应使苏格兰的20万无业者成为有产者的奴隶,以减少犯罪、乞讨和酗酒。[57]对"游手好闲"的强调和对社会失序的恐惧,使得贫穷成为极度劣势的标志,以至于穷人以类似于原住民或后来的非洲奴隶那样的方式,被排除和隔绝在社会生活之外。[58]事实上,1697年英国议会甚至要求领取贫穷救济的人在右肩上醒目地戴上字母P*。[59]

　　英国应对这一危险的基本方式,是将穷人运往美洲殖民地,尤其是

---

　　* poverty或poor的第一个字母。——译者注

弗吉尼亚和马里兰。这一政策也曾在伊丽莎白的爱尔兰定居点执行。英国扩张的基本宗旨是基于这样一种信念,即殖民地从母国吸纳过剩人口以帮助帝国中心。1683年,大约12 000名英国契约佣工生活在弗吉尼亚,占当地总人口的六分之一,而在总人口中还有大量佣工期已结束的贫穷劳力。[60] 在这些佣工和前佣工当中,许多人曾是英国的乞丐和快要饿死的小孩,他们只是在奴役中被绑架并运送到北美的。[61] 殖民地发展出来的契约佣工形式,常常比在母国实行的强制劳动更加严厉。正如弗雷德里克森所写的那样:

> 英国佣工的期限一般是一年,并且被付薪酬;而契约工人实际上是负债农奴,他们服务数载得不到薪酬,并且不能因肩负的成本结束而取消对主人所欠的义务。英国的契约工人服务,通常是基于公民行为而执行的自愿性契约;而针对契约佣工,如果他们逃跑或者违背契约条款,则规定了刑罚……。与英国的大多数佣工不同,北美农奴可以被买卖。有时候,主人甚至把农奴当赌注。与英国依附阶级中的成员相比,在实际上和在法律上,他们似乎都曾屈从于一种更加残忍、更加有辱人格的制度。[62]

在殖民地,这些强制劳动的广泛实践甚至更加严格,强调作为自然产生的英裔臣民地位与广泛的经济社会控制体系之间的兼容性。通过强调适当程度的奴役乃是形成有纪律劳动以及不同程度非自愿奴役之间连续性关系的方法,它也为殖民地采用非洲奴隶制创造了条件。

到17世纪中叶,社会不安定及劳动纪律已成为中部和南部殖民地的地方性问题。契约佣工的人数已形成了一个类似于在英国发现的无产贫穷失业工人阶级。在殖民定居点最早期,由于高死亡率和可以获得廉价土地这两个因素,无地和贫穷并非很严重的问题。那些在严酷的殖民化中生存下来、获得自由的佣工,可以购买这样的廉价土地,并最终凭自己的能力成为种植园主或自耕农农场主。事实上,弗雷德里克森指出,财产所有权的扩散,导致了弗吉尼亚最早殖民地议会中引人注目地采用自由民普遍选举权。而由于死亡率下降和临时土地稀缺,导致了无地穷人阶级的出现，这一权利在 1670 年受到限制。这些社会力量的结果是，非洲奴隶制成为维持充足劳动力供应的成功手段，从而减少无土地定居者构成的可能威胁——这些威胁在诸如 1676 年培根起义（Bacon's Rebellion）那样的政治骚乱中昭然若揭。由于失去产业的危险定居者嚷着要控制土地和政治，有产精英们因而希望以可能更温顺的奴隶人口来取而代之。奴隶制也符合帝国中心有关移出移民正在发生变化的观点。英国政治领导人越来越认为，人口过剩问题已经得到平息，更可能的却是英国遭受人口不足问题，并需要保留其自身的贫穷者在新兴工业经济中工作。[63]

在这种背景下，英国普遍适用的强制劳动——无论在英国国内还是在殖民地，在理论和实际上都为大规模输入非洲奴隶创造了发展空间。对这一事实的基本法律辩解取自柯克的这一观点，即征服者对被征服者的生死拥有绝对予取予夺的权力。在《政府论》（下篇）第四章"论奴役"（"Of Slavery"）中，洛克从柯克的立场中引申出这样引人注目的含义。洛克坚持认为，奴隶制乃是一种自然状态的条件，这种条件在社会契约建立以后继续存在，不受出现于契约双方之间的权利和义务的影响。除了引用柯克的立场之外，洛克的观点还遵循欧洲既有的关于奴隶制的法律理论。也就是说，奴隶制是因有人犯罪或在战争中被俘而产生的绝对不自由状态。就其本身而言，被俘者并非被立即杀掉，俘虏者通过赞成对被俘者进行奴役延缓其死期。[64] 按照洛克的观点，"这是奴隶制的完美条件，虽然舍此别无其他，但合法的征服者与被俘者之间的战争状态继续着"[65]。虽然奴隶制只在非洲人身上得到大规模应用，但是应该指出，为奴隶制进行的基本辩解，将战俘观点与盛行的征服论述结合到了一起。作为异教徒，非洲奴隶被视为不信教的被征服者，因此他们的法律本身是无效的，他们的生命完全服从于征服者的命令。17 世纪对美洲原住民进行的小规模奴役——理由是征服、俘虏和异教教义，以及对英国国内的贫穷白人进行奴役的提议，凸显了这样一个事实，即奴隶制一开始并未严格按照种族界限而进行正当化。

总之，17 世纪非洲人与英裔定居者之间的关系并不很固定。这种关系强调了奴隶制的最初发展如何更应归因于劳动纪律问题，而非种族地位。例如,在殖民地对非洲人进行奴役的最早时期,奴隶经常被认为类似于英裔契约佣工,因而在固定的服役期之后即获得自由。这与私人的解放(奴隶)行为一道,导致相当大的自由黑人社区增长;由此在17世纪中后期的弗吉尼亚和其他南方有奴隶存在的殖民地,可能构成了非洲裔人口中的更大部分——这一比例高于1860年奴隶解放之前的任何其他时间。[66]在像马萨诸塞这样的地方,17世纪中叶的自由黑人基本上像定居者臣民一样被给予相同权利,并似乎不用面临系统形式的法律和经济歧视。[67]在弗吉尼亚,自由黑人能够获得财产,投票,担任低阶级公职,对英裔定居者采取法律行动,甚至拥有自己的白人契约佣工。在这个历史时期,少量的黑人成了拥有自己奴隶的富裕土地拥有者。因此,虽然对黑人奴役无疑促成了种族区别的发展,但那时自由黑人基本上被融合到定居者生活之中,并且基本上享有类似于被解放的白人佣工的地位。[68]

事实上,最早的种族间通婚法律似乎更加关注维持明确的劳动力供应,而非严厉的种族界线划分。1644年,马里兰的第一部种族间通婚法对非洲奴隶与自由英国妇女之间的通婚进行惩罚,但这显然不影响这些妇女与自由黑人通婚。进而言之,这一法律的目的不是消除这些结合。主人们担心,奴隶的孩子将获得其母亲的自由地位,并因此削弱劳动力的持续性。结果,法律规定与非洲奴隶通婚的自由英国佣工自己将变为奴隶。法律强调了这一事实,即种族间通婚相对普遍,至少普遍到确保对此加以监管。事实上,在这一法律通过之后,主人们经常鼓励这样的婚姻,以便扩大他们的劳动力。如果有什么不同的话,这一法律进一步强化了殖民地早期生活中的社会差异相对更加倚重作为财产拥有者的社会地位,而非倚重种族联系或契约佣工。[69]

因此,在北美殖民化开始的时候,英国向外输出了一种皇家臣民身份的设想。这种身份通过各种各样的等级制来分层,并且形成了一种混杂的宪法结构。在这种描述中,虽然国王的各种领地上的每个人都是王国自然而永久的臣民,但唯有英国那些拥有大量财产的人才得以保证其拥有有意义的政治权力(political authority),或完全从习惯法所确立的法律权利(legal rights)中受益。对许多殖民地臣民来说,无论是没有财产的英裔定居者、非洲奴隶还是印第安人，臣民身份事实上意味着其适用于自由裁量权和强制形式的皇家特权。它也意味着定居者生存于同其他非英裔臣民比邻的社会连续统一体之中。虽然他们由于在延伸的帝国领土和权力中所扮演的角色而毫无疑问享有某些更大的特权，但他们并未在实质上得到与其他社会团体不同的对待。从根本上说，定居者——就像原住民群体一样——乃是父王（royal father）的"孩子"。根据他们的阶级地位或所生活的帝国领地，他们很可能发现自己面临强制性的权力模式。

定居者至上与共和主义自由的兴起

在北美扩张的最初阶段，定居者们可能曾是诸多分层化臣民中的某一群体。但随着时间的流逝，殖民地的条件和英国的政治发展逐渐对重建帝国关系起到作用。在此过程中，上述条件牢固地确立了定居者享有对非英裔人口至上的社会和政治地位。我认为定居者的生活结果大大偏离了柯克的家长式架构（paternal framework），而且久而久之产生了一种对成员身份的本土解释，这种身份标志着自由的英裔臣民与仅仅是英帝国臣民之间的根本区分。对于被征服民族来说，虽然对皇家自由裁量权先于政治忠诚的解释曾可能是合适的，但英裔定居者却越来越把他们的殖民地社会看作集体自由的实验。这种信念很大程度上源于英国共和主义者和批评斯图亚特专制主义者的作品，如詹姆斯·哈林顿（James Harrington）、阿尔杰农·西德尼（Algernon Sydney），以及约翰·洛克本身——他的写作完全是对柯克思想的延续。对这样的思想家来说，经济政治独立乃是自由的试金石。

在这些殖民地里，原住民威胁以及新出现的土地拥有权扩散使得这些观点激进化，并且强调自治对于任何有意义的自由设想的根本重要性——不仅在政治上，而且在工作和教会上也是如此。在这一部分中，我概述了英国共和主义如何在殖民地背景中被移植和扩散。我同样主张,共和主义自由与两个日益明显的定居者社会特点交缠在一起。第一个特点是坚信自由乃千禧年新教信仰的重要组成部分,它企图在世界上建立天上王国。同样重要的是这样一种意识,即不仅内部的自由要求对外部进行支配,而且自由遭受到威胁力量的永久包围进攻,不管这些威胁是法国天主教徒、本土印第安人或者非洲奴隶。

殖民地社会的流动性和英裔自由臣民的形成

早期英国框架的第一个缺点从卡尔文案本身的声明中发展而来。柯克在该案声明中曾认为,虽然习惯法在管辖权上有限制,但是英国的权利事实上附着在那些自然臣民的身上,他们移民到了新征服的基督教土地上。在这些土地上,英国人无论什么时候迁移到非英国人的领地上,国王依然必须尊重那些核心的自由及其保护责任——柯克将其描述为“像他们在英国可以拥有的同样特权和利益……”[70]。这些核心的自由内容从本质上来说是双重的。第一,英国殖民者应该享有财产权,财产权允许他们在英国的占有权规则下占有土地。第二,他们值得享有某种程度的政治上的许可,因此当地政治权力至少应部分经由议会政府来进行组织。[71]在表述这种观点时,柯克阐明其中并不包括被征服的异教徒领土。这或许是因为他曾涉及弗吉尼亚殖民地事务,并关注严厉规则对维持新世界秩序的必要性。

然而,经常出于那些基本的帝国自利的原因,柯克的声明最终实际应用于所有被征服的领地。17 世纪 20 年代,弗吉尼亚殖民地开始取代合作租用权,从而以模仿习惯法方法的个人产权制度向农场主提供红利。在很大程度上,这样的制度化变化使未来的定居者安下心来,因为他们对移民到那些缺乏这种基本法律规则的土地上谨小慎微。[72]在本质上,北美殖民者开始发展出一种产权和共识的双轨方法。由于取代了戒严法,英裔定居者享有核心自由权和习惯法保护权,而原住民臣民则任由王权统治——这被视作为维持权威和获得原住民的敬意而必须如此。

使英裔定居者与被征服人口之间区分开的这些做法强化了这一情形,即殖民者比其国内的英国同胞获得日益多得多的经济和政治独立性。虽然在殖民地的契约佣工条款确实要严厉得多,但这些条款也为佣工们有朝一日成为实际的财产拥有者提供了更好的机会。那些从被迫移民或自愿移民的磨难中幸存下来、并最终在美国获得土地的人,主张经过艰难战斗而得到自由和独立。他们既来自土地精英,也来自生活在饿死边缘危险之中的人。尽管工作机制强度更大,但由于能够获得土地,因而社会流动性使许多定居者可以在现实中生活下去。结果,殖民地生活使得善良的自耕农农民逐渐牢固确立这样的思想,即在贫穷和英国的驱除之后,他们通过勤劳和耕耘荒地能够找到自尊和社会地位。

促进这一发展的是大规模使用非洲奴隶,这对改善英裔定居者经济和政治地位起到了核心作用。[73]虽然在 17 世纪 80 年代以前,白人契约佣工为弗吉尼亚提供了大多数劳力,但是这个殖民地不久后却几乎完全依赖奴隶生产,尤其是家佣工作。由于非洲奴隶取代了种植园的英国契约佣工,新获得自由的白人开始享有更大程度的繁荣、获得土地,以及相对于土地精英的社会地位。为了保护英裔的繁荣并维持对奴隶的控制,殖民地开始规定系统性的种族歧视。或许,这样的最早法律是在 1670 年通过的,该法拒绝承认弗吉尼亚的自由黑人有权拥有白人契约佣工。到 18 世纪初,各个殖民地的跨种族通婚已经不合法,对私自解放奴隶进行限制,而自由黑人则被剥夺了基本权利(包括选举权)。[74]事实上,自由黑人基本上已从定居者社会内的成员,沦为不受大多数法律保护的被隔离的社会团体。对此进行基本辩解的理由,将在接下来的一个半世纪再次发生,并在美国革命前尤其明显。定居者害怕被授予权力而具有相当规模的黑人社会将通过他们的行动和这个仅有的例子来鼓励奴隶叛乱。[75]

这种强化对自由定居者与原住民臣民或黑人臣民之间进行区分的做法,不应被理解为巧合。相反,征服原住民领土和扩大非洲奴隶制,乃是英裔定居者企图增强其内部平等主义关系的条件。征服为英裔农场主开辟了新的土地,奴隶制则将定居者从严厉的劳动纪律和经济束缚中解脱出来。这两大发展确立了土地拥有权的扩散,并强调了英裔定居者作为王国特权臣民的地位,他们享有特殊身份和保护权。因此,英裔地位的这种提升从根本上损害了成员身份的分层化架构——其中定居者与黑人和原住民被置于相同的等级制连续统一体里面。相反,以族裔和新教信仰为基础,定居者把自己单独看作自由的英国人,这是一种更加类似于我们有关公民身份(citizenship)或公民成员身份(civic membership)的思想。与此相对照,最好将非英裔社会理解为面临帝国特权合法性压制的帝国臣民。换言之,恰恰因为其外部人身份,这些非定居者群体明显在家长式的国王权力支配之下,国王根据殖民化和帝国的需要来对他们强行采用特定和任意的机制。

这种对自由定居者与分层化帝国臣民之间的区分,通过英国采用私人的、基本分权的殖民定居点来扩大王国的权力而得到进一步强化。这样一种帝国统治方法意味着,定居者持续地主张从帝国中心伦敦得到相当程度的实际自治权,因为他们就是那些经常为殖民地本地制度框架和殖民地未来扩张进行决策的人。最具讽刺意义的是,这种自治和政治分权推翻了柯克有关英伦岛上与被征服领地上的英国臣民之间等级制关系的经典论述。与处于这种关系的连续统一体中最底层地位相反,日复一日,马萨诸塞或弗吉尼亚定居者越来越像伦敦那些能够控制自己经济和政治生活条件的英国人。

结果,到18世纪中叶,英国君王在那些新英格兰的特许殖民地几乎不拥有直接权力,因为其总督和行政会议都是直接选举的。即便在像弗吉尼亚这样的皇家殖民地,那里的职位都是由君王任命,但这些殖民地最终创立了代议制立法机构,只要与帝国法规一致并且得到帝国中心的同意,那么这些机构就拥有制定殖民地法律的充分权力。殖民地也组织当地政府,由定居者充当治安法官,甚至建立权力类似于英国伦敦特许区那样的自治市。进而言之,定居者逐渐把普通法保护权看作理所当然的,是所有英裔臣民与生俱来拥有的,无论其于何处出生、现居于何地。与财产权一道,这一保护权包括保证英国殖民者及其后裔享有陪审团和人身保护权(habeas corpus)等特权的条款。[76]

最终,殖民者开始认为,他们相对地免于帝国中心监视乃是一份法定权利问题,而非简单的事实情况。他们这样的想法是直接从洛克那些有关在北美拥有财产的观点中引用而来的。这些观点从根本上质疑殖民地实际上是被征服的土地；相反，却认为英裔种植园乃是"有人定居下来的"土地。这一类皇家领地在无主物（res nullius）法律原则，或"没有任何所有者则属于第一位发现者"[77]的主张中有其基础。就像欧洲的其他帝国高官一样，对于英国君王及其伦敦的行政管理者来说，无主物基本上不被考虑作为帝国辩解的理由，因为这与原住民存在并被征服的明显的现实情况相矛盾。然而，洛克把未开垦土地看作"未耕耘荒地"的主张意味着，领土既可以是有人居住的，也可以是出于道德和政治目的而被视为无人居住的。对于殖民者来说，尽管帝国中心持怀疑态度，但是将北美看作定居土地具有重要的法律意义。与被征服领土不同，定居土地享有与英国省份同样的基本地位，尤其是关于财产保护权以及一般意义上的习惯法权利。

同样关键的是，定居土地的法律概念进一步削弱了印第安人部落的地位，这种削弱方式甚至超过了源自封建征服的观点。将北美想象成"（英裔殖民者）定居的"土地，不仅拒绝了原住民的财产要求，而且前提是要从根本上抹去印第安人的存在。这种思想将殖民兼并辩解为道德上的必要，因为只有定居者才将北美的荒野变成了具有社会效用之地。相形之下，印第安人没能做到这一点。这意味着作为道德事实，他们并没有在这片土地上存在过。在本质上，定居者是真正的"原住民"——是他们发现了一片太古之地和一个未开垦的新世界，因此北美等于英国的一个省份。再者，人们应该注意到，随着殖民者抹除其最初的征服行为，并将其存在看作自然的和永久的，这种抹除的想法将会在独立后的美国和其他定居者社会成为不变的主题。

而对于当地真正的原住民来说，这样被抹去突出了殖民地生活中自由的英裔臣民与分层化的帝国臣民之间的割裂。一方面，英裔殖民者认为英国人的成员身份建立在财产保护权基础之上，从而日益视之为政治共识的规定。然而，另一方面，对被认为从未脱离自然状态的印第安人来说，在某种程度上，他们所面对的殖民当局的管理，则类似于封建的家长式管理。就像非洲奴隶一样，被主张施加于印第安人身上的权力，意味着在文明社会里延续着自然状态。因此，从中体现了定居者生活内部运作的一种根本不同的政治权力形式。就像要在下一部分中更多探究的那样,并不令人感到吃惊的是,洛克的主张既被用来保护英裔特权,又被用来对非英裔群体强加自由裁量权。尽管这与封建话语相辅相成,但是洛克却捕捉到了英国新的意识形态潮流的发展趋势,即经济独立和政治自治的共和主义思想之复兴。某种程度上,洛克这样做乃是围绕新兴定居者社会的动力——内部世界的平等主义和对外部世界的支配——而谈的。

作为共和主义自由实验的定居者社会

在许多方面,因最初几十年英国在北美扩张而由殖民地行政管理者强加的法律政治安排,与那些扎根在西班牙殖民地的东西最接近。就像专制主义的西班牙所追求的殖民化努力一样,被帝国推行者称为"新不列颠"的弗吉尼亚殖民地,将帝国自由裁量权与军纪、对印第安人的暴力镇压和相对的种族流动性混合在一起,施之于所有臣民身上。然而,仅仅100年之后,北美殖民地就与它们对应的西班牙殖民地大相径庭,因为北美殖民地强调定居者至高无上的社会地位、内部自治和分权化的行政控制。

这种变化不仅归因于北美殖民化的条件,而且源于英国国内发生的事件。英国内战和光荣革命尤其都强调了对自由的叙述,这种自由挑战王权权威,阻止专制主义兴起。由于聚焦于政治共识、经济独立以及土地所有权,这一对自由的叙述在北美背景中变得特别具有吸引力。在那里,对印第安人的没收占有和对非洲人实行奴隶制,使得这些目标既唾手可得,又在规模上更为激进。因此,在为美国革命做准备的那些年里,经济自主和政治自治的思想,塑造了定居者社会的内部本质,并有助于规定谁在社会契约之内、谁在之外。我认为,结果这种对自由叙述的拓展——我将称之为共和主义,在北美有必要与英国殖民者至高无上的社会地位联系在一起。当殖民地行政管理者最终在18世纪60年代开始削弱这种至高无上的地位时,定居者们认为,不仅他们的政治领导权危在旦夕,而且他们集体自由的未来也受到损害。

在描写17世纪英国有关自由、国家和个人等古典观点的复兴和改变时,昆廷·斯金纳(Quentin Skinner)对一系列成为英裔定居者及其社会生活设想的中心内容的主题进行了评估。他强调英国小册子的作者和政治批评家是如何逐渐认为,唯有与奴役或奴隶制相对照时,自由的含义才是可以理解的。[78] 乍一看,奴隶被认为是不自由的,因为他或者她是因遭受威胁或身体强制而被迫以特定的方式行事。然而,斯金纳认为,在罗马人对奴隶制的讨论中,实际的强迫经验并不被认为是奴役的根本标志。[79] 奴隶制的本质不在于实际的暴力,而在于永久生活在可能的强制阴云之中、永久生活在对他人专制意志的屈服之中。斯金纳写道:

> 虽然这样的奴隶事实上可以按照自己的意志来行动,但是他们依然无时无刻不在主人权力的控制之中。他们因此依然无时不容易遭受死亡或暴力,就像连特拉尼奥(Tranio)这个人物形象*都被迫承认的那样。奴隶的含义,也即缺乏个人自由,是指在权力控制(*potestate*)之下、即在他人的权力掌控之中。[80]

因此,自由不仅仅是不存在强制,而且事实上要求独立于可能受到的外部控制。

受罗马文献的激励,对斯图亚特专制主义持批评意见的英国人接受了这一观点,他们对奴隶制的含义及其与自由的不相容进行了研究。就像阿尔杰农·西德尼在《论政府》(*Discourses Concerning Government*)中所写的那样,虽然“主人的残忍……可能使得一种奴役比另一种奴役更加悲惨。……但他既是一个为世界上最好、最温柔的人服务的奴隶,又是一个为世界上最糟糕的人服务的奴隶”。这一观点明显拒绝任何非契约性的和永久性的政治权力的合法性——无论是王权或是其他什么权力,就像柯克设想的那样。这样的权力使个人永久生活在专制君主的反复无常之中,无论专制君主是否行事仁慈。就像洛克认为的那样,无论独裁者多么明智,个人都不会选择生活在这样的政权之下,即个人权利依赖不受制衡的外部权力意志。要相信这一点,否则将“认为

---

* 《驯悍记》中的仆人。——译者注

人是如此愚蠢,他们小心避免臭鼬或狐狸给他们带来恶作剧;但却对被狮子吞没感到满意,而且认为安全"[81]。

按照菲利普·佩蒂特(Philip Pettit)的观点,这种对自由的叙述不同于不干涉,因为这种叙述后来将成为从威廉·佩利(William Paley)、杰里米·边沁(Jeremy Bentham)到约翰·斯图尔特·密尔(John Stuart Mill)等古典自由主义思想的标志。[82]自由更多地在于纯粹不受约束地践行自己的直接意志,它要求真正经历一种不受那些更有权势者的社会控制的境况。西德尼说道:"因为自由仅仅在独立于他人的意志之时存在;而以奴隶的名义来理解人,则他既不能够安排其个人生活、也不能够安排其物品,只能按照主人的意志享有一切。"[83]

因此,自由包含政治成分,而尤其关键的是也包含经济成分。自由需要生活在一个基于共识、免受公共奴役,以及个人有能力掌控自己劳动力使用的社会之中。这些经济意义,以及对任何意义的政治归属来说都是中心问题的财产,使得美洲定居者对这样的观点特别怀有共鸣。即便国家在表面上免受暴政,如果一个人因受经济所需之束缚,而秉他人意志安排其个人生活和物品,那他可能依然是个奴隶。按照詹姆斯·哈林顿(James Harrington)的观点,如果自由要求政治和经济上的独立,那么唯有个人享有自给自足的物质资源自由才有可能。对他而言,这意味着为消除退回到社会政治依附状态的风险,土地拥有权至关重要。正如哈林顿在《政治制度》(A System of Politics)中所写的那样:"不能依凭自身而生活者必为奴隶;而能够依凭自身生活者则可成为自由人。"[84]

这种对财产的集中关注,使得英裔共和主义的复兴,有别于其古典的马基雅维利式的先驱。鉴于财产在英国现代初期所起的根本作用,因而这种关注并不令人感到吃惊。对于马基雅维利(Machiavelli)而言,军事参与为社会成员身份提供了伦理基础,因为它使得公民战士在福利政体中拥有利害关系,并为公共生活注入男子气概的美德。然而,由于其写作是在三十年战争的背景中,哈林顿发现自己得出了根本不同的结论。新出现的常备军使他深感烦恼,为寻找食物和馈赠的流动部队使国家破产、农村荒废。在他的观点里,军事化的公共生活实际上逐渐削弱了共和主义理想。土地所有权取代当兵的经历,为成员身份提供了好得多的伦理基础。它使得个体业主在集体生活中拥有利害关系，并通过农耕来教会他们像勤劳、理性和自律这样的美德。哈林顿希望把欧洲的掠夺者变成身系于政治共同体、投入公益的土地拥有者。在此过程中，他料想经济独立与政治独立会双向相互加强。在一个经由土地拥有者民主组织起来的社会里，其中大部分个体拥有相对平等的财产分配，政治权力和政治决策能够广泛传播。结果将是一个平衡的政体，一个内部稳定、理论上作为"不朽联合体"（immortal common-wealth）的永续政体，它免于遭受分裂和暴政，而这是政治专制主义和封建土地制的标志。但如果没有对财产的适度分割，这样的政体就会失败。哈林顿认为："哪里有财产的不平等，哪里一定就有权力的不平等；哪里有权力的不平等，哪里就不会有联合体。"[85]

然而，如果哈林顿提出土地分配的平等主义设想，那么这种设想最终是基于这样的信念，即只有某些形式的工作才是获得解放的、才是有德行的。尤其是对于共和主义思想家来说，仆人或工薪族的生活与自由根本上不相容，因为其服役依靠遵从主人或雇主的命令。与勤勉独立、经营自己产业的土地拥有者不一样，受雇者只是作为他人的工具而行事。菲利普·佩蒂特引用西德尼的话，来说明自由与工薪族或仆佣生活之间的不相容："他必须以我自己的方式来伺候我；或者如果我认为有必要他就得走人，尽管他的伺候不能比这更好。而我打发他走并无过错，无论是因为我不打算再要仆佣，还是找到另一个能更让我开心的仆佣。"[86]重要的是，如此的依附意味着仆佣、工薪族和无财产者，总体上来说无论如何不能包括在拥有完整政治成员资格的行列之中。在本质上，公民政府源于有产者之间的契约，因为他们自个坚定地致力于社会福利。[87]

在危难关头，这样的排他性规定不仅只是企图保护社会秩序。它也表达了这样一种信念，即无财产者并不具备参与政治生活的道德品质，因为其经济依附使得他们总是屈从于他人的命令。无土地者不以普遍的善的标准行事，而是要么遵从主人的意志，要么遵从任何给他物质资源或对其进行奴役、操控的人，而后者更加危险。相反，土地拥有权造成的对生产的控制，教育人们独立自主、自力更生。这确保了当财产拥有者一起加入政治生活中的时候,其集体努力将表达出有德行而自治的思考。迈克尔·桑德尔(Michael Sandel)指出这样的经济独立之于公共生活至关重要,进而对政治成员的身份至关重要。桑德尔写道,经济独立体现了"在有可能培养公民适于自治的性格特点的情况下所从事的劳动"[88]。如果没有对生产控制这一基础,处于依附状态的劳动者就不能够受益于政治上的自治,并持续构成对社会稳定的威胁。

对于斯金纳来说,最好是把这种对自由的叙述形容为新罗马理论(neo-roman);而对于佩蒂特来说,这种对自由的叙述则被表达为致力于不受支配。然而,这两个术语都不能概括出由殖民地中发展而来的这一观点的特定含义。就我的目的来说,这些观点被完全看作共和主义的,并提出一种作为自治的自由观点,它延及集体生活的所有基本制度。斯金纳之所以使用"新罗马理论"这一术语,是因为在17世纪和18世纪的大多数时间里,君主政体在英国或殖民地并不一定被认为与自由不相容。尽管这一观点精准,但是它忽视了这一事实,即共和主义自由的本质并非特定的政治法律形式,而是对拒绝任何使用专制权力的制度承诺,无论这一权力是由个体或是群体行使。进而言之,通过把这些观点称之为共和主义,我们能够更好地领会,早在定居者及其后代自觉地把它与罗马的或古典的政治意象连接起来之前,这种理念就已经绵延持续很久了。至于佩蒂特强调非支配性,虽然这无疑很重要,但是这样的叙述忽视了共和主义的参与性,因为共和主义是出现在殖民地。共和主义不仅仅是没有专制性的外部意志施压,而是还涉及对经济、政治和宗教生活进行控制的积极主张。这种对自由的叙述非常坚定,并要求使农业劳动和社会制度充满有意义的自治。

将共和主义自由与新教千禧年主义结合在一起

对美国定居者来说,共和主义有关自由与土地相连的主张,因其强烈信奉宗教而得到进一步加强。就像戴维·哈克特·费舍尔(David Hackett Fischer)解释的那样,英国定居者移民到北美的最初三次大潮主要是因为宗教迫害,它们都涉及虔诚的新教徒往外移民。[89] 这样的定居者来源形成了一种文化氛围,在其中许多定居者将北美看作一个"神圣的实验"、一个免受宗教压迫干扰的宗教天堂。[90]例如,马萨诸塞的新教徒声明说,他们渴望建立一个"圣经联邦"(Bible Commonwealth),它将为世界各地的人们树立一个宗教美德典范。就像约翰·温思罗普(John Winthrop)的名言,"我们将成为山巅之城(a Citty upon a Hill)*,所有人的眼睛都在看着我们"[91]。在与共和主义自由结合的时候,这样的新教主义强调定居者理想的排他性,以及把定居者社会看作历史上一项独一无二的事业。

这种排他性在清教徒定居者中间最为明显,他们尤其把自己看作上帝的选民,被上帝"差遣到蛮荒之野"以作为基督教虔诚的典范,并帮助促成人间天国的降临。就像萨克文·伯科维奇(Sacvan Bercovitch)所写的那样:"他们的使命是独特的,他们解释道,因为他们是一个'特有的民族',这群人不仅被称为基督徒,而且是选定的基督徒。他们不仅是为天堂而选出的基督徒,而且是作为神圣历史目的之工具而被选出来的基督徒。他们的教会国家即刻就要成为改革后的基督教世界典范,而且预示着新耶路撒冷(New Jerusalem)的来临。"自从英国移民出来那一刻开始,这种对千禧年主义的承诺激发着新英格兰地区的殖民者,这一承诺是一种认为上帝有一天将统治人间并创造永久和平与美德条件的信念。按照伯科维奇的观点,约翰·科顿(John Cotton)在阿贝拉号船(Arbella)上的布道,反复将定居者描述为以色列人,将美洲描绘为新以色列,因为在那里的政治建树终将导致千禧年的理想国。在伯科维奇的话里,

> 科顿的布道文选择的是《撒母耳记下》(the Second Book of Samuel)中的第7节:"我必为我民以色列选定一个地方,栽培他们,使他们住自己的地方,不再迁移。"(7:10)就像他布道的听众非常了解的那样,这一段落包含了千禧年的希望:"你的家和你的国必在我面前永远坚立。你的国位也必坚定,直到永远。"**(7:16)

----

* 原文如此。——译者注

** 以上两处译文转引自《圣经》中的《旧约·撒母耳记下》第7节。——译者注

> 科顿解释道,美洲是新的希望之乡,是上帝给其新选民作为新的天
> 堂和新的人间的预留之地。[92]

美洲作为未开垦的处女地的想法是千禧年假说的核心内容。就像塞缪尔·丹福思(Samuel Danforth)在其布道文《对新英格兰进入荒野地带使命的简明认识》(*Brief Recognition of New England's Errand into the Wildness*)中认为的那样,未开垦的森林是作为新耶路撒冷完美场地而存在的。丹福思这次布道是在 1670 年,恰好是阿贝拉号船登陆 40 年之后。施洗者约翰(John the Baptist)出于相同的理由在荒野传道,新英格兰的定居者们也将免受像"绫罗绸缎和细软衣饰"之类奢华品的侵蚀,从而更能够听见上帝的福音,并准备迎接上帝的到来。同样重要的是,荒野之地为追求世间的愿望,并因此展现作为选民的地位提供了理想场所。经由把荒地变成多产且对社会有益的不动产,土地拥有者和自由劳动者表达了自己的宗教虔诚和对"山巅之城"的承诺。对于使命的完成,丹福思告诉他的道众说,日常生活应包含"人们世俗愿望中的虔诚、节俭和勤勉等价值"[93]。

在本质上,丹福思重申了洛克有关勤勉和理性个体的道德立场,他认为经济独立意味着过一种与上帝意志相符合的生活。如果财产是共和主义自由的前提条件,那么对激进的新教徒来说,土地拥有权甚至就是一种程度更深的道德精神需要。在北美,通过提出土地要求,通过控制原始自然以备人类勤勉劳作之用,定居者们为千禧年主义铺平了道路,并表现出他们自己的宗教热诚。换言之,生产劳动和自由思想与祭祀活动无法分开地交缠在一起了。这显而易见也是英国的情形,在那里像约翰·弥尔顿(John Milton)之类的清教徒共和主义者,把自己看作为建立宗教上纯洁的政治共同体而战斗的人,因此也把自由生活理解为必然是基督教的虔诚。然而,在北美遭遇严酷无情的形势的定居者们,却使得宗教与经济独立愈加结合到了一起。因而克服荒野之地的行为既是精神上的义务,也是经济上的责任。

对于清教徒定居者来说,这种作为自治的自由的千禧年主义承诺也凸显了以下二者之间的联系,即斯图亚特专制主义在政治上的失败

和天主教在宗教上的失败。在进行这样的联系时，清教徒表达了一种不仅在马萨诸塞，而且在所有各殖民地都日益老生常谈的观点。对英国的新教徒来说——对北美新教徒来说更是如此（因为北美的定居者经常是出于明显的宗教理由而从英国移出，因而也最趋于激进），天主教与政治上的专制主义结合在一起被认为是不可避免的。正如天主教迫使信徒奴隶般地遵从等级制教会的指令、而非秉持自己的是非之心一样，不受制衡的君王则随心所欲地统治和命令人们完全遵守服从。两种情况都包含了奴役形式——一种是宗教上的，另一种是政治上的。这些奴役形式损害了共和主义的独立思想。真正的自由思想与天主教信仰互不相容，意味着天主教徒像奴隶和原住民一样，被认为不包含在将自由的英国臣民粘合在一起的社会契约范围内。菲利普·劳森就18世纪的英国写道："在官方眼中，天主教在……英国不仅只是精神上的问题。公认的宗教决定一个公民在国家的政治、社会生活中所扮演的角色，且经由此决定其在国家经济生活中所扮演的角色。"[94] 1673年，出于对教皇阴谋的恐惧颁布了《宣誓条例》（Test Act）。该法通过迫使议员、官员以及后来的贵族宣誓反对圣餐变体论（transubstantiation），而将天主教徒系统性地排除在公职之外。

更为关键的是，1689年的协议非常清楚地把斯图亚特王朝君主统治的终结和新的宪政制约，同永久的新教统治结合在一起。劳森继续写道："新教在世界宪政理论上的最高地位，随着1689年的革命协议而得以完成。在《权利法案》中，有一创新性条款将英国王位的继承限定为新教继承人，而这一条款明显出自当时的反教皇情绪。"[95] 遵循英国这样的实践，18世纪的天主教徒在许多美国殖民地被禁止投票，其中包括弗吉尼亚、纽约、马里兰、罗德岛以及南卡罗来纳。马里兰拥有人数最多的天主教徒，因此该殖民地取消了投票权，这样天主教徒就不"打算打击和干扰国王陛下的新教政府"；这一禁令在整个美国革命期间一直有效。[96] 反对在政治上包容天主教徒的观点与反对无土地者的观点如出一辙。就像穷人依赖他人的驱策而不能获得独立——而这对独立思考是必要的——一样，天主教徒也依赖教皇的意志。[97] 就此而论，每个群体都以自己的方式，对新教信仰者政治上的自由存在构成了永恒威胁。

由于把这些政治、经济和宗教维度结合在一起,共和主义对自由的叙述因而为 17 世纪末 18 世纪初定居者社会的社会地位和政治归属提供了基础。曾经的殖民化经历进一步加强了每个基本的概念链,并使得定居者远比英国更加能够获得作为自治的自由。相对孤立加强了殖民地政治上的独立,而获得未开垦的土地则给穷人提供了经济上自足的前景。进而言之,新教信仰使这一方法在土地权和自由权方面取得了进展,并有助于将各种各样的定居者社会变成集体生活中的新教实验。在政治、经济和宗教等各个方面,定居者致力于作为自治的自由,也规定了那些因信仰、族裔或经济依赖而有必要被排除在外的人。从一开始,美国这一自由理想就使得自由不仅与假定性的奴役形成了对照,而且与那些被排除在社会契约之外者——奴隶、原住民、无土地者以及天主教徒——千真万确的过往经历形成了对照。

偏狭性与定居者的移民思想

到 18 世纪中叶,英国的帝国分权化扩张计划在北美殖民地导致了引人注目的情形:土地所有权大大扩散,殖民者享有广泛的政治和法律权利。定居者甚至比英国君主曾打算做的更多,他们创立了独特的自治政体,对作为自由臣民而被包括在内的那些人而言,其中的共和主义自由乃是实实在在的经验。至关重要的是,英裔殖民者越来越把自己对自由实践的扩大看作其英国血统的产物,这是一种回溯到撒克逊血统的自治文化传统。一方面是广泛的自治,另一方面是对英国文化遗产的自豪,二者结合在一起的做法,使得定居者们对自由的威胁尤其警惕。由于周遭都是法国帝国主义者、天主教定居者、非洲奴隶以及印第安部落,他们也产生了一种持续的危机感,从而播下了反叛的种子。

得以发展的政治自治与定居者社会内严重的偏狭思想相伴相随。尽管各殖民地之间存在宗教和文化差异,但总的来说,定居者们将其血统看作自己享有特权臣民地位的基础。他们将这种血统看作特别的根基、看作被珍视的自由,就像在《大宪章》(Magna Carta)中所颂扬的那样。[98] 对许多定居者来说,这种有关自由的特殊文化历史使他们格外适合过自由的政治生活。因此,虽然原住民可以通过固定的农业和宗教皈依成为文明人和基督徒,但缺乏与英国血统以往历史的联系,这总是会使其不可能被完全包括进来。一代代发展出来的自由能力,使得定居者——与被征服社会相反——具有保持政治、经济和社会权力的独特能力。结果,以类似许多其他定居者社会的方式,殖民地政治自治的前提乃是有机体的归属观念,因为它将血统和土地与成员身份联系在一起。

然而,英裔定居者却仍然遭遇一种基本困境,这与最激烈形式的偏狭性(insularity)相左。对于英国殖民地在经济上的可持续、在军事上免受原住民威胁而获得安全——更不用说扩张——而言,他们需要更大数量的人口。就像先前讨论的那样,工业化和英国经济生产的变化,导致帝国中心的官员们对增加英国向外移民持审慎的矛盾立场。取而代之的是他们寻求在英伦三岛的工厂里维持相当规模的劳动力。由于英国单独并不能提供必要数量的劳动力,定居者因而推动其他欧洲社会向外移民。这些努力导致18世纪中叶(在殖民地)出现大量的非英国人口。

为了吸引这些新来者,殖民者发展出简易归化的做法,这些做法远比英国国内更开放、更简化。詹姆斯·凯特纳(James Ketnner)写道:"无论是皇家特许、议会法令或习惯法原理,都没有明确授权殖民当局把外国人作为臣民来接受。"[99]然而,无论伦敦是否承认这些权力,几乎在顷刻间,那些殖民地决然主张当地殖民当局有权归化欧裔外国人。最常见的方法是由当地议会通过特殊的归化法案,以吸收新的欧洲臣民。其他方法包括登记程序和团体归化。在纽约,定居者让所有"表明基督教信仰"、且在1683年11月1日前宣誓效忠的居于此地的外籍居民归化。[100]按照洛克的《卡罗来纳基本法》一书,外国人仅需出现在任何一个选区登记处,而如果他们向这本《卡罗来纳基本法》发誓表达他们对国王和对卡罗来纳领主贵族有产者们的"信念和真正的忠诚",那么他们即刻就会被归化。[101]

除了创建宽松的归化政策,定居者也扩展了传统上为归化的欧洲臣民提供的权利条款。在英国,既定的政策是排除这些臣民担任高级政治职务;而在北美的管理则更具有弹性。在宾夕法尼亚,1706年的选举法允许归化臣民既可投票选举,又可竞选公职。甚至更加独特的是,定居者开始将权利扩及欧洲的外国人,这种方式与传统上将臣民与外国人分开来的做法相左。1704 年,南卡罗来纳立法机构通过一项选举法,规定只要新移民符合居住和财产要求即拥有投票权。这一法律只是使投票现场出现的那些做法正式化而已,因为具有普遍性的外国人投票已在 1701 年殖民地的选举中发生了,尤其是法国胡格诺派教徒的投票。1761 年,佐治亚也制定了允许外国人投票的对等法律措施。而在宾夕法尼亚,即便在书本上没有这样的法律,到 18 世纪 40 年代德裔新教徒投票和担任公职已是常见现象,无论是否要依靠归化。[102]

关键在于,这些做法根本上是以有关文化相似性的族裔和宗教判断为基础。虽然扩张目标迫使英裔定居者开放殖民地以促进移民,但只有特定的外国人才会受到欢迎。定居者们尤其认为,殖民地的包容性适用于欧洲新教徒,他们的宗教习俗使之尤其适合共和主义价值和英国自由。例如,在路易十四统治下面临镇压的像法国胡格诺派教徒这样的群体,在定居点计划中被作为共同参与者对待,并在殖民地随时都受到欢迎。天主教徒和印第安部落被描述为文化上的异类、对自由缺乏准备,而西欧新教徒则被视为拥有自己平行的自由制度历史,因此可在定居者的计划中被同化。

当英国议会最终在 1740 年采取行动来使殖民地归化程序标准化的时候,这种从文化上决定谁被完全当作有价值移民的处理方法得到了进一步加强。在差不多半个世纪的时间里,定居者们支持英国君主为殖民地当地出现的做法提供法律上的确定性。1740 年的法律是通过为纳入新臣民创建耗费不多且清晰易懂的行政过程来做到这一点的。然而,除了七年期居住的条款外,该法案也要求外国人表明基督教信仰并提供此前三个月内曾在新教教会表达庄严誓言的宣誓证书。[103]这些规则对像贵格会教徒这样的团体予以宣誓证书豁免,[104]却专门使天主教徒丧失成员身份。在本质上,与具有共同族裔和共同宗教特点的外国人容易归化相伴的,乃是对被认为在文化上太过异端的外部人进行持续地排除。

以这种方式,殖民地的做法为后来塑造独立后的美国移民政策创建了一种模式。移民成了补充和维持定居者对土地征服以及共和主义自治承诺的一种关键手段。这意味着宽松移民规则和将权利(包括选举权)扩及外国人,将以显著不同于帝国中心做法的方式发展。与被殖民的臣民或帝国臣民不同,新的新教徒经常被认为值得拥有完全成员身份,并因而值得在经济和政治上被即刻包括进来。当然,这些移民政策并非处处适用,无论是在殖民地时期还是随后的革命时期。罗杰斯·史密斯(Rogers Smith)注意到,在 17 世纪和 18 世纪新英格兰地区趋于"最具排他性",因为马萨诸塞和新罕布什尔将自由人地位仅限于英格兰人。[105]而殖民地做法的基本要旨仍然明显不同于整个欧洲,这样的做法凸显了移民正成为定居者生活的核心内容。

普遍的威胁感也对这一核心内容产生了推动作用。定居者把像法国天主教徒和原住民这样的外部人不仅看作外国人,而且看作敌人;只能由不断发展的人口和连续扩张来阻止他们。由于被试图摧毁其血缘和宗教自由的那些社会的包围,定居者将其他新教徒看作殖民地共同事业的潜在盟友。以这种方式,对危险的认知和移民的作用强化了定居者生活中的顽固分裂,而且尤其使得一种强大而具有扩张性的共和主义自由思想,与一种有关谁有权享有这样的自由的限制性叙述结合到了一起。对殖民者来说,英国共和主义的先例、新教信仰,以及定居点的活力,强调了自由乃是一项必要而积极的自治计划,它包括政治、精神和经济等维度。然而,这些因素在允许一些欧洲移民成为共同参与者的同时,却也加剧了排他性含义,并对外部人群体扣上了永久威胁的帽子,为了内部的秩序必须平息这些威胁。在 18 世纪 60 年代和 70 年代,由于殖民地与白厅发现他们之间陷入了激烈的争执,正是定居者对苗壮成长的排他性自由的捍卫,似乎使得殖民管理者日益困惑,并似乎日益与帝国的目标根本上不能够相容。

定居者对帝国和臣民身份的反叛

紧随与法国-印第安人战争而来,英国的帝国中心开始着手帝国改组计划,以使之同其前所未有的、历史性的全球范围影响力相匹配。人们经历的这些变化,在根本上威胁到定居者生活的基本原则。定居者们日益把伦敦的行政管理者看作质疑其政治自治、宗教价值和土地权的人,而且是与从属群体相对而言拥有至上社会地位者。由于殖民者深深为自己血缘上的继承、自由观念以及经济和政治独立而自豪,所以帝国中心的行为是要将自由社会屈从于暴政的束缚——堪比诺曼人和斯图亚特王朝的专制主义暴政束缚。对于英国行政官员所认为的必要尝试——对帝国统治进行权力集中并且脱离以殖民定居点为基础的陈旧帝国观,美洲定居者感受到的则是对其作为拥有特权的英国臣民与生俱来的权利的打击。最后,与英国最高统治本质的冲突直接导致了反叛,并将定居者殖民地的意识形态基础转换为有关共和主义和帝国的美式独特叙述。

在这一部分中,我将首先描写定居者对同法国进行战争后的政治、经济和宗教生活的期待,以及这些期待因帝国中心的那些政策而遭到挫败的惊人程度。然后我将继续评估存在于行政管理者与殖民者之间有关英帝国未来分歧的主要根源。具体而言,我聚焦的是,伦敦试图通过司法决定和行政行为来发展出更具包容性的帝国统治形式,来扩大给予美洲原住民、天主教徒或者从更小程度上说给奴隶的权利。对于殖民者来说,其所做的每一努力,都揭示了白厅想要把英裔定居者当作文化上明显的劣势者来区别对待,并且使所有臣民成为统一的政治暴政的受害者。最终,我认为这些企图突出了英国君主与其殖民地之间就自由的真正含义,及其在政治经济生活中的作用这一问题上存在的潜在而深刻的分歧。

同法国之间的战争以及美洲对帝国扩张的期待

美国定居者对英国战胜法国的热情高涨,而且殖民者在赞成帝国征服和夺取加拿大方面发出了最响亮的声音。定居者不仅把这一胜利看作帝国中心的胜利,而且把它看作对他们自己的政治宗教独立的进一步推进,他们热切渴望利用法国的溃败。因此,胜利给定居者带来了一系列的期待,其范围甚至从程度更大的政治自治,到对土地投机者而言的大规模金融成果,再到对新教徒而言的新教千禧主义来临。这些巨大的期待与帝国中心伦敦所追求的截然不同的帝国道路，使得英国与其殖民地之间即将发生的冲突充满戏剧性。

为了理解定居者赋予这一胜利的含义，人们只需要去看看本杰明·富兰克林（Benjamin Franklin）1760 年的小册子——《英国考虑有关其殖民地利益及夺取加拿大和瓜达卢普岛》(*The Interest of Great Britain Considered with Regard to Her Colonies and the Acquisitions of Canada and Guadaloupe*)——即可。这本小册子中呈现出一种有关殖民扩张的最强有力的想象力，并或许是和平时期所写的最著名的此类小册子。富兰克林认为，夺取加拿大将解决一系列关键的战略和土地问题，并为帝国中心和定居者提供巨大的经济报酬。如此的安全利益包括消除邻近的法国人对美国定居者形成的威胁，并解决其与印第安人部落之间存在的摩擦和冲突。夺取加拿大也将根除阻止美洲殖民地地理和人口增长以及推进英国传统和自由的障碍。[106] 显而易见，对富兰克林和许多其他殖民精英而言，从开放给美洲殖民者的新土地投机中得到的利润关乎成败。扩张意味着殖民地领土的大量增加，因而也意味着富有的土地拥有者和贫穷的农民一样能够获得大量地产。

然而，富兰克林也认为，扩张标志着把英国的自由扩展到未开垦林地上、扩展到先前那些受到践踏的土地上，哪怕这种自由只是扩展到正迁移至北方和西部的英裔定居者身上。对富兰克林来说，战胜法国意味着定居者的政治计划同时在精神上和领土上的发展。因此，他的看法也加强了这一北美主流观点，即把英帝国主要看作定居者殖民化努力的结果；并且尤其强化了这样一种思想，即新殖民地在政治上是自由的、并且基本是自治的。作为"有人定居下来的"土地，这样的殖民地可以效忠王权，但是他们也享有那些生活在帝国中心的英国人所享有的同样基本权利和特权。每个殖民地都是围绕政治自治原则组织起来的，并不仅仅是作为在经济上被榨取的有用的依附性实体而存在。为了强调这种帝国梦想的价值，富兰克林雄辩地借用了罗马扩张的例子：

> 罗马人非常理解这种政策，它教导安全是从那些被统治的各国中间产生后上升到帝国政府层面的。当时他们恢复了希腊各国

的自由……途径是通过法令公布每个国家应居于其自身法律之下。他们甚至没有确定一位总督。虽然是由相同习俗和语言统一起来的一个民族，但他们之间却相互独立、利益各异。而且我可以说，宗教乃君主冀望其统治权安全的全部依托，因为他们无论在智慧上、勇敢上，或在对自由的热爱上，都不逊于罗马人本身。确实，他们并未把自己称作君主；他们并未对称号进行评价；他们对拥有的东西心满意足；他们确实也拥有了，尽管没有常备军。还有什么比这更能够证明他们所拥有的呢？而正是通过这样一种自始至终的类似政策，罗马世界得以服从、得以被掌握。[107]

在富兰克林眼中，帝国乃是帝国中心与殖民地之间的一项共同事业，其中的定居者——由于其英国祖先和传统——是英国的自由臣民，其地位与英伦岛上的臣民相等。

清教牧师甚至更强烈地表达了英国征服体现了这一帝国方法获胜的感觉，他们将殖民扩张看作为上帝和即将来临的千禧年乌托邦服务的世界历史性事件。就像内森·哈奇（Nathan Hatch）所写的那样："在一遍遍的布道声中，牧师们庆祝消除了即将来临的王国之最后、最大障碍。"塞缪尔·兰登（Samuel Langdon）将这一刻设想为预见"那一精神暴政和神秘邪恶的最终毁灭"，并宣称道："伟大的巴比伦陷落了、陷落了！"乔纳森·梅休（Jonathan Mayhew）相信，上帝将"在世界上的国内宗教事务中开始一场最显著的革命；而所有王国由此将成为我主之王国"。所罗门·威廉姆斯（Solomon Williams）将法国人的失败和殖民扩张，放在与宗教改革和光荣革命相同的水平上，并认为"自从英格兰成为国家以来"，这一胜利"比英国人曾经取得过的任何胜利都更重要"。[108]

在更早的对法军事和政治胜利期间也有类似的布道，例如在1713年的《乌得勒支和约》（*Treaty of Utrecht*）之后的胜利，其中包括承认英国对纽芬兰、阿卡迪亚（Acadia）以及其他地方进行领土控制的条款。然而，对于清教徒牧师来说，使得此时此刻不同凡响的，乃是英国的胜利或许标志着最终击败了天主教和政治专制主义——这两股力量必然是联系在一起的。这是因为法国在北美的存在几乎完全被消除了，结果英帝国的对手现在只统治着加勒比以北小小的圣皮埃尔和密克隆群岛（Saint Pierre and Miquelon）。这意味着，随着最大威胁——法国的罗马天主教会——被消除，向荒野之地挺进的使命能够继续进行；意味着定居者宗教和政治自由的榜样终于可以促成千禧年乌托邦的实现。英国在北美的胜利给予定居者共和主义和千禧年主义观点以养分，并且提高了对正在扩张和分散的、由英裔殖民者引领的帝国权力希望。

全球化帝国中原住民土地权的挑战

按照定居者社会的政治和宗教观，既有的那些在公众中持久不变的帝国习惯做法被认为是理所当然的，尤其是权力分散和定居者对领土扩张的控制。事实上，殖民者认为，这些现实不仅是实际的情形，它们是法定的和合法的现状。就此而论，定居者假定，他们自己的政治和社会习俗将延伸至新的土地上，因为他们认为这是合适的，从而扩大了盎格鲁-新教的统治以及与之相伴的自由范围。定居者获得土地的梦想和建立帝国的意图所遭受的第一次沉重打击，以 1763 年《皇家声明》（Royal Proclamation of 1763）和帝国中心按计划执行这一声明的形式出现。英国君主坚持认为领土上有超过十万本土美洲人，这意味着英国发现自己处境微妙，不得不在原住民利益与定居者利益之间艰难应对。在此背景下，英国君主没有欲望为移除大量印第安人口而让更多的资源和军事人员沉没其中。然而对定居者来说，英帝国在定居者—原住民之间寻求平衡的意图，在根本上威胁到了英裔定居者的社会地位。这些发展使定居者对帝国持续性的期待和定居者的权力感到失望。结果，定居者以反叛回应——他们重申自己作为真正英国臣民的独特地位。

对英帝国来说，在法国-印第安人战争中的胜利，被证明是好坏参半的事情。战争耗费高昂，而且英国的成功依赖于同印第安人结成同盟。此时此刻，面对渥太华部落首领庞蒂亚克（Pontiac）领头的反叛，伦敦相信西部边疆的持久安全将要求限制定居者获得土地。在很大程度上，这是因为英国君主已然更加集中关注其在欧洲的各种争争吵吵，而伦敦的行政官员无意寻求与其前盟友印第安部落进行长期冲突。作为避免在帝国边陲发生一场新战争所增加的好处,行政官员认为,确保印第安人的土地权利将保证有利可图的皮毛贸易安全,并进一步将这些部落同英国的贸易基地连接在一起。1763 年 1 月,甚至在庞蒂亚克反叛消息到达英国前夕,英国国务秘书埃格雷蒙特(Egremont)还向美洲英军总司令杰弗里·阿默斯特(Jeffrey Amherst)解释了政府的观点。埃格雷蒙特认为,内阁试图"通过每个严格的正义法(Act of strict Justice)来安抚……印第安各民族,向他们提供……保护,以使他们给自己保留的土地不受任何侵犯,为他们的狩猎场地提供保护"[109]。

关键在于,这样的安抚实际上意味着对殖民定居者所享有的广泛自治进行妥协。具体而言,英国君主及其伦敦内阁将必须主张对帝国领土使用和处置拥有更大得多的控制权。这种权力集中与改变印第安部落的基本假定紧密相连。虽然本土的印第安美洲人在英国君主的领地中依然面临帝国的自由裁量权,但英国君主表明,这些臣民享有基本特权,包括受到皇家保护的土地拥有权——无论原住民部落如何组织其土地保有期。在对英裔定居者关闭旧的西北边疆方面,《皇家声明》中所使用的语言清楚地表明了这样的信念:

> 然而如此应对以下事件是正当合理的、是对我们的利益和我们的殖民地安全至关重要的,即一些与我们连在一起并受我们保护的印第安人民族或部落,在为其所占有的我们疆土和领土上的那些部分,不应受到干扰和妨碍。因为这些地方并未割让给我们或者为我们所购买,而是保留给他们或他们中的任何人作为狩猎场。因此,根据英国枢密院(Privy Council)的建议,我们确实宣布此乃皇家意志和乐见之事,即在魁北克任何我们的殖民地……(或)我们北美的其他殖民地和种植园没有总督或总司令一事,恰恰可推定……同意授权对……无论什么土地进行勘测或专利批准。就像前文所说过的那样,这些地方并未割让给我们或者为我们所购买,是为所说到的印第安人、或任何印第安人所保留的。

按照《皇家声明》,东部山脉以西的所有土地将维持由原住民控制,除非英裔定居者首先得到了特别的皇家特许;而那些没有事先得到批准却宣称拥有这一土地的人,将被下令"立即自己从这样的定居点搬迁离开"[110]。

为进一步保证原住民权利得到尊重,任何私人都不会被授权与美洲原住民部落就土地进行讨价还价,只有以国王名义行事的殖民行政官员才可以主张土地购买。《皇家声明》总结道,为防止欺骗和滥用——而这在先前曾经很普遍,"如果任何时候上述印第安人有倾向处理掉那些所说的土地,只能以我们的名义在公开会议或上述印第安人大会上由我们购买这样的土地"[111]。为捍卫《皇家声明》的方针路线,伦敦认识到不能依赖殖民地民兵,这些民兵在对法战争期间被证明难于组织和指挥。成功的防御将要求由英国提供和控制的正规常备军来进行。为维护和支持这支军事力量,白厅也决定对殖民地实施一项印花税法案以及后来的一系列税收措施,因而美洲定居者将为土地政策买单。这样的决定被视为维持这些领土上的和平并将定居者与帝国监督更紧密地捆绑在一起的必要条件。这种更紧密的连接将保证定居者的行为不与帝国中心的物质和战略目标发生冲突。

然而,对于美洲殖民者来说,帝国中心的政策从根本上说是与定居者殖民化的前提不相容的,尤其是与其领土扩张背后的道德理论不相容。这种由 1763 年《皇家声明》及相关军事和税收政策所体现的变化,与长期以来的主要帝国现状相左。声明尤其挑战了这一信念,即作为被征服的臣民和异教徒野蛮人,原住民社会不应被允许永久保存那些与定居者独立和土地拥有权目标相冲突的习俗。对英裔定居者来说,帝国曾被根植于共和主义自由的梦想之中,这一梦想坚持认为,唯有经由定居者拥有、未开垦的荒野之地才能为公益有效地产出。通过牢固确立对原住民法律和财产安排的尊重,殖民行政官员允许原住民的野蛮习俗,胜过那些英国文明的惯例及其勤劳理性的定居者。在过去,殖民者购买原住民土地并无问题,并会顾及原住民的习俗,以使战争的可能性降到最低并保证财产的有序转移。而现在,行政官员却在主张,无论定居者有什么期望和目标,原住民的习俗不得不被纳入永久的帝国体系之中。[112]这种做法忽略了这一事实,即对于许多殖民者来说,原住民被剥夺财产不仅关乎物质上的自利,它还是有意义的扩张性自治的前提。

由于定居者往西推进圈出了新的领土,土地丧失的前景使得经济上获得自由的可能性和共和主义生活的基本要素都打上了折扣。1763年至1776年期间,大量新定居者涌入——这些新教徒基本上都是来自马尔斯特和苏格兰低地,超过15万人踏上了通往殖民地的旅程。[113]尤其是对于爱尔兰加尔文教徒来说,这样的殖民化程度相当于历史上定居点以及与原住民发生对抗时的双倍纪录。这些殖民者中的大部分人是伊丽莎白一世时征服爱尔兰者的后裔,他们与更早移民潮中的那些人相比有深厚的宗教情结,而且相对贫穷。这样的定居者之所以从英国往外移民,主要是寻找土地和经济机会。沿海的人口统计则迫使他们朝《皇家声明》中所说的旧西北边疆、或人们更惯常称之为“落后农村”的边界线迁移。他们也带来了自己的农业方式,尤其是土地集约型方式。费舍尔写道:“根据一项估算,在南方落后农村牧场的每头牛需要15英亩的松林,即一群牛需要1 500英亩。”[114]这些新殖民者因而处于殖民扩张的前线,并视原住民土地为自身经济改善的根本。如果没有拥有这些土地的前景,新殖民者就不能打破贫穷和依附的怪圈,因而就不能宣称获得了真正的自由。对他们来说,在定居者社会内部的基本经济生存和政治经济地位都是利益攸关的。

在对美洲原住民土地进行殖民扩张的问题上,身无财产者与富裕殖民者的利益达成一致了。在土地投机中,大规模移民呈现给精英发大财的前景。这样的投机者希望主张拥有原住民的土地——通常是以欺诈的方式进行,然后将土地财产卖给贪婪寻求土地的定居者来获利。甚至在《皇家声明》出台以后,像乔治·华盛顿(George Washington)这样的投机者相信,帝国中心的政策是暂时的,并认为“出去搜猎好土地”乃是经济常识。华盛顿向其土地检查员威廉·克劳福德(William Crawford)写道:

> 因为除了将这一《皇家声明》看作安抚印第安人的权宜之计外,我决不能从任何其他角度来看待它(但我只在我们之间说这话)。当然,在几年后这一声明的内容必须停下来⋯⋯因此,任何

忽视当前寻猎好土地机会的人、任何忽视在某种程度上为自己留意和区分好土地（以便不让其他人在上面定居）的人，将绝不会再次获得土地。[115]

然而，在 1763 年之后的时期，白厅不停地反对华盛顿、富兰克林和其他人试图获得并出售原住民的土地。[116] 对边疆定居者和殖民精英来说，帝国中心的政策对其财政收益构成直接的实质性威胁。

使事情更加糟糕的是，白厅追求的军事和税收政策共同构成了对经济独立和政治自治的威胁。对定居者来说，"自治即自由"理想的首要威胁不再是法国天主教会了，而是英国议会的专制主义。在定居者心目中，这样的专制主义，无异于自由的盎格鲁-撒克逊人不得不在"诺曼枷锁"（Norman Yoke）束缚之下艰苦劳作。[117] 罗伯特·威廉姆斯（Robert Williams）对定居者有关此种暴政的叙述进行了概括：

> （它）归结为这样一种主张，即在 1066 年之前，英格兰的盎格鲁-撒克逊人在一种代议制政府形式下，作为自由平等的公民而生活，这种政府形式受神圣自然法原理和所有个人的共同权利所启迪。然而，诺曼人的征服却已将这种撒克逊政府模式摧毁了。但是，即便是诺曼枷锁也不能摧毁撒克逊式宪法那种神圣的、有创见的、普遍对各地自由英国人心灵产生的吸引力……因此，像《大宪章》和英国革命推翻"可恶的斯图亚特家族"这样的历史事件，是英国人为重新确立其令人敬畏的古代撒克逊人权利和自由而持续斗争的组成部分。[118]

波士顿律师、颇具影响力的小册子作者詹姆斯·奥蒂斯（James Otis）精确地提出了这一点。他在 1764 年那本名为《英国殖民地的权利主张和证明》（*The Rights of the British Colonies Asserted and Proved*）的小册子中写道，英国人的自由先于《大宪章》，是定居者祖先从盎格鲁-撒克逊人先辈那里继承下来的。按照奥蒂斯的观点，"在第一批诺曼暴君来到之前，自由已为我们的祖先更好地理解、更完整地享有；自那以后，直到人们发现，为解放这个王国，有必要与斯图亚特王朝的专横邪恶行径进行战斗"[119]。财产权是盎格鲁-撒克逊人享有的重要自由之一，而经由对在英国议会并无任何代表权的定居者进行课税，英国议会一下子对定居者的经济和政治自由都构成了威胁。不仅王权的目的是非正义的，它还从根本上损害了定居者获得土地的自然而合法的权利；王权的手段也危害到基本的自治原则。事实上，就政治社会——源于个体间为相互保护其财产达成的洛克式社会契约——所达到的程度而言，白厅的行动恰恰违反了政府本身的前提假设。

这些从"诺曼枷锁"中衍生出来的观点，与先前提及的定居者信念内在地连接在一起。这种信念认为，自由的英裔臣民身份源自其先祖和历史文化；而为了保护印第安人部落来贬低这些权利是自由深恶痛绝之大敌。就像奥蒂斯解释的那样，在北美定居的人之所以这样做，"并不像普通英格兰人愚蠢地想象的那样，是以一种英国人、印第安人和黑奴混杂在一起的方式，而是以生而自由的大不列颠白人臣民的方式进行"[120]。定居者与母国共同享有的乃是显而易见的血缘连接，二者都极力主张对自由的热爱和将帝国中心与殖民地统一为一项单一的帝国事业。通过那些假定的原住民权利来逐渐削弱定居者——拥有特权的国王臣民——的权利，英国议会及其殖民地行政官员强加了一种最糟糕类型的暴政。他们利用绝对权力推翻了合法的政治秩序，推翻了这种源自更高的自然法的政治秩序，结果使得盎格鲁-撒克逊人沦为被奴役的地位。就像被征服的臣民一样，殖民者现在也奴隶般地仰赖外部意志的一时兴致。就像令定居者失望一样，1763年《皇家声明》及随后的政策对在祖国的英国同胞则意味着，共有的祖先不再有关联，可以像对待异教徒野蛮人那样对待殖民者。

尤其是考虑到定居者的尖酸刻薄，人们有必要准确了解，为什么伦敦开始承诺按照更大程度地尊重非英国臣民的方式来重组帝国。在本章的开篇之处，我曾指出英国为如何治理其日益全球性的帝国而进行的努力。结果，白厅最终决定，为了有效管理帝国，有必要重塑殖民地的关系。对曼斯菲尔德勋爵（Lord Mansfield）在1774年王座法院（the Court of King's Bench）有关坎贝尔诉霍尔（Campell v. Hall）一案中的判决进行探究,有助于梳理出这一基本原理。虽然这一案件本身并非引发定居者不安的核心原因,但它确实阐明了帝国中心在此前数十年间发展出的定居者—原住民事务上的共识。而此案也成为曼斯菲尔德在殖民地极度不受欢迎的诸多原因之一。现正讨论的这一议题涉及英国君王在格林纳达的税收权利,格林纳达是英王在同法国进行战争期间夺取的一个加勒比海岛屿。在征服该岛屿之时,岛上基本上都是法国种植园主。与卡尔文案一致,英国有关投降者的条款主张,岛上先前的法律继续有效,直到国王选择其他法律。作为一个基督教国家,格林纳达的法律并非因征服而事实上无效,因此可以合法地实施。这些法律最终因 1763 年《皇家声明》而发生改变,因为这一声明保护当地的土地权利,并为格林纳达建立了一个新政府,以使之符合英国代议制政府的惯例。然而,随着代表制议会的建立,英国君王通过皇家特权公布对所有产自格林纳达的糖征收 4.5% 的新税。有位刚刚在该岛购置土地的英国种植园主坎贝尔(Campbell)提出起诉,挑战国王这一单方面的征税权。[121]

在此案的直接问题上,曼斯菲尔德支持坎贝尔,并认为虽然王权享有引入任何其认为合适的法律到被征服土地上的特权,但一旦这些法律被引进,国王就"剥夺了自己的那种权力",并且不能简单地僭越这种得到确立的权利。[122]为使这一税收方案合法,它必须由格林纳达自己的议会或英国议会来执行。通过宣布糖税无效,曼斯菲尔德遵循了英国光荣革命时期辉格党的基本原则。对他而言,斯图亚特专制主义的失败意味着议会主权对不受制衡的君主权力的胜利。

在捍卫英国议会至高无上的权力和非英国臣民的权利并使之成为一体时,曼斯菲尔德也提出了伦敦新出现的英帝国梦想。在判决意见中,曼斯菲尔德明确拒绝柯克爵士在卡尔文案中的基本提议,即征服之后唯有基督教法律才值得帝国的尊重。曼斯菲尔德认为,异教徒与基督徒之间的封建式区分对被征服民族的地位没有影响。相反,他坚持认为这一地位源自罗马法,而因此其存在先于基督教。"被征服国家的法律继续有效,直到被征服者改变;在卡尔文案中提及的对异教徒荒诞可笑的例外,显示了这项准则的普遍而不合时宜。因为这种区分不会先于基督教时代,它十之八九源自十字军东征(Crosisades)的疯狂热情。"[123] 通过法语来拼写十字军东征(crusade),曼斯菲尔德清楚地表明了柯克的区分乃是诺曼人天主教的产物这一观点。[124] 在斯图亚特专制主义失败之后,在以新教自由为前提的社会中不应坚持这样的区分。

甚至更为重要的是,曼斯菲尔德的判决意见赋予了普通而不可避免的帝国惯例法律上的合法性。宣布所有"异教徒"法律必定无效,将与白厅正在提出的那些政策相抵触。例如,帝国中心伦敦正缓慢而断续发展的管理形式,最终将被称为间接统治,并成为19世纪末英国在亚洲和非洲的殖民框架。在这样的框架中,原住民精英被雇佣充当帝国最低层的管理人员,这些精英被赋予广泛的自行决定权,以根据他们对何为原住民法律的判断来进行治理。[125] 在系统性地实行间接统治一个多世纪之前的18世纪60年代,孟加拉尤其成为英国新控制模式的早期试验场所——不提别的,至少人口统计要求英国利用当地官方和惯例来进行治理。

从根本上说,曼斯菲尔德的判决只是承认这些当下的情形,以及统治一个人口众多、文化多样的帝国所需要的更广泛条件。通过限制王权,代之以强调议会权力,他一方面寻求将低效无能且基本上权力分散的殖民地行政当局的权力集中到立法机构手中。与此同时,通过宣布柯克勋爵的声明无效,并对早期的间接统治给予法律支持,曼斯菲尔德清晰地表明了一个全球帝国的基本现实。唯有通过承认原住民法律并增加与本地臣民身份相关的特权——无论是当地宗教还是习俗,具有如此规模和范围的帝国事业才能够获得成功。分权和定居者至上或许是殖民地中共和主义自由的先决条件;但是从伦敦的视角看,这些实践只会起到打败一个扩张过度的帝国的作用。这些实践预示着内部的不稳定甚或彻底的反叛。因此,伦敦官员与北美殖民者发现他们陷入了不和与争论之中,因为定居者自由与帝国秩序二者之间似乎南辕北辙。

《魁北克法案》、间接统治以及天主教的威胁

对许多美洲殖民者来说,1774年的《魁北克法案》(the Quebec Act)证实白厅背弃了历史上业已确立的定居者殖民化原则,并将其帝国事业变成了一项诺曼人暴政或斯图亚特暴政的延续。尤其使殖民地

激进的新教徒仓皇失措的是,英国议会统治加拿大的新措施,似乎对与
法国进行战争的整个基础——结束由法国天主教会构成威胁的宗教目
标——视而不见。在伦敦的殖民地行政官员心中,《魁北克法案》是确
保法国天主教臣民忠诚的必要手段。然而,它却再次迫使英国议会着
手解决英国扩张的基本信条问题。在进一步修改实际的帝国现状中,
《魁北克法案》表明美洲殖民者中间日益增强的信念,即定居者自由与
帝国中心统治二者之间互不相容。

　　该法案本身源于兼并加拿大后殖民地官员面临的难于处理的窘
境,英国扩张的批评者和"英格兰本土论"辩护者曾预见到这一窘境。
在沉浸于打败法国人的激动时刻,几乎没有人想出办法应对有效统治
75 000 名法国天主教徒的困难。1763 年《皇家声明》寻求解决这一难
题,其办法只是将英国法律强加给这些人口,并由此大大缩减天主教徒
的权利。这一声明企望足够多的盎格鲁-新教定居者将迁移到加拿大,
从而改变殖民地的族裔人口构成。它还企望法国天主教徒将适时意识
到英国法律和宗教习俗在文化和政治上的优越性。当这一美好愿景没
能实现时,殖民地行政官员面临非常困难的选择。用菲利普·劳森的
话来说:"这些选择从驱除那些拒绝向乔治三世和英国教会信仰宣誓效
忠的人,到使魁北克精神皈依和公民生存英国化。前者的人数总计数
以千计,后者则是一项将被证明极不适用于已完善建立的法国天主教
社会的……政策。"[126]

　　相反,白厅追求一条符合其总体愿望的行动路线,以沿着承认帝国
文化多样性的方向来重塑帝国政策。《魁北克法案》取消了担任任何公
职需要进行宗教宣誓的要求。该法案将立法权置于一个由英国政府提
名、既包括天主教徒也包括新教成员的加拿大人委员会(the Canadian
Council)手中。虽然这种立法权需得到国王的批准,而且其中不包括
税收事务。《魁北克法案》给罗马天主教徒提供了完全的宗教自由,甚
至允许神父对教区教徒征收什一税。虽然执行英国刑法,但该法案删
除了人身保护权,并保留法国的民法和财产法。最后,《魁北克法案》试
图提出办法解决这一问题,即美洲殖民者企图不断非法要求拥有原住
民土地,并在上面定居。由于对旧西北边疆的关闭未能终止英裔的定

居和土地投机,白厅决定将土地控制权转交给加拿大,与之相伴的是将加拿大边界延伸到俄亥俄河之南和阿勒格尼山脉的后面。最终目标是保护原住民对土地的获取和控制,因为殖民地行政官员推断,英裔定居者将避免受法国天主教法律的统治管辖。[127]

就像劳森强调的那样,《魁北克法案》体现出英国对天主教徒迫害政策的完全逆转,并且给予法国天主教徒在加拿大享有比帝国其他任何地方的天主教徒更大的政治和宗教权利。这一政策逆转的背后大部分动机又一次源自保持稳定的基本决策。在一片有着千百万法国居民和只有区区 400 名英裔新教徒定居者的领土上,单边性地对其强加新教和英国法律将播下反叛的种子。因此,虽然英裔定居者反复支持建立代表会议,但伦敦行政官员和魁北克总督默里(Governor Murary)意识到,让数百名新教徒代表整个魁北克殖民地将成大问题,因为《宣誓条例》排除天主教徒担任任何公职。[128] 至于像人身保护权和陪审团这样的法权习惯,也与有效的统治相左,虽然在英国和殖民地的许多人视其为不可侵犯的基本权利。由于未受过英国法律训练而法国的惯例已根深蒂固,天主教人口普遍反对引进新的法律架构。他们的反对态度由于这一事实而得到加强,即在魁北克利用陪审团制度时,《宣誓条例》使得法国天主教徒不能参加陪审团。鉴于这些实际情况,就殖民地行政官员关心的问题而言,只有以对天主教徒宽容为前提的政策才符合和平与安全。在一份 1772 年有关魁北克未来政府的报告中,皇家副检察长亚历山大·韦德伯恩(Alexander Wedderburn)坚持认为:

> 就宗教信条对人们强加限制而言,国家安全是唯一正当的动机。虽然原则是正当的,但它几乎没有被正当地施行。因为经验显示,公共安全经常因这些限制而遭遇危险,而且没有任何国家因宽容而被推翻的事例。那么,准确的政策规定应允许加拿大居民自由地表达其宗教信仰。[129]

进而言之,对白厅的那些官员来说,宽容被视为国王正当统治其新臣民的一部分责任。当时的美洲部副相诺克斯在其为《魁北克法案》辩护的小册子中认为,毕竟这一计划因"仁慈和人道而受欢迎"。在他看来,《魁北克法案》是更大程度努力的一个组成部分,以避免重复爱尔兰经验中产生的错误和不公,在爱尔兰经验中占少数的英裔新教徒拒绝承认多数天主教徒几乎任何的可辨识的权利。其结果是,两个世纪之后,爱尔兰岛上的人们依然因冲突和"致命的仇恨"而饱受痛苦。然而,鉴于代表大会明显由天主教徒构成,以及该代表大会在鼓励法国天主教徒大胆行事中的作用,尽管身处帝国中心的官员们有此宽容之心,却没有允许一个真正的代表会议存在之意。就像韦德伯恩也在其报告中指出的那样,这样一个代表会议将成为"无尽纷争之源"和"拥有新臣民的危险实验,而这些新臣民应被教谕服从并热爱这个国家,而且如果可能的话,应被教谕珍惜对这个国家的依靠"。因此,对伦敦的官员来说,最终目标是要建立稳定的帝国秩序,而非给被征服臣民提供真正的自治。[130]

最终,《魁北克法案》加强了在一个文化多样性的帝国中的行政集权和间接统治的重要性。在同一年,曼斯菲尔德勋爵——他本身是主张对加拿大天主教徒宽容的坚定支持者[131]——对坎贝尔诉霍尔一案进行了裁决,而《魁北克法案》既通过控制税收和财力来寻求增加英国议会对新殖民地的权力,又寻求保护当地人口的习俗和法律。这样的宽容必然要求对英裔定居者的自治和权力加以限制。它也意味着削弱曾支配殖民地生活的基本社会等级制,并因此意味着试图将法国天主教徒和英裔新教徒置于更加平等的关系之中,因为二者最终都是英国皇家臣民。

然而,在加拿大南部,英裔定居者对《魁北克法案》的反应则即刻显得势不可挡。[132]就像此前讨论的那样,对许多英裔新教徒来说,天主教信仰在根本上与共和主义自由不相容。它相当于一种不自由的宗教,因为它只有利于在文明而精神上专制的生活中对个体进行培养教育。就像约翰·亚当斯(John Adams)在其1765年的《论教规和封建法律》(*A Dissertation on the Canon and Feudal Law*)小册子中所写的那样,将政治专制主义与天主教连接到一起,代表了二者间的"恶毒合谋",其目标是在全世界强加一种永久的压迫状态:"(这种合谋)在它们之间似乎甚至有明文规定,即现世中的显贵们应为维护神父地位优势而竭力做出贡献,而精神上的显贵们回过头来则应该利用其在人们善恶观念中的优势地位,在思想上影响他们盲目地绝对服从民事裁判法院。"[133]
因此,对加拿大天主教徒扩大宗教宽容的决定,被看作帝国中心根本上
抛弃英国自由原则的证明。因此,当阿瑟・李(Arthur Lee)对这一消
息进行攻击时,他对自己的兄弟理查德・亨利・李(Richard Henry
Lee)写道:"最使我感到伤害的,是内阁计划公开声称利用加拿大人来
奴役整个美洲";他进一步争辩道:"《魁北克法案》使所有的忠诚连接纽
带都断裂了,从而绝对导致这个政府的解体,国王与人民之间的契约被
完全废除了。"[134]

对许多英裔定居者来说,英国光荣革命所珍视的自由,直接与新教
徒的优越性相连。政治上的自治要求经济上的自足和由新教信仰所产
生的思想上的独立。通过对天主教的宽容,英国议会不仅无视与法国
进行战争的目标,而且削弱了一个世纪前建立的、保证保护英国自由的
政治宗教共识。就像阿瑟・李声称的那样,它使得定居者与英国政府
之间的社会契约土崩瓦解,并使得内战变得"不可避免"[135]。在英裔定
居者心目中,这一法案使他们被敌对人口环绕包围,英国议会随时可以
对此加以利用,以剥夺殖民者的基本权利。作为对此观点的附和,著名
的纽约商人和大陆会议成员菲利普・利文斯顿(Philip Livingston)将
法国天主教徒描述成"一群奴隶",无论什么时候只要伦敦想要,他们都
可以对定居者的自由发动攻击:

> 但是我随便让哪个人……来做出决定。当一个国家被一群奴
> 隶包围,该国是否没有足够的理由来害怕失去自由。尤其是这些
> 奴隶心中还充满敌视这个国家的原则,他们统一在一个共同的利
> 益、职业和信仰基础之上,一个共同领袖领导之下,而且他们得到
> 一个庞大帝国全力以赴的支持。[136]

对于清教神职人员来说,《魁北克法案》尤其是令人不安的形势变
化。威廉・戈登(William Gordon)在1774年的感恩节布道中,将这一
法案描述为走向议会专制危险的一步,并且从根本上推翻了数个世纪
的英国传统。他宣称:"如果英国立法机构就是宪法,或者说优于宪法、

《大宪章》《权利法案》、新教继承权（the Protestant Succession），那么这些不列颠人引以为傲的东西就是取悦民众的玩具，而非坚实的安全保障。"戈登继续宣称，对天主教的宽容等于"在一个最广泛而有目的性扩大的国家中，重新建立专制权力和独裁政府……以此为基础，如有必要，企图获得他们的帮助来残忍压制大不列颠天然而忠诚的臣民心目中的自由精神"。然而对神职人员来说，这一法案不仅是对政治自由的威胁；它无异于加强反基督教力量，并减少千禧年乌托邦实现的可能性。十年前还在把英国对魁北克的征服颂扬为千禧年乌托邦实现迹象的埃兹拉·斯泰尔斯（Ezra Stiles），在一封给理查德·普赖斯（Richard Price）的信中却写道，"在投票支持《魁北克法案》在英帝国三分之二以上领土上确立天主教的盲目崇拜时"，英国议会已经"激起了天主教世界的地狱庆典"。英国国教教会赞成这一政策，其所达到的程度无异于天主教主教"与叛教者教会为伍，并袒护淫荡之母和世上之恶"，其显而易见的意图是在精神上打败美洲清教徒所做的努力。[137]

由于对天主教权力的普遍恐惧，这一法案因此在殖民地将新教徒的宗教狂热与政治躁动合为一体，无论其教派差异，[138]并成为殖民者对英帝国统治不满的核心内容。大陆会议一致批准《萨福克县决议》（the Suffolk County Resolutions），该决议的第十条规定，《魁北克法案》"对新教宗教以及整个美国的民权和自由是极其危险的。因此，作为凡人和新教基督教徒，我们被迫不可避免地要为了我们的安全而采取所有的恰当措施"[139]。大陆会议再次通过一致投票，批准将这一决议案与《不宽容法》（Intolerable Acts）一道，作为所列举的殖民地不满内容的组成部分。

此外，为解释对英帝国政策的反对，1774年10月大陆会议撰写告大众书，反复强调对天主教徒宽容与定居者自由之间的毁灭性联系。由于这些文件是在反叛之前出现的，因而这一事实尤其能够说明问题。这些文件因此为深入理解殖民者那时的关键不满提供了独特的切入点，而当时许多人依然对和解持开放心态。在由大陆会议起草委员会的约翰·杰伊（John Jay）与菲利普·利文斯顿和理查德·亨利·李共同撰写的《告英国人民书》中，大陆会议详细地讨论到《魁北克法案》和天主教问题,并指责该法案将加拿大的英裔定居者沦为被奴役状态。根据这三位作者的观点,那儿的新教徒"现在是专制政府的臣仆,他们被剥夺了由陪审团审判的权利。当他们被判入狱时,他们并不能主张《人身保护权法案》(Habeas Corpus Act)——英国自由的伟大屏障和保障——提供的利益"。大陆会议也认为,这一法案使加拿大变成了殖民地自由的劲敌,因为

> 它的范围是如此扩展,它的尺寸是如此量身定做,它的内容是如此得到控制,以至于天主教徒可能强大到我们难以对付,并且偶尔还会成为有权势者手中合适的工具,来使我们这些新教徒古老而自由的殖民地降为和他们一样的奴隶制状态。途径是通过民事和宗教偏见使我们不团结、使我们丧失自身利益,还有就是他们来自欧洲的天主教移民数量日益膨胀,以及他们奉献给对其宗教态度如此友好的行政当局的忠诚。

《告英国人民书》继续宣称道:"我们也禁不住对此惊诧不已,即英国议会竟然曾同意在那个国家确立这样一种宗教的地位,这一宗教曾在你们生活的岛上血腥地滥杀无辜,曾经在世界上到处遗下流毒,包括对上帝不敬、偏执执拗、迫害、谋杀和叛乱。"[140]

《魁北克法案》中的领土条款明显加强了人们对此的憎恨情绪。然而,如果把宗教观点仅仅视为定居者为了土地利益而进行的伪装那就错了。相反,对于殖民者来说,自由与宗教信仰、土地拥有权以及政治上的自治等问题结合起来了,这加强了人们对范围得到扩大的加拿大所构成威胁的看法。在美洲殖民者心目中,这一法案证实了英国议会有意愿单方面拒绝勤劳理性的定居者拥有对他们经济独立来说至关重要的土地。英国议会似乎一下子增强了定居者自由所面对敌人——原住民和天主教徒——的力量,并使二者结合到一起,却削弱了其正当而古老臣民政治上的自治和经济上的自足。对定居者来说,《魁北克法案》的宗教条款和领土条款"狼狈为奸",并再次说明将对公民的暴政与天主教信仰二者连接在一起乃是显而易见的合谋之举,就像在斯图亚

特王朝和诺曼人统治下曾有过的那种情形一样。事实上,新制定的加拿大法律就是一个如何将宽容对待天主教与政治专制主义相互缠结在一起的最好不过的例子,因为尊重天主教信仰既导致了魁北克专制政府的产生,又导致了否定英裔定居者享有基本的英国权利。

最终,定居者与帝国中心就魁北克政策的争议,凸显了二者有关英帝国目标和未来的更大分歧。对于殖民地的英裔定居者来说,血统、宗教和土地利用使其在政治和经济上的至上地位获得了正当性。它也要求殖民化需以定居者在当地自治以及由此带来的管理权的普遍分权为前提。然而,对于帝国中心来说,定居者对社会地位和行政自由权的期望,与维持帝国稳定的根本需求并不一致。进而言之,虽然分权也许对英国新教徒的权力和独立有帮助,但从根本上来说却牺牲了边缘化社会群体的权利。在一个越来越全球化的帝国里,将英王拥有的重要保护权利扩展到文化上多样性的新臣民身上是必要的,这就必须将政治和经济权力从英裔定居者那儿夺走。因此,这被殖民者视为"诺曼枷锁"的回潮和专制政府的兴起,却被帝国中心理解为保护非英国臣民社会地位和秩序的必然结果。

非洲奴隶制及其对定居者自由构成的危险

赋予非英裔臣民的那些权利与帝国权力集中化不可避免地连接到一起。在定居者反叛之前那些年里的英国对奴隶制的辩论中,这得到了最强有力的体现。对于帝国中心的行政官员来说,奴隶被看作处于臣民身份范围的人,至少值得得到英国对其最低程度的保护。这种观点及其对殖民地生活的意义,在索默塞特裁决案(Somerset ruling)——曼斯菲尔德勋爵对英国奴隶制地位的著名裁决——中被推到了紧要关头。在这一裁决案中,他认为奴役制度(chattel slavery)*根本上与英

---

    * 与薪资奴役制(wage slavery)不同,此处的奴役制(chattel slavery)指的是人身奴役制。参见 Marcus Cunliffe, *Chattel Slavery and Wage Slavery: The Anglo-American Context*, *1830—1860*, University of Georgia Press, 2008。——译者注

国的传统不相容;而其实践之所以在北美得到允许,只是因为殖民地是被征服的土地,在法律上与法属加拿大或印度孟加拉省没有什么不同。对殖民者来说,曼斯菲尔德似乎一下子同时挑战了作为社会制度的奴隶制的未来,以及定居者在文化上优于非英国臣民的观点。从某种意义上说,奴隶制问题还标志着另一种定居者—帝国中心决定性关系的破裂,并且清楚表明在英帝国统治下维持定居者内部自由的愿景是不可能的。

作为 18 世纪中叶英帝国里普遍存在的实际现状之组成部分,定居者在政治上的自治,使其在实行奴隶制的时候几乎不受任何权力抑制。英国议会和法院避免创立奴隶制的法规,或者改变由殖民地创立的那些奴隶制法规。就像克里斯托弗·布朗(Christopher Brown)所写的那样:

> 帝国中心的官员们曾如此行事,似乎本地奴隶制惯例创立了一种他们同意不进行干预的民事权。而这种几有意忽视的传统在美洲奴隶主中间灌输了这样一种不言而喻的信念,即帝国行政官员不能干涉英国殖民地拥有和管理奴隶。然而说起来有点矛盾,虽然殖民地奴隶制给予了定居者几乎封建般的自治,但却是默示性的。殖民地奴隶制在英帝国的监督范围之外,但原则上依然处于帝国的权力范围之内。[141]

这种帝国的默不作声在 18 世纪上半叶的两种主张中得到了证实。虽然这两种主张在殖民地领土地位问题上截然不同,但它们从未质疑过北美奴役制度的正当性。在 17 世纪与 18 世纪相交之际,首席大法官(约翰)霍尔特([John] Holt)宣称:“黑人(Negro)一进入英国,他就即刻自由了。他在英国可能是个农奴,但不是奴隶。”然而,至关重要的是,这一规则并不适用于弗吉尼亚,因为就像霍尔特继续宣称的那样:“英国法律不延伸到弗吉尼亚,作为被征服的国家,弗吉尼亚的法律是英国国王所喜欢的,我们除了对其进行阐明外不用理睬。”相比之下,半个世纪之后的 1749 年,大法官哈德威克(Hardwicke)认为,习惯法并未事实上限制或损害在英国的奴隶拥有权,因为霍尔特的裁决"是基于缺乏适当说明而做出的"。按照哈德威克的观点,霍尔特的裁决源于没能说明该案例是读作"黑人奴隶"(Negro slave),而非仅仅读作"黑人"(Negro),因为并非所有非洲人一定都是奴隶。哈德威克进一步拒绝霍尔特将弗吉尼亚描述为被征服的土地、完全屈从于国王的命令。他同意殖民地发出的心声,宣称英国殖民地乃是定居地,其拥有母国的所有特权:

> 一个奴隶驻足**英格兰**的那一刻,他就自由了。这一事实并不影响,或者说找不出理由说明为什么当他驻足**牙买加**或其他任何英国种植园时,他们不是同样自由的。我们所有的殖民地都要服从**英格兰**法律,尽管一定意义上他们有自己的法律。

因此,正如奴役制在英国法律上是可接受的一样,其在英国臣民定居的殖民地也可接受。在本质上,当时法院辩论认为奴役制在殖民地完全具有合法性,其关注的只是这种合法性是否扩展到英国本身。这些裁决并未质疑殖民地奴隶主的自主权,而司法分歧只影响到帝国中心行政官员实际拥有监督默示权的程度。[142]

然而,就像英帝国的文化多样性现实导致行政官员重新思考英裔定居者的地位一样,奴役制也导致对殖民地有关奴隶自主权的重新评估。行政官员基本上对结束人身枷锁的实践不感兴趣,因为南方殖民地的奴隶贸易和农业生产给伦敦提供了大量的经济利益。而变化中的英帝国本质依然导致某些行政官员再次关注如何对待奴隶这一问题,其中最主要的是威廉·诺克斯。1786 年,在他为孟加拉的帝国臣民进行间接统治辩护时,诺克斯也主张奴隶——就像其他被征服人口一样——值得更大程度的王权保护。尽管他们处于被奴役状态,但他们是臣民,应该享有"公正的法律豁免权利"。这是一种防止日常虐待行为的法律豁免权利,这些行为包括"鞭打裂伤(和)最肆无忌惮的暴政发明的各种酷刑折磨"。对诺克斯来说,为保证更多的人道做法,就要求确立议会的统治权,并明确收回帝国监督权。按照他的观点,由于定居者的奴隶拥有权纯粹是地方性的,并且在英国习惯法中没有法律基础,因而国王的枢密院应该仔细检查"一些殖民地所有尊重"奴隶制而不符合正义的法律,而如果有必要则完全推翻这些法律。唯有将行政权力集中,并重申美国殖民地作为被征服土地而非定居者土地的本质,才能公正地处理奴隶问题。只要定居者享有不受挑战的自治,那么虐待奴隶的行为就会持续下去。因此,改善奴隶的条件是在总体上重组英帝国的重要组成部分,这要求收回英裔殖民者的权力,并为控制被征服的非英国臣民建立一个更加公正的体系。[143]

由于曼斯菲尔德在索默塞特诉斯图尔特(Somerset v. Stewart)一案[144]中的裁决,有关拥有奴隶和殖民地自治这些问题在 1772 年到了转折点。1771 年 10 月,詹姆斯·索默塞特(James Somerset)从其弗吉尼亚奴隶主查尔斯·斯图尔特(Charles Steuart)那儿逃跑,[145]当时他们两人都住在伦敦。一个月之后,斯图尔特的代理人抓到了索默塞特,用锁链把他铐在一艘开往牙买加的船上,并打算在那儿将他卖了。船起航之前,曼斯菲尔德勋爵批准了一份人身保护权令状,来解决斯图尔特抓捕奴隶的合法性问题。[146]在裁决这一案件时,曼斯菲尔德重申了霍尔特早先的反对奴隶进口判决,并声明传统的奴役制在英国习惯法中并没有法律基础。曼斯菲尔德总结道:"奴隶制状态是如此的一种性质,即无论出于什么理由,道德的或政治的,都不能够被提倡。唯有把成文法(positive law)从记忆中抹去,因为其影响力远比其被创立的理由、时机和时间本身要更长。奴隶制是令人作呕的,除了成文法,不能为支持它而牺牲什么东西。"[147]然而,尽管对奴隶制使用了"令人作呕的"这样严厉的词语,但是曼斯菲尔德的裁决所涉及的范围事实上非常狭窄。他显然不是要解放英国所有的非洲奴隶。曼斯菲尔德将这样的行为看作不明智的和轻率的,因为这样的裁决有追溯效力,将使得英国奴隶主遭受财产损失,并面临有关工资拖欠和其他侵权行为的大量诉讼。[148]

相反,这一裁决紧密遵守的是应对近在眼前的问题,并坚持认为一旦在英国土地上,就不能违背奴隶意愿将其强行运出英国。[149]曼斯菲尔德理所当然地认为,其他形式的奴役,如农奴身份,在英国成文法中有着久远的基础。然而,他并不相信这些法律证明"如此高度统治法案"的正当性,以至于允许奴隶主私下使用暴力来强行扣留和遣返仆人。[150]换言之,虽然英国的奴隶没有得到解放,但是他们享有多于财产奴隶的有限权利,更类似于其他契约佣工所享有的权利。这是一种乔治·凡·克利夫(George Van Cleve)称为"近似奴隶制"[151]的状况。因此,外国奴隶主把奴隶带到英国来就要自担风险,因为法律并不保护他们有资格私下使用暴力。1779 年,曼斯菲尔德重申了这一点,认为通过释放索默塞特,"并没有这样的裁定认为他们(奴隶)是自由的。这一裁决并没有超出以下的范围,即奴隶主无权迫使奴隶进入其他国家"[152]。就此而论,只要议会没有制定法律来特别提倡奴役制,英国的奴隶拥有权就受到现有成文法的制约。

虽然曼斯菲尔德的法律主张避免了简单宣布奴隶制在英国不合法,但是其对殖民地的意义却是显而易见的。在与索默塞特的律师弗朗西斯·哈格雷夫(Francis Hargrave)的口头辩论中,曼斯菲尔德表明奴役制在弗吉尼亚依然合法,但只是因为殖民地等于是拥有自己单独一套成文法的外国。在用他的案子施压反对殖民地实践活动适用于英国时,哈格雷夫评论道:"在英国,自由乃法律追求之宏伟目标,并惠及哪怕最卑微者。而弗吉尼亚这一个新生的殖民地的法律,或者说非洲一个野蛮民族的法律,却要盖过英国法律吗?从黑人的屈服到英国法律,他有义务承受他们的全部惩罚,由此也有权得到他们的保护。"曼斯菲尔德通过声明做出了回应:"正确。因为一国之法律不必借此被谴责是针对另一国而进行的犯罪行为。"在这样的回应中,曼斯菲尔德表明,当衡量殖民地法律在英国土地上的适用性的时候,他也明白此案部分与法律问题相冲突。按照曼斯菲尔德的说法:"现在的问题是,在这个国家,是否有任何主权、权力或威吓可按照美国法律被施行于奴隶身上?接受这种关系,而不接受其诸多后果,确实是极其困难的。然而,其许多后果完全与英国的国内法(municipal law)相左。"[153]

然而,问题在于,殖民地并非只是外国,它们是英帝国的构成部分。因此,问题继续存在:依据什么说殖民地发展出了既违反英国国内法,又违反习惯法本身的惯例?在解释其观点时,曼斯菲尔德避免直接提及这一问题,因为它将强调英国与其北美领地之间日益紧张的政治关系。尽管如此,这个问题却无法回避,而殖民地作为被征服领土或是有人定居领土的地位(与英国的任何行政区并无二致),沉重地笼罩在这个案件上。

就像霍尔特曾经做过的那样,曼斯菲尔德含蓄地坚持认为,像弗吉尼亚这样的殖民地是被征服土地,唯有得到国王的同意才享有当地的奴隶拥有权。这些不同的"国家"不是定居土地,不具有英国土地上的全部基本特权。事实上,如果它们是定居土地,那么在曼斯菲尔德的裁决以后,哈德威克那具有讽刺性的主张就将得以保留下来,这种主张认为奴役制将在"牙买加或任何其他英国种植园"失效。如果旅行到弗吉尼亚与从伦敦到曼彻斯特没有什么不同的话,那么当地的殖民地就无权制定与英国法律精神如此相抵触的法令,这些法令拒绝给予成千上万的奴仆任何法律保护。回想起曼斯菲尔德,就像他后来对坎贝尔诉霍尔一案所做出的裁决所表明的那样,一旦这种基本自由被授予帝国殖民地,就连国王也不能完全废除。根据议会统治权理论,只有议会才享有如此非凡的权力,来倡议对英国惯例来说如此彻头彻尾的"令人作呕"的实践做法。

实质上,曼斯菲尔德模仿了法学家威廉·布莱克斯通(William Blackstone)有关奴隶制与被征服土地之间关系的著名立场。在撰写于18世纪60年代的著作中,布莱克斯通反驳说,美洲种植园的获得"要么是通过征服权利和把原住民赶走……要么是通过签订条约"[154]。结果,殖民地的奴隶拥有权形成了一个与英国成文法和习惯法平行的法律体系。奴隶拥有权之所以合法,是因为其建立起来乃是帝国征服的结果。因此,引入曼斯菲尔德的索默塞特裁决案,是再次强调帝国中心对殖民地所拥有的权力。就奴隶拥有权全然可接受的程度而言,则是由于这样一个事实,即美国殖民地没有得益于英国各省的相同地位,而是依靠国王的意志获得纯粹的当地特权。从某种意义上说,曼斯菲尔德的观点表明了形势的显著变化。英裔定居者——他们曾是帝国扩张的历史动力和领头人——变成了外国人,他们像法国天主教徒或孟加拉人一样,经由君权享有间接统治和当地惯例的保护。

　　之所以强调这一思想，即拥有奴隶的定居者是一个外国群体，他们的做法是完全非英国式的，是因为公众对这一裁决的阐释理解大都是错误的这一事实。尽管曼斯菲尔德试图解析法律语言，并因此保留了在英国拥有奴隶的空间，但许多观察者认为，他解放了英国土地上的所有奴隶。这一判决案本身在整个北美受到广泛关注，结果普遍的理解认为它是对英国奴隶的完全解放。[155] 按照帕特里夏·布拉德利（Patricia Bradley）的说法，几乎每份殖民地报纸要么报道了口头辩论，要么提供了对曼斯菲尔德裁决案的描述，许多报纸给予这个判决案2 000多字的篇幅，其中有一份报纸的相关篇幅几乎达到4 000字。[156] 对于许多美洲定居者来说，这种认为奴隶制在文化上不属于英国的想法使其感到震惊，因为这种虚伪程度无以复加。本杰明·富兰克林描述了这个国家实在令人难以置信的"虚伪"，"它通过促进几内亚贸易的法律，来鼓励可怕的商业活动；而在仅仅让一个黑人自由时，却夸耀自己的美德、热爱自由和法院的公正"[157]。然而，对于奴隶主——尤其是南方殖民地奴隶主——来说，他们不像富兰克林那样把奴隶制看作必要的恶，或者合法的社会实践，曼斯菲尔德的裁决绝不仅仅是虚伪的问题。这一裁决强调了殖民地生活面临的意识形态威胁和实际威胁。

　　首先，这一裁决表明，英国不再看重英国自由的族裔基础，并因此乐意抛开英裔在社会上的至上地位。通过提升非洲奴隶的权利，英国政治和法律精英似乎愿意通过削弱关键的等级制来破坏共和主义自由。有份在殖民地得到广泛重印的英国报纸上的报道强调，索默塞特案的胜利不仅损害拥有奴隶者的利益，而且表明有可能出现种族混合的英国政体及其恐怖之处。用英国"记者"的话说，"这一事件似乎带来许多后果，对那些财产主要是奴隶的贵族极其有害……如果裁决有利于黑人，那么我们忧虑他们的黑人名流（Gentry）大量拜访我们，与我们的女性跨种族结婚，因此我们会变成一个黑白混血的国家"[158]。虽然毫无疑问这是夸张的，但是这些关注突出了人们的担心，即帝国中心精英们似乎对以下两件事情日益冷漠：一是英国自由的盎格鲁-新教基础，二是任何合法的帝国秩序的基础。

　　进而言之，奴隶主深深担忧这一裁决将对他们的财政安全产生有害影响。这一裁决案强调，无论什么时候，只要英国议会认为合适，它就有权干预，以调整甚至完全禁止殖民地拥有奴隶。而定居者迫在眉睫关注的，则是他们认为对这一裁决在普通法律上扩大解释，使他们承担奴隶逃走和大量为自由而诉讼的后果。一份由名为"边陲定居者"（A Back Settler）匿名所写的南卡罗来纳小册子，将这一裁决称之为"毁灭（性的）"，并反复声称这一裁决案导致英国"黑人的全面解放"[159]。

就像许多公众一样，众多奴隶也相信曼斯菲尔德实际上已在英国结束了奴隶制的做法，并认为如果逃往国外他们就获得自由了。在弗吉尼亚，这一裁决的消息使逃走的奴隶企图登上驶往英国的船只。结果有位奴隶主抱怨道，那些在逃的奴隶"想象他们将获得自由——这是一种当时在黑人中间普遍存在的观念，是一种令奴隶主大为烦恼、存有很大偏见的观念"[160]。在马萨诸塞，有些奴隶利用这一裁决起诉奴隶主，要求获得解放和以往的薪资。而这恰恰是曼斯菲尔德担心如果他确实签发有利于奴隶全面解放的法令所会发生的事情。[161]更多是按照曼斯菲尔德的逻辑，其他奴隶为其自由而向波士顿殖民地立法机构请愿。他们认为，如果没有明确的成文法与之相左，他们就享有天然自由权。[162]

或许，奴隶主最大的担忧是叛乱甚或种族战争的前景。因为在超过一个世纪的时间里，南方定居者已警惕地把奴隶人口看作潜在的威胁和不稳定根源。因奴隶贸易，白厅很久以来已经引起人们对这些问题的关注：通过在殖民地大量增加奴隶，已使得弗吉尼亚的非洲裔人口从1700年占人口比例不到10%的少数族裔，到1775年增加到大约40%。[163]由于对这样一个庞大从属阶级人口统计数据的意义感到烦恼，因此在索默塞特裁决案数月之前，弗吉尼亚下议院（House of Burgesses）就对奴隶进口征收高额关税。这种做法即刻遭到英王的驳回。在弗吉尼亚奴隶主，尤其是地主阶级心目中，奴隶贸易不仅对把南方殖民地改造成"健康的混合经济体——其中农民种植各种各样的庄稼，并从当地的工匠那儿购买许多制成品"——的尝试造成了损害，而且造成了时刻存在的种族暴力前景。[164]殖民者经常夸大奴隶人口规模，这种规模常被看作对定居者权力、甚至其基本生存的日益严重威胁。1764年，阿瑟·李宣称："在弗吉尼亚殖民地，奴隶人口超过自由人的三分之一,并且每年还进口两三千个奴隶。这难道不是一种令人恐惧的可能性吗?他们不会激动到起来造反吗?"[165]更有甚者,奴隶还胜过原住民和天主教徒,被界定为奴役人口。这样英国很容易用奴隶来作为反对定居者自由的武器。

对于南方奴隶主来说,索默塞特裁决案更为这些焦虑火上浇油。事实上,1774年见证了弗吉尼亚奴隶反叛的企图。有部分证据表明,这一裁决案至少是激起这一反叛的部分原因。在那一年写给其宾夕法尼亚密友小威廉·布拉德福德(William Bradford Jr.)的信中,詹姆斯·麦迪逊(James Madison)描述过参加叛乱的奴隶是如何相信英国会来解救他们。奴隶们期盼,如果定居者最终反叛英国,那么英国将让这些奴隶获得自由;而奴隶们则反过来向那些殖民者发起进攻。[166]在那时,这种信念的唯一基础就是最近的索默塞特裁决案。麦迪逊自己就是在一个大奴隶主家庭中被抚养长大的,而且像许多南方乡绅一样,他发现奴隶动乱的威胁着实令人不安。事实上,这种对叛乱随时都可能横扫南方种植园的恐惧是如此之大,以至于麦迪逊认为任何有关这一裁决事件的消息都应被掩盖起来。他在写给布拉德福德的信中认为,"谨慎的做法是掩盖和压制这样的企图"[167]。

对种族暴力和奴隶叛乱的这些担心进一步强调了这样一种广泛流传的想法,即对定居者制度和殖民地自治的未来不确定性的担心。70年前,当首席大法官霍尔特做出这样类似的裁决——奴役制在英国习惯法里面没有基础——时,帝国中心与殖民地的利益似乎紧密地相互交织在一起,两者相同的唯一愿景都是通过定居者的殖民化来实现英国的扩张。而现在相反,那些联系已经破损了,帝国主张定居者实质上为外国人以及奴隶制乃是一种依赖于皇家权力的特权,这些主张强调了定居者地位的不稳定。从本质上说,拥有奴隶的定居者把自己看作生活在专制政权一时之兴的统治之下,英国议会随时可以改变政策,以危害甚至毁灭他们生计的方式。

紧接着曼斯菲尔德的裁决,殖民者因此将英国废奴主义者的解放计划看作整个帝国压迫计划的组成部分,虽然这一计划在英国不受重视。在阅读威廉·德雷珀(William Draper)撰写并出版于伦敦的1774

年反奴小册子时,阿瑟·李认为他所恐惧的种族战争已成为现实了。他向弗吉尼亚同胞将德雷珀计划描绘为"获得了内阁官员的赞许",并且是为"由皇家公告来解放你们手中的黑人,让他们武装起来反对你们"而设计的。[168]考虑到殖民地最近经历了一次规模有限的奴隶叛乱,而且叛乱的参与者似乎希望得到英国支持,因此李的忧虑不一定是奇谈怪论。对于殖民者来说,以及至少对于某些他们的奴隶来说,英国法院主张弗吉尼亚是被征服的土地意味着王权无论什么时候做出选择,都可以让非洲奴隶获得自由,并用作军队来反对进行反抗的定居者。这些恐惧担心由于1775年弗吉尼亚总督邓莫尔(Dunmore)决定采取这样的行动,而变得触手可及了。在美洲定居者起义开始之际,邓莫尔给予所有参加英军反对殖民者的体格健全的奴隶自由。事实上,仅仅一年前参加小规模反叛的那些奴隶们也与此标准相差不大。

更有甚者,在邓莫尔做出那一致命的决定之前,皇家特权的本质也触及对定居者来说明显不相容的局面,即更加集权的英国臣民身份与当地自治。在1774年著名的《英属美国的权利概述》(*A Summary View of the Rights of British America*)小册子结尾时,托马斯·杰斐逊(Thomas Jefferson)请求进行政治妥协。但杰斐逊的根本观点是认为殖民地乃定居地,因而是英国土地的延伸——在法律上与英伦岛上的任何行政区殊无差别。他就定居者和殖民地计划写道:"他们自己的鲜血洒在为定居而获得的土地上,他们花费自己的钱财使定居点物质充盈,他们为了自己而战斗、而征服,只为他们自己有权拥有。"[169]然而,如果把殖民地看作英国土地的延伸,而又不受国王特权法令管制,那么就必将置拥有奴隶的地位于根本性的危险之中。在某种意义上,像杰斐逊这样的定居者寻求将殖民地变成英国的行政区,且同时保护那些不受帝国中心遵守的当地惯例的神圣地位。提供这两种结果的唯一途径,是要让定居土地在所有实际用途上是独立的。唯有殖民地完全独立于英国统治,并且只享有共同的法律和政治传统,这两点才能够相容。而奴隶制的现实明显使本地定居者自治的意识形态成为不可能,虽然人们也把殖民地看作与英国本岛上的行政区并无二致。因此,奴隶制在帝国中的位置问题表明,对殖民地自治的捍卫会多么轻易地转变成寻求完全独立的主张。

奴隶制与英美对自由相互冲突的叙述

当美洲定居者最终起来反叛以反对帝国统治的时候,他们把自己看作在保卫共和主义自由,以及脱离日益专制的政权、走向自治的保证。对于在伦敦的那些人来说,这样一种想法似乎非常荒诞,即拥有奴隶的殖民者责难因强制缴税或其他帝国政策而造成的"奴隶制"。在英国感到困惑的背后,隐藏着定居者与帝国中心有关自由含义的假定正在出现的分歧。对殖民者来说,虽然共和主义自由要求一系列的排他性,但是对于那些在社会方面被包括进去的人来说,共和主义自由提供了集体生活真正扩大的愿景,其中自治导致了人们积极主张对政治、经济和宗教机构拥有权力。相反,对工业化的英帝国来说,将其全球性权力延伸到新的领土和民族,这样一种叙述似乎预示着不稳定和失序。

为领会这种断裂,人们只需要看看定居者言辞中对奴隶制的使用及其在伦敦引起的反响。在对殖民地反叛进行辩护时,理查德·普赖斯于 1776 年为人们呈现了这种言辞的典范案例:

> 但是屈从于另一个国家立法机构的国家,不能够说是根据自己的意志来统治的,因为这个国家在那个机构没有声音、对那个机构没有控制权。因此,这样一个国家是处于被奴役状态。尤其值得考虑的是,这样的奴役比个人对他人的奴役,或者王国对其内部奴隶的奴役,常常有过之而无不及。[170]

按照普赖斯的观点,定居者发现自己屈从于外部权力的一时之兴,而不能享有经济、宗教和政治独立的基本自由。这样的经历不仅在根本上是被奴役状态,而且其无力感更胜于真正的人类枷锁。而对于英国行政官员来说,这种言辞似乎显得夸张之极。在美国革命期间,英国人的普遍观察颇具讽刺性地表明,在拥有奴隶的殖民地,大声叫喊着压迫的声音更加激烈。白厅认为,奴隶主尤其应该慎言奴役的邪恶。

对殖民者持同情态度的埃德蒙·伯克试图通过提醒英国议会以下

事实来解释这一现象,即在任何一个存在奴隶制的地方,"自由者最为他们的自由而自豪,也最怕失去自由。"他继续写道:

> 自由对他们来说不仅是一种享受,而且是一种等级和特权。人们不明白,在那里,自由在他们中间显得更加崇高和仁厚,因为在一些国家自由乃人所共有、像空气一样广泛而普遍;而在那里自由却与贱业、灾祸以及外部奴役相连。

伯克正确地领会到,近在咫尺的人的束缚和不断的奴隶暴动威胁,在奴隶主中间形成了一种尤其热烈地赞赏经济政治独立的氛围。然而,更加令人注意的是,伯克含蓄地承认定居者与英国行政官员在不同的意识形态框架下运作,并且持有相互矛盾的自由观点。按照伯克的看法,与英国议会议员享有"人所共有"的自由不一样,拥有奴隶的定居者不愿意接受自由应有"外部奴役"这一观点。换言之,虽然定居者试图创造清除所有奴隶制残迹的内部条件,但伦敦的那些人所接受的则是这样的观点,即纯粹的自由经验是不存在的,或者说纯粹的自由经验并不能够为社会生活提供有意义的基础。[171]

对定居者而言,这样的观点意味着,母国事实上已经放弃了对自治和共和主义自由的承诺。这一信念,即帝国中心不再坚持自由的基本原则,导致许多英裔殖民者在 18 世纪后半叶谴责英国的"堕落",并且最终号召建立一个不受旧世界道德和政治衰败桎梏的独立的美国民族。[172]然而,英国放弃意味着经济和政治自治的自由并非接受衰败。相反,它乃是替代性自由概念的产物,这一概念缘于英国基本经济的变化及其全球帝国的现实。就像 E.P.汤普森所写的那样,出类拔萃的工厂有助于形成新的自由话语,而且也阻止这一步伐迈向公然进行劳动强制。工厂体系的崛起包含艰苦而缓慢地将农民改造成赚取工薪的高效率雇员的努力。这导致出现一种工业生产方式,它以远超以往那些生产方式的方法,将社会纪律与经济利益结合在一起。这一体系的关键是劳动力市场,因为它为雇主提供充足数量的工薪雇员,以至于不再需要进行强制劳动,而这在 18 世纪末的经济学家看来并不那么理性、而且也不那么有利可图。[173]

这一工业市场的出现与共和主义自由相矛盾,就像实际的奴隶制曾直接与共和主义自由相矛盾一样,因为在工业市场上个人出于经济需要而将劳动出卖给雇主。依赖雇主维持生计就像依赖任何其他经济或政治上的主人一样,使人感到无力和压抑。因此,英国经济学家将这样的劳动出卖看作"自由的"、因而也是合法的,这就要求改变自由本身的含义。这种改变自由概念的要求,与管理一个领土辽阔的帝国要求相吻合。维持对人口众多、民族多样的人口统治权的努力,意味着承认当地法律和惯例的合法性。此外,这还导致了帝国中心在对殖民地集权的同时,开始产生间接统治的形式。

而随着工厂的兴起,帝国政策的如此变化就不能够与共和主义自由相一致了。即便得到充分保护,但强调国王特权乃本地控制之基础,则意味着所有臣民的权利都有赖于立宪君主的一时之念,英裔定居者和原住民团体都一样。进而言之,虽然将英国法律、宗教和政治制度强加给反抗团体显然是压迫性的,但授权原住民精英制定他们认为合适的传统制度亦然。后一选择只是产生了马穆德·曼达尼(Mahmood Mamdani)所描述的"分权式专制主义",因为帝国监督人通过解除对自己喜欢的当地首领的束缚,来确立并执行专制的殖民控制模式。[174]就强有力的共和主义所关心的事情而言,两种选择都等同于奴役。换言之,在以前的事实情况中,对非英裔社会的镇压或清除,使得殖民地定居者能够享有高度的政治经济自由。而现在伦敦行政当局企图提高非英裔的地位,这使得作为自治的自由完全不可能实现,尽管这能够形成更公平的权力分割。

1785 年,结束英国与美洲殖民地之间战争的《巴黎条约》签订两年之后,功利主义思想家威廉·佩利(William Paley)有力地表达了伯克的基本观点,即共和主义自由是一个不可企及的理想。对于一个庞大的工业化帝国来说,所有臣民都应享有独立果实的观念将不可避免地引起社会冲突和潜在叛乱。他写道:"那些自由的定义应该遭到拒绝,因为通过使之成为经验中不可获得的公民自由的根本内容,自由会激起那些永不会使人满足的期望,并令人以抱怨来扰乱社会生活的内容,这是任何智慧仁慈的政府都不能消除的。"[175] 相反,就像菲利普·佩蒂特认为的那样,对佩利和杰里米·边沁而言,自由即不干涉或不强制。[176] 一个人之所以自由,是因为已达到这样一种程度,即国家或他人不直接干涉其当前做出选择的能力。因此,不管皇家特权权力或由劳动力市场所形成的依附,只要国外臣民和国内工业雇员没有面临实际的强制性,他们就享有自由。

定居者的经济政治自治理想与帝国不干涉构想之间的根本性不一致,在 1778 年奈特诉韦德伯恩(Knight v. Wedderburn)一案中得到了有效的说明。问题涉及是否可以迫使约瑟夫·奈特(Joseph Knight)回到其主人约翰·韦德伯恩(John Wedderburn)身边,因为二人都在苏格兰时,奈特已离开其主人韦德伯恩。苏格兰最高法院——最高民事法院(The Court of Session)——扩展了索默塞特裁决案,并认为必须让奈特获得自由,因为在苏格兰土地上奴隶主不享有法律救济权。[177] 在对这个案子进行辩论时,韦德伯恩的拥护者认为,由于在苏格兰的实践,即将劳力与煤矿和盐场终生绑定在一起,因此习惯法允许永久性的奴役存在。这样的工人无权改变自己的雇佣,并且经常与财产一起被卖出去。对奴隶主来说,这些例子不仅意味着在苏格兰强制劳动普遍存在,而且意味着区分奴隶制与契约劳动毫无意义。二者都等于隶属形式,而真正独立的个人对此不会赞同。雇佣劳动就像奴隶制一样,在根本上是强制性的人们不能宣称自己是自由的,除非其享有经济上的自足。

作为回答,反奴制拥护者和以契约为基础的自由概念辩护者则认为,苏格兰工人并非被迫在人身上接受这样的雇佣,并且只要拿到了作为工作交换的报酬,他们就是自由的。就像在《豪厄尔国家审讯辑录》(*Howell's State Trials*)* 中重现的那样,约瑟夫·奈特的律师坚持认

---

* 此辑录全名为:*A Complete Collection of State Trials and Proceedings for High Treason and Other Crimes and Misdemeanors from the Earliest Period to the Year 1783*,by Thomas Bayly Howell and William Cobbett,https://wiki.hk.xileso.top/zh-my/%E6%96%AF%E8%92%82%E5%BE%B7%C2%B7%E9%82%A6%E5%B0%BC%E7%89%B9%E7%89%B9%E7%89%B9%E7%89%B9%E7%89%89%E7%89%89%E7%89%89%E7%89%89%E7%89%89%E7%89%89%E7%89%89%E7%89%89%E7%89%89%E7%89%89%E7%89%89%E7%89%89B9,2020 年 5 月 8 日登录。——译者注

为：“煤矿工人是一种自愿接受的职业，就像其他职业一样，受到具体法律的约束。按照公众利益认为的要求，相关法律或更严或更松。”考虑到找到有人愿意涉足这样危险工作的难度，因而他们对终生受约束工人的合理性进行了辩护：

> 成功地在煤矿工作的技艺需要长时间的实践才能获得，并且这对开始时不习惯这项工作者的健康有害。因此，非常自然而然的做法是，当煤矿工人开始着手这项工作时，矿主应该强迫他们长期或者终生继续服务，作为其支付给工人高薪的回报。

就像戴维·布里翁·戴维斯（David Brion Davis）所写的那样：“对反奴制倡议者来说，……与自然相悖的并非奴隶的屈从地位或缺乏流动性，而是没有任何进行交换的表示，将使工人——至少理论而言——对其自身命运负责。”[178]

在美洲共和主义者心目中，这些为想象的契约自由进行辩护的观点，强调了帝国中心对作为自治的自由的放弃。对拥有奴隶的定居者来说，虽然需要制服奴隶人口，但是他自己的自由却不仅仅等于赚取一份薪资。自由包含对个人经济、政治和宗教生活的真正控制。因此，帝国政策不能符合这一预期，这意味着英国的帝国模式与真正的自由并不相容。它使得定居者和原住民都屈服于外来强权的主宰，并以自由——将遭受深重压迫的社会生活形式描述为“自由”——的名义使之正当化。

最终，英国的努力，即通过文化和宗教宽容政策来扩大臣民身份特权，导致了真正的社会包容性价值的减少。用伯克具有启示性的词句来说，它意味着接受这样的观点，即自由带来“外部奴役”，自由仅仅等于人的直接意志不受干涉。相反，对定居者来说，坚定捍卫共和主义是以根本的等级制为条件的。而且他们理所当然地认为，劳工的依附性和卑贱地位是永久的，包容边缘性群体作为完整的社会成员是不可能的。如果要许多美国人开始想象普及成员身份的可能性，那将需要一场内战。当他们这样做的时候，各种各样的政治行为体，包括激进的共和主义者、劳动骑士团（the Knights of Labor），以及农业社会运动组织，都准确地提出了这一点：包容是否意味着将自治的美国自由的解放希望延及所有人，而非完全放弃其实质内容的自由。

结语：定居者意识形态中的帝国与乌托邦

由于《独立宣言》，美国定居者最终无可挽回地投身于这项事业，即用共和主义的公民身份取代英国的臣民身份。对于定居者来说，帝国中心已逐渐代表旧世界的堕落做法，这种做法在帝国征服的驱动下已经摧毁了政治经济自治。议会君主制被认为是建立在隶属基础之上并将自由公民沦为受国家监护的人。然而，如果英帝国主义与共和主义自由不相容，那么这并不意味着这样的帝国应该被抵制。不同于原住民或奴隶，定居者是帝国中心的化身，因此不可避免地与帝国事业捆绑在一起。就像J.G.A.波科克（J.G.A.Pocock）所写的那样：

> 然而，对美国人来说，他们发现在帝国主义的征服中存在明显的悖论。这些征服虽然在反对外国和原住民敌人时为他们提供了安全，但是现在却使他们面临其自身政府堕落的威胁。在这样的情形中，共和主义以及恺撒式的词藻被恰如其分地使用。然而，在他们自己眼中，美国人难道不是组成了一个正在扩展的帝国的殖民体系……?[179]

对于定居者来说，帝国事实上是为自由服务的，它为集体自由中一个新的社会实验提供了根本基础。通过扩大对领土的控制，定居者开垦土地、勤劳地利用土地，从而使每个公民有机会找到经济上的自足和道德上的自负。就像波科克指出的那样，可以把帝国适当想象为解放性质的："罗马人民曾在以权力驾驭其他民族的意义上施行过绝对统治（imperium），他们通过施行马基雅维利式的德行（virtu），而将其建成为马基雅维利式的'扩张共同体'。"[180] 这种版本的帝国主义与英帝国中心所追求的帝国主义的区别,乃是一种具体的领土关系。对于王权来说,帝国等于控制一个地方并对其进行经济勒索;而对于美洲殖民者来说,帝国则是共和主义公民道德发展的基础。扩张保证了土地分配的扩散,从而推动建立在独立产权和共同政治决策基础之上的平等主义定居者社会的发展。

1775 年和 1776 年大陆会议领导入侵加拿大的两次企图都不成功,这两次失败强调了帝国对定居者意识形态的持续重要性。按照负责第一次入侵的军官斯凯勒将军(General Schuyler)的观点:

> 大陆会议仅有的观点是恢复他们的那些权利,因为那是英帝国每个臣民有权享有的,无论他们具有什么样的宗教观点。而在履行这些事实的时候,他们得到了最明确的指令,要珍爱每一个加拿大人,珍爱每一位自由事业朋友,并郑重地保护他们的财产。[181]

隐藏在斯凯勒彬彬有礼的言辞以及 1774 年大陆会议发出的《对魁北克居民的呼吁》(*Appeal to the Inhabitants of Quebec*)[182] 背后的,乃是定居者对这一事实的承诺,即让英国的北美帝国回到长期统治它的实际现状。恢复权利意味着重新引入英国法律和政治制度,因而确保英裔新教定居者政治上至高无上的地位。此外,入侵虽然被看作获取原住民土地的关键手段,但因 1763 年《皇家声明》和加拿大扩张而遭到拒绝。在某种意义上,定居者拒绝的并非扩张的需要,而是新出现的帝国中心观点——这样的扩张不应主要由英裔殖民者来指挥。就像他们为此已经争取了超过一个世纪一样,定居者争取捍卫他们权力分散且几乎自治的领土征服计划的权利,而殖民者将此视为经济和政治独立的关键。就像富兰克林在《英国考虑有关其殖民地利益及夺取加拿大和瓜达卢普岛》小册子中坚决主张的那样,以及杰斐逊在《英属美国的权利概述》小册子中重申的那样,经由在北美扩建定居点,并允许每个新社区的土地和政府不受集权控制,帝国与自由将相得益彰。

此外,在 17 世纪,对于许多人来说,由于将千禧年因素注入这一道德计划之中,定居者的这一领土扩张愿景明显带有乌托邦的特点。欧内斯特·李·图弗森(Ernest Lee Tuveson)和内森·哈奇认为,新英格兰地区的清教徒尤其逐渐把革命斗争看作一系列胜利的组成部分,其始于宗教改革并必将导致上帝统治人间。就像先于他的温思罗普(Winthrop)、科顿(Cotton)和丹福思(Danforth)一样,埃兹拉·斯泰尔斯(Ezra Stiles)把美国看作新以色列,把革命看作"自由在人间胜利"的标记,其中"社会进步将在几个世纪里不断加快⋯⋯光明从西方的黎明扩散,并且越来越闪亮,直到最完美的那天"[183]。

结果,殖民地激进的新教徒认为,帝国中心的政策和旧世界的堕落与反基督教的图谋沆瀣一气。就像此前讨论过的那样,约翰·亚当斯曾怒斥笼罩欧洲大部分地区的邪恶天主教同盟和专制主义,并断言:"因此,只要这一同盟苟延下去,人们就将处于无知当中。自由,以及同自由一道的知识和美德,似乎已在人间销声匿迹。而黑暗时代接踵而至,直到上帝以其仁慈的天意养育那些开始进行并引导宗教改革的勇士。"亚当斯把定居者社会描述为未来乌托邦的场所,在这里政治和宗教改革的诺言将得以实现,并宣称这一千禧年努力是"在美国殖民的伟大斗争"。根据这样的乌托邦理想,定居者被描绘成了宗教改革的最终继承者;而美国革命者则被描绘为能够创造一个自由而和平的共和国的"上帝的选民"。[184]

本质上,激进的新教徒把他们的救赎使命看作要求完全平定暴力,因为唯有在那个时候,社会才会从内外威胁中被解放出来。定居者社会从一开始就有的那种不断的危机感,在美国革命战争期间尤其变得强烈。殖民者认为,他们受到不自由的敌人——原住民、奴隶和天主教徒——的包围,这些人要联合起来摧毁他们的定居者自由,这是一个甚至连杰斐逊都在《独立宣言》中曾指出的事实。作为对殖民地抱怨的内容之一,《独立宣言》争论道:"他在我们中间煽动内乱,并且竭力挑唆那些残酷无情、没有开化的印第安人来杀掠我们边疆的居民;而众所周知,印第安人的作战律令是不分男妇老幼,一律格杀勿论的。"[185] 对奴隶反叛和原住民进攻的恐惧意味着,为确保自由与和平,必须完全消灭这些敌人,或使之完全屈服。这些必要性强调了这样一种观点,即如果不建立帝国,定居者的未来生活是不可想象的,更不用说千禧年的安宁了。扩张不仅为殖民者提供了土地和共和主义自由的可能性,而且还清除了那些损害国内和平的国外威胁。

最终,在与英国的冲突中,美国殖民者重申了殖民地定居者社会的核心内容,并开始阐明共和主义帝国的原因,它将为随后岁月中的美国政治和宪政事业打下基础。这一事业认为,领土扩张可以同一个以共识和民众参与为基础的政府相容。与此同时,这一共和主义定居者帝国将自由看作排他性的理想,只有盎格鲁-撒克逊人和那些精选的欧洲人才可获得,这些人的传统、土地惯例以及宗教使之尤其适合自治。这样的排他性预先假定,定居者的安全及其更多宏伟的乌托邦和平梦想,要求内外敌人的屈从,他们威胁到英裔的社会和政治至上地位。因此,自由与支配被捆在了一起,在新独立的殖民地内部产生了所谓的政治上的二元性。就内部而言,定居者社会是以法律和政治局限性为基础的;而外部环境则是以冲突为基础的。

由于所有这些原因,英裔定居者对英国统治的反抗提出了帝国与自由之间相容性的尖锐问题,而且是一直以来美国政治事业努力要回答的问题。就其最高尚的一面而言,英国的全球帝国观是以宽容和这样一种信念为前提条件的,即无论族裔或宗教,国王有责任保护每位皇家臣民的权利。无论是受到基本安全、对征服的渴望或者正义观念的驱使,这一文化上的包容性理想完全改变了18世纪英国绝对统治的框架,因而威胁到英裔定居者的社会和政治支配地位。然而,这一修改过的帝国理想也损害了所有人的自治;它损害了这样一种观点,即自由不仅只是消除直接强制,而是一种经济、政治和精神独立的道德条件。在拒绝英国的权威时,美洲定居者试图强调这一对自由的更高理想,并相信他们可以通过重申先前的帝国现状来这样做。他们设想,掌握在共和主义定居者手中的帝国,经由分散化的控制权和当地自治,将使得扩张与自由成为同义词。他们还设想,这样的自由必定是排他性的。对定居者来说,18世纪农业生产中强迫劳动的普遍盛行,以及时时存在的原住民威胁,突出了共和主义包容的内在局限性。

然而,随着新定居者帝国的出现,它遭遇到曾困扰英国绝对统治的同样一个问题:扩张中的帝国真的不需要集权统治吗？而这种集权对自治的可能性意味着什么？经济和政治自由能够普及超过拥有土地的定居者以外的更大人群吗？当面对产业雇佣劳动的兴起和农业生产的衰弱时,这一理想会发生什么？定居者殖民化与海外征服相容吗？而如果不相容的话,这样的征服合法吗？与其他政治共同体相比,美洲殖民者及其后裔被迫更多地在现当代应对共和主义自由的命运问题,以及自由与帝国是否曾经相一致的问题。这种努力带来了日益广阔的共和主义及其解放的可能性的愿景。但就像本书第二章所强调的那样,这样的可能性必定是一种公民—臣民的二分法关系,因为它不仅假定定居者至上地位的必要性,而且也假定屈从性工作的必要性。

注　释

1. Hannah Arendt, *On Revolution*(New York：Penguin Books，1963)，55，56.

2. Gordon Wood, *The Radicalism of the American Revolution*(New York：A. Knopf，1992)，179.

3. 20世纪初,"帝国学派"历史学家,尤其是查尔斯·安德鲁斯(Charles Andrews)通过关注英帝国正在变化的本质,来评估美国革命发生的原因。安德鲁斯认为,帝国的经济利益以及伦敦没能意识到美洲生活的内部发展,是激发美国革命的主要因素。尤其参见 Charles M. Andrews, *The Colonial Background of the American Revolution：Four Essays in American Colonial History*(New Haven，Conn.：Yale University Press，1924)。我自己对"帝国的"阐释虽然并未放弃对英国暴政的指责,就像安德鲁斯和他的同事们所做的那样,但却是将英国行政管理中的这些变化放在定居者意识形态和制度的背景中来进行的,并试图准确地表明为什么一个重塑的帝国是以经历暴政为基础的。有关这一脉络更新近的著作,即追踪美国宪政实践的英国根源,参见 Daniel Hulsebosch, *Constituting Empire：New York and the Transformation of Constitutionalism in the New World，1664—1830*(Chapel Hill，N.C.：University of North Carolina Press，2005)。丹尼尔·赫尔斯博施(Daniel Hulsebosch)利用纽约州历史来探究早期美国人如何适应英国的法律框架,以便促进领土增加和大陆的流动性。与赫尔斯博施不同,我得出的观点是这些适应不仅维持了对宪政自由的叙述,而且含有有关外部依赖的观点。

4. *The Reasons for Keeping Guadaloupe at a Peace，preferable to Canada explained in five letters from a Gentleman in Guadaloupe to his Friend in Lon-*

don（London：M. Cooper，1761），3—79.

5. 参见 Philip Lawson，"'The Irishman's Prize'：Views of Canada from the British Press，1760—1774," in *A Taste for Empire and Glory：Studies in British Overseas Expansion，1660—1800*（Brookfield，Vt.：Varorium，1997），575—596,（引自第 581 页）。劳森也评论道，这一文本的作者经常被归到埃德蒙·伯克的男亲属威廉·伯克（William Burke）身上，尽管并无确切的证据。（ibid.，580n15）

6. 在对征服的政治必要性进行辩护时，杰克·索辛（Jack Sosin）走得很远，以至于把贝德福德描绘为参加和平谈判的"最倾向于和平，并且或许是最荒唐的政治家"。参见 Jack M. Sosin，*Whitehall and the Wilderness：The Middle West in British Colonial Policy，1760—1775*（Lincoln：University of Nebraska Press，1961），13。有关更多为更大程度扩张正名的政治动机，参见 Philip Lawson，*The Imperial Challenge：Quebec and Britain in the Age of the American Revolution*（Buffalo：McGill—Queen's University Press，1989），3—24。

7. Lawson，"'Irishman's Prize,'" 581.

8. *Reasons for Keeping Guadaloupe*，30.

9. Ibid.，31，部分引自 Lawson，"'Irishman's Prize,'" 582。

10. 菲尔德豪斯以下列术语描绘了 1715 年的殖民地图景：

> 英国殖民地还年轻，时间最久的存在不过一个世纪。而在 1715 年，其所覆盖的范围还不及整个北美东北沿海地区，更不用说内陆地区了。在大部分地区他们都是贫穷的，缺乏更富裕的西班牙殖民地资产——贵金属和大量固定不动的原住民劳动力。人口增长有赖于外来移民——无论是自由民还是奴隶，还有就是人口的自然增长。1715 年大陆殖民地的总人口仅有约 40 万。他们的经济发展因缺乏资本而受阻。他们的出口在 18 世纪平均每年大约是 25 万英镑。那里只有四个重要城镇——波士顿、费城、纽约和查尔斯顿。

参见 D. K. Fieldhouse，*The Colonial Empires：A Comparative Survey of the Eighteenth Century*（New York：Delacorte Press，1967），57。

11. Ibid.，55.

12. Christopher L. Brown，"Empire without Slaves：British Concepts of Emancipation in the Age of the American Revolution," *William and Mary Quarterly* 56(1999)：273—306(引自第 281 页)。

13. Ibid.，282.

14. William Knox，*The Present State of the Nation：Particularly with respect to Its Trade，Finances，etc.，etc.，Addressed to the King and Both Houses of*

Parliament(London：J. Almon，1768)，87，也引自 Brown，"Empire without Slaves，"282。

15. 戴维·比尔斯·奎恩(David Beers Quinn)在 20 世纪 40 年代首次发展出类似观点,该观点对 16 世纪至 18 世纪的爱尔兰历史研究产生重要影响。除了戴维·比尔斯·奎恩的著作——*The Elizabethans and the Irish*(Ithaca，N. Y.：Cornell University Press，1966)，106—122,还可参见 Nicholas Canny，*Kingdom and Colony：Ireland in the Atlantic World*，*1560—1800*(Baltimore：Johns Hopkins University Press，1988)；Nicholas Canny，*Making Ireland British*，*1580—1650*(New York：Oxford University Press，2001)；Nicholas Canny，"The Ideology of English Colonization：From Ireland to America，" *William and Mary Quarterly* 30(1973)：575—598。

16. Canny，*Kingdom and Colony*，7.也可参见 Nicholas Canny，"The Irish Background to Penn's Experiment，" in *The World of William Penn*，ed. Richard S. Dunn and Mary Maples Dunn(Philadelphia：University of Pennsylvania Press，1986)，139—156。

17. 参见 Canny，"Ideology of English Colonization，"579—580。

18. Francis Jennings，*The Invasion of America：Indians，Colonialism，and the Cant of Conquest*(Chapel Hill：University of North Carolina Press，1975)，4.

19. 引自 Canny，"Ideology of English Colonization，"585。

20. 参见 George M. Fredrickson，*White Supremacy：A Comparative Study in American and South African History*(New York：Oxford University Press，1981)，7—21(尤其参见第 7—9，18—19 页)。

21. 引自 Canny，"Ideology of English Colonization，"588。

22. 在暗示英国人把爱尔兰人描述为野蛮人的历史根源时,詹宁斯(Jennings)评论道,当 1385 年理查二世指"野蛮的爱尔兰人"(Wild Irish)的时候,"理查二世所用的词汇实际上是'irrois savages，nos enemis'——字面意思是'野蛮的爱尔兰人,我们的敌人'"。Jennings，*Invasion of America*，7.

23. 引自 Canny，"The Ideology of English Colonization，"581。

24. Fredrickson，*White Supremacy*，16.

25. Ibid.，13.

26. "The First Charter of Virginia，April 10，1606，" in *Henings Statutes at Large*，vol.1，ed. William Waller Hening(New York：R. & W. & G. Bartow，1823)，57—66，57—58，58.

27. 参见 Robert A. Williams Jr.，*The American Indian in Western Legal Thought：Discourses of Conquest*(New York：Oxford University Press，1990)，201。

28. *Calvin's Case*，77 Eng. Rep. 377，398(1608).

29. 参见 Daniel Hulsebosch，"The Ancient Constitution and the Expanding British Empire：Sir Edward Coke's British Jurisprudence，" *Law and History Review* 21(2003)：439—482，尤其参见第 470 页。

30. *Calvin's Case*，397.

31. Ibid.，398.

32. 一般参见 Edmund S. Morgan，*American Slavery*，*American Freedom*：*The Ordeal of Colonial Virginia*(New York：Norton，1975)，80—81。

33. John Locke，*Second Treatise of Government*，ed. C.B. MacPherson (Indianapolis：Hackett Publishing，1980).

34. 关于洛克与美洲殖民化的关联，参见 David Armitage，"John Locke，Carolina，and the Two Treatises of Government，" *Political Theory* 32(2004)：602—627，尤其是第 603 页。更多有关洛克思想中"殖民地"的解释和原住民的权利地位，也可参见詹姆斯·图利(James Tully)的重要著作 *An Approach to Political Philosophy*：*Locke in Contexts*(New York：Cambridge University Press，1993)，尤其参见第 137—176 页。

35. Locke，*Second Treatise*，24，21，19.

36. 参见 Ibid.，21，28；以及 Armitage，"John Locke，"引自第 618、617 页。

37. Locke，*Second Treatise*，23—24.

38. 一般参见 Stuart Banner，*How the Indians Lost Their Land*：*Law and Power on the Frontier*(Cambridge，Mass.：Belknap Press of Harvard University Press，2005)，10—48，尤其是第 39—43 页(引自第 21 页)。

39. 参见 James Kettner，*The Development of American Citizenship*，1608—1870(Chapel Hill，N. C.：University of North Carolina Press，1978)，18。

40. *Calvin's Case*，382.

41. 在朱迪丝·施克莱(Judith Shklar)有关美国公民身份的描述中，她显然认为，与工作权利一道，投票权利已经是美国最典型的社会权利以及公众地位和尊重的核心基础。一般参见 Judith Shklar，*American Citizenship*：*The Quest for Inclusion*(Cambridge，Mass.：Harvard University Press，1991)。

42. 更多有关土地是如何通过"产权金字塔"形式持有的，从而将国王与贵族和地位低下的佃农联系到一起的论述，参见 Hulsebosch，"Ancient Constitution，"453。

43. Kettner，*American Citizenship*，30—31.对柯克来说，这样的限制是必要的，从而保护国王对王国的控制，并确保外国臣民——以及与之相伴的外国统治者——不会从领土上提出财富和权力主张。他认为，外国人对土地的拥有就像"特洛伊木马",因为这允许外国人"在王国心脏地带构筑堡垒,并准备在联邦放火"。*Calvin's Case*,399。

44. 参见 Kettner,*American Citizenship*,23。

45. Hulsebosch,"Ancient Constitution,"446.

46. *Calvin's Case*,401.

47. 参见 *Craw v. Ramsey*,Vaughn 274(1670),重印版为 174 Eng. Rep. 1072(1823),在此案中,高等民事法庭(the Court of Common Pleas)裁决,爱尔兰的归化不适用于英格兰。

48. 一般参见 David T. Konig,"Colonizing and the Common Law in Ireland and Virginia,1569—1634," in *The Transformation of Early American History:Society,Authority,and Ideology*,ed. James Henretta,Michael Kammen,and Stanley Katz(New York:Knopf,1991),70—92。

49. Ibid.,83—84.

50. Morgan,*American Slavery*,*American Freedom*,80.

51. Ibid.

52. 参见 Hulsebosch,"Ancient Constitution,"449。

53. 关于无地产乡绅的观点,参见 Morgan,*American Slavery*,*American Freedom*,320—326(引自第 322 页)。

54. Ibid.,322.

55. 引自 Ibid.,322—323。

56. 参见 Christopher Hill,*The Century of Revolution*,*1603—1714*(New York:Norton,1980),17—21。

57. 作为对反对主人辱骂和虐待其奴隶的回应,弗莱彻写道:"最残暴的人不会仅仅出于幽默而暴发兽行;而如果这样的烦扰有时确实发生,则大部分是源自仆人的乖张。"引自 Morgan,*American Slavery*,*American Freedom*,325。

58. Hill,*Century of Revolution*,20.

59. Morgan,*America Slavery*,*American Freedom*,326.

60. Fredrickson,*White Supremacy*,60,以及参见 ibid.,59—63,对美洲定居点在帮助英国应对解决贫穷和贫困化这些社会问题中所起作用的讨论。

61. 作为此类儿童绑架的例子,希尔写道:"在 1618 年,伦敦'躺在街头挨饿的男童女孩'被船运到弗吉尼亚。"Hill,*Century of Revolution*,20.

62. Fredrickson,*White Supremacy*,60.

63. 更多有关无地穷人在非洲奴隶制兴起中的作用,参见 Fredrickson,*White Supremacy*,62—63;也可参见 T. H. Breen,"A Changing Labor Force and Race Relations in Virginia,1660—1710," *Journal of Social History* 7(1973):3—25;Morgan,*American Slavery*,*American Freedom*,215—270。

64. 参见 David Brion Davis,*The Problem of Slavery in Western Culture*

(Ithaca，N.Y.：Cornell University Press，1966），115—121。

65. Locke，Second Treatise，17.至于洛克的个人观点，他对奴隶制的支持可以从以下事实中加以推断，即奴隶制被包含在《卡罗来纳基本法》之中，而且洛克是皇家非洲公司（the Royal African Company）的投资人。参见 Davis，*Problem of Slavery*，118。

66. 参见 George M. Fredrickson，"The Social Origins of American Racism，" in *The Arrogance of Race*：*Historical Perspectives on Slavery*，*Racism*，*and Social Inequality*（Middletown，Conn.：Wesleyan University Press，1988），189—205，（引自第 197 页）。

67. 一般参见 Robert C. Twombly and Robert H. Moore，"Black Puritans：The Negro in Seventeenth-Century Massachusetts，" *William and Mary Quarterly* 24（1967）：224—242。

68. Fredrickson，"Social Origins，" 198.

69. 有关马里兰种族间通婚法律的更多讨论，参见 Ibid.，196。

70. *Calvin's Case*，398.

71. Hulsebosch，"Ancient Constitution，" 466.

72. Ibid.相关更深入的讨论，一般参见 Wesley F. Craven，*The Dissolution of the Virginia Company*：*The Failure of a Colonial Experiment*（New York：Oxford University Press，1932），47—80（尤其是第 55—64、68—71 页）。

73. 参见 Morgan，*American Slavery*，*American Freedom*，338—362。

74. 参见 Fredrickson，"Social Origins，" 198。

75. 正如弗雷德里克森指出的那样："由于奴隶人口在 1700 年之后迅速增加，这样的恐惧变得更加强烈，它不仅导致了进一步限制和控制自由民黑人人口的企图，而且精心编制严厉的黑人法令，以用于将北美奴隶制与拉美奴隶制区分开来。"Ibid.，199.

76. 参见 Fieldhouse，*Colonial Empires*，59—63。

77. Hulsebosch，"Ancient Constitution，" 471.也可参见 Anthony Pagden，*Lords of All the World*：*Ideologies of Empire in Spain*，*Britain and France*（New Haven，Conn.：Yale University Press，1998），91—92，关于欧洲人，尤其是西班牙人对将无主物原则应用于新世界征服有效性的怀疑主义。

78. 参见 Quentin Skinner，*Liberty before Liberalism*（New York：Cambridge University Press，1998）。

79. 事实上，罗马喜剧充满着这样主仆关系反转的情景，在其中奴隶不仅比主人更有技巧、更有知识，且不面临实际强制。"普劳图斯戏剧《鬼屋》（*Mostellaria*）中特里奥这一人物形象大胆放肆，他提供了这一主题或许最难忘的说明。由于他的主人仁慈且通常不在家的事实，特里奥能够夸口说他从未遭受任何直接压迫。"Ibid.，40.

80. Ibid., 41.

81. Algernon Sydney, *Discourses Concerning Government*, ed. Thomas G. West(Indianapolis: Liberty Classics, 1996), 441,部分引自 Pettit, *Republicanism*, 34;以及 Locke, *Second Treatise*, 50。

82. 参见 Philip Pettit, *Republicanism: A Theory of Freedom and Government*(New York: Oxford University Press 1997), 17—50,他对共和主义与自由主义做了非常有益的对比。

83. Sydney, *Discourses*, 17 页,同样引自 Pettit, *Republicanism*, 33。

84. James Harrington, *The Commonwealth of Oceana and a System of Politics*, ed. J.G.A. Pocock(New York: Cambridge University Press, 1992), 269 页,同样引自 Pettit, *Republicanism*, 32。

85. James Harrington, *Commonwealth of Oceana*, 57;并一般参见 J.G.A. Pocock, *The Machiavellian Moment: Florentine Political Thought and the Atlantic Republican Tradition*(Princeton, N.J.: Princeton University Press, 1975), 412, 386—391,论及哈林顿对有关军国主义和三十年战争经历的关注。

86. 引自 Pettit, *Republicanism*, 48。

87. 1647 年,在英国内战的帕特尼辩论期间,奥利弗·克伦威尔(Oliver Cromwell)及其女婿亨利·艾尔顿(Henry Ireton)在与更激进的军官争论中准确表明了这一点。这些军官要求按照与生俱来的权利,将选举权扩大到所有英国男性。作为回应,艾尔顿宣称,由于唯有财产拥有者才有"在王国中的永久固定利益",因此只有他们才有望明智地利用自己的政治发言权。参见"The Putney Debates of the General Council of the Army(October 29, 1647)," in *The Sources and Debates in English History*, 1485—1714, ed. Newton Key and Robert Bucholz(Oxford: Wiley-Blackwell, 2009), 188—191(引自第 189 页)。

88. 参见 Michael Sandel, *Democracy's Discontent: America in Search of a Public Philosophy*(Cambridge, Mass.: Belknap Press of Harvard University Press, 1996), 169。

89. 这些是 1629—1640 年由东英吉利亚来到马萨诸塞州的清教徒,1642—1675 年由南英格兰来到弗吉尼亚的英国保皇主义精英和契约佣工,以及 1675—1725 年由英国北中部地带和威尔士来到特拉华谷地的贵格会教徒。一般参见 David Hackett Fischer, *Albion's Seed: Four British Folkways in America*(New York: Oxford University Press, 1989)。

90. 就像费舍尔描述的那样,东盎格鲁清教徒逃离查理一世,以及辉格党历史学家所称的"十一年暴政",南英格兰的盎格鲁骑士试图逃脱克伦威尔的清教规则,北中部持异见的贵格会教徒从盎格鲁神职人员的掌控中逃脱迫害。参见 ibid., 16, 212, 423。

91. John Winthrop, "A Model of Christian Charity," in *Puritan Political*

Ideas, *1558—1794*, ed. Edmund Morgan(Indianapolis: Hackett Publishing, 2003), 75—93(引自第 93 页)。

92. 参见 Sacvan Bercovitch, *The American Jeremiad*(Madison: University of Wisconsin Press, 1978), 7—8, 8—9。

93. 参见 Samuel Danforth, "Brief Recognition of New England's Errand into the Wilderness," in *The Wall and the Garden: Selected Massachusetts Election Sermons*, ed. A. William Plumstead(Minneapolis: University of Minnesota Press, 1968), 53—77(引自第 59、72 页)。

94. Lawson, *Imperial Challenge*, 43.

95. Ibid., 43—44.

96. 引自 Robert J. Dinkin, *Voting in Provincial America: A Study of Elections in the Thirteen Colonies*, *1689—1776*(Westport, Conn.: Greenwood Press, 1977), 32。

97. 在 1772 年的一次城镇会议期间,波士顿的不动产所有权者和居民,解释了他们保留对天主教徒宗教宽容的理由。在新教定居者心目中,缺乏独立的宗教道德心,意味着天主教徒是自由政治制度的永久威胁。居民们宣称:"罗马天主教徒被排除在外,根据的理由是诸如此类的教义:被开除教籍的王子可以被废黜,那些他们称之为异教徒的人可以被无情地毁灭;此外,他们以如此绝对的方式、以颠覆政府的方式来承认教皇……从而直接导致最糟糕的无政府状态和混乱、内部纷争、战争和流血。"引自 Charles H. Metzger, *The Quebec Act: A Primary Cause of the American Revolution*(New York: United States Catholic Historical Society, 1936), 131。

98. 一般参见 Fischer, *Albion's Seed*, 810—816。

99. Kettner, *American Citizenship*, 78.

100. 引自 Ibid., 86。

101. John Locke, "The Fundamental Constitutions of Carolina(1669)," in *Political Writings*, ed. David Wootton(Indianapolis: Hackett Publishing, 2003), 210—232, 231—232.

102. 关于在南卡罗来纳和宾夕法尼亚的实践,参见 Jamin Raskin, "Legal Aliens, Local Citizens: The Historical, Constitutional and Theoretical Meaning of Alien Suffrage," *University of Pennsylvania Law Review* 141 (1993):1391—1470(引自第 1399、1400 页);而关于佐治亚的法律,参见 Kettner, *American Citizenship*, 102。

103. Kettner, *American Citizenship*, 74—75.

104. 在对宽容的实际措辞中,犹太移民也得到了豁免。Ibid., 74—76.殖民地规模有限的犹太人口当然也促进了这一举措。然而,尽管有 1740 年的豁免,人们应注意到在整个时期以及完全进入 19 世纪后,犹太人像非基督徒一样，面临各种各样的法律限制，包括担任公职和投票。一般参见 Howard M. Sachar, *A History of the Jews in America*（New York：Knopf，1992），9—37（尤其是第 17—20、27—28 页）。

105. Rogers Smith, *Civil Ideals：Conflicting Visions of Citizenship in U.S. History*（New Haven, Conn.：Yale University Press，1997），57.

106. 一般参见 Benjamin Franklin, "The Interest of Great Britain Considered with Regard to Her Colonies and the Acquisitions of Canada and Guadaloupe," in *Papers of Benjamin Franklin*, vol.9，ed. Leonard W. Labaree（New Haven, Conn.：Yale University Press，1966），51—100。

107. Ibid.，92.

108. 引自 Nathan O. Hatch, *The Sacred Cause of Liberty：Republican Thought and the Millennium in Revolutionary New England*（New Haven, Conn.：Yale University Press，1977），41，42。

109. 引自 Sosin, *Whitehall and the Wilderness*，51。

110. "The Royal Proclamation, October 7，1763," in *Documents of American History*，ed. Henry Steele Commager and Milton Cantor，10th ed.，vol.1（Englewood Cliffs，N.J.：Prentice Hall，1988），47—50（引自第 48—49、49 页）。

111. Ibid.，49.

112. 斯图亚特·班纳（*How the Indians Lost Their Land*，35）通过把帝国中心与定居者之间改变了的动态描述为"奇怪的反转"，从而抓住了法国-印第安人战争之后帝国中心和定居者态度的明显转变：

> 在殖民初期，帝国政府（以殖民地特许方式）设想，印第安人的土地能被轻易夺取，但真正的殖民者却发现自己经常在购买土地。在殖民末间，帝国政府坚持认为，印第安人的土地——即便在土地上没有实际的印第安人存在——必须被购买。但是殖民者现在相对于其一个半世纪之前的先祖来说，他们比印第安人强大得多，许多人对这件事情的看法变得不同了。许多印第安人的未被开垦的土地正被非法占有——不仅是在印第安人法律下，而且也是在殖民者法律下被"非法"占有。

然而，班纳未理解这些变化中的方法不仅是由于相对的权力关系或军事实力。定居者很久以来就认为，扩大英裔土地拥有权是对帝国的根本承诺，所用的手段——征服或购买——基本上被认为是经济独立这一道德目的的手段。而现在帝国的稳定需要意味着殖民地管理者日益不顾定居者的意见，不断把原住民的惯例变成得到英国当局许可的永久权利。

113. 参见 Fischer, *Albion's Seed*，608—612。

114. Ibid., 742—743.

115. 引自 Williams, *American Indian*, 251。

116. 一般参见 Ibid., 256—265；以及 Sosin, *Whitehall and the Wilderness*, 165—210。

117. 关于"诺曼枷锁"的思想及其在殖民地反叛前那些年里的复兴，一般参见 Pocock, *Machiavellian Moment*, 506—552；以及 Williams, *American Indian*, 251—255。

118. Williams, *American Indian*, 253.

119. James Otis, *The Rights of the British Colonies Asserted and Proved* (Boston: Edes and Gill, 1764), 31, also quoted in Williams, *American Indian*, 252.

120. Otis, *Rights of the British Colonies*, 24.

121. *Campbell v. Hall*, 1 Cowper 204, 205—212(1774).

122. Ibid., 208.

123. Ibid., 209.

124. 参见 Williams, *American Indian*, 301。

125. 在 19 世纪末帝国的思想和实践中，有关间接统治和非法侵入的想法，一般参见 Karuna Mantena, *Alibis of Empire: Henry Maine and the Ends of Liberal Imperialism*(Princeton, N.J.: Princeton University Press, 2010)。也可参见 Mahmood Mamdani, *Citizen and Subject: Contemporary Africa and the Legacy of Late Colonialism*(Princeton, N.J.: Princeton University Press, 1996), 62—108。

126. Philip Lawson, "Sapped by Corruption: British Governance of Quebec and the Breakdown of Anglo-American Relations on the Eve of Revolution," in *A Taste for Empire and Glory: Studies in British Overseas Expansion, 1660—1800*(Brookfield, Vt.: Varorium, 1997), 301—323, 307.劳森的著作，尤其是 *The Imperial Challenge and A Taste for Empire and Glory* 一书，做出了最近难得一见的努力，以说明定居者的不满与魁北克政策之间的联系。

127. 参见 Quebec Act, 1774, 14 Geo. III, c. 83(England)。

128. 参见 Lawson, "'Irishman's Prize,'" 588。

129. Alexander Wedderburn, "Report of the Solicitor General Alexander Wedderburn, December 6, 1772," in *Documents Relating to the Constitutional History of Canada, 1759—1791*, ed. Adam Shortt and Arthur G. Doughty(Ottawa: S.E. Dawson, 1907), 296—305（引自第 298 页），转引自 Lawson, "Sapped by Corruption," 310。

130. 参见 William Knox, *The Justice and Policy of the Late Act of Parliament, for Making more Effectual Provision for the Government of the Province*

of Quebec，Asserted and Proved；and the Conduct of Administration Respecting that Province，Stated and Vindicated（London：J. Wilkie：1774），29，23；以及 Wedderburn，"Report of the Solicitor General，" 297。

131. 参见 Lawson，*Imperial Challenge*，132—136。

132. 有关《魁北克法案》前后殖民地反天主教徒情绪的程度和紧张情况的出色目录，一般参见 Metzger，*Quebec Act*。

133. John Adams，"A Dissertation on the Canon and Feudal Law，" in *The Works of John Adams*，vol.3，ed. Charles Francis Adams（Boston：Charles C. Little and James Brown，1851），447—464（引自第 450 页）。

134. 引自 Lawson，"Sapped by Corruption，" 314。

135. 引自 Ibid。

136. 引自 Metzger，*Quebec Act*，59n110。

137. William Gordon，"A Discourse Preached December 15，1774，" in *The Pulpit of the American Revolution*（Boston：D. Lothrop，1876），187—226（引自第 201、215—216 页）；以及 Ezra Stiles，"Letter to Richard Price，April 10，1775，" in *Letters to and from Richard Price*，D.D.，F.R.S. 1767—1790（Cambridge，Mass.：John Wilson and Son，University Press，1903），22—24（引自第 23 页），部分引自 Lawson，"Sapped by Corruption，" 316。

138. 1774 年教皇日（Pope Day），或称盖伊·福克斯之日（或称篝火节之夜，Guy Fawkes Day）——为纪念针对国王的 1605 年"火药阴谋"（the 1605 Gunpowder Plot）在 11 月 5 日举行的年度假日，狂暴的反天主教情绪最好地说明了这一点。在英格兰，人们带着"火药阴谋"领导人的肖像穿街游行，然后按照仪式焚烧。在新英格兰和殖民地其他地方，教皇与其他恶魔的肖像一道取代了那些篝火节之夜的肖像。就像彼得·肖（Peter Shaw）所写的那样："这些替代品反映了美洲人的宗教偏见：针对国王的阴谋几乎自动被认为是教皇的阴谋，因此是邪恶的。"Peter Shaw，*American Patriots and the Rituals of Revolution*（Cambridge，Mass.：Harvard University Press，1981），15—16。随着时间的推移，这一事件蜕变为一般的游戏和盛典机会，或者被全部中断。然而，对天主教徒宽容的前景导致这一传统明显复苏。肖因而评论道："在美洲，1774 年的《魁北克法案》……导致接下来的十年里没有什么政治事件的街头行动能与之比肩，《独立宣言》（The Declaration of Independence）可能是个例外。"（ibid.，68）.就像查尔斯·梅茨格（Charles Metzger）指出的那样，即便是在该活动已被取消的地方，例如南卡罗来纳的查尔斯顿，"'新教学校童子军协会（Association of Protestant School Boys）也通过挨门挨户举行帆布画茶会来期待这一事件'，从而在 11 月 5 日纪念日举行篝火，以便在当日复苏这一古老习俗来展示一幅肖像画，显示他们对教皇、觊觎王位者等恶人的憎恨"（Metzger，*Quebec Act*，61）。

139. "Suffolk County Resolutions，September 1774," in *Journals of the Continental Congress 1774—1789*，vol.1，ed. Worthington C. Ford et al. (Washington，D.C.：Library of Congress，1904)，35.

140. 参见"Address to the People of Great Britain，October 1774," in *Journals of the Continental Congress，1774—1789*，vol.1，ed. Worthington C. Ford et al.(Washington，D.C.：Library of Congress，1904)，88，87—88。

141. Brown，"Empire without Slaves," 295—296.

142. 参见 *Smith v. Brown and Cooper*，91 Eng. Rep. 556，556(1701)；以及 *Pearne v. Lisle*，27 Eng. Rep.47，47(1749)。

143. William Knox，*Three Tracts respecting the Conversion and Instruction of the Free Indians，and Negro slaves in the Colonies；Addressed to the Venerable Society for the Propagation of the Gospel in the Foreign Parts*(London：J. Debrett，1768)，31，30.克里斯托弗·布朗(Christopher Brown)描述了那些为逐步解放奴隶而确实存在的行政管理计划,全都认为减少定居者权力、提高殖民地集权非常重要。"那时候,殖民地自治惯例呈现出对奴隶解放前景的巨大障碍,就像其更普遍地对帝国权力施行形成的障碍一样。帝国中心试图抓住和掌握传统上由殖民地立法机构排他性管理的机构,这将必然导致深远的宪政变化(Brown，"Empire without Slaves," 296)。

144. *Somerset v. Stewart*，98 Eng. Rep.498(1772).

145. 这似乎是斯图尔特名字的正确拼法,尽管《英国报道》(*English Reports*)采用了不同变体。

146. 更多有关这一案件的具体细节和法律争议问题,一般参见 David Brion Davis，*The Problem of Slavery in the Age of Revolution，1770—1823* (Ithaca，N.Y.：Cornell University Press，1975)，469—522；Simon Schama，*Rough Crossing：Britain，the Slaves，and the American Revolution*(New York：Ecco，2006)，44—55；以及 F.O. Shyllon，*Black Slaves in Britain*(New York：Oxford University Press，1974)，77—140。

147. *Somerset v. Stewart*，510.

148. 参见 George Van Cleve，"*Somerset's Case* and Its Antecedents in Imperial Perspective," *Law and History Review* 24(2006)：601—645(引自第635页)。

149. 就像西蒙·沙玛(Simon Schama)指出的那样,曼斯菲尔德勋爵特意避免简单宣布说奴隶制在英国是非法的,而"他所说的是主人违背奴隶的意志把他运出英国,到一个他可能被出售的地方,这从未为人所知或在习惯法下得到承认"(Schama，*Rough Crossing*，55)。

150. *Somerset v. Stewart*，510.

151. 一般参见 Van Cleve，"*Somerset's Case*"。

152. 引自 Shyllon，*Black Slaves*，165。在制宪会议上，詹姆斯·麦迪逊认为，曼斯菲尔德裁决使得美国宪法的逃亡奴隶条款成为必要，以确保完整的奴隶拥有权在全国得到尊重。这一条款后来成为 1793 年和 1850 年《逃亡奴隶法》(Fugitive Slave Acts)的法律基础。该条款写道："凡根据一州之法律应在该州服役或服劳役者，逃往另一州时，不得因另一州之任何法律或条例，解除其服役或劳役，而应依照有权要求该项服役或劳役之当事方的要求把人交出。"U.S. Constitution，art. IV，sect. 2，cl. 3.

153. *Somerset v. Stewart*，501，509.

154. William Blackstone，*Commentaries on the Laws of England*，vol. 1，3rd ed.(Oxford：Clarendon Press，1768)，107.

155. 以下的讨论尤其描述了来自乔治·凡·克利夫有关英裔定居者对索默塞特案裁决如何做出反应的观点。例如，凡·克利夫指出，南方奴隶主对公开讨论这一案件非常谨慎，这并不是因为他们对此案缺乏兴趣。奴隶主担心，公开对话可能煽动奴隶逃亡，尤其是煽动奴隶暴力叛乱。参见 George W. Van Cleve，"A Slaveholders' Union：The Law and Politics of American Slavery，1770—1821"(PhD diss.，University of Virginia，2008)，49—66。这篇博士论文即将以书的形式出现，*A Slaveholders' Union：Slavery，Politics，and the Constitution in the Early Republic*(Chicago，IL：University of Chicago Press，2010)。

156. 参见 Patricia Bradley，"Slavery in Colonial Newspapers：The *Somerset Case*，" *Journalism History* 12(1985)：1—7。布拉德利认为，报纸倾向于围绕具体政治目标制定报道内容。"托利党"派报纸一般提供这一案件的广泛报道，以此为手段来强调英国的自由和英国法院的正义，那些报纸更支持帝国中心的官员，并最终成为亲英分子。相反，"爱国者"派报纸呈现的则是更短篇幅的描述，用错误信息来利用英裔定居者的种族关心。例如，"爱国者"派报纸通过掩饰曼斯菲尔德裁决的实质内容有限，并暗示他要解放所有英国的奴隶，试图引起定居者担忧殖民地奴隶拥有权的未来。就像一份常见的重印报纸的报道所宣称的那样："有位记者观察到，由于黑人在这个国家(英国)现在是自由的，乡绅们不像以往那样喜欢把他们带到这里来。"引自 Patricia Bradley，*Slavery，Propaganda，and the American Revolution*(Jackson：University Press of Mississippi，1998)，74。

157. 引自 Davis，*Slavery in the Age of Revolution*，387。

158. *Boston News-Letter*，July 23，1772，部分引自 Van Cleve，"Slaveholders' Union，"56。

159. 引自 Van Cleve，"Slaveholders' Union，"56。

160. 引自 Paul Finkelman，*An Imperfect Union：Slavery，Federalism，and Comity*(Chapel Hill，N.C.：The University of North Carolina Press，

1981），39。

161. 参见 Van Cleve, "Slaveholders' Union," 53。

162. 参见 Thea K. Hunter, "Publishing Freedom, Winning Arguments: Somerset, Natural Rights and Massachusetts Freedom Cases, 1772—1836" (PhD diss., Columbia University, 2005), 129—133。

163. Woody Holton, *Forced Founders: Indians, Debtors, Slaves, and the Making of the American Revolution in Virginia* (Chapel Hill: University of North Carolina Press, 1999), 68.

164. 弗吉尼亚有关奴隶贸易的观点强调了内部的阶级紧张。虽然土地乡绅基本上已停止购买国外奴隶，并明白殖民地长期利益是远离奴隶劳动力，但支持和维持这一贸易的基本是南方山麓地区规模不大而"日益重要的种植者"。Ibid., 68—73（引自第 68、70 页）。

165. 引自 Ibid., 69。

166. James Madison, "Letter to William Bradford, Jr., November 27, 1774," in *Papers of James Madison*, vol.1, ed., William T. Hutchinson and William M. E. Rachal (Chicago, IL: University of Chicago Press, 1962—1983), 129—130, 讨论于 Van Cleve, "Slaveholders' Union," 53—54。

167. 引自 Van Cleve, "Slaveholders' Union," 54。

168. 引自 Holton, *Forced Founders*, 140。

169. Thomas Jefferson, "A Summary View of the Rights of British America," in *The Essential Jefferson*, ed. Jean Yarbrough (Indianapolis: Hackett Publishing, 2006), 3—17（引自第 4 页）。

170. Richard Price, "Two Tracts(1778)," in *Political Writings*, ed. D.O. Thomas (New York: Cambridge University Press, 1991), 14—75（引自第 30 页）。

171. Edmund Burke, "Speech on Conciliation with the Colonies(March 22, 1775)," in *Speeches and Letters on American Affairs* (New York: E. P. Dutton, 1908), 76—141（引自第 94 页）。

172. 根据伯纳德·贝林(Bernard Bailyn)的重要记述，定居者担心"腐败在祖国正变成脓疮，正削弱最著名的自由堡垒的根基"，这种担心推动了独立并转向共和主义。Bernard Bailyn, *The Ideological Origins of the American Revolution* (Cambridge, Mass.: Belknap Press of Harvard University Press, 1967), 87；也可参见 Pocock, *Machiavellian Moment*, 506—552。

173. 参见 E.P. Thompson, *The Making of the English Working Class* (New York: Vintage Books, 1966), 356—361。

174. 参见 Mamdani, *Citizen and Subject*, 37—61。

175. 引自 Pettit, *Republicanism*, 47。

176. 参见 Pettit，*Republicanism*，45—50。

177. *Knight v. Wedderburn*，20 How. St. Tr. 1(1778).有关这一案件的出色讨论，参见 Davis，*Slavery in the Age of Revolution*，489—501。

178. 引自 *Knight v. Wedderburn*，8，8—9；以及 Davis，*Slavery in the Age of Revolution*，492。

179. Pocock，*Machiavellian Moment*，510.

180. Ibid.

181. 引自 James G. Wilson，*The Imperial Republic：A Structural History of American Constitutionalism from the Colonial Era to the Beginning of the Twentieth Century*(Burlington，Vt.：Ashgate，2002)，38。

182. 在写作这一异乎寻常的安抚性讲话的同时，其他人则在谴责对天主教徒的宽容，例如《告英国人民书》(*Address to the People of Great Britain*)的发表。对这种不一致的最好理解，是大陆会议做出努力说服英国的加拿大臣民加入反叛之中。当然，当法裔加拿大人的支持没能实现的时候(由于在 13 州的恶意反天主教情绪，这并不令人吃惊)，美洲定居者就认为用武力迫使其结盟是合适的。

183. 参见 Hatch，*Sacred Cause*，55—96(引自第 90 页)；也可参见 Ernest Lee Tuveson，*Redeemer Nation：The Idea of America's Millennial Role*(Chicago：University of Chicago Press，1968)，1—25。

184. Adams，"Dissertation，"451.

185. The Declaration of Independence(U.S. 1776)，para. 29.

第二章　后殖民时期的美国
公民与美国臣民

一般的对外移民只能起到暂时缓解的作用，因为殖民地马上将成为帝国，并会再现所有母国的不公和悲惨。一般的对外移民也没有必要。如果愿意做到公正合理，英国本来能够支撑比其现在拥有的更多人口。罪恶并非源于人口过度，乃是源于工业成果的不平等分配，她遭受生产过度之苦……因为她的工人不是为自己生产，而是为雇主生产。

——奥雷斯蒂斯·布朗森（Orestes Brownson），

《劳工阶级》（*Labouring Classes*，1840 年）

对于边疆神话以及民众理解美国经验，至关重要的是这样一种思想，即定居者强烈反对政府权力，并充满敌意地谨防任何国家干预。就像詹姆斯·莫罗内（James Morone）所写的那样，整个美国历史可被理解为美国公民为此所做的努力，即逐渐控制其对政府的"恐惧"和"克制其反国家主义的忧虑"。[1]当然，这恰恰是人们经常理解 18 世纪末各种各样地方性危机的方式。在美国边缘地带扩张的个人主义开拓者性格坚毅，他们是天生的反国家主义者，追求无政府状态，并加强撕裂这些新独立殖民地的离心倾向。作为回应，联邦宪法的奠基者们形成了一份能够同时维持社会秩序并自由表达平等主义思想的政治合约，而这种思想决定了定居者们的实践活动。

　　然而,在具体的历史片断和更大范围的集体计划这两个关键方面,
传统叙述没能够使其言之成理。首先,通过夸张定居者生活的个人主
义,传统叙述忽视了小农场主和城镇居民,实际上提出了一种信心十足
的叙述方式,这种叙述阐明了强有力的政府如何能够对共和主义自由
起到推进作用。结果,传统叙述在以下两个方面存在问题:其一,它没
能解释为什么这些叙述基本上依然被埋没不见;其二,普通公民逐渐把
政府权力看作外部压迫形式、而非实现社会成功的工具,它没能对此过
程进行解释。在本章中,我记录下这种对国家权威的"恐惧"是如何在
后美国革命时期出现的,并探究其对 19 世纪定居主义的影响以及对美
国经济政治制度的持久意义。

　　因此,这个故事开始于紧随美国革命之后的那些国内危机,这些危
机威胁到社会稳定,并普遍被误读为美国反复出现的先天性反国家主
义的早期例子。1786 年末,9 000 名新英格兰农民拿起武器反抗马萨
诸塞州政府,该地区乡村近四分之一的成年男性处于公开叛乱状态。
谢司起义(Shay's Rebellion)是该州西部村庄小农场主长期怀有怨恨所
导致的结果,他们关心城乡之间的经济不平等以及沿海精英普遍对险
恶边疆生活的漠不关心。美国革命后的信用危机只不过加剧了人们的
忧虑而已,因为乡村农民发现自己身处毁灭性的债务链底层。1784
年,包括伦敦五家最大商业公司在内的英国债权人,终止了与美国贸易
商的业务并撤销了所有未支付的贷款。为了向英国还债,新英格兰富
商要求乡村零售商和店主支付硬通货,这些商人店主则转而要求农民
支付硬通货。这些农民通常以货品或劳力支付给店主,他们几乎或根
本就没有硬通货。总的来说,虽然新英格兰富商们躲过了财务困难,因
为贸易商并无法律责任还钱给外国债权人,但贫穷农民则面临经济上
的穷困潦倒。该州西部农民的边缘地位尤其在法庭上逐渐体现了出
来,因为法律诉讼强制债务收款和债务人入狱,从而使得农民家庭支离
破碎、陷于贫困。[2]

　　对于谢司起义者及其同情者来说,美国革命的经历及其共和主义
自由的语言,为阐明债务危机的压迫性本质提供了一个框架。农民们
发现,缠绕在心头对财产没收和租佃的恐惧尤其使他们痛苦,他们把丧

失土地看作独立的丧失和自然劳动权利的失效。这并非仅仅只是一个理论问题,租佃使得农民们面临极端贫穷和经济困境这样非常真实的暗淡前景。由于陷在永久拖欠地主的债务之中,付不起租金的佃农发现自己得抛弃耕耘多年的土地,而且离开土地时缺乏基本生存手段。正如马萨诸塞州康韦镇自耕农在《马萨诸塞公告》(*Massachuttes Gazette*)上发表的他们的请愿书中所指出的那样,"我们不知道是谁给土地支付租金、用我们的钱来购买土地、用我们的辛勤汗水将狂野荒地改造成物产丰富的田野,作为地主的佃农似乎天生背负着令人震惊的"后果。对自耕农来说,作为自治的自由,由土地所有权以及对劳动活动和劳动生产的控制两部分组成。按照参加谢司起义者的观点,法院和州立法机构不能保证农民这样的生产控制,这意味着使自由公民屈从于奴隶的枷锁之中。来自马萨诸塞阿特尔伯勒(Attleboro)的农民乔治·布罗克(George Brock)指出,沿海精英强制征收租佃和雇佣劳动,并"针对我们的自由而锻造出如此牢固的锁链,以至于虽然我们做出了巨大努力、发起动乱,却无法把它们打碎",他们企图通过以上方式"驱除我们心中勇敢而独立的精神"。[3]

十年后,随着西部边疆因威士忌起义(Whiskey Rebellion)而痛苦万分,小农场主和乡村穷人再次用共和主义自由的语言,说出他们的集体委屈。对于阿巴拉契亚山边疆定居者来说,18世纪最后几十年的生活血腥而充满暴力,家家户户几乎都是朝不保夕,宾夕法尼亚各县多数人没有土地,例如在费耶特(Fayette)即是如此。经济上的贫困、原住民印第安人的报复性威胁以及缺少对土地的获得,形成了一种惨不忍睹的状况,而其中威士忌的销售税则导致起义爆发。这些农民像参加谢司起义的人一样认为,税收使得经济独立和作为自治的自由变得不可能,并保证了商业精英的政治支配权。按照小册子作者乔治·洛根(George Logan)的观点,沿海商人和律师代表着"一种危险的贵族制",他们推行压迫性的政治经济秩序,"如果说我们的自由没有在襁褓中被扼杀,也将被它永远摧毁。"[4]

从某种意义上说,通过援引共和主义的言辞,这样的西部边疆小农场主们,只是在再次确认定居者帝国的基本形势而已。在描述因雇佣劳动和租佃引起的奴役时,新英格兰谢司起义参加者和宾夕法尼亚的威士忌起义者,再现了曾使美国独立合法化的这一基本主张。在殖民地和美国革命时期,无论是东部、西部,还是城市、乡村的大多数定居者都同意,屈从于他人的政治或经济支配必定会削弱自由。商业利益的捍卫者亚历山大·汉密尔顿(Alexander Hamilton)在《联邦党人文集》(the Federalist Papers)中写道:"对某人的生活有控制权,等于对其意志有控制权。"[5]* 此外,就像沿海精英一样,西部农民也对扩张之于共和主义自由的重要性进行辩护。事实上,他们缺乏土地的经历和靠近原住民社会生活,使得这样一种信念凸显了出来,即经济独立有赖于新的定居领土。西部农民如果有什么要抱怨的话,就像那些起义者强调的那样,乃是沿海精英没有充分尽力减少原住民进攻的威胁或者为定居者农业扩大领地。

然而,谢司起义参加者和威士忌起义参加者,不仅只是为他们自己的目的而主张使用既有的政治语言,还对自己具有鲜明特色的共和主义自由构想进行了概述:我将其称为民粹主义的自治叙述。有两个基本观点使得民粹主义有别于殖民地统治阶级和商业精英的主张。第一,它呈现了介于公益与完全被理解为劳动团体利益之间的认同问题。就像乔治·洛根指明的那样,乡村穷人慢慢相信,与商人和律师"贵族"相反,小农场主和工匠明显地代表人民,因为他们独自坚定不移地确立了对生产的控制,并捍卫所有定居者的经济独立。第二,民粹主义者认为,为了使劳动团体维护其目标,政府应作为地方的生产主义民主被组织起来,其中由响应普通定居者诉求的立法机构行使最高权力。这种多数主义叙述必定接受充满活力的政府权力愿景。它是在共和主义思想内长期的传统基础上扩展而来的。像让-雅克·卢梭(Jean-Jacques Rousseau)这样的思想家则强调,自由政体必须规模小且以拒绝在各机构中分割主权的方式组织起来。[6]因此,劳工并不是拒绝政府权力,相反,他们认为立法机构应通过像债务免除和领土征服这样的多种政策

---

* 此处译文转引自汉密尔顿、杰伊、麦迪逊:《联邦党人文集》,程逢如、在汉、舒逊译,商务印书馆1988年,第459页。——译者注

120

来积极推进经济自由。

在本章余下来的部分里,我将探究对于早期美国共和国的民粹主义帝国与自由的叙述来说,究竟发生了什么事情;还有就是,这个共和国为什么滑向了仇外和经常与乡村美国连在一起的反政府主义。民粹主义的自由梦想明确表达了对集体可能性的激进承诺,这些可能性是定居者生活中固有的东西。然而,这一梦想从美国革命时期伊始就面临不可避免的困难,结果不仅塑造而且压制这一梦想的发展。虽然反叛使得美国定居者从英帝国那儿获得了司法独立,但是这些前殖民地依然在重商主义体系内受到束缚,这一体系制约着实质性的独立。就像最近的后殖民社会一样,新出现的美国政权发现自己嵌入在欧洲国家相互竞争的世界之中,其所起的作用是相对边缘性的、依附性的。这样的后殖民依附规定了民粹主义梦想的基本旋律,因为这种梦想的自由概念似乎直接与从英国侵扰和欧洲强权政治中获得实质独立的成就发生冲突。换言之,人们似乎可以拥有地方性的分权式民主——它或者致力于多数人利益的民众统治,或者致力于能够在全球竞技场中成功绕过威胁的一种政治状态,但或许并非二者兼具。

这种美国式的后殖民困境,有助于使精英颠覆民粹主义自由的做法正当化,从而再次昭示了后来拉丁美洲、亚洲和非洲的政治发展。在美国早期历史上,这是通过在宪政上创建联邦政府来进行的;而联邦政府的构建,则以制度上的平衡和政治上杜绝民主统治为基础。通过拒绝民粹主义权力形式,沿海精英从根本上改变了民粹主义的政治道路。具体而言,他们使小生产者拥有一个民主社会的希望与充满活力的服务多数人的政府信念脱钩。由于新政体的制度形式违反了民粹主义以地方为中心的多数主义希望,新政府的活动因而可能与劳工利益不相容。因此,当国家权力组织失当时,民粹主义对地方控制政治和政府干预信念的另一面是怀疑国家权力。随着政治发展日益使民粹主义自身的积极梦想——追求一种果断统一的集体意志的地方性民主——变得失效,民粹主义越来越呈现负面的形式,即主要致力于对国家活动的监督。由于对“垄断”利益接收政府充满警惕,民粹主义观点逐渐将自我规制的商业社会看作经济独立的更好前景。简而言之,我认为,美国的反国家主义之所以在历史上如此突出,基本上是因为这一可作为替代的理想——把强有力的政府与民众权力的直接主张结合在一起——的消亡。

更为关键的是,随着这一替代性理想的衰退,民粹主义恰恰将强有力的联邦政府行动与对外建立帝国计划连接到了一起。这是一个以无限帝国权力为前提条件、源自英国皇家特权的计划。联邦侵略活动因此与国内使用强制性权力成了同义词。这种强制性权力完全只针对那些社会包容性范围之外的人使用,如原住民和黑人。在这种情形下,出现任何可怕的内部帝国特权,都被视为对自由的严重威胁,并通过把自由公民当作殖民地臣民来对待,企图使自由的定居者沦为异教徒和野蛮人的地位。换言之,尽管民粹主义在宪政上失败了,但是它却继续作为一种对自由的煽动性表达,只不过现在是以一种打折扣的形式进行。这种打折扣的民粹主义尤其仇外,支持帝国的必要性,同时对帝国权力可能渗入定居者社会保持警惕。最终,为使美国革命者有关民粹主义自由的诺言在此完全呈现,需要内战和对社会生活进行激进的重建。

在本章中,我更为详细地阐释了上述观点,并聚焦于作为积极政治原则的民粹主义是如何失效这一议题。为准备讨论定居者有关共和主义自由含义的争论,我首先勾勒出绝大多数美国人接受的帝国框架。我解释了18世纪末、19世纪初的定居者是如何重申先前的殖民地原状,并使现在栖身于美国联邦国会中的英国帝国特权宪法化。这一讨论的开始尤其关注美国最高法院首席大法官约翰·马歇尔(John Marshall)为领土扩张以及英裔对原住民至高无上地位的合法化所做出的努力。本章也描述了拥有特权的欧洲移民与不同等级的帝国臣民之间的差异,是如何界定早期的美国政治,例如,通过对正式被指明为美国公民的从属性依附群体,与享有真正自由公民资格的内部人进行区分。在第二部分,我引出由托马斯·潘恩(Thomas Paine)和威廉·曼宁(William Manning)的民粹主义观点,进而描述工匠和小农场主希望与帝国连接的生产主义民主的愿景。随后,我强调了后殖民困境以及对全球软弱的关心,如何损害了地方多数主义制度和普通劳工的平民权力(the popular power)。这一讨论尤其关注对联邦宪法的辩论,关注使西部农民感到失望的领土扩张如何最终加剧了充满活力的民粹主义的衰弱。

在本章的最后部分,我详细描述了政府权力如何成为了帝国特权的同义词。作为这一变化的结果,定居者生活发现自身乃是围绕二元性宪政而组织起来的,因为政府享有两种不同形式的主权权力。虽然对外的殖民征服是以不受制衡的、将所有边界看作临时性的帝国权利(imperial right)为条件,但是内部的权力却受到作为自治的自由这样一种设想的制约。存在于独立之前的这种不可避免的二元性中的内在紧张,起到了界定后殖民社会特点的作用,并为一个独立的定居者帝国提供了框架结构——最终成为民粹主义的紧身衣。在美国共和国最初的几十年里,社会批评家和改革者确实存在,尤其是在 19 世纪 20 年代和 19 世纪 30 年代工人政党的边缘地带,他们质疑这一政治和宪法框架的有效性和道德合法性。像托马斯·斯基德莫尔(Thomas Skidmore)这样的思想家号召生产主义政治,这种政治解除了对帝国狂妄自负和族裔排他性构成束缚的枷锁。然而,这些批评基本上只是在蛮荒边疆地带听到的声音,与时代的承诺和文化并不合拍。

帝国宪法化与二元政治

为了把握新独立的定居者对共和主义自由的本质要义以及政府角色的争论背景,我们需要从对帝国架构的叙述开始,它为这些辩论提供了基础。虽然有学者认为帝国并不适合早期美国共和国的宪法特性,但我却在本节中认为,人们是有意识地在法律上将定居主义建成帝国大厦中的一项事业,尽管得承认这种定居主义只是其中一个特点而已。13 个殖民地的反叛行为是试图捍卫已经失去的帝国现状,因为在这种现状中,本地的定居者是在这样的前提下指导领土扩张计划的,即原住民社会并不对其所占有的土地拥有真正的法律统治权。人们相信,对于共和主义的乌托邦帝国梦想来说,控制这样的土地是必须的,因为扩

张将形成永久的和平条件,以及自由的道德和经济基础。大多数早期
美国人将独立的殖民地看作英帝国权力(imperial power)恰当的继承
者,并认为定居者享有不受原住民利益制约的帝国权利(imperial right),
只要公共利益决定即可进行扩张。进而言之,就像与帝国中心伦敦一
样,定居者相信这一帝国权利授予他们拥有对非定居者臣民的特权权
力(prerogative authority)*。这些非定居者臣民,如印第安人、黑人以
及后来的墨西哥人,是被合法统治的,无论是用哪一种能够最好促进和
平及秩序的方法来统治。重要的政治分歧因此并不是以帝国本身为中
心。相反,它关注两个方面:其一,定居者社会内部——在假定自由公
民之间——的帝国特权权力起了什么作用;其二,基于享有特权的内部
人与从属性外部人之间的二分法的集体计划如何安排。

新的共和国与旧的帝国特权

获得独立的这些殖民地宣称拥有英国国王的帝国责任的方式,由
19 世纪初首席大法官约翰·马歇尔所表达的美国最高法院意见得到
了恰当的说明。约翰逊诉迈金托什(Johnson v. M'Intosh,1832 年)一
案显然对土地投机者的合法权进行了重新讨论,这是殖民地反叛发生
之前的岁月里,殖民地定居者与英帝国中心之间争执的核心议题。[7]这
个案件涉及美国法院是否应该尊重美国革命时期,发生在伊利诺伊-沃
巴什公司与原住民部落之间土地购买的有效性问题。马歇尔在代表最
高法院全体一致的立场进行宣读时,认为这样的土地销售无效,因为公
民不能私自直接从美国原住民那儿购买土地。相反,以联邦国会形式
存在的美国,则拥有这些土地的最终所有权,并且可独自终止印第安人
的占有。在这样做的时候,马歇尔明确有力地表明了定居者所要求拥
有的英国绝对统治的法律范围,并强调了美国以拥有固有的殖民地征
服权利为前提的程度。

通过把柯克有关对异教徒土地征服的封建话语改变成"发现论"

---

  * 文中对"权力"和"权利"的使用均依照原文。特权指享有超过个体本应
    享有的权利,而特权权力则指的是靠权力来维持这种特权。——译者注

(Doctrine of Discovery)，马歇尔给这些主张打下了基础。由于长久以来被承认是万国法的一部分，欧洲国家在新世界拥有"结束印第安人土地占有权的独一无二的权利，不管是购买还是征服"。这种习惯上的帝国权利意味着，原住民群体并不像欧洲国家一样，对他们自己的土地拥有法律上可被承认的主权。"原住民作为独立国家的完整主权必定消失，而由于最初的根本性原则，即（土地）发现赋予发现者排他性权利 (exclusive title)，他们按自己意志处置土地的权力则被拒绝承认，无论他们乐意把土地给谁。"[8]

对于马歇尔来说，这种发现权原则主要是有关确立哪些欧洲"发现者"可独占性地要求拥有特定的原住民土地，并因此"排除……所有其他的欧洲人"。在某种意义上，他将新世界描绘为殖民地争夺的场所，其中对此形成唯一有意义制约的是欧洲国家提出的冲突性主张。按照他的观点，英王已经公开宣布其对北美领土"西面远到密西西比河"的所有权；而随着北美的独立，所有这些土地的全部所有权就排他性地转为美国的权限。通过结束美国革命战争的《巴黎条约》，英国已经交出其帝国"土地权"。而"美国，或者说其中的几个州，明白无误地拥有该条约中所描述的边界内所有土地权利，这一点从未被怀疑过。它只受到印第安人占有权利的影响，而结束印第安人占有权利的排他性权力 (exclusive power)，则掌握在可以在宪法上执行这一排他性权力的政府手里"[9]。

至关重要的是，基于欧洲人的"出众天赋"和原住民的"特点和宗教"，马歇尔谨防自己直接将实际的领地征服理由作为法律问题来辩护。相反，马歇尔把征服的历史视为当下的事实，这在法律上是不可避免的，并写道："我们将不会陷入争论之中，无论是农业家、商人还是制造商，在理论原则上，这些人都有权利驱逐拥有这些领土的猎人，或者缩小他们的活动范围。征服赋予了征服者法院不能拒绝的一项权利。"然而，即便在表明对驱逐根本原因的怀疑论时，马歇尔仍然接受殖民征服不可避免而且实际上具有必要性的观点。一方面，他承认有关欧洲人相互竞争的发现权主张，一看就不能使对当地居民的驱逐合法化，因为那似乎将仅仅决定哪些欧洲人可以同当地民族就领土进行讨价还价。但与此同时,他认为在历史实践中,"发现"已在法律上被"转换"成了征服权利,可以随意移除当地民族。在他的观点中,印第安人部落是"凶猛的野蛮人,他们的职业就是战争";而"让他们拥有自己的国家,就是让这个国家成为荒野之地"。由于印第安人的暴力性特点,对于理性、勤劳、致力于多产地利用土地的定居者来说,唯一的解决办法就是"用刀剑"来竭力主张其发现权。[10]

就此而论,"发现论"必定对被殖民群体及其领土带有帝国主义和自由裁量特权的特性。二者之间的联系体现了这样一个"原则",这一原则"首先得到主张并随后这样坚持",以至于"它(成了)土地法则,不容置疑"。在本质上,定居者的计划不仅基于其他欧洲强国的发现权,而且基于对印第安人部落的一种帝国征服。后一种权利"对那个体系是不可或缺的,而那个国家就是在这样的体系中被定居的",因此这种权利即便在独立后也依然发挥作用。结果,马歇尔表明,就《巴黎条约》而言,英国国王不仅对特定的印第安人土地权避而不谈,而且对那些帝国特权也是如此。而对维持领土控制和为将来没收原住民土地的行动提供法律基础来说,那些帝国特权是"不可或缺的"。在马歇尔的观点里,这样的权力构成了定居者社会的主要事实。关于如何对待原住民社会一事,尽管他自己有道德上的不安,但他并不愿在法律上质疑新的国家,是否享有这些固有的征服权和对印第安人的控制。马歇尔的观点认为,几乎没有美国人,在那时愿意挑战正在扩张的共和国帝国根基,即便是那些发现边疆定居者暴力令人深感厌恶的人也是如此。[11]

在1833年发表的《美国宪法评述》(*Commentaries on the Constitution of the United States*)中,最高法院大法官约瑟夫·斯托里(Joseph Story)阐明了发现与征服之间相关联的意义以及最高法院使帝国殖民宪法化的程度。在此过程中,斯托里甚至比马歇尔走得更远,直截了当地陈明了源自两个世纪以前柯克和洛克的意识形态理论基础。斯托里写道:

> 人们并不将印第安人的权利当作财产权和主权,而只是当作占有权来对待。作为无宗教信仰者、异教徒和野蛮人,他们不允许

拥有属于绝对的、主权的和独立的国家的特权。他们徘徊徜徉的领土,他们用来临时逃亡目的(原文如此)的领土,就基督徒而言,被认为好像只是野蛮动物的栖息地而已。[12]

在根本上,最高法院的司法判例,使得二元性殖民地政治成了主要的宪法支柱。美国主张两种不同形式的主权权力。对内而言,定居者社会以摆脱"诺曼枷锁"和建立政治经济独立的名义,寻求消除所有皇家特权的残余痕迹。对外而言,这个新国家将西部看作无人的空地,并认为国会拥有依然源于皇家特权的殖民征服权利。这种二元性意味着,这个新共和国在法律上拒绝其边界永久不变,并认为定居者社会拥有领土扩张的基本权利,已完成其殖民要求。定居者并不是抛弃了帝国的自命不凡;相反,定居者把独立看作从英国的堕落中重新主张帝国地位,并再次建立殖民化与共和主义自由之间的连接。

这种重申已丧失的帝国原状的重要性,通过在《1787 年西北条例》(Northwest Ordinance of 1787)中编造定居者在西部统治的方式,得到了进一步说明。这一由大陆会议通过的条例,为如何管理最近从弗吉尼亚那里割让过来的领土提供了一个框架。除了主张皇家的帝国特权外,这一法律清楚表明,扩张将是英裔定居点的一项计划,其中美国的制度必将跟随这一旗帜前进。虽然这一条例只适用于弗吉尼亚的西北领土,但却对新获取土地的过程进行了展望,它最终成为所有领土获取和统治的基本原则。国会将直接通过任命官员来统治这些土地,直到情况变化到这样的程度,即那些地区能够起草自己的宪法并申请加入成为美国一州。结果,无论在帝国的哪里,定居者最终都将享有平等的权利,目的是将政治上的自治作为政府的最终基础,而任何缺乏这一基础的情形都只不过是临时性的安排而已。[13]

这种在根本上富于哲理性地拒绝将帝国看作一个依附性政治拥有物的场所的做法,已导致多方面的学者们得出结论,认为美国虽然是扩张主义者,但却不能被认为是一个真正的帝国。[14]这些观点没能承认的是,不同殖民地领土在宪法上的平等乃是此前事实上的殖民地现状的焦点,而这是定居者经由革命来寻求重新确认的东西。就像殖民者在独立前曾经赞同英帝国需以当地自治的定居者扩张主义——免受帝国霸权中心伦敦的干涉——为前提一样,他们现在试图确保征服与殖民二者之间总是携手并进。换言之,不需要永久性的依附性状况存在,因为原住民的移除和英裔人口的增加,将保证自由的法律和习惯在新的领土上扎根。因此,没有承认这一计划的帝国式特点乃是源于这样的观点,即只是通过内部制度棱镜来看美国定居主义。这些制度的扩散意味着帝国特权的继续,这种特权把所有的边界看作临时性的,并且拒绝原住民对定居者占有的土地拥有主权。例如,彼得·奥努夫(Peter Onuf)解释了定居者自由的内部原则是如何与殖民化的外部条件紧密联结在一起:"无疑地,条约对印第安人权利的任何承认也被理解为暂时性的,取决于将来谈判的需要,只要谈判保证土地得到最高程度的利用,以及最文明统治形式的共和主义政府最终得以建立。"[15]

因此,将这个新共和国说成是一个定居者帝国,最终的目的是要认可这样一种方式,即在其中征服乃作为美国政治的根本特点而被宪法化,以及在其中这样的征服是如何明确沿着失去的帝国现状界线进行建构的。就像其殖民先辈一样,早期的美国人将西部看作定居者的自然遗产,其目的是要保证新国家的内部自由和永久和平。地方州长、军队司令以及未来的美国总统威廉·亨利·哈里森(William Henry Harrison),在1809年对印第安纳地方议员发问时曾准确地表达了这种观点:"当上帝似乎注定要帮助大量人口生活在这个星球上最美丽的地方之一,并使其成为文明、科学和真正宗教的中心的时候,难道依然还要让它处于自然状态之中,成为少数可怜野蛮人的出没之所吗?"[16]

这并不意味着每个扩张行动都在定居者社会内部彼此达成了一致。事实上,在有关帝国所走的适当路线问题上,政治家和定居者中间经常存在极端不一致的内部意见。例如,亚历山大·汉密尔顿就强烈反对"路易斯安那购地案"——这一购买使得这个国家大约扩大了一倍,他认为定居者向辽阔的边疆分散对秩序有害,并且必定对高效的政府产生腐蚀作用。联邦党人和后来的辉格党政治家反复主张这些主题。[17]事实上,马歇尔在为征服的正当性进行辩护时的犹犹豫豫,即可以根据这些情况来理解。作为联邦党的坚定分子,就像华盛顿和亚当斯政府时期的汉密尔顿及其他人一样,马歇尔也对西部农民所施加的更多政治控制心存警惕,并将边疆地区对原住民土地的侵略看作对联邦权力的威胁。即便这个新共和国按照宪法享有帝国特权,但这并不能使所有殖民化行为具有道德正当性或政治价值。

类似地,奴隶制问题最终横亘到扩张问题之中,这导致不同地区对帝国行为产生巨大的反感,因为这些行为被认为使"奴隶的权力"得到提高。从墨西哥—美国战争到南方建立加勒比帝国盆地的努力,有关扩张路线的激烈争论预示着南方的分离。然而,关键在于有关征服观点的分歧从根本上来说是实用主义的,而非原则性的。就像罗伯特·梅(Robert May)写到的19世纪50年代那样:"南方人与北方人在获得新领土的可能性问题上依然能够达成一致,但是对于可以接受哪些外国或在新兼并领土上允许存在什么样的制度问题上,双方殊难达成一致。"[18]几乎没有人质疑源于殖民定居、并由马歇尔和斯托里阐明的那些法律和宪法理论。作为既成事实,定居者社会享有帝国特权权力,而这使得原住民主权和现有边界都成为临时性的,它们完全取决于(定居者)内部的社会需要。

结果,由于秩序、奴隶制或者边疆农民政治地位提升等问题,对帝国的批评关乎具体的审慎行动。就像梅所写的那样,反对者经常拒绝扩张,理由是时间不合适或美国应该等到像古巴这样的岛屿"瓜熟蒂落"进入美国怀抱中。[19]当然,这与欧洲帝国主义国家的经历并无二致,就具体殖民化案例是否合适的问题,它们经常面临广泛的内部异议。就像这些欧洲国家一样,实用主义的分歧并没有改变政治共同体的基本性质。通过做出决定对原住民土地进行殖民,或者扩张进入以前欧洲人的领域,就像进入路易斯安那领地那样,依据源自英国国王至高无上的特权,美国人确保了帝国乃集体生活的基本原则。[20]

原住民群体与间接统治

定居者对内的自由计划与对外的帝国特权深深地相互交织在一起,这种情况的存在经常因美国扩张的野蛮血腥而被掩盖了。移除原住民是定居者独立的前提条件的这种信念,促成了一种在很大程度上致力于抹除原住民存在的征服形式,而这种信念尤其与民粹主义版本的共和主义自由连接在一起。这种系统性地清除原住民的做法,随后留下的是因内部利用特权权力而受谴责的政治。对国内政府特权的敌意,因此掩盖了定居者生活二重性的基本特性。在某种意义上,在美国人严肃思考如何处理那些不能被简单视而不见或清除即可的原住民的时期,这种掩盖得到最明白无误的揭露。在此情况下,定居者构建了一种间接统治形式,它几乎等同于帝国统治中心伦敦为被征服民族规定其自由裁量的帝国臣民身份。

从 19 世纪 30 年代初两个有关原住民权利的案件,即切罗基民族诉佐治亚案(*Cherokee Nation v. Georgia*,1831 年)和伍斯特诉佐治亚案(*Worcester v. Georgia*,1832 年),人们可以了解这一发展。[21] 人们经常认为,马歇尔判决的这两个案子缺乏内在一致性。一位有名的评论者曾总结道:"切罗基民族诉佐治亚案强调印第安人作为依附性臣民的观点……而伍斯特诉佐治亚案则强调其作为不同主权者的独立地位。"[22] 当然,由于涉及佐治亚对切罗基领土上传教士起诉的权利,后一个案子在当时被认为是要保护原住民的权利,尽管只是部分地保护,是一个边疆定居者和官员们发现不可接受的可疑案子。虽然马歇尔的裁决阻止了佐治亚的起诉权,但是该州却拒绝释放那些传教士。而本身就反对这一裁决结果的安德鲁·杰克逊总统(Andrew Jackson)则清楚表明,既然裁决不直接针对联邦政府,那么联邦政府就不用在执行这一裁决中发挥作用。只是在佐治亚州州长决定赦免那些囚犯时,这一僵局才被打破。[23]

然而,为了完整理解这两个裁决案的意义,一方面,自己从直接的政治背景转移开来非常重要;另一方面,领会马歇尔观点也很重要,他的观点对如何最好地组织殖民地关系给出了答案,这堪与当初英国在孟加拉和加拿大的办法相媲美。马歇尔在这两个案子里遇到的问题,是如何设想将定居者社会与原住民绑在一起的纽带,尤其是当那个原住民群体献身于新教并致力于土地的农业使用时。与其他原住民群体不同,由于切罗基民族是所谓五大文明部落的成员,因此不能简单地将他们置于欧洲人有关异教徒野蛮状态的伦理框架内。这一事实与下面的这种理解一道为马歇尔的裁决提供了背景；这种理解认为，除非原住民群体被完全消灭，否则除了在美国国家领土之内为原住民群体发展出政治组织结构外，美国别无选择。

在切罗基民族诉佐治亚案中，马歇尔认为原住民美国人并不享有独立的主权而能够作为外国在美国法院起诉。与更早的裁决一致，马歇尔坚持认为原住民只具有"领土内"的临时占有权，"对这种领土，我们认为自己拥有不受原住民意志支配的权利"。就此而言，原住民社会乃是"国内的附属民族"，其相对于美国的地位来说，类似于"受监护人之于其监护人"的地位。由于这样的地位，欧洲强权任何干预定居者—原住民关系或"攫取原住民土地"的企图，"都会被大家看作对我们领土的侵略和一种公开的战争行为"。因此，切罗基人唯一能够进行补救的方法是"依赖我们的政府保护，依靠我们政府的仁慈和权力，恳求我们的政府为其贫穷提供救济，称呼总统为其伟大的父亲"[24]。但是，如果原住民群体是美国的帝国臣民，那么是什么责任将这两个不同的社会绑定在一起呢？在某种重要程度上，这个新共和国发现，自己面临类似于1763年之后英国所面临的困境：将帝国权力与非英裔臣民连接在一起的组织框架是什么？

在伍斯特诉佐治亚案中，马歇尔的回应是宣称原住民群体只享有半主权地位，这种地位只受限于更重要的联邦主权、而非各州权力。根据最高法院的裁决："人们总是将那些印第安人民族视为不同而独立的政治共同体。始自洪荒之年，他们是这片土地毫无争议的拥有者。唯一的例外是由（一股）不可抗拒的力量强加给他们的，这股力量宣称自己乃沿海具体地区最初的发现者，（以至于他们只能与之互动来往）。"[25]通过这样的方法，即一方面允许原住民拥有被削弱的主权，另一方面又宣称原住民是这个国家的被监护对象，马歇尔在二者之间达成了殖民历史上常见的那种平衡。他设想出了这样一种安排，它既能够维护定居者对原住民土地的有效控制，又能够拒绝承认原住民享有定居者成员具有的权利。这种裁决完全是另一种名称的间接统治，暴露了如此殖民实践的黑暗面。通过宣称原住民群体享有组织其自身制度的主权能力，马歇尔消除了连接定居者行动和原住民内部生活的契约责任。然而与此同时,通过把原住民群体最终看作美国联邦权力的从属者,马歇尔确保那些原住民社会总是面临帝国状态中无限的强制性权力,这种权力每时每刻都可能涉及对他们的移除活动。乍看起来,这可能显得有点怪异,定居者对英国帝国中心如此发展下去持如此排斥立场,却催生出了类似的制度。然而人们应该记得,英裔殖民者并非不喜欢间接统治这一概念本身;相反,在日益全球性的英帝国中,他们反对的乃是这一概念似乎平等地适用于所有臣民,无论是英裔还是其他人。对于美国革命的那些定居者来说,这样的"分权专制主义"[26]形式,只适用那些排除在社会成员资格之外的非定居者群体。

最终,马歇尔对切罗基人的裁决并没有即刻执行,因为正是对原住民社会存在的敌意导致了杰克逊(总统)制造的(印第安人)"血泪之路",其中美国联邦政府强行将 1.5 万原住民迁移到密西西比河以西的地方,结果沿途有大约 4 千人丧命。[27] 然而,这并非标志间接统治的终结,只要原住民移除不是有吸引力的可行选择,间接统治就会再次出现。结果,马歇尔所确立的是定居者应如何控制从属群体的宪政原则。这一原则既强调文化上的分离,又强调帝国的自由裁量权,从而预示着这些实践终将在非洲和亚洲成为普遍现象,这在阿非利卡人社会中的班图斯坦人(Bantustans)身上得到了最突出的体现。在这样做的时候,马歇尔有关切罗基人地位的两种观点被看成完全统一的一个整体,他的这两种观点提供了这样一个时机,其中美国政治和宪法生活的结构二元性显得极为明显。一方面,逐出原住民的行为已可能是最独断的形式,因为这个新共和国可以行使其帝国特权;另一方面,恰恰是通过扩张定居者社会并将其内部制度扩展到原住民土地上的那种行为,最终消除了原住民对主权权利主张的原始证据。通过摆脱日常帝国统治的凌乱现实,不断壮大的定居者社会可以把自己想象为一个"自由的帝国"[28]。

自由移民与帝国臣民法律上的阶层化

因此,除了殖民地的抹除逻辑之外,这样的基本规则支配定居者与被排除在外群体之间的关系,强调英帝国与独立的定居者帝国之间在根本上存在法律的连续性。这一规则使非定居者处于被征服的帝国臣民地位,因而他们适于通过不变的前政治权力形式来加以统治。进而言之,就像柯克拼凑起来的帝国框架观点一样,按照一系列相互交叠的等级制,这样的权力使非定居者阶层形成。这些等级制为每一个共同体提供了鲜明的治理结构和权利水平,它们取决于共同体内部的经济需要和政治秩序规定。这意味着,虽然自由的黑人和美国西南的墨西哥人甚至可以被授予正式公民身份,但与此同时却被拒绝享有那些有意义的特权——它们与完全被接纳连在一起。

或许令人吃惊的是,这些特权却被给予了新来的欧洲移民,无论其正式的国籍如何。至于那些殖民地的旧做法,一方面是为被排除在外的人口准备的阶层化臣民身份,另一方面是专为欧洲新来者逐渐形成的快速吸收系统,欧洲新来者被视为可被同化的人口。这种差别对待突显了帝国自由裁量的权力形式。这种权力既是强加给外部人身上的,也对作为定居者而被吸收进去群体的社会成员资格含义产生影响。美国不仅坚持更早期的鼓励外来移民做法,而且对这些做法进行扩展,以便为新欧洲人创建一个相当具有包容性的社会。正如元村博(Hiroshi Motomura)在其有关"意向性公民身份"的观点中表明的那样,即便是在成为正式公民之前,那些外来移民就被吸收到自治和扩张的共和主义计划之中,而这种吸收方式在旧大陆是不可想象的。[29]要记得,在欧洲的治国模式中,外国人与国民之间在法律上的区别是首要的。按照柯克的观点,为保护君主的统治,人们必须对外国人的权利施以严格限制。外国人拥有广泛权利将颠覆国王的统治,并允许其他主权者渗入国家体制之中。然而在美国,相较于人们是否拥有合适的、被同化进入定居者社会的族裔和文化背景,欧洲君主对外国人与本国国民的区别远没有那么重要。

结果,一个人是否是正式的公民并不必然与其实际的社会身份或者我所称的自由公民身份相关。自由公民享有共和主义自由的一切先决条件,包括完全的土地拥有权和政治参与权(例如通过选举权)。随着19世纪的前行,一个欧洲的"外国人"经常能够像自由公民一样在美国生活,甚至是在其归化之前就可以。而像非洲奴隶黑人这样的臣民群体虽然被正式规定为公民,但是在法律上却被拒绝享有自治的基本条件。在根本上,自由公民身份是在族裔基础上延伸的,以便共同参与定居者的扩张计划。而被殖民群体即便在法律上享有"公民"地位,却是通过永久的帝国臣民身份模式被组织起来的。

对外来移民的包容性在美国新的简易归化程序中体现得最为明显。根据在19世纪大部分时间里依然有效的《1802年移民归化法案》(the 1802 Naturalization Act),为了获得正式的公民身份,外国人只需要在这个国家住上五年,在被允许拥有公民身份的至少三年之前(但在居住后的任何时间),宣称他们有意愿被归化,向美国联邦宪法宣誓效忠,并最低程度地证明自己善良的品格。关键在于,只有"自由的白人"才适用于这一程序,这是1790年第一个归化法所确立的条款,并在内战结束前一直有效。[30]但在得到正式允许成为公民之前,许多依然还是外国人的外来移民却享有强调其在定居者社会中具有完全地位的政治经济特权。例如,曾宣称有意愿归化的欧洲外国人,有资格得到西部的土地财产转让,如针对在俄勒冈领地定居的1850年《俄勒冈捐赠土地法》(the Oregon Donation Land Act),以及涉及内容更多的《1862年田产法》(1862 Homestead Act)。[31]

在整个19世纪,非公民的欧洲人在许多州拥有投票权,尤其是在边疆地区。在独立后的岁月里,美国国会明确将欧洲外国人包括到西北领地的投票成员之中。[32]佛蒙特州的第一部宪法提供了外国人的归化和参政,而弗吉尼亚则通过法令制定了类似政策。在批准殖民地的做法时,宾夕法尼亚也遵循了这一请求,尽管它增加了两年居住期的要求。[33]虽然这些努力在19世纪最初的几十年里有所减缓,但随着19世纪40年代和19世纪50年代期间西部扩张新阶段的来临,这些努力又得到了迅速加强。1840年,伊利诺伊最高法院主张该州宪法给予"通过居所已认同其利益和市民情感的那些人选举权……尽管他们可能既不是本地人,也不是已被接受的公民"[34]。1848年,威斯康星州通过的选举法赋予外来移民投票权,这些移民在归化过程中声称有成为公民的意愿。出乎意外,无论外来移民是否实际上完成了归化程序,这一权利都继续维持下去。在接下来的十年时间里,堪萨斯、明尼苏达、俄勒冈和密执安都采用了类似的外国人选举法;内战之后,南方和西部有额外超过 12 个州遵循了同样的路径。[35]尤其在边疆地区,最早出现在殖民时期的外国人投票成为了惯例。

驱使向欧洲外来移民开放的基本理由,与曾经长期在殖民地起作用的理由如出一辙。如果经济独立和作为自治的自由的共和主义目标使领土扩张成为必要,那么他们也需要足够的人去耕种土地和参与到征服计划之中。再者,作为以族裔来界定的定居者社会,并非所有外来移民都一律受到欢迎;唯有那些被认为在文化上可被同化的人,并因此有希望参与到定居活动中的人才会受到欢迎。但是在很长时期里,这种驱动力聚焦于领土增加和经济增长的需求,逐渐缓解了这样一种想法,即谁被算作潜在的自由定居者公民,因为这是一个因对所有"白人自由人"不断提供归化而得到加强的事实。

最引人注目的是,这些人口统计和物质上的利益意味着,甚至连天主教徒也逐渐被认为能够拥有具特权的成员身份,尽管这是在经过英裔新教制度和自由监护下的适当时期之后实行的。这一发展部分受到一些简单事实的影响,即这些天主教群体是从欧洲移民到美国的。在1846 年至 1855 年期间,这个国家 3 031 339 人当中的 2 265 018 人、即超过 70% 的新来者要么是爱尔兰人,要么是德国人,他们之中的大部分人都不是新教徒。就像在本章稍后将要讨论的那样,天主教外来移民,其中尤其是爱尔兰人,遭遇到各式各样正式和非正式的歧视,特别是在工作场所。事实上,边疆各州允许外国人投票的更大倾向,是出于他们具体的人口需要,以及走向西部的绝大多数外来移民都是德国人这一事实。英国定居者把这些德国人看作条顿人,而条顿人正是盎格鲁-撒克逊人的祖先。相反,爱尔兰外来移民倾向于聚居在人口本已密集的美国东部城市,因此这些移民成为英裔关注的焦点,他们担心定居者社会以及与之相伴的共和主义自由在文化上遭到破坏。尤其在经济低迷时,这些担心害怕产生了对天主教群体的激烈反应,并带来对定居者身份更多的排他性规定。尽管如此,随着 19 世纪的消逝,对新外来移民的迫切需求意味着对于自由公民身份而言,一个人作为白人的地位比外来移民是否是英国人甚或清教徒更加重要。[36]

这一背景因此产生了一种极端的情形,其中美国的海岸对来自外国的欧洲人来说与其说是关闭的边界,毋宁说是进入的港口。虽然存在排他性外来移民法律(主要在州一级),但这些法律主要是由于对有关传染病等公共卫生的关注,或者为了防止穷人上岸而制定的;作为普遍性措施的一部分,后者主要吸取自限制贫穷人口迁移的英国法律。结果,各州确立法规以保持与共和主义对依附性穷人的关注步调一致;在其中,外国船只被要求为乘客缴税,或提供协定以保证他们不会成为靠公费维持生活的人。而有些州和地方政府对"穷人"则采取清除出国或清除出州的做法,无论这些"穷人"是外来移民还是其他什么人,因为他们在经济上肯定不受欢迎。但在美国内战之前的整个时期以及美国内战之后的最初 20 年里,美国联邦政府对外来移民的驱逐并未发生。就像杰拉德·纽曼(Gerald Neuman)告诉我们的那样,甚至在州一级许多地方移除规定都并未执行。虽然在 19 世纪初偶尔发生这样的移除执行行动,例如在长期以来反移民观点中心的纽约或马萨诸塞州;但是,久而久之,发展倾向是用穷人贫民院代替移除活动。因此,由于进入美国很受欢迎的前提,以及个人进入美国后有能力留在美国并对参与美国政治生活基本上没有问题这一事实,因而虽然法律上边界开放的神话可能从未完全存在,但对欧洲外来移民来说,现实却与这一神话很接近。[37]

虽然鼓励向西部移民的期望可能变大了,因为这些移民被看作共和主义定居者,并且对欧洲人形成了事实上的开放边界,但是它却与帝国特权权力对非定居者的侵犯沆瀣一气。如果说大多数欧洲移民稳定融入定居者生活之中并享有完全迁移自由而免受驱逐的话,那么帝国臣民并未从类似的特权中受益。正如更早描述的那样,像切罗基民族那样的印第安人部落面临大规模的迁移和驱逐。由美国国会于 1793 年通过并在 1850 年再次获得通过的逃亡奴隶法律,创设了(最小程度司法监督下的)行政审判,以强制性地把奴隶归还其主人。[38]至于非奴隶身份或自由的黑人,尽管他们是正式公民,但是也面临迁移方面的大量限制。蓄奴州一般禁止自由身份的黑人进入,如果他们并非既有居民的话。[39]至于西部新开垦的土地印第安纳、伊利诺伊、衣阿华和俄勒冈,则完全禁止黑人人口进入。[40]

在新出现的框架下,刚到达的移民(即便是在归化之前)比那些在美国有着悠久历史的团体享有更大特权。身份自由的黑人不仅被拒绝进入一些边疆州,而且被明确禁止通过西部的政府土地赠与要求获得财产。如果边疆被认为是国家保留给所有社会成员的利益,包括非公民身份的欧洲人,那么联邦法律却拒绝黑人进入公共领域,从而拒绝他们获得经济上的独立和共和主义地位。换言之,那些在美国土地上世代生活的正式公民,实际权利却比可能最近刚到这个国家的外国移民要更少。墨西哥—美国战争之后,对西部墨西哥人的处置有力地凸显了定居者社会的这一特点。由于通过《瓜达卢佩-伊达尔戈条约》(Treaty of Guadalupe-Hidalgo)兼并了大片土地,8万墨西哥人发现自己成了美国国会权力控制下的臣民。根据条约,那些选择在被兼并土地上留下的人被赋予正式公民地位,以及财产权和选举权。[41] 然而,就像理查德·格里斯沃尔德·德尔·卡斯蒂略(Richard Griswold del Castillo)所写的那样,虽然这一条约的墨西哥支持者认为,这些新的美国公民权利将受到尊重,"但他们错了:美国地方、州和中央各级的法院后来裁决,条约中的条款可由地方法律取代"[42]。加利福尼亚的第一部州宪法拒绝了大多数墨西哥人的投票权,并规定只有墨西哥白人才有投票权。[43]

此外,美国国会的《1851年加利福尼亚土地定居法》(1851 California Land Settlement Act)迫使墨西哥人在法庭证明其土地权利。由于许多人并没有正式的房地契或没有资金手段来进行长期诉讼,因此他们要么被剥夺其土地,要么被迫卖出其土地。结果是大部分墨西哥人的土地持有无效,并将土地转手给白人定居者、移民和本地出生的人。[44] 与把非洲人进口到新世界类似,通过在白人中间扩大土地所有权以及提供依附性的非白人契约佣工农民劳力,这样的土地转手加强了定居者内部的平等主义。因此,就像自由的黑人一样,正式的公民身份并没有给墨西哥人带来共和主义包容。就像印第安人部落一样,这一法案虽然使他们合法,但他们却在政治上和经济上成了这片自己长期拥有土地的局外人。而与此同时,这一法案向那些与这片土地没有关联并且与美国也只有有限关联的新移民提供广泛权利和大量机会。

在本质上，奴隶、印第安人、身份自由的黑人以及墨西哥人，都被主张是源自皇家自由裁量特权权力下的臣民。而这被认为并不适用于身份自由的定居者，无论他们是移民还是本土出生者。这种特权权力将每个从属团体贬低到了帝国臣民的地位。他们的权利被细心地根据定居者的经济利益和维持其控制的必要性，来使之与其关联和阶层化。对于奴隶来说，这些要求导致否定任何对其有意义的保护。至于身份自由的黑人和非白人墨西哥人，这样的群体虽然享有正式公民身份，但是却被排除在对共和主义自由来说至关重要的政治经济条件之外。而关于印第安人部落，间接统治虽然限制联邦对其福利承担责任，但确保定居者拥有极为重要的权力，以索取原住民土地或在必要时对部落制度进行改造。

除了阐明这一身份自由的公民与阶层化臣民之间的基本结构性差异之外，新到来的欧洲人在集体生活中的地位，也有助于解释美国经历中这两种根本身份之间的实质性联系：作为一个定居者国家的美国与作为一个移民国家的美国。与此相反的分类并不存在。而美国历史上的定居者时期，正是移民开放和移民享有广泛权利的全盛时期。事实上，定居者社会的成长和发展，根本有赖于持续提供来自国外的欧洲人。就像我在后续各章中回到这一主题时那样，对移民的限制措施以及与之相伴的现代移民政策，只是随着开拓边疆的结束和定居者帝国的终结才出现的。在这些发展势态之前，共和主义在经济独立上的利益与定居者和移民身份交缠在一起，并形成了一个特点鲜明的政治共同体。这是一个既坚持自由公民身份承诺，又容忍帝国控制幽灵存在的政治共同体。

革命政治与民粹主义的替代品

如果这个新共和国致力于重申过去的殖民地地位，那么这些问题就依然存在，即共和国为谁的利益服务、何种共和主义自由形式将会是这一政治共同体的特征。美国革命的直接后果是,经由这一历程的殖民地生活的等级制特点面临来自下层的紧张压力。由于需要保护英裔—新教徒定居者的社会地位不受集权化英帝国的危险威胁,这使得商人和土地乡绅阶层在军事和政治上依赖小农场主。在这样的背景下,罗伯特·维布(Robert Wiebe)写道:18 世纪 70 年代和 80 年代的鲜明特点是政治控制的分散,并形成了"众多政府和准政府的小政治单位,它们蜂拥而上填补英国权力留下的真空,(并)像他们曾抵制英国人那样,坚定地抵制那些来自爱国主义的重要都市(patriot capitals)的影响力。"这样的权力分散如果与此前边缘化的定居者在社会上的出现联系在一起,就意味着 18 世纪 80 年代期间的政治是以令人印象深刻的民众参与和作出反应的程度为特点的,其途径是选举、请愿、抗议乃至公开叛乱。[45]

紧随定居者反叛之后,小农场主、技工和西部农民发现自己受到共和主义话语和民粹政治解放潜力的鼓励。他们想象,如果与领土扩张结合在一起建立一套新的国内制度,将提高劳动者的社会地位,并促进参与式民主的发展。这种对自由的民粹主义叙述与殖民地精英所理解的共和主义基本信条相抵触,尤其是这种叙述所强调的政府平衡和领导德行。正如像威廉·曼宁那样的平权论小册子作者所阐明的那样,作为自治的自由是以促进劳动集体的共同利益为基础、并以保证普通定居者能够维护持续有力的公共权力为基础。虽然这种梦想最终并没有在持久的制度形式上取得效果,但它提供了一种集体可能性的基本框架,这种框架构成了 19 世纪政治斗争的内容。

民粹权力的兴起与完整主权

这种民粹参与进来的政治不仅会产生更大程度的定居者包容性。它恰恰改变了政治的内容,并塑造了被认为是合法取代殖民统治的政府形式。州议会明显对乡村农民(以及在更加一般意义上的穷人)的利益持同情立场,并经常以减轻负债人负担的名义逐渐削弱债权人的土地权地位。例如,早期的州议会倾向于通过可付还的纸币而非硬通货贷款,来给美国革命战争提供资金,甚至更喜欢对纸币贬值来提高税收,以便支付过期债务。除此还有范围更广的债务减轻措施,即没收或重新分配亲英分子的土地,限制债权人的权利主张,或减少诉讼成本。这些实践做法强调民众的信念,即政府有责任帮助经济上困苦的公民。[46]

或许同样关键的是,这些实践做法也是一种新出现观点的组成内容,即立法行动并非仅仅是令人遗憾而必要的措施,而是因为社会对政府的积极利用本身就是自由的基本要素。为了使所有人享有共和主义自由,普通定居者必须拥有公共权力,这种权力能够持续地颁布民间法(popular laws),这些法律保证土地所有权和经济效率。人们发现,这一理念在美国革命时期各州制定的宪法中得到了表达。这些州宪法建立了强有力的多数主义政府,其中由平等代表权形成的议会在制度上获得了最高权力。这样的权力源于这样一种信念,即政府基本上是一个集体行使公共权力的场所,人民意志与被执行的议会法律之间存在着统一性。在罗伯特·帕尔默(Robert Palmer)写到宾夕法尼亚宪法时,工匠和小农场主把美国革命的主要理性内容看作这样一种信念,即经济独立和"一个共和主义形式的政府"要求完整的主权权力,而地方性和多数主义制度机构"被建立起来了,以维持一种人民与其议会代表之间的身份认同"[47]。

这些州宪法追随大量州权利宣言在知识上的榜样,权利宣言赞同公民固有的集体能力,以指导政府提供社会之所需。宾夕法尼亚、马里兰、北卡罗来纳和佐治亚全都使用了类似于《特拉华权利宣言》(Delaware's Declaration of Rights)的构想,该宣言认为:"本州的人民拥有唯一的排他性固有权利,来控制和管理内部的同类监督。"[48]进而言之,由这样的宣言所列举的人民权利,被认为对完整的主权架构至关重要。这些宪法上的自由内容不是对多数主义统治进行制衡,而是充当立法行动的"原则",目的是引导公共权力致力于对社会利益进行立法。[49]

在追求这种政府的梦想、这种自由与人民权力之间关系的梦想时,此前边缘化的那些定居者突破了许多殖民地精英引人注目的设想。尤其是小农场主和市民,他们拒绝多数主义统治的谨小慎微,这种统治经常是以乡绅名流对共和主义自由的描述为特点,部分源于有关政治卓越性的古典思想。就像克里斯托弗·拉什(Christopher Lasch)评论的那样,在这种相互矛盾的共和主义传统下,"美德意味着人的能力和实力得到最完全的发展。(它)谴责致力于追求财富和私人舒适的生活,不是因为这样做是自私的,而是因为这样做没有给个人取得出色成就的雄心提供足够余地"。于是,参与政治既是通过亚里士多德式统治和被统治经验而进行的美德教育,也是呈现美德教育的基本场所。这种聚焦于通过公共领域中的行动取得卓越的做法,导致对物质方面自利根深蒂固的怀疑。"共和主义谴责利己主义,因为利己主义诱惑人们看重卓越带来的外在回报胜于卓越本身,或者使支配特定实践的规则,对人们自己的眼前利益俯首帖耳。"结果,社会的大多数成员被认为太过于依赖经济需求——因而太过于与物质自利心心相扣,以至于不能以卓越之名、而是以个人的好处来行使权力。[50]

这种对美德的叙述因此不可避免地使得治国本领与大众隔绝开来,并将决策放到由选举产生的上层社会手中,这些人被选择是基于其性格而非相似的阶级。就像罗伯特·韦伯所写的那样,这样的理想也必定建立"个人化风格的政府",故而将有道德的领导看作集体安宁的关键,因为如果没有美德,甚至最好的政府制度也将被毁灭。[51]然而,对于受到美国革命激励的小农场主和市民来说,害怕人民对政治的控制将摒弃美德,二者之间几乎没有什么关系。就像州宪法和西部叛乱所证明的那样,行使公共权力的目标无疑是要使政府完成社会"部分的"或"自私的"经济需求。事实上,通过干预大多数人的物质利益,这种古典美德思想被看作一种方法途径,富有的精英由此不仅损害了民众权威,而且损害了所有定居者享有经济自治的可能性。在贬低这种个人化的卓越对政治生活重要性的时候,新的自耕农政治因而也贬低了领导才能,尤其贬低了那些曾经规定殖民地生活恭敬顺从的权力模式。对自耕农农民来说,政府并不是通过具体代表的特殊品质、而是通过其不断保持与公众利益一致来保持合法性的。

如果被新授予权力的定居者对政治美德感到烦恼,那么他们也质疑制度平衡的重要性、质疑主权分裂的信念。共和主义传统首要关心的乃是一个政权蜕化为暴政的过程。例如,亚里士多德(Aristotle)基于政权是否将权力托付于个人、少数人或许多人来对其进行归类,而每种形式的政权都包含可能的腐败根源。就像克里斯托弗·拉什说明的那样,亚里士多德传统把政治建设目标看作"设计出某种平衡原则,从而将每种政权形式的优点结合起来,并废弃那些使之呈现压迫性的特点"[52]。最终的结果是混合型政权,它通过制度环境而对主权进行区分,形成一个致力于作为自治的自由的政府。

就像立法至上的自耕农捍卫者一样,这种共和主义叙述也认为,如果正确理解的话,法律是由自由构成的。然而,就像菲利普·佩蒂特主张的那样,"只要他们尊重人民的共同利益和思想,并符合理想法律的形象;只要他们不是任何个人或任何团体专断意志的工具"[53],这种共和主义叙述就会把法律看作对自由的解放。换言之,在社会内部代表小集团的个人、某些人以及许多人,其利益并不能等同于公益。因此,真正的法律必须源于制衡过程,它会制衡部分团体企图武断地将其意志强加到集体身上。

费希尔·埃姆斯(Fisher Ames)的儿子在阐明其作为主要联邦主义者的父亲的政治哲学时,强调了这些作为自由的法律的不同版本间的基本差异,从而强调了许多小农场主与殖民地精英之间的差异。对埃姆斯来说,共和政体决不能是一种简单的民主,因为严格意义上的多数主义强制实行阶级统治,而非根据公益来统治:

> (费希尔·埃姆斯)明白,许多人把共和政体与民主相混淆……按照他的信条,共和政体乃是民选政府结构,其中的行政当局必须要求自身把普遍的善,作为其所有措施的追求目标;民主则是其中的人民激情成为统治者的指南,而这种激情独立于公益之外。[54]

相比之下,对于寻求政治权力、新得到授权的定居者来说,恰恰是立法至上确立了公益。这是因为公益——被理解为所有定居者享有经济独立和生产控制,与许多人的利益并无差别。立法的至尊地位存在对自由构成唯一有实质意义的威胁，是当立法机构不受普通公民权力控制的时候，无论是经由疏远的方式还是不平等的代表形式。只要政府基本上是地方性的、权力分散的、以平等为基础的，而社会将可以行使充满活力的公共权力，那么制衡就是没必要的。

从根本上说，在美国革命及其随后的岁月里，自耕农农民和市民发现自己描绘的是一种小地产主的民主，这种民主既排斥依附性的雇员和穷人阶级，又排斥"不事生产的"资本家阶级。按照这种观点，唯有当政治以促进民治被组织起来，并围绕地方性的、权力分散的立法至上地位来进行安排，真正的共和主义自由才将得以确保。在这样的条件下，公共权力能够产生经济独立，并消除任何定居者屈从于他人武断意志的要求。

托马斯·潘恩、威廉·曼宁以及生产者的民主

美国革命期间，在描绘这种民粹主义的自由变体时，托马斯·潘恩对小农场主、小店主和工匠事业的支持或许无出其右者。潘恩的《常识》（*Common Sense*）赞扬普通人进行自我管理的能力，并被广泛认为帮助确保美国革命得到更贫穷定居者的支持。伍迪·霍尔顿（Woody Holton）写到这本小册子在弗吉尼亚产生的影响时指出："它（小册子）导致数以千计的农场主冒险进行独立，将其作为通往在弗吉尼亚政府内拥有更大发言权的桥梁。"总的来说，潘恩几乎不关心制衡或多数人暴政威胁的问题。在《人的权利》（*The Rights of Man*）中，他认为与更纯粹的民主政府相比，混合型政府事实上更容易腐败。恰恰是通过使政治隔绝于公众、使共同体难以在任何具体机构中落实责任，这样的政权才削弱了民众义务。"在混合型政府中不存在责任：部分之间相互掩盖，直至丧失责任；而使核心组织得以运转的腐败，同时在图谋自己的逃脱。"[55]

潘恩还认为，个人只应积累自己劳动所产生的个人财产量，并认为政府有责任确保富人地产增加不会剥夺那些穷人的"自然继承权"。在《土地公平》（*Agrarian Justice*）中，他号召成立一个资金由继承税融资的全国基金，该基金给全体公民提供15英镑直到成人阶段，无论男女，

并给年老者提供 10 英镑年金津贴。虽然这本小册子本身是对法国发生事件的回应,并且直接针对"法兰西共和国的立法和行政理事会",但是潘恩在作者题词中清楚地表明,"本作品中的计划不只单单适用于任何特定国家,其所依据的原则是普遍性的"。他希望每个政府符合作为自治的自由梦想,不只是努力地消除贫困,而是确保所有人都能够完全享有经济独立并作为生产阶级的成员生活。潘恩不是要形成个人对国家善行仁慈的依赖,因为这样的话个人依然是不自由的,而是将他的国家基金看作帮助消除经济奴役和贫困的手段:

> 当一对年轻人开始其生活时,身无分文或每人拥有 15 英镑,二者之间有着天壤之别。有了这一资助,他们可以买牛买农具耕耘数亩田地;帮他们成为有用和有益的公民,而非成为社会负担。而情形通常就是如此,因为生儿容易养儿难。

因此,在捍卫建立在由生产者控制的经济和政治基础上的商业社会时,潘恩明确表达了立法至上和充满活力的政府,是如何为有意义的共和主义自由奠定基础的。[56]

然而,虽然潘恩的民粹主义与美国革命时期发生的政治之间存在密切关系,但是它们之间却存在一个重要差别。潘恩虽然赞成政府保护那些不甚富裕者经济利益的行为,但是他只是将其视为矫正行为而已。对他来说,政府基本上起到的是消极功能,目的是限制那些不事生产的富有精英的社会权力。潘恩在《常识》一书开篇写道:"社会因人们的需要而产生,政府因人们的邪恶而形成;前者因黏合我们的情爱而积极促进我们的幸福,后者因限制我们的罪恶而消极促进我们的幸福。"在某种程度上,由于由小地产者组成的商业社会能够为所有人提供其所需,因此对政府的需求消失了。在《人的权利》中,潘恩再一次重复了自我规制的主题和废除政治的希望:"文明越是臻于完美,政府就越是机会渺茫,因为文明会更多规制其自身事务并管理好自己本身。"[57]

相反,革命政治产生了这样一种政府叙述,即把社会通过民间法持续行使公共权力的行为,看作自由永久的基本要素。对于充满活力的政府的这样一种捍卫，我们必须转向一位美国农人，他的写作生动地表达了这种新的民粹主义想象力。威廉·曼宁是个农夫，也是戈登·伍德所称的地位中等的"小商人"[58]，他生活在马萨诸塞州的比尔里卡镇，直到 1814 年在那儿过世。在 18 世纪 90 年代末，他写了一本名为《自由之钥匙》(*The Key of Libberty*)的小册子。在该小册子的早期版本中，他专注于"所有美国的农民、技工和劳工，以及所有那些其他以自由和自由政府为友的人"。曼宁基本上是自学成才，虽然他承认自己"并非拼写、语法和写作技艺的能手"，但是他希望自己的思想能够促进美国的自由事业。虽然小册子在他的有生之年没能出版，并被许多民主—共和党报纸拒绝，但是曼宁的小册子《自由之钥匙》为正在出现的民粹主义梦想提供了强有力的洞见。使得这一文本如此独特之处在于这样一个事实，即大多数工匠、农夫和店主，更不用说真正的农村穷人，其接受教育的方式有限，并且几乎根本不能用书写方式表达他们的政治观点，更不用说以这样清楚而深刻的方式来表达。进而言之，恰恰是曼宁不能在杰斐逊派报刊上发表他的小册子，意味着他的这些观点虽然在小地主中间流行，却依然为占支配地位的共和主义意识形态范式所回避。它也突出显示了这样两个事实：其一，紧随美国革命时代的结束，是退回到更加等级制的做法；其二，如果一个人不是掌握语法的"能手"，其所能够进行政治上发声的空间就会缩减。[59]

就像潘恩一样，曼宁也把自己看作在捍卫生产者的民主，这种民主致力于消除经济上的依附，并坚定地以立法享有至上地位的政府为基础。与潘恩不同，曼宁拒绝以下这样的观念，即商业社会最终能够自我规制，政府活动要最小化。曼宁对需要一个长期强有力的政治权威进行辩护，因为他相信，从根本上来说，少数人与多数人之间的利益是相冲突的。按照曼宁的观点，所有各种社会内的基本分歧，是多数个体与被选定的少数人——地主乡绅、商人和律师——之间的分歧。前者的强迫劳役乃是"所有财富的唯一来源"，而后者的财富允许他们坐享其成。[60]

曼宁认为，无论其阶级背景如何，人们不能指望个体合乎道德而非出于一己私利行事。幸运的是，当人们被组织起来集体思考的时候，许多人的自利就等同于公益,因为许多人寻求那种在其中所有成员都能够享有经济独立并控制其自身劳动产品的条件。相反,少数人的自利则不可避免是压迫性的。对曼宁来说,既然这些精英以他人的劳动为生,那么他们就在根本上致力于捍卫不平等和社会等级制,而且尤其要保护有闲阶级与永远是大多数的依附性雇工之间存在的差异。这样的利益导致富人推翻商业制度,以垄断财产并使大多数定居者沦为租佃、赚取工资和受奴役的地位。曼宁将这一不可调和的阶级冲突描述为"少数人与多数人之间的大混战"。他认为由于这种"混战",政府的存在是必须的、是集体生活的永久特性。劳工唯有利用国家权力来抗衡富有精英经济上的自私自利,社会的"幸福"才能够得以维持。曼宁把这样的幸福界定为"享受其自身的劳动商品;感到其生活、(公民及宗教)自由以及财产都是安全的;人们所拥有的财物既不能太过于充足,更不能穷尽奢华、无可匹敌,因为这会导致一种使他人悲惨的趋势"。在如此构想下,政府必须总是强有力的,因为经济独立的共有目标受到不事生产、贪得无厌的精英们的持续威胁。[61]

同样重要的是,通过行使公共权力,普通定居者参与到民主自治的自由之中,并表达其自身的政治独立性。换言之,政治不仅是自由的前提,而且是自由得以展现的核心场所。因此,曼宁拒绝消除政治或建立一个自我规制的商业社会的希望,同时也认为由多数主义政府所施行的民间法是由自由构成的。这种对完整主权和立法至上的捍卫,意味着三权分立的制衡不过是富有精英削弱劳动者政治经济独立的企图而已。曼宁写道:"自由的政府乃是法律构建的政府,这些法律是由全体人民的大多数自由赞同而制定的",而这样的自由政府"通常因有利于少数人利益的司法权和行政权的共同作用受到摧毁"。[62]

通过将新出现的、坚信立法权至上和民间法制定乃自由基础的民粹主义这些中心线索归结到一起,曼宁号召建立"劳工协会"(Society of Laborers),以抗击由富人创建的那些组织,它们的形式有法官和律师协会、制造业协会以及辛辛那提协会。这一劳工协会将努力宣传有关劳工利益的知识,并动员普通定居者坚持他们的权利。因此,这一协会将以基础制度形式而存在,以经由政府来制衡少数人的行为并促进公众的幸福。[63]

就像迈克尔·梅里尔（Michael Merrill）和肖恩·威伦茨（Sean Wilentz）表明的那样,曼宁的劳工协会引人注目,因为其坚信协会的有益影响,因为它被许多共和党人认为是"有偏见的"和贪腐的,也因为它预示着19世纪工会和政党的出现。[64]然而,如果要完全理解曼宁思想的特性,人们必须精确地指出劳工协会与那些人们更熟悉的形式之间的区别。与工会不同,劳工协会主要关心的,并不是特定群体工人或工匠在遭遇雇佣关系的问题时对其利益进行捍卫。与政党不同,劳工协会并不是围绕将其成员选举担任公职的目标而组织起来。相反,曼宁寻求这样一种方式,通过这种方式作为整体的劳工群体将总是能够行使公共权力。他在寻求一种方式,以使多数人构成一个置身政府身后的政府,这样就能够维持人民与立法机构之间真正的一致。曼宁相信,致力于政治干预和知识扩展的劳工协会将履行这一职责。

甚至更引人注目的是,他认为这一协会有助于解释有关德行在自治叙述内的适合位置,如果存在这种德行的话。这使人想起,对于像费希尔·埃姆斯那样的精英共和主义者来说,德行是被选择到的少数人才拥有,其学识和卓越使之有能力进行实际的决策。相反,曼宁认为通过像劳工协会这样的机制,所有定居者都能学会集体生活的基本条件和社会改进的最佳途径。换言之,教育和德行在社会内部都不需要成为排除任何群体的领域;相反,教育和德行都可以被民主化,并能够广泛地为人们获得。根据这一叙述,人们并不是将德行理解为卓越的高超治国术或政治领导力,而是理解为生产者全面意识到自身利益以及如何实现这些利益目标。因此,自利和德行并不代表社会的冲突性倾向;相反,这些倾向可以通过民主知识和大众行动而被结合起来。在某种意义上,曼宁的劳工协会是新民粹主义伦理的结晶,这是一种把民主文化想象成提升劳动共同体地位并实现共和主义自由独立理想的伦理。[65]

民粹主义想象中的劳工和帝国

通过吸取本地主义和卢梭的思想传统,虽然民粹主义予人印象深

刻地提出了对共和主义自由进行再造,但人们仍然应该强调这一叙述
与帝国现状是多么紧密相连。事实上,这些观点既起到了巩固定居者
优势地位的作用,又起到了将英裔公民与边缘化群体严厉地分割开来
的作用,从而使得竭力对印第安人没收剥夺的行为正当化。就像在前
文表明的那样,由于核心内容是把大范围地产扩散作为公益,因此新出
现的民粹主义甚至更加聚焦于对扩张的需要。从谢司起义到边疆关
闭,在那些折磨美国西部的主要不满中,是不能获得土地和对乡村租佃
的恐惧。事实上,在消解边疆地区对沿海权力怀有的强烈敌意方面,
1794 年的鹿寨战役(the Battle of Fallen Timbers)或许是起到作用最
大的单一因素,这一战役结束了原住民对俄亥俄乡村地区的控制,并使
之对英裔定居点开放。就像弗雷德雷克·杰克逊·特纳的著名论述,
除土地自由和经济独立可能性之外,边疆地区提供了不受精英和东部
权力限制的空间。例如,虽然那些起义可能失败了,但是通过往更西部
地区迁移和向定居点边缘扩张,反叛者本身经常避免国家惩罚,也避免
土地被没收和课税。谢司起义之所以最终没有以对抗的方式结束,主
要是因为边疆地区能够为反叛者提供迁往他处、拥有土地和重新开始
他们普通生活的这样的迁移和机会。[66]

　　帝国与民粹主义之间难解难分的纠缠,以这样一种显而易见的方
式呈现出来,即内部的民主化鼓励更大程度的外部排他性。生产劳工
地位的提升伴随着对原住民的轻视,因为原住民被认为没有能力把粗
犷的荒野改造成经济政治独立的场所。通过将所有的社会价值来源定
位在劳动行为上,那些活动不能与农业和手工业生产结构相一致的人,
显然就变成了公益的威胁。人们可以认为这是一个直接的推论,即假
定劳工利益与全体利益之间存在一致。通过阻止财富累积和保证大多
数定居者都是小生产者,虽然一个合理组建的政府能够限制富有精英
的权力,但是原住民代表的却是一种全然不同秩序的威胁。潘恩恰恰
是在《土地公平》这本小册子当中,代表了民粹主义经济政策的观点。
他把欧洲劳工与美国原住民进行了对照,认为后者依然处于"自然的原
始人状态"。由于缺乏全部文明和对工作价值的欣赏,原住民的生活乃
是"接连不断的假日"[67]。如此无所事事的闲逛不仅排斥劳动至上,而

且排斥劳动者在其中活动的更大程度的道德经济。除了对西部定居者的安全、经济生活和政治独立构成威胁，原住民的存在还使得劳工利益等同于全体利益的观点出现问题。

无所事事的闲逛也对这样一种假定提出了质疑，即社会制度原则上应该为促进显而易见的集体利益而被组织起来。换言之，既然原住民移除以下述两个因素为基础，即劳动实践的需要及其逻辑上的意义，那么民粹主义帝国就体现为一种政治协会的形式，而这种形式甚至比相对的等级制殖民地时期更加充满排他性的敌意。这种敌意在杰克逊的"血泪之路"上、在完全清除原住民社会的企图中，都有着栩栩如生的表达。它也有助于解释为什么像约翰·马歇尔那样的沿海精英，倾向于更加苛刻地征服和虐待原住民，就像在他们之前的伦敦白厅官员一样，因为马歇尔这样的人对民粹主义政治充满警惕，并关心由间接的边疆扩张所导致的失序状态。在本质上，民粹主义的大悲剧在于，由于马歇尔所希望的生产者民主滑向失控，农民和市民越来越接受定居者帝国这些血腥仇外的特点——这一模式将在美国历史上反复出现。

联邦党人的平衡与新殖民主义的幽灵

1965年，加纳总统克瓦米·恩克鲁玛（Kwame Nkrumah）出版了《新殖民主义：帝国主义的最后阶段》（*Neo-Colonialism：The Last Stage of Imperialism*）一书。他在书中认为，虽然去殖民化可能已经改变了非洲国家的法律地位，但是它没有产生实质性的独立。取代直接政治控制的，是后殖民社会现在面临的各种各样经济、金融和贸易限制。这些限制是由后殖民社会以前的帝国主人强加的，它们使得名义上的主权国家沦为依附性的卫星国地位，结果其决定自身集体未来状况的能力有限。恩克鲁玛在将这种状况描述为新殖民主义时写道："新殖民主义的本质，即屈从于它的国家在理论上是独立的，并具有国际主权所有的那些外部点缀。而实际上，这些国家的经济体系以及由此导致的政治政策都是受外部支配的。"[68]

对恩克鲁玛来说,经济依附是同以下其他两种普遍性经历相生相伴的。第一,就像直接政治控制一样,新殖民主义不可避免地输出那些标志侵略国特征的"社会冲突"。就政府决定受国外支配的程度而言,嵌入在国外社会制度中的不公正现象也在本地扎下了根。因此,那些外国继续使腐败和不自由的形式,在名义上获得独立的国家中永久性地存在。第二,不同于在直接帝国关系中施行的相对排他性控制,这些后殖民政府现在发现自己身陷竞争性强权的全球竞技场之中,法律上的独立只意味着有能力"改变(控制自己的)主人",而非一劳永逸地逃脱支配并"不受新殖民主义主人的影响而生存"。由于屈从于外部权力,非洲国家发现自己成了全球性强权在经济上、政治上的掠食物,是他们又一次争夺瓜分非洲大陆的战利品。[69]

在共和国早期,定居者接受仇外和对外暴力受到以下两方面因素的刺激。其一是美国在全球弱小的类似经历;其二是美国感到新独立的定居者社会依然受制于欧洲的强权政治。小农场主们和店主们设计出一种自由的理想,它与坚定自信的集体意志连在一起,而这样的目标却遭遇后殖民的严厉现实,其中国家独立的可能性似乎与这些强烈的参与愿望相抵触。结果,定居者们发展出一种改变民粹主义含义的宪政结构。民粹主义被转换为一种对任何特权权力保持警惕的政治,它变为基本上关心的是维护一种二元性。这种二元性将定居者内部人与被排除的外部人区别开来,无论后者是原住民、奴隶还是后来的墨西哥人。起决定性作用的政治转折点,恰恰是1789年批准的联邦宪法。通过研究制宪辩论及其后果,我们能意识到民粹主义的野心作为国家的仇恨和帝国排他性原则,是如何受到遏制并被具体化的。

重商主义和欧洲霸权的限制

对美国——这个最重要的后殖民社会的定居者精英们来说,恩克鲁玛所说的后殖民幽灵是需要认真关注的事情。北美殖民地是作为英国王权的商业附庸发展而来的,它围绕英国商业界的物质目标,来支配殖民地的经济发展和定居者移民,虽然这种支配并不总是成功的。尽管美国革命正式终结了这种殖民控制，但就像沃尔特·利希特（Walter Licht）所写的那样，"美国依然处在那一商业势力范围之中。以前那些殖民者目前的财富依然受英国商业利益控制。18世纪80年代期间及其后的商业活动起起伏伏，反映了英国商人有能力将货物大量送至美国市场，或者封锁美国的出口"。对于定居者来说，与难以摆脱商业依附相伴的困难，还有殖民地在政治上的普遍软弱，以及在弱肉强食的欧洲国家世界里（美国的）独立似乎脆弱不堪。虽然殖民地能够从英国的控制中获得独立，但是这样的独立仅仅是用一个主人替换另外一个甚或更具压迫性的主人吗？罗伯特·韦伯就美国的革命精英评论道：

> 自1783年以来，他们已将其国家描绘成假释犯，保护其不稳定的自由不受国际势力的侵犯。美国可能逃避这些势力，但永远无法控制它们。他们相信，即便是最好的领导人和最有独创性的措施，都不能阻止大国支配美国公民、腐化美国官员，或渗透美国政府、图谋美国民族、联合起来反对美国，或者发动对美国的战争……。分割、同化：这就是美国危险的恰当类比。[70]

对这样的定居者来说，谢司起义使美国解体和独立的殖民地遭遇欧洲征服的潜在威胁具体化了。这次起义促使人们注意到松散邦联下组织起来的半主权国家所面临的脆弱性，并使此前那些对联邦权力持怀疑态度的精英转而支持1787年5月的制宪会议。对于更大程度集权的捍卫者来说，如乔治·华盛顿，没有什么比这些"失序"更能证明"我们的政府缺乏能力"，这些"失序"折磨马萨诸塞州——一个定居者反叛的知识和军事中心。[71]甚至更为重要的是，谢司起义使得乡村与城市之间有关对自由构成主要威胁的看法日益变得不合拍。虽然东部沿海商人和贫穷的西部农民都将自由看作自治，它与定居者对美国殖民化未来的控制天然联系在一起，但是这些群体在准确看待是什么危及本土帝国自治这一问题上存在根本分歧。对于自耕农和乡村穷人来说，对自由的主要内部威胁来自殖民地的商人利益；而主要的外部威胁则来自边疆的本土美洲人。基于这样的民粹主义看法，富裕的沿海精

151

英只是作为政治经济权力取代了伦敦的商人,他们并没有一劳永逸地结束自己的商业依附,而是继续损害地产权、农民和市民的财产控制权。与原住民群体对个人安全和经济独立造成的持续危险一道,夺得州政府和大陆会议的那些垄断利益,使劳工陷入与英国统治下并无二致的从属境地。

相反,对于定居者精英来说,对本土自由的主要限制是那些此前被边缘化的人的政治激情与欧洲干涉的威胁联合到一起。对于这个新共和国的创立者来说,谢司起义使得以下这一事实十分明了,即外部阴谋和内部平民权力上升,是如何能够让欧洲国家分割和支配各个殖民地的。起义本身最初是由英国商人决定对美国商业关上大门的决定促成的。外国强权仅凭改变经济政策就能产生(美国)内部社会冲突的能力,说明了独立的殖民地依然受到外部支配的程度。进而言之,由此产生的民众骚乱不仅危及政府的有效性,而且危及邦联的永久性。整个18世纪80年代和90年代,在这个或那个欧洲强权的庇护下,新英格兰的和旧西北地区的边疆定居者反复计划从美国独立。这些独立活动中或许最著名的是富兰克林分离运动(the Franklin succession movement),在这场运动中,有三个北卡罗来纳的西部县在1784年宣布独立,并在整个18世纪80年代试图与西班牙结盟,以便从北卡罗来纳和大陆会议夺取当地的权力。[72]

结果,在思量要求一部新联邦宪法的必要性时,精英们是通过新殖民主义政治——这与恩克鲁玛描述的并无二致,来看待定居者社会所面临的那些问题。对于参加费城会议——一次秘密的闭门会议——的那些人来说,实质性独立的可能性有赖于创建联邦框架,以使之既能够减少外部控制,又能够使政治经济决策与大众意志相隔离。事实上,由于存在不断动乱的可能性和对这种政治重组真实而广泛的敌意,这样的保密被认为是必要的。对新宪法的支持者来说,在使摆脱地方性主权作为自由基础正当化的问题上,这些必要条件是至关重要的。亚历山大·汉密尔顿和詹姆斯·麦迪逊在主张更大程度的集权时,都提及后殖民的困境。由于害怕分裂的殖民地有可能陷入欧洲不同联盟的竞争之中,汉密尔顿在《联邦党人文集》中警告道:

美国如果完全不联合,或者仅用简单的攻守同盟软弱无力地联合在一起,那么就会由于这种不调和的同盟的活动,逐渐被卷入欧洲的政治和战争的一切有害纠纷中去,而且由于它所分成的各部分之间的破坏性争斗,它可能变成各部分敌对国家的阴谋诡计的牺牲品。分而治之必然是怀恨或害怕我们的每个国家的箴言。*

在响应这种观点时,麦迪逊认为,如果没有一个更强大的联邦政府,美国就依然将是一个软弱的依附性卫星国,不能够阻止强大的欧洲国家追求它们的北美控制范围:

分裂的美国,其命运甚至比欧洲那些国家的命运更加不幸。后者的灾祸来源只限于自身范围之内。地球的另一部分,没有强国会在其敌对国家之间策划阴谋,煽动它们互相仇恨,使它们成为外国野心、妒忌和复仇的工具。在美国,由于内部妒忌、争执和战争所造成的苦难,只是它命运的一部分。其他许多灾难的来源,在于欧洲同地球的这一部分的关系,而地球的其他部分和欧洲是没有这种关系的。[73]**

对汉密尔顿、麦迪逊和其他人来说,对共和主义自由的基本威胁不断来自外国宗主国的干涉,只不过现在北美这些殖民地发现他们自己不仅只依附于大不列颠,而且依附于所有那些相互竞争的欧洲国家。因此,如果没有统一和有效的政府,后殖民的软弱性就会把这些殖民地暴露在欧洲霸权真正的威胁之下。为了不只是从外国主人那里获得法律上的独立,而是也获得实质上的独立,新宪法的辩护者们试图发展出

---

* 此处译文转引自汉密尔顿、杰伊、麦迪逊:《联邦党人文集》,第 39 页。——译者注
** 此处译文转引自汉密尔顿、杰伊、麦迪逊:《联邦党人文集》,第 239—240 页。——译者注

一种基于更大程度集权并能够限制对自由构成内外挑战的政治制度。[74]

联邦党人对后殖民困境的反应

虽然许多美国革命精英主张围绕全国性政府组织起来的联邦制度的必要性，但是他们对那个政府的基本特点意见不一。虽然汉密尔顿和麦迪逊都致力于限制州的权力，保护那些殖民地免遭新殖民危险，但是他们每人都发展出具有关键区别的不同选择。对于汉密尔顿来说，实质性的独立要求强大集权的欧洲式国家，它既能够从小农和市民那儿索回政治控制权，又能使美国从依附性商业地位的渊薮中脱身。这样的全国性政府将直接依靠公民行事，并享有真正的制度性权力，而各州只不过是次级单元的组织而已。按照汉密尔顿的观点，有效的中央控制，"必须将其作用传给公民个人。它一定不需要中间的立法机关，但是必须有权使用普通行政长官的权力去执行自己的决议"[75] *。

进而言之，为了摆脱与英国的商业关系，这些殖民地需要一个积极有为的政府，它能够建立美国的商业势力范围，提升国家的经济实力。通过加强本地金融精英的地位和促进并保护商业和制造业利益，汉密尔顿及其支持者计划要把美国建设成欧洲霸权的竞争者。因此，新的联邦权力必须致力于确立产权，并确立投机商、商人和制造商的商业利益，因而要给予富人在国家福利中拥有经济利益。就像汉密尔顿所写的那样："所有的开明政治家都看出并承认，商业的繁荣是国家财富的最有效和最丰富的来源，因而成为他们政治上关注的主要对象。"[76] **

然而，如果新的国家精英发现民粹主义政治愿景的出现威胁到内部稳定，那么建立一个美国商业帝国的想法则对许多人造成了冲击，因为它与美国革命的愿望完全格格不入。允许商业利益获得政治控制权，会削弱作为自治的自由根基，并且只会使得民众的敌意问题永久

---

　* 此处译文转引自汉密尔顿、杰伊、麦迪逊：《联邦党人文集》，第 93 页。——译者注

　** 此处译文转引自汉密尔顿、杰伊、麦迪逊：《联邦党人文集》，第 67 页。——译者注

化。一个控制集权化政治机构、拥有垄断权力的建制派金钱阶级崛起，只会在美国复制欧洲的社会冲突，结果是压迫性的少数人对抗无产阶级暴民。本杰明·富兰克林警告道，商业和大规模制造业的增长带来财富的巨大不均，导致无地穷人的出现，因为"恰恰是在一个国家的大量无地穷人——他们必须以低薪为他人工作或挨饿，使得企业主能够进行制造业"。事实上，人们应该将托马斯·杰斐逊对农业和小农的极力捍卫，理解为对重商主义和汉密尔顿渴望看到其在美国真正扎根的抨击。杰斐逊在《弗吉尼亚州纪事》(*Notes on the State of Virginia*)中写道：

> 既然我们有土地来劳动，那么让我们决不要冀望我们的公民在工作台上忙碌，或者让女人团团转……。让我们的工场留在欧洲吧。跨大西洋商业运输的丧失将由政府的幸福和永久性来弥补。大城市暴民恰恰给纯粹的政府增加了如此多的支持，就像溃疡之于人体的力量一样。[77]

对富兰克林和杰斐逊两人来说，定居者重商主义不仅通过工资奴役和贫穷削弱自由，它还不可避免地导致政治专制主义。此前建立自由政府的所有努力，最终都因无地暴民的崛起、屈从于少数人的经济支配以及不享有集体利益中的个人重要利益而受到压制。蛊惑民众的政客和暴君曾承诺向支配性寡头政治复仇，但是他们可以轻而易举支配这些个人，并终结共和主义自由的梦想。换言之，汉密尔顿根本解决不了后殖民依附问题，它只是使民众情绪的反抗和多数人的暴政更加可能发生，而非阻止许多人不和的可能性。

作为回应，麦迪逊给出了一幅截然不同的政治权力图景，这是一幅能够保护美国独立既不受欧洲干涉、又不受民众抵制的图景。麦迪逊同样有这样的普遍信念，即本地不受限制的民众统治将不可避免地退化为政治专制主义，从而使欧洲强权分而治之的政策在其中能够起到支配性的作用。他在 1788 年 10 月给杰斐逊的信中写道："在我们的那些政府中，真正的权力掌握在社会的多数人手中，对私人权力的侵犯主要不是从与选民感觉相反的行为来理解,而是从政府在其中只是作为多数选民工具的行为中来理解"[78]。然而,就像富兰克林和杰斐逊一样,麦迪逊认为汉密尔顿的民族国家导致同样的陷阱,因为操弄大众情绪的专制者将把集权化权力据为己有,并践踏精英的利益。英国议会至上的制度提供了一个因集权而显露危险的现成例子,因为英国议会中的国王只是最近才利用了立法机构的广泛权力,以削弱定居者的社会地位、将拥有奴隶的权利置于潜在危险之中并加强像印第安人部落和法国天主教徒那些非定居者敌人的力量。因此,在抑制各独立殖民地主权权力方面,麦迪逊逐渐将这种抑制本身看作新联邦主义制度合适的指导原则。他把权力得到加强的全国性政府,设想为制度制衡的共和主义体制的组成部分,这一体系将削弱任何政治地区、任何竞争性社会团体的实力,以便夺取政治权力。在这样的规则下,更大的地理范围和代表与选民之间增加的距离成了政治资产,因为它们与各种分权制衡一道,限制了民众力量所发挥的控制。[79]

麦迪逊的主权分割模式是作为新联邦宪法的基本理论框架而出现的,在其中创建的真正意义上的全国性政府,使治国术免受大众利益和争论不休的社会冲突的影响。麦迪逊的洞见的核心,是殖民地精英对法律如何能够构成自由的意见和看法。按照民粹主义叙述,通过对许多人的经济政治利益施加影响,并保证所有人享有对劳动的生产性控制,共同制定的法律产生自由。相反,对麦迪逊来说,只有在法律保持对政治的自主权并能不使之沦为任何特定社会集团的利益时,法律才能构成自由。麦迪逊将以源自大多数人的法令形式存在的法律,看作破坏更高程度"正义"、以服务"有利害关系的占压倒多数"的目标的设想:

> 到处可以听到我们最关心而善良的公民以及拥护公众信用和私人信用、公众自由和个人自由的人们抱怨说:我们的政府太不稳定,在敌对党派的冲突中不顾公益,决定措施过于频繁,不是根据公正的准则和小党派的权利,而是根据有利害关系的占压倒多数的超级势力。无论我们多么热切希望这些抱怨毫无根据,但是已

知事实的证据,不容我们否认,这些抱怨在某种程度上是正确的。[80] *

然而,就法律而不仅仅是民众统治而言,麦迪逊和联邦主义者必须斩断民众意志思想与许多人的特定利益之间的联系,因为后者是由那些小农和市民构成的,他们企图通过当地的多数主义和公开叛乱来攫取政治控制权。在采取这一措施时,麦迪逊认为是宪法而非当地大多数人表达了民众意志。宪法是作为根本大法而存在,它胜过普通的州法令,并允许全国性政府强制实行政治目的,以同公益保持一致,而这种公益经常与劳动集体的当地利益并不一致。

虽然麦迪逊对法庭在多大程度上是这一根本大法的最终裁决者提出质疑,但是汉密尔顿甚至走得更远,并坚决主张唯有不经选举、制度上独立的法官,才能保护民众意志不受多数人争论不休的非法行为所影响。针对更加不经协调的民众统治问题,汉密尔顿在对司法复审和(最高)法院享有至高无上的释宪权进行辩护时写道:

> 远较以上设想更为合理的看法应该是:宪法除其他原因外,有意使法院成为人民与立法机关的中间机构,以监督后者局限于其权力范围内行事。解释法律乃是法院的正当特有的职责。而宪法事实上是,亦应被法官看作根本大法。所以对宪法以及立法机关制定的任何法律的解释权应属于法院。如果二者间出现不可调和的分歧,……宪法与法律相较,以宪法为准;人民与其代表相较,以人民的意志为准。[81] **

在本质上,通过将"人民"一词变成一个抽象的名称,汉密尔顿试图将这个词的含义去政治化,因为这一名称唯经由非民选法官的司法判

---

* 此处译文转引自汉密尔顿、杰伊、麦迪逊:《联邦党人文集》,第 52—53 页。——译者注

** 此处译文转引自汉密尔顿、杰伊、麦迪逊:《联邦党人文集》,第 455 页。——译者注

例才易于理解。当然,这只是对麦迪逊所作上述努力,即认为自由的法律乃是适当保持对政治的自主权、因而免受公众压力的扩展而已。最终,麦迪逊和汉密尔顿都企图重新表达那些由当地多数派表达、由州立法机构通过的集体观点和态度。而这在此前作为局部利益,被坚持认为是民众意志。尽管在民粹主义的解读下,"人民"是带着清清楚楚集体目标的特定社会实体——劳工团体,但联邦主义者通过宣称,在定居者社会,任何团体只是一个小集团而已,证明主权分割和法律自主权是正当的。通过重申小农和市民运用政治权力的实际努力,如何只是增加了后殖民地的软弱、加剧了新殖民主义的威胁,这一举措从而得到了支持。

虽然被提议的宪法引起了严重而激烈的反对,但是这样的反对遭遇了根本的不同意见。反联邦主义者经常对两种相互冲突的共和主义基础表达批评意见:一种是与某些精英的殖民地观念相同;另一种与民粹主义方法更接近。像理查德·亨利·李那样的反联邦主义者,就在他的《联邦农民来信》(*Letters from the Federal Farmers*)一文中反对麦迪逊的解决方法,原因是他认为权力得到加强的全国性政府削弱了机构平衡,并太过于偏离到"统一制度"一边。对李来说,如果要表达地方主义的共和主义传统——其对很大的政治规模持怀疑态度,那么主权分割原则通过维护独立州的权威,从而最能达到这一点。李担心全国性政府的地理规模,加之各种各样的经济势力归于其中,久而久之将形成专制主义集权,结果消除了分权制衡:"除非人民将作出巨大程度的努力,以恢复州政府的治安权(internal police)。由于各种势力排他性地课税收税,以管理民兵、坚持他们自己的司法法院对其自己法律结局的决定,平衡不可能持续很长久。"虽然李并不同意麦迪逊有关一个正义共和国的适当规模,因而更强调州主权,但是这两人却有着相同的假定。具体而言,他们每人都把最好的政治秩序,看作一种约束活力充沛的政府走向潜在专制的秩序。[82]

这一批评以机构平衡和将法律设想为阻止任何单一政治权力行使为基础,导致其在根本方向上与乔治·布赖恩(George Bryan)的反联邦主义观点不同。在以笔名写的《哨兵》("Centinel")一文中,作为宾夕法尼亚一院制立法机构强有力的提倡者,布赖恩对新宪法进行了抨击,理由是新宪法违背了大众统治,并允许少数人篡夺多数人的权力:"无论在哪个社会里,富人和野心家都认为他们有权利对其同胞作威作福,他们成功地使自己利用了这种有利的形势(由革命引起的混乱),而情绪未稳的人民因此已准备参加任何的极端政府。"对笼罩在这个新全国性政府头上有关欧洲支配——我称之为新殖民主义——的担心害怕,布赖恩进行了明确的抨击。在他看来,这种令人惊骇的警告只不过是花招而已,富人利益通过这样的威胁牢固确立了他们自己的权力。布赖恩在讲到富人时写道:"他们所经历的一切痛苦和困难出自各种各样原因,但是他们却将其归于当前邦联的无效,因此导致他们盼望完全从建议所采用的政府制度中解脱出来;而在其他情况下,他们则盼望政府即刻崩溃和毁灭。"[83]

布赖恩坚持认为,唯有这些殖民地加强州立法机构的力量,并使之掌握在农民和市民手中,殖民地才能够保持自由和独立,而不是寻找新的联邦主义制度。与李不一样,布赖恩排斥平衡的框架,并号召建立一个积极而至上的议会,以致力于支持劳动群体的意志。在使得民粹主义观点类似于潘恩的观点,并使人们回忆起卢梭的观点时,布赖恩对地方主义进行了辩护,不是因为地方主义抑制了局部利益,而只是因为简单民主最能够对人民的压力做出反应:

> 最高的责任心在简单的政府框架中得以履行……。在仿效宾夕法尼亚宪法时,如果将全部立法权授予一个由选举出来短期任职者组成的机构(与行政和司法分开),并且必须通过轮流来排除永久任职……,人们将设计出最完美的责任政府。因为在那个时候,每当人们感到不满,都不会误会那些倡议者,并进行确定而有效的补救,从而在下次选举中抛弃他们。[84]

布赖恩的反联邦主义拒绝了这样一种信念,即法律在理想意义上应对小集团进行限制,这是在辩论中双方多数精英的共同想法。布赖恩重申说,民粹主义法律观念是通过人民统治而得以实现集体利益的途径。

最后，宪法的批准反映了麦迪逊观点在制度上的胜利，反映了民粹主义原则作为治理定居者社会的基础而被拒绝。就像乔伊斯·艾普尔比(Joyce Appleby)所写的那样，批准该宪法完全违背了人民主权的未来：

> 宪法关闭了美国简单多数政府的大门。在具体时刻由人民想做的事情而驱动的民众多数将永远受到限制。宪法创立了根本大法，而且严格限制了政府权力的范围。宪法同样使得改变权力分配变得极度困难。虽然在美国人们庆祝人民主权，但是宪法一旦得以批准，主权者就受到了制约。[85]

就宪法被批准乃民粹主义原则失败的程度而言，其在定居者经济边缘地带并未失败。在马萨诸塞州，宪法仅以 187 票对 168 票获得通过，反对者完全集中在乡村地区，尤以谢司起义曾占领过的地方为甚。在人们知道的那些对这次起义持同情态度的城镇，97 票中有 90 票投了反对票。按照这部宪法一位支持者的观点，"在马萨诸塞州联邦，所有反对源自那去年普遍盛行的可恶的反叛精神"。对于农民和市民来说，没有什么比经济独立以及政府服务于劳工利益的民粹主义观点更加具有利害关系。对一位马萨诸塞州的反联邦主义者"科尼柳斯"(Cornelius)来说，新宪法将"把联邦的全部权力，拱手让于那些商业利益者手中；而对于土地拥有者来说，他们没有代表权、前途渺茫、没有希望，尽管土地关乎这个国家的最大利益"。对许多普通定居者来说，新出现的政府形式，似乎在根本上与他们的经济利益和他们对有效控制的渴望相对立。[86]

扩张与民粹主义在制度上的终结

对于一个独立帝国的定居者社会来说，无论英国的殖民化在哪个地方实施，通过授予全国性政府几乎不加限制的权力来指导对领土的管理，民粹主义在制度上的失败都在很大程度上制约了民主的可能性。

回过头来,这一失败也使得民粹主义的精力集中在与被视为帝国特权侵入定居者生活内部结构这一问题的斗争上。久而久之,这有助于使政府的权力等同于帝国征服并使原住民居于从属地位的权力。在发展如何对新领土进行管理的实践中,美国宪法遵循《1787 年西北条例》确立的先例。然而,这一先例的基础非常不稳,因为在《邦联条款》(Articles of Confederation)中,并没有各州授予大陆会议如此行政权力的内容。事实上,大陆会议干预当地定居者政治生活组织的行为,从根本上来说有违分权自治和民众统治(popular rule)的主流规范。麦迪逊和其他许多政治精英相信,尽管在政治上是必要的,但国会的行政权在《邦联条款》中缺乏宪法基础。麦迪逊在《联邦党人文集》中认为,虽然"西部地区"是"合众国巨大的宝藏",但是他担心,如果没有得到国家权力明白无误的承认,当地人民的控制将使得这些领土成为内部冲突和欧洲入侵的非事生产的场所。虽然大陆会议曾试图以适当的监督来制止这些趋势,但其行为"丝毫不带宪法权力色彩"[87]*。就此而论,在渴望主张民众统治的边疆定居者与大陆会议二者之间,一场潜在的分裂斗争酿成了。这固然在操作上不合法,但却符合国家统一的利益。

对麦迪逊及其联邦党人同侪来说,努力保证英裔定居者和国家致富不为民粹主义激情所绑架,乃是攸关存亡的事情。这涉及一个双重的过程:一方面是在业已成型的殖民地从小农场主和市民手里夺权;另一方面是在新土地上牢固确立沿海精英们所秉持的那些价值和习俗。虽然边疆定居者们是盎格鲁文明的拥护者,这些"进步代理人"可以使原住民的土地变得多产,但他们也可能是文明的威胁。[88]沿海精英们认为,这些经常面临极度贫困的边疆定居者已然接受了其原住民邻居的"野性",并因此认为他们代表了可能失序的持续根源。这些沿海精英尤其因边疆定居者遭遇原住民时做出的残暴行径而恐惧不已。沿海精英还把将定居者民粹主义权力的上升,看作对这一新共和国进步主义抱负的可能打击。[89]就像乔治·弗雷德里克森所写的那样,虽然边疆定

---

* 此处译文转引自汉密尔顿、杰伊、麦迪逊:《联邦党人文集》,第 219 页。——译者注

居者对于殖民来说是必要的,但是"他们的过渡性生活方式,直接被存在于东部的那种有序、勤勉的社会取代,通常被认为是理所当然的"[90]。为了与这一信念相一致,新宪法通过提供以下条款明确规定,扩张需在沿海权力的支持下进行:"国会有权处理和制定有关属于美国的领土或其他地产所必须遵守的所有条例和规则。"[91] 在法律能力上,虽然此前的机制在限制边疆行为上可能不足,但新的国家权力不会遭遇类似问题。国会现在享有管理西部土地的法律权,并通过采取行动而使政治决策不受民众控制的影响。

路易斯安那有关治理与公民身份的辩论,清楚地表明了新宪法秩序是如何阻止和改变民粹主义思想观点的。美、法两国之间的路易斯安那购买条约认为,新领土上的居民将最终获得完全公民身份,而且这些领土将获得州的地位。然而,眼下国会应该按照基本的宪法保护来管理这些领土。[92] 为了与定居者帝国原则和《1787年西北条例》所确立的框架保持一致,政治精英们从未严肃考虑过保持在新土地上的永久依赖性。尽管如此,如果获得州的地位是不可避免的后果,那么新的宪政秩序意味着全国性政府可以设定时间表,并极大影响地方自治的最终结构。结果,国会权力作为指导性力量运作,控制着边疆的自治,塑造着民众权力的运用。

随条约的批准,国会授权总统管理这片领土,直到立法得以通过。然后在1804年2月,国会采用建立临时政府的办法,该政府"由一名州长、一个13人组成的立法会和任期四年的司法官员组成,他们全部由总统任命"。两个议案都严重偏离了人民主权原则,并直接遭到路易斯安那的美国定居者谴责,结果新奥尔良市长以辞职来抗议缺乏自治。这样的临时性安排受两重原因驱使:第一,托马斯·杰斐逊和其他人认为,法国和西班牙居民因信奉天主教而没有为民治作好准备。根据萨拉·克利夫兰(Sarah Cleveland)的观点,"杰斐逊认为平民大众'像孩子一样没有能力进行自治',并认为该领土上的立法机构应根据平民大众的适应能力,来循序渐进地引入民主治理"。虽然这并非杰斐逊本身的观点,但是对许多沿海精英来说,这样的族裔和宗教判断也隐藏着更深程度的恐惧,即如果没有国会的限制和控制,边疆定居者将通过民众激情的奇思异想来进行内讧式的统治。正如田纳西州参议员约瑟夫·安德森(Joseph Anderson)指出的那样,由于路易斯安那超过三分之二的居民都是英裔—新教定居者,反天主教的说辞几乎没有什么意义。来自边疆各州的政客们竭尽全力把这个临时政府谴责为暴政,而来自田纳西州的另一位参议员威廉·科克(William Cocke)将这个政府描述为"军事专制",并宣称"那个国家的人民是自由的,让他们拥有自由和一个自由政府吧"[93]。

最终,国会采取了第二种、也是更具代表性的临时政治政府形式,内容包括一个人权法案和人民选举的由 25 人组成的立法机构,并在1812 年承认路易斯安那为一州。然而,在获得州地位之前,国会继续扮演咄咄逼人的监督者角色,在未来的领土管理中,这种做法成了惯例。虽然路易斯安那居民可以选举他们自己的代表,但是国会对当地法令可以行使否决权。更为重要的是,被任命的州长继续享有广泛的自行决定权,其中包括决定何时召集所选出的立法机构开会的权力,以及在必要时推翻立法机构决定的权力。随着时间推移,这样的行政权成了领土治理的重要内容,国会利用官员任命机制来限制民众统治,这与此前的英国立法机构并无不同。在此过程中,国会的干预使得这一点具有确定性,即当地不受约束的多数派并不主导政治决策。在终于获得州地位时,这一干预进一步保证了州的地位是按照麦迪逊共和主义原则来规定的;与之相伴的是完全独立的司法和以州长形式而得到确立的行政权。[94]

国会在确立自治政府的界限方面所扮演的角色,也关键性地改变了民粹主义反对派的组织结构。大多数政治精英对《邦联条款》下领土治理的合宪性提出质疑,因为他们认为,虽然在针对被排除团体时源自皇家的优先权力是合适的,但以其针对定居者却并不合法。就此而论,内部社会必须以自由法律为基础,从而保证共和主义依然是集体生活的基本前提。对边疆政治家们来说,如果要捍卫西部定居者的政治经济独立,就要求确保这样的优先权永不渗入国会对新土地的管理之中。虽然联邦政府可能曾能够设定条件,由此新的领土最终获州的地位,但是对基本宪法保障的尊重则要求限制这一权力。

结果,在有关路易斯安那的辩论期间,宾夕法尼亚的众议员安德鲁·格雷格(Andrew Gregg)寻求一项修正案,来确保有关领土的所有国会法案"不会与美国宪法相抵触"。类似地,田纳西参议员安德森认为,宪法提供的每项规定权利因领土扩张而即时跟上,因为"我们为这个国家立法的唯一权力源自宪法,我们必须给他们一个共和政府,舍此别无其他"[95]。如果说新宪法削弱了民众统治,那么它也为建立所有定居者享有平等地位、为制衡国会的自由裁量权提供了手段。虽然民粹主义已被浓缩成政治组织的规则,但其捍卫小农场主和市民的社会立场,依然能起到监督新联邦政府压迫的作用。

就像我在下一部分中将要讨论的那样,这一观点最臭名昭著的变体,是由杰克逊式的政客、最高法院首席大法官罗杰·塔尼(Roger Taney)在德雷德诉斯坦福(*Dred v. Stanford*,1857 年)一案中提出的。他在该案中公开挑战国会的一般领土规则权力,并坚决主张宪法只是在批准时为美国拥有的领土提供了这样的权力。对塔尼来说,这一主张旨在限制国会的自由裁量权,它对捍卫在新兼并土地上拥有奴隶的权利以及保卫边疆定居者不受来自联邦政府强制权的权利来说,都是一项至关重要的措施。[96]结果,国会任何超越宪法语言攫取权力的企图,都代表了帝国特权非法扩散到定居者的内部生活之中。就像英国殖民统治下的集权化主张要把定居者贬低到原住民的地位一样,国会的自由裁量权起到了否定对共和主义自由和内部平等的基本社会承诺的作用。全国性政府如此的非法侵入带来了这样的风险,即让那些值得拥有自由公民身份的边疆定居者,变成了联邦暴政的政治臣民。

虽然塔尼可能已经体现了民粹主义的完全成熟,但是最能说明民粹主义向怀疑主义和以监督帝国特许权为前提的政治转向的行动者,则是托马斯·杰斐逊。杰斐逊有点反对新宪法,原因是该宪法原先缺少权利法案,以及他对强化中央权力的恐惧。众所周知,他曾对麦迪逊写道:"我承认我并非十分强有力的政府之友。这样的政府总是压迫性的。"[97]然而,就像克里斯托弗·汤姆林斯(Christopher Tomlins)认为的那样,杰斐逊对"强有力政府"的反对,并非反对国家权力。他把政治看作农民定居者行使当地民众统治、并因此保证其经济自由和公共幸福的场所。杰斐逊宣称："我不属于那些恐惧人民的人之列。他们，而非富人，才是我们持续自由的依托。"[98]事实上，他的监护体系是民粹主义信念在小生产主义者民主社会中的缩影，对实现集体的善进行了安排，而且在其中多数派法则构成了自由：

> 它是通过对这些共和国进行划分和再划分……直到结果是每个人的农场由其自身来管理；通过将每个人亲眼可以管理的东西置于其名下，一切将得以最好地完成……。当每个人在他的监护——共和国方向都是参与分配者……并且感到自己是政府事务的参与者的时候，不仅仅在选举日，而是经年累月的每一天；当这个国家的每个人都是该国诸多委员会中某一个委员会——无论大小——的成员时，人们宁愿遍体鳞伤，也不会让恺撒或波拿巴那样的暴君来削弱其自由、剥夺其权力。[99]

杰斐逊对民众统治的捍卫，甚至使他将谢司起义那样的暴动描述为民主声音的健康表达。他在给朋友的信中写道："上帝都会拒绝接受，我们在20年里竟然没有发生一次这样的叛乱。"而"上一次发生在马萨诸塞的叛乱，给了我超出其应给予的担忧。如果算一算11年期间13州只发生过一次叛乱，那么在一个半世纪里每州只有那么一次而已。没有哪个国家在如此长时间里一次叛乱也不发生"[100]。

然而，就政治权力与当地民众控制日益脱节的程度而言，其强有力的行使是有必要怀疑的。这样的政治权力不足以有效组织起来促进生产主义民主，因为在生产主义民主中，政府机构能够满足劳工团体的需要。结果，杰斐逊对新联邦制度的隐性权力保持警惕。他担心中央权力的扩大会与坚定的民粹主义梦想发生冲突。人们因此能觉察到杰斐逊严肃的构成论思想，即由于担心缺乏文本来源的权力很容易蜕变为无限授权，而这种授权将使得无论主张什么样的民众统治都变得无效，因此他认为全国性政府不可以主张宪法中未明示的权力。

通过强调一种以怀疑国家权力为基础的政治，杰斐逊体现了对这种立场的转变，即聚焦于民众意志如何通过政府得以实现。他的观点要求日益关注标志并维持定居者生活的基本二元性:内部自由状况与外部暴力强制状况之间的二元性。人们应该注意,领土扩张是杰斐逊捍卫国会更大程度自由权的主要领域。在这样做的时候,他阐明了民粹主义观点的核心内容:既维持失去的皇家帝国特许权,又阻止其在内部的适用,尤其是在宪法批准之后。杰斐逊把获取新领土看作定居者自由和共和主义和平的前提条件。他在给麦迪逊批评"强有力政府"的同一封信中写道:"我认为我们的那些政府在数个世纪里将依旧是好的,只要它们主要是农业性的;只要美国任何地方还有空地,情形就将依然如此。当它们像在欧洲那样在大城市里相互纠缠时,它们就会变得像欧洲那样腐败。"[101]

然而,如果"帝国的自由"要求对外进行不受抑制的主权权力,那么这一权力决不应运用于定居者社会内部。即便在赞成对领土进行逐步自我管理时,杰斐逊的主要逻辑依据是这样的:由于天主教居民需要一段时期的文化同化,他们可以暂时从属于国会的自由裁量权。换言之,通过认为这种权力的从属者目前并非真正处于定居者社会内部,杰斐逊为联邦拥有更大程度的权力进行了辩护。在这样的情形下,对民粹主义的辩护日益集中在这样的问题上,即规定社会成员身份并确定定居者与非定居者之间的等级差异。随着19世纪继续前行,建立在维持内部—外部区分基础上仇外含义的政治变得越来越明显了。

雇佣劳动的兴起与民粹主义排外

政府尤其是国家当局,乃是由富人进行专制控制、而非实现集体目标的场所的观点,改变了农民、市民及其政治盟友计划实现经济和政治独立的方式。具体而言,它导致人们背离曼宁有关强有力民众权力的信念,并更大程度地朝向信奉自我规制的商业社会。然而,随着手工艺生产开始解体,以及工业雇佣劳动变得更加普遍化,自由市场并未产生普遍的所有权。相反,它越来越建立起了压迫性的工作关系。早在19

世纪二三十年代,一小群激进社会批评家和劳工活动家开始质疑共和
主义自由与领土帝国之间的兼容性问题。像托马斯·斯基德莫尔
(Thomas Skidmore)那样的个人,甚至提出一个新的美国政治框架,这
是一个完全放弃定居者和家长式等级制、将自治看作普遍集体权利的
提议。然而,这些有关未来工业化和雇佣劳动的预言式观点,作为改革
基础大都被忽视了。民粹主义者不是正视对自治的实际威胁,而是对
政府和可怕的帝国优先权的仇恨,而这为新千禧年的政治提供了背景。
这是一种明显表明天意、并致力于重申帝国解放潜力的政治。如果市
场不能保证自由,那么扩张和使社会的排他性牢固化,再次成为保护定
居者地位的基本手段。小农和匠人退避到这样一种政治之中,即不是
以积极的社会原则来定义平等,而是通过与被排除的从属外部人比较
来定义平等。

自由市场、经济独立,以及民粹主义的退却

美国第一起针对工会组织的阴谋大案联邦诉普利斯案(*Common-
wealth v.Pullis*,1806 年),凸显了民粹主义偏离把强有力的政府行动
和民众权力作为自由基础之路。这是一起有关费城熟练鞋工的案子,
他们在 1794 年组织起来以争取获得更高的工资,并在 1805 年举行了
罢工。在工会领袖因习惯法的阴谋罪被起诉后,罢工失败了。审判在
费城市长法庭进行。在给陪审团的指令中,首席法官雷科德·利维
(Recorder Levy)驳回了这样一种观点,即熟练鞋工(cordwainers,即鞋
工,该名称源于其所使用的皮革类型)拥有一切组织或改变既有经济关
系的集体权利。他将这种行为看作对秩序的威胁,是一种对那些没有
选择加入其中的人有害的非法协会形式。[102]关键在于,由杰斐逊派律
师代表他们所表达的观点,并没有寻求对协会内部及本身作为一种善
行进行辩护。如是由于这一阴谋法削弱了熟练劳工要求对雇佣关系的
明确控制权,他们拒绝接受这一法律,那么律师们以不同的理由对这起
案子进行辩护。[103]他们把这一法律看作压迫性的,因为该法专门针对
工人,而允许雇主为了自身利益集体组织起来。按照这种观点,虽然工
会化是一种必要的回应,但理想地说,自由市场将规范雇佣关系,并不

用诉诸任何形式的联合来保证公平。就像检察官西泽·罗德尼（Caesar Rodney）对陪审团陈述时所说的那样："如果愿意采纳我的建议，你们就把对这些事情的规范留给开放的市场吧。在市场上，每一条款就像水一样会获得其自然水平：采纳这一规则，你们将更可能得到便宜得多的靴子。"[104]

对经济的自我控制进行捍卫，对作为目的本身的集体坚持加以拒绝，成了19世纪二三十年代杰克逊式政治的主题。虽然民主党联盟将各种各样靠不住的社会群体联结到了一起，包括南方奴隶主、勉强维持生计的农民以及土生土长和移民的贫穷工人，但是借用"人人有平等权、无人享特权"[105]的杰斐逊式口号，它表明了后宪法时代民粹主义观点的转向。就像在他之前的曼宁那样，杰克逊引人瞩目地把定居者社会，看作以"真正的人民"与富人之间的冲突为特点；前者指农民、工匠以及一般劳工，后者他则称为"金钱势力"。这些贵族压迫力量试图利用国家权力来削弱平等，并且使经济自由变得不可能。对杰克逊来说，与国家银行（National Bank）的斗争体现了更大程度的阶级斗争：

> 事实上，这家银行只是这一制度的结果之一。这是一种在与我们所有制度精神进行战争的制度，一种建立在政治信条基础之上的制度。而这种政治信条的根本原则是不信任人民意志可以作为政治权力的安全调节。这种原则如果获胜的话，其伟大的最终目标和不可避免的后果，乃是将我们制度中的所有权力统一到一个中央政府手中。无节制的公共开支和拥有排他性特权的公司，将替代迄今依然发挥相互制衡作用的独创性的美国宪法；经由其悄无声息的秘密运作方式，少数人通过首先取得对劳工和大多数人民收入的控制，将对多数人的政治行为加以控制。无论这种念头在哪里实现与政治权力的结盟，都会产生暴政和专制后果。[106]

然而，就像强调宪法"制衡"所清楚表明的那样，解决之道并非强有力的直接民众统治。任何政治权力的强化，都带来少数人进行阶级压迫的恐惧。相反，自由市场中的竞争与消除政府干预一道，将形成一种致力于普通公民福利和自由的社会制度。就像马萨诸塞州的一位杰克逊派人士认为的那样：“在这个时代趋势中，我们需要防范太多的法律和太多的政府干预。”布鲁斯·劳里（Bruce Laurie）写道，即便在 19 世纪 30 年代早期回应更大程度的工会组织和政治参与时，民主党“争取的是更少、而非更多的政府干预：他们迫切要求废除民兵税和因欠债而入狱。他们对下决心用法律规定福音派道德的辉格党人，尖声表明要有‘自由的良心’和‘个人自由’。民主党立法者非常像那些杰斐逊式立法者，认为管得最少才管得最好”。这种对积极主动政府的攻击与这样一种信念相随，即如果剥夺任何的权力垄断和父权式的阶级权力，那么自我规制的商业社会就能够保证所有定居者享有作为自治的自由。按照民主党发言人的说法：“每一条通往荣誉之路、每一扇通向财富之门，都向每个同样的公民敞开。每一个公民都能够让自己做出选择。”[107]

然而，在 1820 年至 1860 年，不受限制的市场扩张带来了工作生活中程度远远大得多的劳动分工，以及此前经济上充足的工匠和农民中的许多人稳恒地向下流动，尤其是在东部城市。[108]“许多人量入为出、挣扎求生，主妇们携带着麦子和一批批不易损坏的物品，为家里制作衣物或经常光顾工人阶级居住区的二手货商店。为了省下几个便士的房租，一年中她们数次搬进更廉价的公寓。”面对这样的现实，商业上的自我规制似乎越来越不像是一剂社会万灵药了。共和主义自由认为，如果受主—仆关系束缚，那就没有人能够自由；而通过打破工匠和乡村工作结构并推动等级制雇佣劳动的发展，市场力量恰恰提供了这样的条件。虽然选择签订工资契约表面上是自由的，但是越来越多的人不由得发现，自己束缚于完全由雇主决定的规则。这些时时模仿 18 世纪家庭中主—仆关系的规则，对极大地限制劳动者的独立性、对强行实施与共和主义理想相抵触的从属性经济结构都产生了影响。[109]

事实上，克里斯托弗·汤姆林斯和卡伦·奥伦（Karen Orren）曾强调这样的等级制是如何被合法地确立为自由劳动力市场支柱的，例如通过始于 1829 年马萨诸塞州的史蒂文斯诉里夫斯案（*Stevens v. Reeves*）中一系列的国家法院裁决。[110]里夫斯是一名熟练技工，他与一名织布机厂老板签有一份使用其中一台织机的合同，并按件数付费。

就像所有熟练技工一样,他是从顾客购买成品的角度来看待这家工厂的,因此他对此独自加以掌握。就此而论,他在那台织机上工作了一段日子,然后没有对老板发出任何通知就离开了。过了一些时候,里夫斯回来了,干完他的活儿,永远离开了,并且又未给工厂发出任何通知说他在别的地方找到工作了。工厂老板史蒂文斯起诉他违反合同,认为里夫斯没有给出所要求的二周事前通知。虽然最高法院以里夫斯从未被告知这一规则为由支持里夫斯,但是裁决说,雇主享有执行无论其所选择什么条件的权利,只要那些条件向雇员明确告知过即可。[111]换言之,尽管作为熟练技工的里夫斯渴望保持独立掌握其自身劳动的权利,但是工资关系已预先假定了雇主可以决定工作条件和工作地位。大约20年后,在赖斯诉德怀特制造公司案(Rice v. Dwight Manufacturing Co., 1848年)中,同一法院重申,虽然劳工有能力选择是否进入工资关系,但合同条件由雇主确定。[112]

因此,由于社会向下流动和使技工沦为工薪阶层的问题,19世纪初、中期的自由市场似乎加重了雇主与劳工间的经济和契约不平等,而非推进了广泛的自治。法院不是介入商业社会之中,而只是加入雇主的市场权力之中,并拒绝改变工资关系。更为关键的是,对经济进行批判的主要语言,即杰克逊民粹主义,并无质疑这些发展的手段,因为它预先假定了市场力量的公平,并将政府权力看作对集体生活的相关威胁。虽然杰克逊民粹主义对作为经济和政治独立的自由信念进行了辩护,但其在实践中转向政治怀疑主义则拒绝改变制度上从属位置的集体权利。

杰克逊民粹主义因此强调了这样一种观念,即如果市场力量没能为贫穷定居者消除工资奴役、租佃和经济依附等问题,那么最好的选择就是长期以来作为社会基础的方式:移民和逃离到边疆去。在内战之前的几十年里,美国人在密西西比河堤岸筑路,从而为殖民化开辟了新道路。就像劳里所写的那样:

> 美国内战前夕,上中西部地区(the upper Midwest)有大约400万人,而他们大部分是从东部迁移过来的。即便这一地带富裕肥

沃的草地也留不住定居者的脚步。它不再大力激起美国农民的漫游热,但更远西部峡谷的吸引力被证明是无法抵挡的。大约25万从中西部农场来的移民聚集在密苏里的圣约瑟夫(St. Josephs)以及其他的中途站,它们散布在1840年之后长达2 000英里旅程、通往太平洋海岸的奥弗兰大道(Overland Trail)上。

就像其之前的早期殖民者一样,一般来说,那些往西迁移的人享有以相对低廉价格来获得土地的权利。1820年,联邦政府提供购买最少不低于80英亩的土地,每亩只需1.25美元。结果,边疆农民总的来说都能够获得地产,并在崎岖的荒野中建立家园。[113]

同样重要的是,当经济条件恶化时,定居者们会毫不犹豫地打起精神不断迁移。短暂搬家而非仅仅迁移,乃是内战前和19世纪生活的基本事实。跟踪人口普查数据的历史学家发现,据保守估计,超过60%的个人在记录中消失了,而不到"五分之二的美国人长时间生活在他们的社区中"[114]。此外,几乎没有受雇佣劳动限制的人是长期工,因为"超过50%的被雇佣者与其雇主待在一起不足6个月"[115]。这种短暂性有两个主要政治含义。第一,它削弱了牢固的公共联系(这种联系通常是18世纪定居者生活的标志),并鼓励像谢司起义这样的反叛。结果,它使得政治上的集体自我主张更加不可能,因为在城市、市镇和边疆领土上迁移的那些人,并不具有同样的当地承诺和密切关系,而这些因素曾在美国革命时期激活民众的压力。第二,同样关键的是,拥有土地和在经济上获得解脱的可能性,更明显地意味着扩张。这种对不受制于政府干预和东部霸权的渴望,要求殖民范围不断扩大。对贫穷的定居者而言,它强调领土征服与经济独立之间连接的核心内容,以及帝国是如何成为共和主义自由的驱动力。

比利斯拜、布朗森、斯基德莫尔,以及普适性的共和政体目标

在杰克逊式政治的空间里,确实出现了对民粹主义的更全面辩护。这种辩护把追求公有利益的强有力政府,看作所有劳工能够享有生产控制权的唯一手段。甚至更为关键的是,有些改革者开始将这种坚定

的民粹主义与对所有定居者二元性的全面批评联系到一起,这种二元性直截了当地质疑共和主义自由与帝国实践之间的兼容性。这些思想在劳工激进分子中间积聚力量,他们对19世纪30年代的新工会运动,尤其是对像费城和纽约那样的东部城市中的各种工人政党趋之若鹜。对这些个人来说,面对工厂生产和雇佣劳动兴起的日常社会基础,商业上的自我规制显然没能产生经济上的自治。进而言之,改革者们认为,扩张固然是暂时的解决办法;但长期而言,工业上的依附性将在新的领土上扎根,除非它受到挑战。按照那些最为持久的批评者的观点,最后的唯一解决途径是改变基础经济关系,直接面对实业家与雇佣劳动者之间日益扩大的鸿沟。而要这样做,就必须拒绝成为号召获取更多西部领土或对非定居者进行排外攻击的牺牲品。

在把对经济重新组织的辩护与对征服的批判这二者联系在一起的时候,像兰登·比利斯拜(Langdon Byllesby)、奥雷斯蒂斯·布朗森(Orestes Brownson)和托马斯·斯基德莫尔这样的思想家,提出了民粹主义思想的可能选择。这种选择能够维持对劳动共同体优先的信念,而与此同时则质疑帝国地位优先权的效用或正义性。在其1826年的《不平等财富根源和影响观察》(*Observations on the Source and Effects of Unequal Wealth*)手稿中,宾夕法尼亚印刷商和小册子作者比利斯拜尖锐地驳斥了定居者的基本观点,即通过保证所有社会成员有足够土地成为独立财产人和自由公民,扩张因而促进了帝国自由。在对高涨的工业化进行调查后,比利斯拜得出结论,虽然领土征服可能暂缓了内部不平等,但是最终其作用首要是确立商业和制造业的利益。就像大多数冲突一样,这是因为扩张战争根本上都是由精英推动的,以便使不平等的财富积累永久化。按照比利斯拜的说法:"如果战争目标是获得领土的延伸,就像人们时常反复声称的那样……这些目标除了作为获得攫取的财富和与之相伴的权力之源外,别无他用。而攫取这些财富和权力的目的是影响他人的情况。"[116]人们可以预期,新土地将只会为这些经济关系发展打开更多空间,而不是挑战雇佣劳动的惯例。

从许多方面说,比利斯拜的观点对长期以来共和主义关注的问题,提出了有关战争对社会道德福利和身份影响的创新性重构,这些关注在先前哈林顿的作品中得到了凸显。曼宁在18世纪90年代曾认为，"少数人毁灭（了）自由政府"的主要手段之一，"（是）通过建立常备军和发起没有必要的战争"。[117]在他的观点中，征服和对领土扩张的驱动力，为扩大这样一支军队的规模和权力提供了有益的借口，从而在任何时候都可以在内部用它来剥夺多数人"自己的权利和自由"[118]。不管战争是否用作新常备军的借口，比利斯拜现在甚至进一步提出了有关扩张的物质和解放影响的一般性问题。他认为边疆领土增加将最终成为新实业家们的利润之源，从而强化业已在定居者社会内部存在的有害财富和权力悬殊关系。

　　他认为唯一真正的解决之道，是把工业工厂改造成没有主人或依附性工薪阶层的合作生产模式。比利斯拜因此号召建立新的工厂协会，这些协会将其生产劳动集中到每个产业中，这与商业精英将其财富集中到股份公司中很相像。[119]这些团体将通过"一般的会议制度"发展出共同的经济生产和增长政策；假以时日，这些团体将使得合作而非商业竞争成为工业生活的基础。[120]这样的思想触动许多工会会员的神经，他们在19世纪30年代围绕工厂合作社联合起来，作为手工业生产消亡和劳资分离的解决方法。但就像大多数工会会员一样，比利斯拜很难把国家看作集体自我主张的可能工具。由于国家长期以来被认为是少数有钱人的支持者，这些少数人致力于使政治与民众统治相隔离，因此国家作为正面角色的思想难以理解。就像劳里解释的那样，在寻求积累发展合作社必要的资本途径时，"激进分子不考虑银行，因此银行无论如何不会成为借贷者；而由于其对政府的观点，他们不考虑政府信用。留下的唯一选择是劳工自己的自愿努力"[121]。毫无疑问，在很大的范围里，这一观点只是很大程度地再现了杰克逊式的和辉格党人的自助逻辑。因此，并不令人吃惊的是，1837年的经济萧条来袭，终结了劳工能够从他们本身之中自愿募得资本的可能性，而工会进行合作社所有权的尝试失败了。

　　然而，在工会运动内外，有一些声音努力将比利斯拜的憧憬与同样挑战商业自助主流正统的观点联系到一起。奥雷斯蒂斯·布朗森的小册子《劳工阶级》（Laboring Classes，1840年）就提出对坚定的民粹主义进行这样的重构,它批评帝国的逻辑,并为强有力政府所起的基本解放作用进行辩护。布朗森一位新英格兰地区的哲学家和民主党的支持者,他代表了杰克逊联盟中最激进的那些元素。在根本上,他试图采纳工人政党的观点,并将其置于民主党纲领的核心。

从许多方面说,就像比利斯拜的那些观点一样,他的观点代表了制造业城市中那些被忽视的劳动者的感情,他们已从作为熟练学徒的生活沦为永久工薪阶层的劳工生活。对那些新工厂中的工人来说,大多数杰克逊式和辉格党政治家都享有的这种思想,即市场上的竞争性个人主义将保证所有定居者经济独立的良好品性,只不过是一种幻觉而已。布朗森写道:

> 我们并非不知道这样一个事实,即出生贫穷者变富、出生富裕者变穷。……但尽管如此,有一个事实是确定无误的;没有哪个出生贫穷者仅靠其作为简单技工的工资上升到富裕阶级。……普通劳工那点纯粹的市场工资,从来(原文如此)不足以让他由穷到富。这一事实对整个论战至关重要,并证明工资制必须由其他某种制度来取代,否则的话,一半的人类必定永远是另一半人类实质上的奴隶。

单单靠努力工作,并不足以使绝大多数人民避免经济上的依附。进而言之,即便努力工作成功地做到这一点,也只是将公民从工薪阶级上升到雇主阶级,而并未消除这一控制结构、形成一个以平等和独立为前提条件的结构。只要这一结构还存在,共和主义自由就将是不可能的,因为就像布朗森描述的那样:"为了良心上的安慰,工资乃是坏人的狡猾设计,他们因此将保住奴隶制的那些全部好处,却不用承受奴隶主的代价、麻烦和公愤。"122

尽管领土扩张带来短暂利益,布朗森也像比利斯拜一样,认为领土扩张与保护经济自由最终是不相容的。通过与英国的例子进行类比,他明确强调了这一点:

> 一般的对外移民只能起到暂时缓解的作用,因为殖民地马上

将成为帝国,并会再现所有母国的不公和悲惨。一般的对外移民也没有必要。如果愿意做到公正合理,英国本来能够支撑比其现在拥有的更多人口。罪恶并非源于人口过度,乃是源于工业成果的不平等分配,她遭受生产过度之苦……因为她的工人不是为自己生产,而是为雇主生产。

按照布朗森的观点,由于没有帝国能够永远扩张,因此社会终将不得不面对嵌入在其自身经济结构中的不平等问题。就像比利斯拜十年前曾警告过的那样,除非从根源上解决压迫性的生产形式,否则这些形式将被带到新的土地上,并且带来"所有母国的悲惨"。布朗森要求贫穷劳工集中精力要求在自己所处社会内的生产控制权,而不是幻想增加的领土会成为万灵药。[123]

布朗森认为,唯一持久的解决之道乃是广泛的个人产权,途径主要是土地再分配和回到手工生产中:

> 决不允许我们的同胞成为这样的阶级,即成为注定终生靠工资艰难生活的工人。在个人合作社里,如果承认必须有工资,那么也必须是在这样的条件下,即在他的年龄适应定居生活之时,他将积累自己足够的资本来成为独立的劳动者——在他自己的农场或商店中。而这就是我们的工作,而我们要怎么做呢?

人们应该注意到,在后殖民时期的美国,这样的观点相对普遍。因为不仅是工会会员,而是有相当范围的殖民地社会赞同雇佣劳动与自由不相容,而这种状况只能作为通往财产所有权路上的暂时情况才可接受。使布朗森的观点与众不同的是,他拒绝美国人一般认为能够实现独立的那些方式:通过帝国和自助。[124]

由于这些传统方法的不足,并曾目睹自愿的工厂合作社的失败,布朗森因而断定,对那些要真正享有经济自由的普通个人来说,他们将必须集体要求对国家权力工具进行控制。他写道:"我们不相信那些制度会提升工人阶级的地位,因此建议在提升其地位时不去请求政府的帮助。我们必须有专门针对这一目的的政府和法令。"更具体地说,布朗森延伸了潘恩在《土地公平》中对遗产征税的观点,表示政府应废除所有"财产世袭继承",并重新分配财富,以保持与所有个人享有独立财产权的目标一致。就像其之前的潘恩和曼宁一样,他幻想一个小生产者的民主国家,在其中劳动者行使无限的民众权力,并共同介入市场关系以推进自由。与杰斐逊式和杰克逊式的政治家不同,布朗森把政府行动和多数主义法律看作实现集体自由的根本。[125]

布朗森对领土扩张的关注和对强有力政府的叙述,透露出对民粹主义抱负的改造,这种改造在其最大意义上说,甚至能够挑战定居者自由公民与帝国臣民之间典型的二元性关系。然而,布朗森本身并不愿意对这些观点的意义加以拓展。虽然他是一位对奴隶制直言不讳的批评者,但他认为废奴主义者应该尊重《1850 年逃亡奴隶法》(1850 Fugitive Slave Law)——无论这一法律多么不公正,因为归根结底这是土地法。虽然他拒绝接受对妇女的家长式监督,并为性别平等进行辩护,但他没有将所写的大量对普遍男性选举权的辩护,扩大到包括妇女身上来。在某种意义上,布朗森愿意使自己适应定居者社会的等级制,并从他自己坚定的平等主义逻辑立场上退了回来。

相反,纽约工人党(New York's Working Men's Party)创始人托马斯·斯基德莫尔却没有像布朗森那样犹豫不决。在东部城市工薪阶层的不满处于高潮之际,他 1829 年的作品《人的财产权利》(*The Rights of Man to Property*)问世了。这本书形成了该党最早党纲的基础,并代表了一种全面性尝试,以从定居者二元性中抽取出作为自治的自由。就像他之前的曼宁一样,对斯基德莫尔来说,在少数人与许多人之间存在基本的社会分裂。但是斯基德莫尔扩大了许多人这一定义的含义,他认为这些许多人不仅只是白人劳工定居者,而是所有的个体,无论其定居者地位如何,因为他们的经济独立条件不被承认。斯基德莫尔是潘恩的崇拜者,他的书名直接取自潘恩的《人的权利》,并认为潘恩的主要贡献之一,是拒绝认为正义因国籍或现有社会成员身份而受限。[126]结果,斯基德莫尔坚持认为自由劳动是一个普遍性的目标,因为没有什么生产控制的经验认为非白人、甚至妇女在根本上不能享有它。事实上,他认为贫穷白人与黑人奴隶和财产被剥夺的印第安人并非政治上的敌人;相反,他们有共同的根本利益,因为每个群体都被现存的经济等级制限制于贫穷和依附之中。

与布朗森一样,斯基德莫尔认为应废除世袭财产,并将其在所有成年美国人(斯基德莫尔认为是 18 岁)中间分配。在成年之前,政府应该将采取措施为孩子们提供支持和教育。由于这一经济独立权、因而也是平等地适用于每个人("赋予任何一个人……根据其存在")的财产权,应接受美国主权下的任何一个人作为自由公民,无论其种族、宗教或性别。例如,奴隶应得到解放,并被赋予选举权,因为"黑人的选举权……就像白人一样(是)绝对的。"进而言之,对斯基德莫尔来说,单单奴隶制在形式上的终结并不足以消除实质上的残余束缚,除非个人财产权和生产控制与解放一道来到。与继续维持在新租佃和工资奴役手段下的主人—奴隶关系相反,他希望得到解放的黑人也将被"赠予土地和其他财产","白人将战胜自己的感情,不去嫉妒和反对这一废除奴隶制及其上万仆从不幸的简单而自然的方法"。至于妇女,她们也"有权享有同样的选举权"和平等的财产分配。对斯基德莫尔来说,自由公民(享有共和主义自由的人)与阶层化从属者(屈从于自由裁量的地位优先权之下的人)之间的定居者二重性,必须让位于将所有人当作得到解放的平等者的宪政政治。[127]

循着他所热切拜读其作品的比利斯拜的思想,斯基德莫尔将领土扩张的驱动力看作国内根本不平等的产物。富人寻求扩大他们的经济权力,而穷人则将征服看作获得个人能力的手段,无论是通过军队津贴还是通过战争开拓土地。精确地说,由于有些定居者被拒绝给予土地,因此他们愿意成为"征服者",并利用暴力驱离他人。"只需在我们的要塞问问……他们就会告诉你。他们会说,如果社会给了他们大家一种技能(competence)(或确切地说是一种获得它的手段),就像所有人都会做的那样,在适当的情形下,他们不会同意原地踏步。"对斯基德莫尔来说,维持向西部扩张的经济力量是有问题的,不仅是因为他们再次重现了现有的依附性,而且是因为他们削弱了对平等的普遍尊重。作为经济自治引擎的征服即便成功,也是依赖于非法的隶属模式,因为它将暴力强加到外部人身上,而外部人值得得到平等敬重。换言之,殖民化使得非定居者群体工具化了,从而将被征服的个体当作依附性手段来对待,而这种手段只对实现定居者内部的目的有利。[128]

斯基德莫尔的反帝国政治导致他直接质疑对原住民的处置和驱离。有些美国人无疑承认嵌入在对待印第安人部落的历史实践中所存在的问题。这使人们想起在约翰逊诉迈金托什案中,虽然马歇尔接受了当场事实上的法律现实,但是他对认可原住民野蛮、因而要对其进行本土征服观点的道德正当性保持警惕。然而,斯基德莫尔甚至对这种纯粹法律上的承认也保持异议;相反,他坚持认为,暴力或欺骗并不能胜过印第安人对完整主权的主张。他充满挑衅地认为,如果对原住民—白人关系的评估显示,这两个社会之间真正的平等将要求归还印第安人先前被没收的土地,那就应该采取这样的措施。对斯基德莫尔来说,这样的想法是荒诞不经的,即英国殖民者合法拥有大片大片原住民土地,因为像威廉・佩恩(William Penn)那样的富裕殖民者"把一些珠子……给了印第安人"[129]。

至于那些原住民种族,只要他们形式上保留在美国主权之下,那么他们也值得拥有完全的财产权和选举权。事实上,斯基德莫尔号召举行纽约州宪法会议,以使这些保护措施普遍化。[130]但作为关键的必要条件,斯基德莫尔相信,虽然不能以武力迫使主权独立的印第安人邻居们改变其占有权的惯例,但在美国管辖权之下,自由公民权要求私人拥有土地。[131]对于美国原住民要成为内部的平等者来说,他们必须遵从政治和经济独立的共和主义思想,并因此复制定居者的财产所有权惯例。19世纪80年代,当美国官员恰好从事于把这样公有的部落土地分配为私人田产时,结果是原住民社会的大规模致贫和土地被没收。就像那些印第安人事务局(Indian Bureau)的官员一样,在财产关系和为了集体生活的"自由劳动"这样的核心问题上,斯基德莫尔坚守共和主义的信念。由于致力于分配平等,虽然他可能已对后来的发展深感烦恼,但却对改变原住民占有权的毁灭性文化影响视而不见。至于定居者社会的其他部分,他坚持将白人对土地的利用看作成员资格、归化和终极自由的普遍标准。

　　尽管有这一点,但是斯基德莫尔对共和主义自由的再造设想出这样一种可能性,即使自治普遍化和消除二元性的殖民地定居者制度。它在意识形态和实际上对征服的正当性构成了挑战。斯基德莫尔支持贫穷定居者、妇女和帝国臣民的共同利益,并号召白人劳动者将他们的社会关注扩大到包含这些群体。作为对定居者优先地位进行彻底批判的组成部分,他也提出了开放欧洲移民的族裔基础问题。按照他的观点,任何地方的所有个人都具平等享有财产的自然权利,并且不能被武力剥夺。如果有什么的话,这一权利意味着没有人能够仅仅因为碰巧在某地出生,就在分配经济所得的时候值得拥有道德上的优先权。从理想上说,欧洲人和非欧洲人一样,每个人通过将其在当地的财产权与外国居民进行交换,应有自由迁移的权利。斯基德莫尔因此希望不再把移民看作定居者扩张的工具,而是正视其为面对出生偶然性的手段。他支持定居者摒弃在历史上对排他性和从属性的依赖,支持他们在这一过程中为内部与外部之间的和平创造条件:"而当政府是为了使财产成为真实的和个人的而建立起来的……那么我们将看到政府只是通过表明其希望、而非发挥其力量来运用其功能。"在某种意义上,斯基德莫尔坚持定居者对千禧年和共和主义安宁事业的经典信念。但是他认为,这样的和平绝不能通过暴力镇压来实现,这只会将公民变成征服者。真正的和平要求聚焦于内部改革,并结束不平等的财产和地位关系。这样,"征服者和军人将被毁灭",而集体生活将真正体现安宁的目标。[132]

　　与比利斯拜和布朗森一样,斯基德莫尔的观点也是从这样一种基本意识中产生的,即由于强调商业生活和领土扩张的自我规制,作为向内部人提供经济独立的利益手段,定居者现状是不可持续的。不幸的是,这些观点在杰克逊时期一般来说并未得到共鸣。事实上,由于那些不那么激进的编辑和政客们的一致努力,斯基德莫尔不久发现自己被从他建立的政党中赶了出去。他建立一个新政党的努力基本上失败了,而且他的纲领几乎没有吸引到工团主义者愿意接受这样的全面改革。[133]从许多方面讲,斯基德莫尔和其他人提出的观点损害了定居者生活的基本结构,而这一结构为大多数白人继续提供了避免依附并取得经济自由的合理途径。比利斯拜、布朗森和斯基德莫尔的作品都回应了大城市工业生产的崛起。然而,这些经济实践、更不用说公司财富的加强,还处在相对起步阶段;而且,甚至大多数城市工人并没有出来支持这一大规模的改革。对许多人来说,社会流动性和独立财产权仍是可望可及的经历。虽然领土扩张可能使商业和制造业精英大大受益,但通过开垦新土地,它仍然为这样的流动、独立和平均主义提供了动力。

如果有什么的话,对于定居者来说,相对于担心害怕永久性雇佣劳动,在当时更大的包容性呈现出对内部自由更多的威胁。就像我在下一部分中所要探究的那样,对于杰克逊派的人来说,白人男性普选权不仅有赖于原住民懒惰的想法,而且有赖于妇女无能的主张,以及使用奴隶从事不自由低贱形式的工作。如果妇女不再是依附者,而是拥有投票权的自由公民,那么这对贫穷白人男性的地位意味着什么?——他们的地位依赖其能够在家中维持家长式的权威。类似地,如果奴隶不再被迫从事低贱形式的劳动,这是不是说将要求定居者从事这些活动,或者在市场上与黑人进行竞争?由于这些等级制维持了内部的相对平等,几乎没有定居者愿意重新构想地位关系,更不用说进行广泛的制度改变了。

非自由劳动、性别和种族等级以及接受排外

结果,贫穷定居者不是去挑战工业等级制,而日益采用的捍卫其经济地位的主要手段,却是对那些被排除在外的群体以及在定居者生活中经常处于边缘化的那些人,进一步限制其去从事那些最低价值形式的工作。在某种程度上,虽然妇女成为了劳动力的组成部分,但她们不禁发现,自己被限于人们认为根本上不自由的工作实践中。源于手工生产更大程度的劳动分工,虽然有的妇女在半技术工作岗位上就业(这是由于工艺生产中劳动分工的扩大而产生的),但是大部分妇女被转移到家政服务和非技术性的纺织业工作之中。这几乎不是偶然的,由于制造业拥护者早在 18 世纪末就曾认为,非技术劳动力应主要来自妇女和儿童;那些群体被认为天然能力不足,从而保证了父权,并使那些群

体不适于自治。[134]结果,在像马萨诸塞州洛厄尔(Lowell)那样的磨坊镇,到18世纪中叶有多达三分之二的劳动力(13 200人当中有8 800人)是妇女。[135]

事实上,杰克逊民粹主义传统倾向于强调性别差异,认为定居者社会内部妇女的地位与殖民地边缘地区那些被征服群体之间存在连续性。在18世纪,有些社会存在包容某些有特权妇女的空间,尤其是未婚或守寡的地主。1776年的新泽西州宪法,将选举权扩大到有财产的男性和女性;后来又使得法令能够使用代词"他或她",以强调妇女的选举权。[136]然而,后美国革命时期生产性劳动力地位的提升,却是与把女性描述为父权从属者这样的观点相伴相随的。与柯克的英国臣民身份典型构想相一致,妇女儿童被理解为丈夫和父亲的依附者。这种依附性被看作天然的、永恒的,并且通过保护(coverture)在习惯法中得以合法执行,妇女被规定将其财产和收入在婚后立即转给丈夫,而这是一个人独立的物质前提。

随着小农场主和匠人开始更强有力地要求自己的利益,并强调以工作为中心的共和主义公民身份的希望,殖民地时期存在于某些上层妇女中的些许权利缩小了。传统家庭"女性"工作与农场或工作台"男性"生产之间的劳动分工,强调了完整参与的性别描述。男性经由家园和工艺生产得到独立和自治,而家务工作(因其与主—仆关系联系在一起)则意味着所有女性的基本从属地位。结果,虽然民粹主义对生产性劳动的集中关注,削弱了唯有土地精英才享有发出有意义的政治声音这一想法,但却是以对白人妇女存在的那些权利进行妥协来这样做的。在民粹主义的理解中,甚至没有大量财产的人都值得参与集体决策,只要他们从事生产性工作,不是赤贫者。然而,如果劳动者不拥有大量财产,这就提出了古典共和主义有关劳动者如何能够证明其在社会福利中有固定利益的问题。答案变成了由婚姻和作为一家之主丈夫的地位,来确立其公民忠诚。因此,随着19世纪上半叶对男性选举权财产要求的消失,强调男性对女性的父权成为提升定居者男性地位的前提。[137]

结果,妇女不是自由公民,而是处于类似帝国臣民的状态,因为她们面临自由裁量的等级制权力结构。然而,在白人女性定居者与这些外部人群体之间,确实维持着明显的区别。人民将婚姻理解为基于同意的契约。作为对其妻子财产和收入控制的回报,丈夫有责任在政治和经济生活中支持、保护和代表其妻子。[138] 虽然这种依附性景象使得女性表现为对男性的天然劣势,但是就像孩子一样,妻子是定居者社会必不可少的构成部分,断然不是被征服的从属者。她们的地位源自家庭内部结构的等级制,而非战争或帝国殖民。当然,在法律和政治现实中,女性仍然被排除于自由公民身份之外。她们就像其他阶层化从属者一样,存在于相同的特权权力集合体之中,即便她们的地位直接依赖父权决定而非帝国决定。

甚至比性别领域更为明显的是,白人男性工人寻求划定这样一条界线,以使排他性的白人劳动与被认为适合于黑人的劳动区别开来。在北方,由于许多工匠曾是奴隶主,因此废奴时自由黑人经常是那些熟练技工。但是随着 19 世纪初手工艺生产开始解体,白人劳工反复企图禁止黑人工匠得到有技能的工作。埃里克·福纳(Eric Foner)写道:

> 然而,来自白人工匠的敌意,只是使得黑人局限于最低水平劳动力市场的众多障碍之一。除了那些卑微的职位,白人雇主拒绝在任何其他岗位上雇佣他们;白人顾客则不希望由他们来提供服务。结果是经济地位的迅速下降,直到世纪中叶,绝大部分北方黑人在非技术工作或家仆岗位上为工资而劳作。[139]

类似地,白人工人在南方通过竖起职业的种族藩篱,来对自己的经济地位滑落作出反应。1845 年佐治亚州通过一项法律,禁止雇主雇佣黑人技工或泥瓦匠。然而,由于南方种植园主的社会权力,这样的努力经常遭受挫折,甚至连佐治亚州的法律都变得基本无效,因为该法并不包括白人承包商雇佣的奴隶工匠。[140] 然而,白人劳工在全国推动的势不可挡的社会发展,是为了排除黑人人口得到技术性工作和独立的所有权,将他们限制在被认为低于白人尊严的那些卑微工作岗位上。[141]

在本质上,由于更坚定的民粹主义观点的退潮,白人劳工通过加强标志集体生活的自由裁量权的形式,来拼命保留自己的经济政治自由。当然,这样的行为在美国定居者社会中根深蒂固,因为美国革命本身,就是为保护英裔殖民者的社会优势地位而对旧状况进行捍卫的一种方式。到19世纪中叶时,这一帝国政治和地位保护的行为固化为民粹主义排外的充满敌意的特别形式。如此排外使得根据"盎格鲁-撒克逊种族"族裔优势论而进行的领土征服正当化,并寻求将帝国特权扩及整个美洲大陆。由于工资奴役和租佃的威胁,小农场主和市民再次重申了这种长期存在的意识形态叙述,即定居者乃是族裔上的选民,他们是历史上得到救赎的民族,他们将通过殖民来传播英裔的自由,并将建立一个千禧年的和平共和国。正如英帝国衰落时引起的地位焦虑与殖民地内强烈的千禧年主义携手并进一样,社会群落和传统经济活动形式的断裂,重新激发了人们认识到帝国与历史上独特的美国共和国事业之间的连接。

到19世纪40年代,定居者作为选民的观点开始被概括为"天定命运"(Manifest Destiny)这个短语。这一短语是由约翰·L.奥沙利文(John L. O'Sullivan)在《民主评论》(*Democratic Review*)7—8月份那一期有关得克萨斯被纳入联邦问题的纪念性社论中创造的。[142]在有关兼并得克萨斯的辩论中,伊利诺伊参议员斯蒂芬·A.道格拉斯(Stephen A. Douglas)对天定命运原则进行了阐述,并将天定命运与定居者建立一个横跨美洲大陆的千禧年自由共和国目标连在一起。在描述上帝救赎美国人民的使命时,道格拉斯写道:

> 他(He)将抹去现在标记我们国家在这个大陆上边界的地图线条,并且使自由的地区像这个大陆本身一样辽阔。他将不会容忍互为对手的小小共和国在此林立,带来相互嫉妒、相互干涉内部事务并不断危害和平。他不愿跨过辽阔的海洋——跨过那些自然之神(God of nature)业已标出的边界。[143]

救赎使命和种族特点有助于使下列行为的正当化:在墨西哥-美国战争期间呼吁进行扩张;将作为"混血种族的"墨西哥人判定为不值得

被完全包容进来，并可以将他们作为被征服的帝国臣民来对待。对于像参议员威廉·普雷斯顿（William Preston）那样的人来说，与墨西哥人对抗只是一场正义的"宗教自由战争"，它是一场由"战无不胜的盎格鲁-撒克逊""高贵种族"发动的、针对因种族落后和天主教"狂热"而激起的"入侵者"的战争。[144]

对排外的诱人诉求甚至在拉尔夫·沃尔多·埃默森（Ralph Waldo Emerson）的演讲中都是显而易见的，他在 1843 年所作的一次演讲中，题目就是"盎格鲁-撒克逊种族的天才和民族性格"（"The Genius and National Character of the Anglo-Saxon Race"）；在演讲中他把天定命运和定居者内部自由，与这个国家的撒克逊祖先独一无二的种族品性联系到了一起，这些品性赋予真正的美国人"普遍的天真无邪和健康，因此（也赋予了）普遍的正确思想"[145]。虽然埃默森基本上避免利用他的"种族"观点，来贬低其他社群或使其他社群的从属地位正当化，但是对许多定居者来说，这些有关英裔的美德和男子气概观点恰恰意味着这样的判断。[146] 在这样的情况下，小生产者民主的民粹主义观念，深深地与将所有那些危害定居者自由和永久和平的国家使命的其他人排除在外联系在一起。虽然内部自由要求保证政府的处理权绝对不直接针对自由的男性定居者，但它也认为持续使用帝国特权是必要的，以使在社会契约之外的人构成的对自由的潜在威胁缓和下来。

面对这种充满敌意的排外，甚至连欧洲人易于移民并得到承认的经典定居者假说都面临挑战。到 1860 年，在 40 个最大城市中，移民占人口的三分之一。而如果说他们在边疆多多少少受到欢迎的话，那么在面临新人口压力的沿海和工业中心，他们常被视为损害土生土长者的就业和财产权。[147] 具体而言，这一时期目睹了反天主教情绪的上升——这样的例证有普雷斯顿参议员有关墨西哥人受宗教迷信驱使的观点，以及像通过一无所知党（Know Nothing Party）体现出的政治"本土主义"支配地位。新教定居者发出的那些谴责与美国革命之前业已存在的并无二致，他们使这样的观点获得新生，即天主教徒与妇女、黑人和原住民一道，无力享有自由，天主教的例子是因为其所信奉宗教的专制本质。最终，反天主教以及反移民的建议，基本上没能支撑一场民众的政治运动。虽然一无所知党领导人在地方选举中获得成功,但是他们从来没有成功地损害到现有的归化或选举权架构。呼吁设定移民配额,尤其是对来自天主教国家的移民配额,或者在这一案例中将归化前等待期延长到 21 年,要等到过了半个多世纪以后才被严肃地加以考虑或执行。[148]

然而,这一时期还是形成了广泛的社会歧视实践,并帮助使移民工人处于非技术就业的工作关系合法化。将工资生产设计为新的、因而也是文化上未同化的欧洲人主要从事的领域,有着长期的影响。一名牧师在 1887 年的观察中写道:"虽然并非每个外国人都是工人,但至少在城市里,几乎可以说每个工人都是外国人。"[149]定居者排外虽然从未在真正意义上对因领土扩展和经济增长产生的人口需要构成挑战,但因此产生了在即便被认为是自由公民之间的悬殊机会和待遇差别。虽然存在这样的事实,即欧洲移民和土生土长的人各自都喜欢进入西部土地、被包括到参与式政治之中,但是这些悬殊差别却按照内部对谁才是"真正的"定居者判断标准,将他们的工作生活、家庭协会和邻里关系隔离开来了。

塔尼与对帝国特权的监管

最有力地表达了以下两个方面重要性的那个人,是最高法院首席大法官塔尼:其一,结构二元主义的重要性;其二,针对日益排外和被修葺过的民粹主义形式而使内部—外部区别变得牢固的重要性。塔尼曾是民主党的核心人物,他曾担任过杰克逊的总检察长,并为总统起草过总统否决通知书,他沿用了更早前国会更新美国国家银行执照(the National Bank's Charter)时的先例。*虽然塔尼自己是天主教徒,但在

---

* "国会更新美国国家银行执照时的先例"指国会在 1811 年拒绝续签第一银行的执照期限,第一银行因此终结,第二银行成立。此次沿用先例,是指杰克逊总统于 1836 年拒绝续签第二国民银行的到期执照,第二银行因此终结。(参见朱怡:《美国银行的早期发展史初探》,华东政法大学 2007 年硕士论文摘要,https://www.doc88.com/p-1703034536490.html,2020 年 11 月 1 日登录。)——译者注

其政治行为和法庭观点中却阐明了新民粹主义信念的内容：与捍卫帝国特权结合在一起的政府怀疑论。这种特权认为，对被定居者社会移除在外的人，政府有使用强制力的天然主权权利（sovereign right），尤其对原住民和奴隶更是如此。

在美国印第安人的例子上，塔尼明显坚持把如此庄严的衍生权力（derived powers）看作主权的基本特点，并将原住民群体描述为法律上从属于所有有效联邦权力工具的臣民。美国最高法院在美国诉罗杰斯（United States v. Rogers，1845 年）一案中裁决认为，从宪法上说，美国联邦对在切罗基民族土地上所犯的罪行拥有管辖权，尽管条约条款将管辖权授予给了那些部落。塔尼在其最高法院大法官们一致同意的意见书中清楚表明，通过其特许权利，只要国会自己认为合适，国会拥有绝对权力来解决原住民土地问题和原住民群体问题。虽然塔尼没有任何马歇尔的道德不安，但他避开宪法建设问题，并反复提到发现论。塔尼宣称：

> 人们在这个大陆上发现的原住民部落，在其被发现时从未被欧洲的政府承认是独立国民或被当作独立国民来对待，也不被认为是他们各自占有领土的主人。相反，整个大陆被分割、被条块分配，由欧洲的政府授予人们，似乎这片大陆乃是一片不曾被占有、空无一人的土地。而印第安人则被继续坚持认为是受其支配和控制的臣民，并且他们也受到了这样的对待。[150]

在这样要求的时候，塔尼维护了定居者社会的帝国基础，并主张对外部的主权权力之于定居者社会内部集体自由的重要性。这种权力起到两方面的作用：牢固确立英裔美国定居者的至上社会地位；支配白人与美国原住民之间等级制的地位关系。

然而，真正表达 19 世纪中叶民粹主义排外特点的决议，是德雷德·斯科特诉桑福德（Dred Scott v. Sanford）一案。在这起案件中，塔尼一方面为针对无论自由与否的黑人的绝对主权权力进行了辩护，另一方面又对针对定居者内部的特权权力进行了明显的批评。结果，塔尼阐明了遵循美国宪法的民粹主义基本构成要素：警惕政府、坚信帝国乃自由之前提条件、致力于使标志定居者生活的结构二元性变得牢固。而今，德雷德·斯科特一案因最高法院对奴隶制和种族压制进行辩护而受人痛斥、被人记住。众所周知，首席法官塔尼对黑人法律地位这样写道："一个多世纪以前，他们已被认为是劣等阶层生物，并且完全不适合与白人种族交往，无论是在社会关系还是政治关系中。他们是如此劣等，以至于无权享有白人注定得到尊重的权利。"[151] 因此，塔尼宣称，黑人无论是自由人还是奴隶都完全居于社会契约之外，而且定居者政治共同体对他们享有控制其作为依附人口的天然完全权力。

然而，完全聚焦于德雷德·斯科特一案所蕴含的奴隶制的制度意义，掩盖了这一判决案第二个方面的关键内容：这样一种方式，其中不受制衡的权力与对宪法局限和边疆定居者权利的辩护二者相得益彰。就像桑福德·莱文森（Sanford Levinson）所写的那样："就美国领土而言，可以说德雷德·斯科特一案的元问题乃是国会是否拥有'完全的'（plenary），即不受约束的权力。"[152] 鉴于从《1787年西北条例》和路易斯安那购地案到所有美国领土兼并行为，国会都曾试图主张在管理这些新领土时的自由裁量权，尽管是临时性的，塔尼因而试图限制全国性政府对定居者的强制性权力，从而确保帝国特权决不会施用于集体生活之内。换言之，就民粹主义思想中有关赞成内部自由与赞成对外扩张和从属关系的思想在知识上的联系而言，此案乃是微缩版。

这个案件本身提出了1820年密苏里妥协（Missouri Compromise of 1820）的合宪性问题，它禁止在北路易斯安那购地案中采用奴隶制。在塔尼的主要观点中，他认为密苏里妥协是非法的，因为宪法扩及所有领土并拒绝承认国会具有使奴隶制不合法的权力。按照他的观点，宪法授予国会作为兼并领土必要副产品的管理领土权，但这种"隐含的"权力必须在与宪法规范保持一致的情况下实行，并不允许全面禁止奴隶制。由于奴隶被认为是私有财产，因此对这些财产的干涉侵犯了《权利法案》，而整个《权利法案》则延及"全部领土，宪法授予这些领土立法权，包括依然在地区政府管理下的部分领土以及各州覆盖的领土"[153]。

由于对政府干涉持怀疑观点，因此塔尼试图确保定居者从来没有从属于任何固有的绝对权力——这种权力使自由公民沦为原住民或黑人的地位。为强调这一点,值得大段引用这位最高法院大法官的话:

> 宪法本身规定并清晰界定了政府的各项权力,以及公民的权利和特权。当一个地区成为美国一部分的时候,联邦政府因创立者赋予其资格而拥有该地区。联邦政府拥有该地区,但它对公民所拥有的权力受到宪法的严格规定和限制。因为其自身的存在来源于宪法,而且唯有根据宪法其才继续存在,并起到政府和主权的作用。除此之外国会无别的权力,而当它进入美国领土时,国会不能避开其特点,并擅取宪法已拒绝承认的自由裁量权或专制权。国会自己不能形成与美国公民、与宪法条款赋予其职责相分离的特点。地区作为美国的组成部分,政府和公民都是在宪法权力下进入该地区的,因而他们各自的权利都受到限定和规定。除了该宪法文件授予之外,联邦政府既不能对其人民和财产行使任何权力,也不能合法拒绝承认宪法保留的任何权利。[154]

按照塔尼的方法,宪法紧跟美国国旗。而将定居者作为殖民地依附者进行对待,则根本上与自由政府的信条相对立:

> 毫无疑问,宪法并没有授予联邦政府任何权力,来建立或维持与美国毗邻或相距遥远的殖民地,并随心所欲地管理和统治这些殖民地。除接纳新州之外,宪法也没有授予其权力以任何方式扩大领土界限。那一权力是直接授予的;如果一个新州被接纳,不需要国会进一步立法,因为宪法本身已界定了该州、该州公民和联邦政府的相对权利、权力和责任。但联邦政府并未被授权获取一个地区,来进行永久性地拥有和统治。[155]

就像路易斯安那购地案期间边疆政客们曾主张的那样,塔尼规定不仅所有殖民地最终必须获得州的地位,而且宪法也对国会权力进行了清楚的限制。

　　这种对殖民地依附性的攻击,导致莱文森认为塔尼就这样断然放弃了帝国。他写道:"就某种程度的时代错误而言,塔尼可以被看作一个'早熟的反帝国主义者',他拒绝这样一种观念,即作为一个国家,美国可以在国会命令下征服领土并对其进行完全统治。"[156]在认为德雷德·斯科特一案乃是反帝国主义的判决时,莱文森没有领会到这一观念的核心规范性内容,即在事实上,它是对扩张主义和致力于监督内部使用特权权力而在宪法上进行的辩护。通过维护"殖民地",全国性政府类似于英国帝国中心那样对待定居者,就像只是通过帝国命令来对众多臣民人口中的某一个进行统治那样。对于塔尼来说,内部自由要求共同体享有基本的帝国征服权利,就像在美国诉罗杰斯一案中表明的那样:英裔定居点一建立,这种帝国特权就消失了。换言之,殖民地依附性如此受到斥责,是因为它允许源于皇家的特权来支配定居者社会内部的关系,尤其是它对边疆社会和白人劳工起到压迫性力量的作用。塔尼以明白无误的杰克逊式术语,不仅使得不受制衡的对外主权——因而也是帝国——正当化,而且保证宪法限制性的内部条件和白人的独立。

　　最终,塔尼有关原住民和奴隶的判决,突出强调了从美国革命到美国内战前夕民粹主义政治的延续和变化。就像在他之前的许多人一样,他透过族裔棱镜来看自由公民权,并且相信这个国家享有一种历史性的救赎使命,这种使命使得美国原住民被强制移除正当化,以及给被视为种族上劣等者规定一种屈从者的地位正当化。这种排外也与劳工群体的利益紧密相连,因为唯有通过殖民和严厉排除那些对内部自由构成威胁的人,经济和政治自由才可能得以维持。然而,在强调一种建立在监督特权权力和确立社会等级制基础上的政治时,塔尼也指明了民粹主义信念中丧失的东西。麦迪逊共和主义在制度上的胜利,使得围绕民粹主义和地方分权的政治非常难以行得通,因为在其中政府行为本身是自由的组成部分。结果,宪政秩序促使后殖民时期美国的那些要求——进行一次严肃尝试,以构想出与帝国分离和摆脱从属地位的自由——沦为无关紧要的枝节问题。最终,它将把南方的分离和战争,看作获得斯基德莫尔或布朗森所表达的政治吸引力的推动力。就像美国革命时期的民粹主义政治一样,这些推动力将一再在处于定居者生活边缘的那些人身上重现。

结论:内战、解放以及共和主义的未来

在众多有关内战在文化上的变化意义中,其中之一是重申政府干预业已确立的经济关系的能力。塔尼曾将奴隶财产看作只是财产权形式之一,是一种与工资关系并无不同的劳动安排,从而形成了在宪法上受到保护的权利,并使之不能从属于集体利益。但通过《解放宣言》(Emancipation Proclamation),甚至更为直接地说,通过 1862 年在南方使用联邦占领军,国会权力非常明显地介入摧毁强制性的劳动制度之中。在这样做的时候,国会毫不掩饰地把政府能力用作为屈从者权利服务的工具。

这一事实对最激进地批评奴隶制的国会议员并非不起作用。就像斯基德莫尔在 30 年前指出的那样,即便解放结束了直接奴役,但却压根没有给获得自由的黑人提供经济和政治独立。为使先前的奴隶完全参与到定居者生活之中,联邦政府进行了另一项伟大的政治干预行动:在自由人中平分所有种植园主的土地。像众议院公共土地委员会主席、众议员乔治·朱利安(George Julian)那样的个人对此欣然持欢迎态度,并支持创立致力于这些目的的自由人事务处(Freemen's Bureau)。在他看来,南方黑人唯有凭自己的权利成为财产所有人之日,才是得到真正解放之时。然而,如果没有有效的改革,黑人将不可避免地面临新的、甚或更加具有剥削性的奴役形式。朱利安担心,南方种植园主精英们将使得黑人沦为租佃和穷困的地位,这导致他在国会上大声呼喊说:"土地垄断就是奴隶制。"而对于北方,朱利安则进一步认为,实业家们将使得"工资奴隶制度"永久化,因为"对自由人和贫穷白人的支配将比奴隶制本身还令人沮丧"[157]。

这样的观点离美国内战前北美社会的自由劳动力正统派,还有一长段路需要走。为了与"自治即自由"思想保持一致,内战前的美国几乎所有政治派别都认为,自由与经济奴役是不相容的,不管这样的奴役是以工资关系、租佃还是奴隶制形式出现。然而,几乎没有人因追随布朗森或斯基德莫尔,而采取超过自助和竞争性个人主义言词的举措,以便为了经济自由而赞成劳工对政府进行控制。亚伯拉罕·林肯(Abraham Lincoln)1859 年在威斯康辛集市的演讲中,反复说到通过在自由放任劳动市场的辛勤工作,而使传统自由劳动力得到提升的主题:

> 那些精明而不名一文的新手,暂时通过努力工作以获得薪资,将盈余存下来买工具或给自己买土地;然后为自身利益继续工作,过阵子终于雇佣其他的新手来帮他。其鼓吹者说,这就是自由劳动——一个公正而慷慨、且繁荣兴旺的制度,它给所有人打开了通道——它给所有人希望、活力、进步和条件改善。若有人终其一生处于被雇佣的劳动者状态,那就不是制度之错,而是因为他更喜欢这种状态的依赖本性、无先见之明、愚蠢,或仅仅是不幸所致。[158]

对林肯来说,只要让市场按其自身方法进行运转,个体就将能够取得经济上的独立。结果,使奴隶制如此令人憎恶的,乃是因为它并非真正自我规制的商业制度,而是一种奴隶主在其中强制性地榨取劳动,但不提供报偿或选择假象的制度。此刻,像朱利安这样的激进共和党人在要求进行土地再分配的时候,认为单单市场并不能被认为可确保自由;而且市场将使以前的奴隶受到新"工资奴隶制"的奴役,而不是形成独立的财产人。从根本上说,这样的观点与林肯根据工匠关系来重新构建工厂生活的尝试相左,因为工匠关系是一种长期以来在老师傅与熟练工之间维持的关系。朱利安和他人认为工厂主是经济压迫者,他们只是以一种形式的奴役代替了另一种形式的奴役,而非林肯所设想的技工雇佣"新手",并帮助他们走向独立之路。

在某种意义上,美国内战暴露了自由劳动必定带来财产权的咒语,与农民和工人面临的实际条件之间不可调和的矛盾。最终,随着像佃农这样的新强制性劳动制度得以发展出来取代奴隶制,战后重建的失败销蚀了黑人独立的希望。然而,通过重申民众动员的重要性和政府行动获得解放的可能性,激进共和党的观点以及由获得自由的奴隶本身对财产权和生产控制的鼓动,帮助再次重塑了民粹主义的观点。[159]随着定居者和历史上被排除在外的团体为了有意义的自治和完全的包容而进行斗争,他们在这样做的时候也有助于为政治和经济冲突创造条件,而这些冲突将是19世纪末20世纪初美国的标志。

在紧随内战之后的岁月里,美国发觉自己永久性地告别了它此前的全球软弱地位。由于不再在物质和政治关系中受到后殖民时期的依附性束缚,这一新兴政府是一个大陆帝国,其工业经济世界其他地方无可匹敌。如果美国宪法创立者们曾将共和主义与民众权力隔离开来看作操纵充满敌意的、一个以新殖民主义为特点的国际体系的手段,那么这种恐惧此刻就似乎显得不合时宜了。虽然英国、法国、德国在1860年依然在工业生产上享有对美国的优势,但是到了1900年,美国制造业比上述三国加在一起生产得还要多。然而,与此引人注目增长相伴的,是美国劳动力结构发生了根本变化,其工业雇佣劳动者的数量在同期从150万人增加到590万人,占美国全国劳动力的25%。[160]

这一发展只代表了到19世纪末期美国所面临一系列变化中的一个而已。首先,拓边的终结提出了这样的基本问题:包括帝国的未来,以及是否能够兑现广泛个人财产权这一许诺。随着扩张的终结,在人口上似乎不再需要大规模的新移民流入,因而像来自欧洲的自由迁移、无约束力的归化和非公民的投票等政策似乎不再需要,它也对满足漏洞的边界效用构成了挑战。此外,奴隶制的失败对集体生活的族裔基础提出了质疑,无论怎样心不甘情不愿;并因此对得到正式公民身份的自由黑人,是否以及在多大程度上将结合进定居者社会提出了质疑。

在某种意义上,所有美国定居主义的基本构成部分经历了严重压力:(1)经济独立和生产控制的许诺;(2)领土征服和为定居点提供新的土地;(3)根据族裔来界定成员身份的观点;(4)基本对欧洲开放移民。结果,美国一开始就直面共和主义自由的含义,也即源自早先殖民化时期的美国社会生活指导原则。它这样做的背景,是许多政治经济精英想知道这一原则本身是否依然合适,并开始考虑将帝国与自由结合在一起的替代方式。这样的力量面对复苏的新民粹主义观点,而在其最理想的方面,这种民粹主义观点希望将自由主义价值从帝国主义的约束中、从建立在排他性基础上的政治中解放出来。如果说布朗森和斯基德莫尔的思想曾与杰克逊时代相左,那么对许多人来说,这些思想在公司集中、工业雇佣以及经济贫困的状况下,则似乎显得越来越适合了——对定居者和非定居者来说都是如此。最终,这些竞争性群体之间的斗争,彻底改变了美国生活的潜在价值,并产生了今天依然发挥作用的政治架构。

注　释

1. James A. Morone, *The Democratic Wish*: *Popular Participation and the Limits of American Government* (New York: Basic Books, 1990), 1.

2. 参见 Thomas P. Slaughter, *The Whiskey Rebellion*: *Frontier Epilogue to the American Revolution* (New York: Oxford University Press, 1986), 48; 以及 David Szatmary, *Shays' Rebellion*: *The Making of an Agrarian Insurrection* (Amherst: University of Massachusetts Press, 1980), 19—36。

3. 引自 Szatmary, *Shays' Rebellion*, 33—34, 57。

4. 参见 Slaughter, *Whiskey Rebellion*, 62—65(引自 131)。

5. Alexander Hamilton, John Jay, and James Madison, *The Federalist Papers*, ed. Isaac Kramnick (New York: Penguin Books, 1987), no.79, 443 (Hamilton).

6. 一般参见 Jean-Jacques Rousseau, *On the Social Contract*, with Geneva Manuscript and Political Economy, ed. Roger Masters(New York: St. Martin's Press, 1978)。

7. *Johnson v. M'Intosh*, 21 U.S.(8 Wheat.) 543(1823).

8. Ibid., 587, 574.

9. Ibid., 573, 588, 585.

10. Ibid., 573, 588, 591, 590.

11. Ibid., 591.

12. Joseph Story, *Commentaries on the Constitution of the United States*, vol.1, ed. Melville Madison Bigelow(Boston: Little, Brown, 1891);也引自 Robert A. Williams Jr., *The American Indian in Western Legal Thought*: *Discourses of Conquest*(New York: Oxford University Press, 1990), 316。

13. 参见 Arnold Leibowitz, *Defining Status*: *A Comprehensive Analysis of*

United States Territorial Relations(Boston：Nijhoff，1989），6—8。

14. 例如，戴维·亨德里克森(David Hendrickson)在他最近的美国国际关系史著作中认为，在意识形态和制度支配的集体想象中，政治组织、联邦与帝国三个体系相互竞争。他坚持认为，有些早期的政治人物无疑提出了帝国观点，但美国内战前的共和国并非一个帝国，而是以致力于联邦为前提条件的、期望以事实证明出现不同州之间形成持久和平的联邦体系。就此而论，孤立的帝国实践与基本上非帝国的宪政计划形成了对照。参见 David Hendrickson，*Union*，*Nation*，*or Empire*：*The American Debate over International Relations*，*1789—1941*(Lawrence：University Press of Kansas，2009)。类似地，在对有关领土治理的宪政结构细致而富于启发性的叙述中，加里·劳森(Gary Lawson)和盖伊·塞德曼(Guy Seidman)也得出结论认为，"宪法"对帝国"并不宜"，因为宪法的创建者们总是倾向于使各片领土"成为范围更大的美国国家的平等组成部分"。Gary Lawson and Guy Seidman，*The Constitution of Empire*：*Territorial Expansion and American Legal History*(New Haven，Conn.：Yale University Press，2004)，202.

15. Peter Onuf，*Jefferson's Empire*：*The Language of American Nationhood*(Charlottesville：University Press of Virginia，2000)，39.

16. 引自 Joyce Appleby，Lynn Hunt，and Margaret Jacob，*Telling the Truth about History*(New York：Norton，1994)，114。

17. 汉密尔顿有关路易斯安那购地案的观点，参见 Ibid.，109。

18. 参见 Robert E. May，*The Southern Dream of a Caribbean Empire*，*1854—1861*(Athens：University of Georgia Press，1989)，21。梅(May)在其影响深远的文稿中认为，北方阻止奴隶制扩张所做的努力，对把南方帝国利益改变为地方利益并因此创造战争环境起到了很大的作用。

19. Ibid.，35.

20. 更多有关对路易斯安那领土进行兼并的过程，参见莎拉·克利夫兰(Sarah Cleveland)有价值的讨论，"Powers Inherent in Sovereignty：Indians，Aliens，Territories，and the Nineteenth Century Origins of Plenary Power over Foreign Affairs，" *Texas Law Review* 81(2003)：1—284。在文中，克利夫兰描述了杰斐逊对此在法律上所抱持的疑虑，即购买英国历史上所拥有的欧洲领土的合宪性。但少之又少的政治家对此有同样的关切。几乎所有人都把扩张和征服看作主权的天然权利，因为战争和条约权已使之合宪化了，并因欧洲人对各地区的发现而畅通无阻了。由于受定居者为经济独立而寻求土地重要性的激发，以及受快速批准愿望的驱使——以免拿破仑改变想法，甚至连杰斐逊最终都不顾自己的担忧了。

21. *Cherokee Nation v. Georgia*，30 U.S.(Mem.) 1(1831)；以及 *Worcester v. Georgia*，31 U.S.(Mem.) 515(1832)。

22. Cleveland，"Powers Inherent in Sovereignty，" 35.类似地，丽莎·福特 (Lisa Ford)在她最近对佐治亚和新南威尔士定居者—原住民关系的比较中得出结论："最高法院在切罗基民族诉佐治亚案和伍斯特诉佐治亚案"中闪烁其词。Lisa Ford，*Settler Sovereignty：Jurisdiction and Indigenous People in America and Australia，1788—1836*(Cambridge，Mass.；Harvard University Press，2010)，183.

23. 参见 Stuart Banner，*How the Indians Lost Their Land：Law and Power on the Frontier*(Cambridge，Mass.；Harvard University Press，2005)，221—223。

24. *Cherokee Nation v. Georgia*，17，17—18.

25. *Worcester v. Georgia*，559.

26. 再次参见 Mahmood Mamdani，*Citizen and Subject：Contemporary Africa and the Legacy of Late Colonialism*(Princeton，N.J.；Princeton University Press，1996)，37—61。

27. 参见 William Gerald McLoughlin，*After the Trail of Tears：The Cherokees' Struggle for Sovereignty，1839—1880*(Chapel Hill；University of North Carolina Press，1993)，7。

28. 托马斯·杰斐逊创造了这个有名的新短语，以描述美国领土增加与其内部制度之间交缠。在 1890 年给麦迪逊的一封信中，他写道："既然从创建以来她就从未测量过，那么我们就应该拥有一个这样的自由帝国……(因为)为此辽阔的帝国和自治，此前没有哪部宪法作为我们的宪法曾被考虑过。"引自戈登·S.伍德(Gordon S.Wood)有关这一时期的综合性历史著作，*Empire of Liberty：A History of the Early Republic，1789—1815*(New York；Oxford University Press，2009)，376。为保持与《美国革命的激进主义》的一致，伍德的叙述强调后革命时期美国的平均主义，如果用杰斐逊的术语来表达的话。然而，至于伍德更早的那本书，他聚焦于代议制的兴起和贵族政治的衰落，没能意识到定居者社会根本上的二元性，并因而只复制早期共和国的内部各维度而已。

29. 一般参见元村博对从 19 世纪到如今有关移民与公民身份之间关系分析变化的重要叙述，*Americans in Waiting：The Lost Story of Immigration and Citizenship in the United States*(New York；Oxford University Press，2006)。

30. 参见 James H. Kettner，*The Development of American Citizenship，1608—1870*(Chapel Hill；University of North Carolina Press，1978)，246；以及 Motomura，*Americans in Waiting*，71，9。

31. 关于用财产法引导白人定居点的叙述，参见 Kerry Abrams，"The Hidden Dimension of Nineteenth-Century Immigration Law，" *Vanderbilt Law Review* 62(2009)：1353—1418(尤其是第 1403—1414 页)。克里·艾布拉姆斯

(Kerry Abrams)有力地论证了财产、婚姻以及边疆地区的投票法,是如何用来构建正确的族裔人口统计学的。例如,除通过反种族通婚法令之外,还有美国内战之后的地区政府开始持续将投票权扩展到白人女性的过程。这些做法的共同目标是引导欧洲女性移民和防止种族混合,而后者是对定居者身份的根本威胁。

32. Alexander Keyssar, *The Right to Vote : The Contested History of Democracy in the United States*(New York: Basic Books, 2000), 32.

33. Jamin Raskin, "Legal Aliens, Local Citizens: The Historical, Constitutional and Theoretical Meaning of Alien Suffrage," *University of Pennsylvania Law Review* 141(1993):1391—1470.

34. *Spragins v. Houghton*, 3 Ill.(2 Scam.) 377, 408(1840),引自 Keyssar, *Right to Vote*, 33。

35. Keyssar, *Right to Vote*, 33.

36. 一般参见 Matthew Frye Jacobson, *Whiteness of a Different Color : European Immigrants and the Alchemy of Race*(Cambridge, Mass.: Harvard University Press, 1998), 39—90(移民数量引自第 43 页)。

37. 关于对 19 世纪联邦和州移民法律的全面评估,参见 Gerald Neuman, "The Lost Century of American Immigration Law(1776—1875)," *Columbia Law Review* 93(1993):1833—1901,尤其参见第 1846—1865 页;以及一般参见 Gerald Neuman, *Strangers to the Constitution : Immigrants, Borders, and Fundamental Law*(Princeton, N.J.: Princeton University Press, 1996), 19—94。关于缺少联邦驱逐的问题,参见 Roger Daniels, *Not Like Us : Immigrants and Minorities in America, 1890—1924*(Chicago: Ivan R. Dee, 1997), 17。事实上,这期间唯一的联邦驱逐法令是 1798 年的《外国敌人法》(Alien Enemies Act),该法是作为《外国人及煽动暴乱法》(the Alien and Sedition Acts)组成部分而通过的,它排除政治激进分子进入,并规定对激进分子进行清除。然而,实际上并没有人被正式驱逐。也可参见 Daniel Kanstroom, *Deportation Nation : Outsiders in American History*(Cambridge, Mass.: Harvard University Press, 2007), 60—63。

38. Kanstroom, *Deportation Nation*, 77—90.

39. Neuman, "Lost Century," 1868.

40. Eric Foner, *The Story of American Freedom*(New York: Norton, 1998), 76—77.

41. Roger Daniels, *Coming to America : A History of Immigration and Ethnicity in American Life*(New York: Harper Collins, 1990), 308.

42. Richard Griswold del Castillo, *The Treaty of Guadalupe Hidalgo : A Legacy of Conflict*(Norman: University of Oklahoma Press, 1990), 51.

43. Keyssar，*Right to Vote*，337，table A.4.

44. 参见 David J. Weber，ed.，*Foreigners in Their Native Land：Historical Roots of the Mexican Americans*（Albuquerque：University of New Mexico Press，2004），156—157。

45. 一般参见 Gordon Wood，*The Radicalism of the American Revolution*（New York：Knopf，1992）；以及 Robert Wiebe，*The Opening of American Society：From the Adoption of the Constitution to the Eve of Disunion*（New York：Knopf，1984），3。

46. 参见 Christopher Tomlins，*Law，Labor，and Ideology in the Early American Republic*（New York：Cambridge University Press，1993），60—61。克里斯托弗·汤姆林斯为 18 世纪七八十年代立法至上的兴衰提供了关键的分析。尤其参见 Ibid.，60—97。

47. Robert C. Palmer，"Liberties as Constitutional Provisions 1776—1791，" *Liberty and Community：Community and Rights in the Early American Republic*，ed. William E. Nelson and Robert C. Palmer（New York：Oceana Publications，1987），55—148（引自第 83 页）。更多有关这一时期国家宪政主义的民粹主义元素的研究，也可参见 Christian Fritz，*American Sovereigns：The People and America's Constitutional Tradition before the Civil War*（New York：Cambridge University Press，2008），9—116。

48. 引自 Tomlins，*Law，Labor，and Ideology*，57。汤姆林斯认为，在美国革命期间，定居者利用"监督"语言，来赋予政府这一概念以发言权，使其通过行使公共权力来确保经济独立。Ibid.，55—59.

49. Palmer，"Liberties as Constitutional Provisions，" 82—86；也可参见 Tomlins，*Law，Labor，and Ideology*，55—58。

50. 参见 Christopher Lasch，*True and Only Heaven：Progress and Its Critics*（New York：Norton，1991），170—176（引自第 174 页）。

51. Wiebe，*Opening of American Society*，41.

52. Lasch，*True and Only Heaven*，173.

53. Philip Pettit，*Republicanism：A Theory of Freedom and Government*（New York：Oxford University Press，1997），36.

54. Seth Ames，"Life of Fisher Ames，" in *Works of Fisher Ames*，vol.1，ed. Seth Ames（Boston：Little，Brown，1854），1—28（引自第 21 页）。

55. Woody Holton，*Forced Founders：Indians，Debtors，Slaves，and the Making of the American Revolution in Virginia*（Chapel Hill：University of North Carolina Press，1999），196；以及 Thomas Paine，"The Rights of Man，Part I（1791），" in *Political Writings*（New York：Cambridge University Press，1989），49—143（引自第 138 页）。至于立法机构，潘恩几无困难地把多数派制

度作为主权权力的适当依托、把立法至上作为指导原则来接受。说到代表制，他写道："通过把代表制嫁接到民主制上面，我们拥有了一种能够接受和联合所有各种利益、各种领土和人口规模的政府体系。"Paine，"The Rights of Man，Part II(1792)，" in *Political Writings*，145—203(引自第 170 页)。

56. Paine，"Agrarian Justice(1795)，" in *Thomas Paine Reader*，ed. Michael Foot and Isaac Kramnick(New York：Penguin，1987)，471—489(引自第 471、483 页)。后面一个引用也可参见 Lasch，*True and Only Heaven*，179—180。

57. Paine，"Common Sense(1776)，" in *Political Writings*，1—38(引自第 3 页)；以及 Paine，"The Rights of Man，Part II，"57。

58. 伍德将曼宁描述为典型的小规模企业家："他断断续续地经营一家酒店，在美国革命战争期间建立制造火药的硝石工厂，帮助建造一条运河，买卖土地，不断借钱……以寻求……任何改善自己和家庭生活的办法。"Wood，*Empire of Liberty*，351—352.但人们应小心避免重新阅读这一个人史，就像伍德似乎做过的那样，以支持后来的大规模工商资本主义模式。相反，对于该时期许多劳动者来说，生产主义意识形态与小规模资本主义(具体而言是拥有商店和制造业)完美地相得益彰。由于那一社会基本上还是以农业和分散化为特点，因此工匠和农场主经常把这样的创业精神看作一种生产控制形式，并与享有广泛的经济独立保持一致。

59. 引自 Michael Merrill and Sean Wilentz，"William Manning and the Invention of American Politics，" in *The Key of Liberty*，*the Life and Democratic Writings of William Manning*，"a Laborer，"1747—1814，ed. Michael Merrill and Sean Wilentz(Cambridge，Mass.：Harvard University Press，1993)，3—86(引自第 48 页)；以及 William Manning，*The Key of Liberty*，122。全部来自《自由之钥匙》(*The Key of Libberty*)的引用参考 1799 年的版本，由迈克尔·梅里尔(Michael Merrill)和西恩·韦棱兹(Sean Wilentz)编辑、作语法和拼写订正(虽然在讨论这本小册子的时候，我将保持书名原来的拼写)。更多有关威廉·曼宁的生活及其与 18 世纪末美国政治的关系，参见梅里尔和韦棱兹二人详尽介绍曼宁作品集的文章。

60. Manning，*Key of Liberty*，135.

61. Ibid.，137，131.

62. Ibid.，132，141.

63. 尤其参见 Ibid.，167—170。

64. Merrill and Wilentz，"William Manning，"65—68.

65. 更多有关早期美国政治思想中使才智和德行民主化的思想，参见 Christopher Lasch，*The Revolt of the Elites and the Betrayal of Democracy* (New York：W.W. Norton，1995)，50—79。

66. 参见 Slaughter，*Whiskey Rebellion*，222—231；以及 Szatmary，*Shays' Rebellion*，118。

67. Paine，"Agrarian Justice，" 474.

68. Kwame Nkrumah，*Neo-Colonialism：The Last Stage of Imperialism* (New York：International Publishers，1969)，ix.

69. Ibid.，xii，xiv，5.

70. Walter Licht，*Industrializing America：The Nineteenth Century*(Baltimore：Johns Hopkins University Press，1995)，18—19；以及 Wiebe，*Opening of American Society*，68。在戴维·亨德里克森综合研究美国革命的著作《和平契约》(*Peace Pact*)中，他也对事件采取国际主义倾向。他认为，联邦宪法制定源于对有关维持各殖民地之间持久联合和平可能性的关注，这被定居者看作多数人的联合体。参见 David Hendrickson，*Peace Pact：The Lost World of the American Founding*(Lawrence：University Press of Kansas，2003)。虽然我自己的观点与这一国际主义倾向相同，但是他们较少关注各州之间合作的挑战，而远远更加聚焦于对激发殖民地精英和小农场主威胁的相互矛盾的叙述。对于费城制宪会议的精英们来说，持久的和平最可能受到边疆叛乱和民众侵入政治的危害，从而可能产生广泛的失序，并因此产生欧洲式的混乱。

71. 引自 Szatmary，*Shays' Rebellion*，123。

72. 参见 Slaughter，*Whiskey Rebellion*，51—53。

73. *Federalist Papers*，no.7，113 (Hamilton)；以及 *Federalist Papers*，no.41，269(Madison)。

74. 更多关于殖民地精英对国家分解和欧洲对手的担忧，参见 Hendrickson，*Peace Pact*，47—54。在诸多这样的例子中，他引用 1878 年亚当斯写给约翰·杰伊的一封信的陈述说，任何人，"除了最为目光短浅者之外，都不会把来自外国强权以及来自彼此之间如此明显的危险，当作可以毫无恐惧地看待的东西"。引自 Ibid.，51—52。

75. *Federalist Papers*，no.16，154(Hamilton).

76. Ibid.，no.12，134(Hamilton).更多有关许多制宪者希望制衡民众决策并创造有吸引力的投资氛围的论述，参见 Woody Holton，*Unruly Americans and the Origins of the Constitution*(New York：Hill and Wang，2007)，179—223。

77. 富兰克林引自 Licht，*Industrializing America*，15；以及 Thomas Jefferson，"The Present State of Manufactures，" in *The Philosophy of Manufactures*，ed. Michael Brewster Folsom and Steven D. Lubar(Cambridge，Mass.：MIT Press，1982)，15—17(引自第 17 页)。

78. James Madison，"Letter to Thomas Jefferson，October 17，1788，" in

The Writings of James Madison，vol. 5，ed. Gaillard Hunt（New York：Putnam，1904），272.

79. 参见 Tomlins，*Law*，*Labor*，*and Ideology*，64；也可参见 Wiebe，*Opening of American Society*，28—30。

80. *Federalist Papers*，no.10，123（Madison）.

81. *Federalist Papers*，no.78，438—439（Hamilton）.

82. 一般参见 Richard Henry Lee，"Letter from a Federal Farmer I，October 8，1787，" in *The Anti-Federalists*，ed. Cecilia Kenyon（Indianapolis：Bobbs-Merrill，1966），197—208（引自第 213 页）。

83. George Bryan，"Centinel Letter I，October 5，1787，" in *The Anti-Federalists*，2—14（引自第 4—5、5 页）。

84. Ibid.，7.

85. Joyce Appleby，"American Heritage：The Heirs and the Disinherited，" in *The Constitution and American Life*，ed. David Thelen（Ithaca，N.Y.：Cornell University Press，1988），138—154（引自第 144 页）；也引自 Tomlins，*Law*，*Labor*，*and Ideology*，73。

86. 关于在马萨诸塞批准的数量，参见 Szatmary，*Shays' Rebellion*，133；关于反对新宪法的一般信息，参见 Ibid.，130—134（引自第 131、132 页）。

87. *Federalist Papers*，no.38，253（Madison）.

88. 参见 Arthur K. Moore，*The Frontier Mind：A Cultural Analysis of the Kentucky Frontiersman*（Lexington：University of Kentucky Press，1957），139—158。

89. 参见 Slaughter，*Whiskey Rebellion*，28—29。

90. George M. Fredrickson，*White Supremacy：A Comparative Study in American and South African History*（New York：Oxford University Press，1981），36.

91. U.S. Constitution，art.4，sec. 3，cl. 2.

92. Treaty between the United States of America and the French Republic，April 30，1803，art.3，8 Stat. 201，202.

93. 一般参见 Cleveland，"Powers Inherent in Sovereignty，" 174—179（引自第 174、178 页，以及第 175 页上的脚注 1200）。

94. 更多有关国会对路易斯安那领土管理及其向州地位发展的论述，参见 Peter Kastor，*The Nation's Crucible：The Louisiana Purchase and the Creation of America*（New Haven，Conn.：Yale University Press，2004），76—108，135—136。对一般领土管理中联邦处理权作用的讨论，也可参见 Leibowitz，*Defining Status*，11—15。

95. 引自 Cleveland，"Powers Inherent in Sovereignty，" 175，176。

96. 参见 *Dred Scott v. Sandford*，60 U.S. 393(1857)。

97. 参见 Thomas Jefferson，"Letter to James Madison，December 20，1787，" in *Political Writings*，ed. Joyce Appleby and Terrence Ball (New York：Cambridge University Press，1999)，360—363(引自第 362 页)。也引自 Tomlins, *Law*, *Labor*, *and Ideology*，86。虽然汤姆林斯使用一系列由杰斐逊所写的信件，来强调杰斐逊对一个强有力国家可能所持的开放立场,但是有关杰斐逊的怀疑主义及其与不断增加的民众对政府自信反感之间的基本联系,汤姆林斯则研究不足。正如我的讨论强调的那样,就以本地为基础、不受制约的多数主义退却所达到的程度而言,政府权力越来越与不可信的帝国特权、而非强有力的集体意志联系在一起。

98. Jefferson，"Letter to Samuel Kercheval，July 12，1816，" in *Political Writings*，210—217(引自第 214 页)。

99. Jefferson，"Letter to Joseph C. Cabell，February 2，1816，" in *Political Writings*，202—206(引自第 205 页)。

100. Jefferson，"Letter to William Stephens Smith，November 13，1787，" in *Political Writings*，109—111 (引自第 110 页)；以及 Thomas Jefferson，"Letter to James Madison，December 20，1787，" 362。

101. Thomas Jefferson，"Letter to James Madison，December 20，1787，" 363.

102. 参见 *Commonwealth v. Pullis* (1806)，in *A Documentary History of American Industrial Society*，vol.3，ed. John Commons et al. (Cleveland：Arthur H. Clark，1910)，59—248，233。

103. 参见 Tomlins，*Law*，*Labor*，*and Ideology*，137。

104. *Commonwealth v. Pullis*，199；也引自 Tomlins，*Law*，*Labor*，*and Ideology*，137。

105. 参见 Marvin Meyers，*The Jacksonian Persuasion：Politics and Belief* (Stanford，Calif.：Stanford University Press，1957)，3—15。

106. Andrew Jackson，*Messages and Papers of the Presidents*，*1789—1897*，vol.3，ed. James D. Richardson (Washington，D.C.：U.S. Congress，1900)，165。

107. 一般参见 Bruce Laurie，*Artisans into Workers：Labor in Nineteenth-Century America* (New York：Hill and Wang，1989)，54—55(引自第 54 页)。

108. 参见 Licht，*Industrializing America*，46—48。

109. 更多有关贫穷定居者向下流动的论述，参见 Ibid.，46—48；以及 Laurie，*Artisans into Workers*，58—63(引自第 59 页)。关于 19 世纪初重新出现主仆关系,以及是什么将这一方法与英国源于封建制的习惯法区别开来的讨论,参见 Jeffrey S. Kahana，"Master and Servant in the Early Republic，

1780—1830," *Journal of the Early Republic* 20(2000):27—57。

110. 一般参见 Tomlins, *Law, Labor, and Ideology*, 259—292；以及 Karen Orren, *Belated Feudalism: Labor, the Law, and Liberal Development in the United States*(New York: Cambridge University Press, 1991), 1—28。

111. 参见 *Stevens v. Reeves*, 26 Mass. 198(1829)，尤其是第 201—202 页。

112. *Rice v. Dwight Manufacturing Co.*, 56 Mass. 80, 87(1848).

113. 参见 Laurie, *Artisans in Workers*, 19—21(引自第 20—21 页)。

114. Licht, *Industrializing America*, 64.

115. Ibid., 65.

116. Langdon Byllesby, *Observations on the Sources and Effects of Unequal Wealth; with Propositions towards Remedying the Disparity of Profit in Pursuing the Arts of Life, and Establishing Security in Individual Prospects and Resources*(New York: Lewis J. Nichols, 1826), 52.

117. Manning, *Key of Liberty*, 142.

118. Ibid.

119. Byllesby, *Observations*, 94.

120. Ibid., 100.

121. Laurie, *Artisans into Workers*, 90.

122. Brownson, *Labouring Classes*, 15, 14.

123. 参见 Ibid., 12。

124. 参见 Ibid., 15—16。

125. Ibid., 29, 30.

126. 参见 Thomas Skidmore, *The Rights of Man to Property; Being a Proposition to Make It Equal among the Adults of the Present Generation; and to Provide for Its Equal Transmission to Every Individual of Each Succeeding Generation, on Arriving at the Age of Maturity*(New York: Burt Franklin, 1829), 12。

127. Ibid., 159, 158, 270, 158.

128. Ibid., 359.

129. Ibid., 126.

130. 参见 Ibid., 145—146。

131. Ibid., 158.

132. 关于自由迁移问题，参见 Ibid., 51；引用参见第 75、359 页。

133. 更多有关斯基德莫尔及其与纽约工人党的关系，参见 Edward Pessen, *Most Uncommon Jacksonians: The Radical Leaders of the Early Labor Movement*(Albany: State University of New York Press, 1967), 58—66。有关比利斯拜和斯基德莫尔受乌托邦社会主义影响并对其进行批评的哲学解释，一般参

见 David Harris，*Socialist Origins in the United States：American Forerunners of Marx，1817—1832*（Amsterdam：Van Gorcum，1966）。

134. 参见 Licht，*Industrializing America*，13。

135. Ibid.，27.

136. 参见 Nancy F. Cott，"Marriage and Women's Citizenship in the United States，1830—1934，"*American Historical Review* 103（1998）：1440—1474（引自第 1454 页）；并一般参见 Nancy F. Cott，*Public Vows：A History of Marriage and the Nation*（Cambridge，Mass.：Harvard University Press，2002），9—23。

137. 参见 Cott，"Marriage and Women's Citizenship，" 1440—1474。

138. Ibid.，1453；并一般参见 Cott，*Public Vows*，24—55。

139. Eric Foner，*American Freedom*，76.

140. Fredrickson，*White Supremacy*，208.

141. 一般参见 David R. Roediger，*Wages of Whiteness：Race and the Making of the American Working Class*（New York：Verso，1999）。

142. 参见 Frederick Merk，*Manifest Destiny and Mission in American History：A Reinterpretation*（Cambridge，Mass.：Harvard University Press，1995），27。

143. 引自 Ibid.，28。

144. 引自 Ernest Lee Tuveson，*Redeemer Nation：The Idea of America's Millennial Role*（Chicago：University of Chicago Press，1968），150。

145. 参见 Ralph Waldo Emerson，"The Genius and National Character of the Anglo-Saxon Race，" in *The Later Lectures of Ralph Waldo Emerson，1843—1871*，vol.1，ed. Ronald A. Bosco and Joel Myersons（Athens：University of Georgia Press，2001），7—18（引自第 18 页）。

146. 更多埃默森关于种族的观点及其在 19 世纪美国生活中的地位，参见 Nell Irvin Painter，"Ralph Waldo Emerson's Saxons，" *The Journal of American History* 95（2009）：977—985；以及 *The History of White People*（New York：W.W. Norton，2010），151—189。

147. Laurie，*Artisans into Workers*，26.

148. 更多有关本土主义和一无所知党的论述，参见 Eric Foner，*Free Soil，Free Labor，Free Men：The Ideology of the Republican Party before the Civil War*（New York：Oxford University Press，1970），226—260；以及 Tyler Anbinder，*Nativism and Slavery：The Northern Know Nothing Party and the Politics of the 1850s*（New York：Oxford University Press，1992）。福纳和安拜恩德（Anbinder）都讨论了这一话题，即本土主义者在发生深刻地区冲突时期应对奴隶制问题的失败，是如何削弱了他们维持全国政治支持的能力。安拜恩德引

用一位反奴活动家的话说:"虽然教皇和外国人都不曾管理这个国家或危及它的自由,但是奴隶豢养者和奴隶拥有者确实管理这个国家,并威胁要终结除他们之外的所有政府。有些可依据的东西清晰可见,有一个长期而言……将……肯定成功的议题。"Anbinder, *Nativism and Slavery*, 278.

149. 引自 Fredrickson, *White Supremacy*, 201。

150. *United States v. Rogers*, 45 U.S.(4 How.) 567, 572(1845).

151. *Dred Scott v. Sandford*, 407.

152. Sanford Levinson, "Why the Canon Should Be Expanded to Include the Insular Cases and the Saga of American Expansionism," *Constitutional Commentary* 17(2000):241—266(引自第 256 页)。

153. *Dred Scott v. Sandford*, 450—451.

154. Ibid., 449—450.

155. Ibid., 446.

156. Levinson, "Why the Canon Should Be Expanded," 256.

157. George Washington Julian, *Speeches on Political Questions*(New York: Hurd and Houghton, 1872), 222, 220.更多有关须对土地进行再分配、白人与黑人间实质性平等的激进共和主义观点,参见 Eric Foner, *Reconstruction: America's Unfinished Revolution, 1863—1877*(New York: Harper & Row, 1988), 67—68, 228—280。

158. Abraham Lincoln, "Annual Address before the Wisconsin State Agricultural Society, September 30, 1859," in *Complete Works*, vol.1, ed. John G. Nicholay and John Hay(New York: Century Co., 1907), 576—584(引自第 581—582 页)。

159. 作为黑人民众活动的例子之一,获得自由的奴隶被 1865 年 10 月自由人事务处的做法——对被赦免者恢复几乎所有的种植园土地——所激怒,因而向该局请愿,他们坚决主张土地再分配是共和主义自由的核心内容。参见 Foner, *Reconstruction*, 159—161。

160. 参见 Licht, *Industrializing America*, 102。

第三章　人民党的挑战与
定居者社会的瓦解

如今人民党对这两类人（黑人和白人）说："你们被隔离开来，因此你们各自的收入就可能分别受到盘剥。有人使你们相互仇恨，因为这种仇恨正是基于奴役你们二者的金融专制主义。你们被欺骗、被蒙蔽，你们可能无法理解这场种族对立，是如何使一种货币制度永久化，从而使你们都变成乞丐的。"这显然是正确的，难怪这些不幸的黑人和白人劳工们都驻足聆听。难怪他们开始意识到，如果不改变法律使白人佃户受益，黑人也同样无法得到好处。他们还意识到，针对他们中任何一方的不公正制度，往往导致二者都受到损害。他们所有的物质利益都是一致的。一旦这种意识成为一种信念，仅仅关注自身，仅仅企望改善其条件、避开繁重的赋税、避免高利贷费用、减轻自己的租金，或渴望将自己岌岌可危的房屋变为开心的幸福之家，就将使得这两类人团结在一起。

——汤姆・沃森（Tom Watson），
《南方黑人问题》（"The Negro Question in the South"，1892 年）

在 19 世纪的最后 20 年里，一种反抗的情绪再次席卷了乡村。面对债务和土地丧失威胁的债权抵押制度，小地主和佃农组织建立了农场主联盟组织。该组织最终参与人数超过了 200 万，涉及 42 个州和地区，试图通过合作改革运动和分财政计划（subtreasury plan）的方式，推行具有社会效用的联邦信贷,进而将农村贫困人口从对当地商人和商业银行精英的依附中解放出来。[1]人民党成立于1892年,围绕劳动者的基本利益,该党既表达了以上这些经济目标,同时也表现了重回政治中心的更大的集体雄心。农场主联盟组织领袖和政党活动分子将他们的努力与以下这些人联系起来:他们是劳动骑士团、美国铁路工会组织(American Railway Union,ARU)的工业工人,以及刚刚获得解放、但有着同样农村悲惨遭遇的奴隶。因此,他们开展了一项基础广泛的参与式运动。这切实体现了自美国革命时期以来,关于如何使社会环境与作为自治的自由相兼容这一设想的最持久的努力。在这个过程中,这些自称为人民党的改革家,成了共和主义自由叙述的自然继承者,而威廉·曼宁、托马斯·斯基德莫尔和奥雷斯蒂斯·布朗森则对共和主义自由叙述进行了最彻底的阐明。我之前曾将"民粹主义"一词用于这种叙述上。在本章中,我将探讨这场运动对美国人关于民主实践和成员身份思想的影响,并且将研究乡村和城市的抗议活动,是如何为最终放弃定居者帝国的制度和观念奠定了基础。

两个特点使得这场社会运动尤其与众不同:它的历史时机以及它与先前美国政治思潮之间的结合。首先,这场社会运动出现在20世纪经济和政治权力模式确立之前。乡村的动荡发生在此之前:公司资本主义和官僚国家机器全面取得优势,二者被等级化地组织起来,并且高度相互渗透。同时,虽然美国的地区性和国际力量日益增长,并且不再处于后殖民时代的弱势地位,但是,此次运动发生之际,美国还未形成对自身全球定位以及恰当利用其新发现地位的清晰叙述。正是因为人民党的观点是在如今的结构性规划和意识形态安排获胜之前发展起来的,因此他们提出了美国事业的另一种发展方向,尽管这一方向最终并未得到贯彻。

至于平民政治的基本愿景,孤立地看,其构成部分都并无新意。人们曾目睹更早时期被动员起来的公众卷入对集体制度的挑战之中,就像美国革命后的岁月那样。这一时期的美国也见证了一个大众政党的崛起,即杰克逊时代的民主党。该政党被各种各样的生产者选民的参与所激励,并声称代表全体人民发声。[2]此前,美国人甚至对普及共和主义自由的思想理念进行了辩护。早在19世纪20年代,托马斯·斯基德莫尔就勾勒出一种非帝国的美国政体轮廓。他否定了一种扩张式的政治,并把所有群体——无论在国内还是在国外——都作为值得享有有意义的自治者来对待。而在南北战争结束之后,激进的共和党人也率先对标志着定居者生活的殖民二元性进行了抨击,并为了完全包容黑人作为独立和自治的公民这一事业而奋战。

但是,令这次农业抗议活动与众不同的原因,乃是这是可以独自主张的社会选民首次将所有这些因素统一起来,用作民众行动的基础。农场主联盟成员和政党积极分子自觉地将农村的贫困,与显而易见的工业劳动问题结合起来,并试图使长远的经济独立目标适应于急剧改变的环境。他们设想出了一个新的工业社会:这是一个没有等级制度和对大众控制的社会,在其中农民和工薪阶层设定经济和政治决策的条件。在19世纪90年代它的鼎盛时期,平民政治向两个老牌政党的霸权进行了挑战,并描述了民主党在南方崩溃的非常真实的可能性——这种结果在几年前是不可想象的。此外,在这一动员起来的社会基础中,许多人认为他们的物质利益是需要打破定居者的排他性,并将自治扩大到先前被边缘化的群体,特别是黑人和妇女。尽管这些观点可能代表了运动的激进派一方,但是许多颇受欢迎的领袖和同盟支持者对此均十分认可。例如,得克萨斯州的威廉·兰姆(William Lamb),佐治亚州的汤姆·沃森,堪萨斯州的杰里·辛普森(Jerry Simpson),内布拉斯加州的威廉·内维尔(William Neville),劳动骑士团的特伦斯·鲍德利(Terence Powderly),以及美国铁路工会的尤金·德布兹(Eugene Debs)。他们都主张,平民政治面临的挑战是最终建立一个合作社联邦;并且还坚持认为,定居者至上主义已经变成分裂劳动者、破坏有意义的自治的楔子。

我认为,这种针对定居者优越地位的怀疑论在很大程度上是存在的,因为到19世纪末,这种将内部自由与对外部的帝国特权连接起来的纽带已受到了严重损害。如果扩张的目的是通过确保财产所有权和经济独立来促进定居者的自由,那么国内生产的变化则造成了完全不同的结果。随着工厂生产制开始主导工业化、资本逐步集中于少数实力雄厚的企业手中,进军太平洋的计划似乎更能强化经济精英的利益,而非促进定居者的平等和个体产权。这些发展促使农民和工薪阶层认识到摆脱标志集体生活的殖民二分法的重要性。在某种程度上,定居者和被排斥的群体发现他们都受到相同经济依附关系的束缚。因此,许多人正是要质疑这种包含了身份等级制的帝国特权的效用。对于最激进的人民党党员来说,加强劳动群体的政治力量意味着要将所有生产者的经济命运联系起来。因此,他们反对定居者和非定居者之间强制性的不平等。这也意味着要确保美国在海外日益增长的活动,并不是为了增强企业的利益,也不是为了重现那些在人民党党员看来并不恰当的国内殖民权力模式。因此,这场农业运动说明了美国非帝国政体的潜力,尽管常常是迟疑不决的。这种政体十分警惕美国的正式扩张,十分警惕定义美国与地区邻国关系的非正式干涉和威吓模式。在某种意义上,它提出了对后定居社会的一种具体叙述。这样的后定居社会使得民主成为一种包容性的社会承诺,并且对于新帝国结构的确立也保持着警惕。

这种人民党反叛的愿景及其变化的前景,与该运动另一种熟悉的意象形成了鲜明对比。对于今天的一些美国人来说,"民粹主义"的标签本身很难说是赞美之词,其中暗含本土主义以及暴民统治的最糟糕因素。20 世纪 50 年代,理查德・霍夫施塔特(Richard Hofstadter)曾引人注目地把人民党党员描述为小业主;由于经济变化和大量海外移民涌入,他们无法逃脱自我地位的衰落,并进而把自己想象为"千里之外策划的阴谋的无辜乡村受害者"。霍夫施塔特的论述,是以冷战时期黑名单盛行、公民自由受到严重侵犯为背景的。他明白这些做法与人民党的煽动之间的深刻连续性。霍夫施塔特认为,人民党是"偏执狂式的美国政治"的缩影。人民党的偏执并非基于政治现实;相反,它把阴谋变成了人类历史的主要因果机制。这种机制是可以"通过几乎超越权力的邪恶力量而调动起来的"。从杰克逊式的反垄断主义到麦卡锡主义的政治迫害(witch hunts),由此产生的反智主义、怀旧情绪和排外心理,将该党与具有悠久传统的偏执改革运动联系在一起。农业运动并不是一个社会民主或社会平等的计划,而是体现了那些有身份地位意识的地主,把自己的不幸归咎于可怕的局外人,进而试图重回更单纯的年代所做出的努力。[3]

劳伦斯·古德温(Lawrence Goodwyn)对此进行过强有力的反驳。他认为霍夫施塔特未能领会平民政治最核心的民主脉动,因为他错将像威廉·詹宁斯·布赖恩(William Jennings Bryan)这样的"影子人民党党员"(Shadow Populists),当成了真正的民粹主义者。[4]影子人民党党员主要是指那些在运动开展很久以后,才让自己与运动挂上钩的政客和改革者;而且这些人总是在没有深厚农场主联盟组织根基、或缺乏引起这种共鸣的具体社会关注的州蓬勃发展。正如古德温所写的那样:"在农业运动强大和不断发展的地方,运动的政治性是健康的;但是在这场运动还未真正扎根、或变得停滞不前的地方,第三方政治立场则是笼络性的。"[5]这些影子政客们并非以追求合作与民主的货币制度为目标,而是通过附和人民党的言论,将银币的自由铸造看作用来赢得选举的一剂灵丹妙药和一种快速方法。最终,影子运动吸纳了原来的政党,并在1896年迫使大会代表们走向自我毁灭,提名布赖恩为总统候选人。正如克里斯托弗·拉什所总结的那样:"与民主党的融合削弱了人民党的纲领,同时也终结了他们为打破民主党在南方的垄断所做出的努力——在那里,人民党党员其实已经取得了相当不错的成就。而与此同时,这一融合也摧毁了一个可能联合黑人和白人农民一同实践意义深远的改革计划的新政党。"[6]

尽管霍夫施塔特对政治偏执狂的描述存在缺陷,但还是抓住了美国改良主义的一面,具体来说是人民党的经验一面。正如前一章所述,南北战争之前的时期,民主激进主义稳步变成保护族裔上的内部人的推动力,途径是主张对非定居者采用强制性的政府权力;这种民主激进主义希望通过积极的政府行动能够建立一个小生产者的自由共和国。毫无疑问,这种势力在人民党及其支持者中也很明显。1896年的副总统候选人汤姆·沃森,便是一个最好不过的例子。在他从事平民政治的生涯中,这位佐治亚州的政治家曾是一个魅力非凡、认为有必要将白人与黑人农民团结起来的拥护者,因为他认为他们都是平等的公民,并都受制于相同的经济专制。然而,在经历了多年的选举成果被人窃取之后,沃森恰恰成了霍夫施塔特所定义的那种偏执狂政客。正如古德温指出的那样,到了20世纪初,沃森"最终将他自己以及国家的政治困境归咎于黑人、天主教徒和犹太人。他变成了一个暴力直言的白人至上主义者、反犹太主义者,以及反对教皇威胁的共和国捍卫者"[7]。汤姆·沃森这种尤为令人失望的经历,说明了许多被动员起来的南方白人,很容易转变为定居者至上论者。尽管这场运动对帝国进行了批判,并对社会包容性进行了辩护,但排外情绪始终在边缘带存在。而随着政党越来越在民意测验中输掉,以及更大规模的运动瓦解,这种排外情绪更加成了贫穷白人的核心关注。

这些现实我们留下了一个值得注意的难题。一项致力于认为所有劳动者——无论什么种族——都具有共同利益纽带的集体计划,在其最具解放性的时候,怎么会如此轻易而彻底地沦落为排他性政治呢?我认为,只能通过再次将这场运动置于定居者意识形态的背景下,我们才能理解这些相互冲突的特征。最终,平民政治的两极对立形象,体现了19世纪末贫穷定居者如何实现平等与共和主义自由的两种互相矛盾的主张:一种是包容性的、反帝国主义的形象;另一种则是封闭性的、注重身份地位的形象。在处于包容性和平等主义时,平民政治试图在已改变的经济和文化条件下使定居者自由普遍化,并去除其殖民性根源。人民党党员试图使自由得以确立,途径是通过形成一种代表所有劳动者的统一大众意志,而非通过领土扩张、或按照种族划分的依附性工人阶级来实现;这一大众意志将主张具有高于政府的权力,并将对经济和政治生活进行重新安排。通过这样做,这个大联盟将实现定居者帝国所表达的共和主义希望。但正是这种方式却也将摧毁它本身的基础,即内部人与外部人之间、自由公民与分层化的帝国臣民之间的分裂。然而,正如过去那样,每当这种强烈的愿景动摇时,对普遍性的推动也变得犹豫起来。特别是在1896年选举失败后,这样的环境加剧了人们倒退回定居者等级制状态、并接受排外和殖民政治形式的意愿。[8]

在以下篇幅中,我评估了人民党运动和起源于政治精英的反应,是如何瓦解了美国定居者主义的法律和意识形态架构,是如何为一个从根本上改变了的社会群体提供基础。第一部分聚焦于这样的内容,即美国内战及其余波所带来的转变,是如何产生了一种令最激进的人民党解放计划可以在其中扎下根来的水土。在第二部分中,我转而探讨了这场农业运动设想和构建庞大劳工联盟的方式。这一联盟认为,通过建立一个被永远动员起来的农民和工业工人机构,更多人可以主张对政治和经济制度拥有持续权力,并使共和主义自由成为社会生活的基本条件。然后,我讨论了人民党的失败在意识形态和政治上的原因,并强调这场运动未能克服自身的定居者局限性,以及这一运动声称代表全体公众发言的困难所在。

最后,我描述了政治家和法官们,是如何在国内领域通过加强行政权力并逐步提出针对外部的特权,来对人民党的威胁做出反应;一般来说,这些针对外部的特权不曾对定居者的内部生活进行系统安排。与其说这些人物自觉抛弃了共和主义的风格特色,不如说他们认为,通过平息社会动荡,特权实际上是为旧的劳工自由正统派服务。然而,其结果却是加强了难以为继的定居者政治本质,增加了新权威形式与盛行的"自治即自由"承诺之间的龃龉。这种对定居者帝国的系统性瓦解意味着,随着新世纪的到来,美国越来越广泛地复制其欧洲竞争对手的官僚和法律结构。在这一过程中,集体制度偏离了自由公民与分层化臣民之间的二分法、偏离了定居者社会中所蕴含的解放性承诺。

南北战争及其后果

在整个 19 世纪里,大多数贫困定居者都接受了这样的殖民二分化行动或政策,即将社会的内部人与被排除的外部人隔离开来。他们认为,作为强制性力量的政府权力,尤其是联邦政府的权力,其权威削弱了宪法权利,并使自由公民沦落到分层化臣民的状况。的确存在着一种相互竞争的大众政治传统,这种传统在小农场主和市民的美国革命经验中得到了表达。从 18 世纪 70 年代到 80 年代,这些农场主获得了州立法机构的控制权,并且通过总的多数原则(undivided majority rule)来利用政府权力制定民间法,从而减轻了债务、使货币贬值,并试图确保了土地所有权。这种将地方议会作为集体行使公共权力的场所的设想,把像宾夕法尼亚州的乔治·布赖恩这样的反联邦党人,与后来的如奥雷斯蒂斯·布朗森和托马斯·斯基德莫尔这样的社会批评家联系到了一起。然而,在南北战争之前的一段时期,这些争论在政治上是无足轻重的。对于贫困的定居者来说,政府权力往往是帝国特权的同义词。只有通过阻止政府权力从内部侵入集体生活,白人农场主和市民才能避免遭受国家压迫,并维持自身对处于从属地位群体至高无上的社会地位。

但是从南北战争开始,这种对定居者社会和政府权力的主流愿景就受到了极大限制。首先,激进共和党人充分展示了政府重组社会和经济关系的潜力。此外,企业对国家权力的攫取,暴露了包含在反中央集权态度中的风险,尽管这种态度维护了对自我规制的商业社会的信心。最后,工业资本主义的兴起,限制了通过边境扩张来获得更大经济自由的可能性。尽管许多定居者试图再次通过强化殖民二分法来保护他们下滑的经济地位,尤其是在新的中国移民进入的背景下,但是其他人则越来越认为基本的经济现实凸显了振兴共和主义自由与坚持定居者排外性之间的龃龉。

政府权力变革的可能性

美国内战通过多种方式推进了政治和经济方面的实践。而这些实践威胁到旧的定居者范式,提出了在企业集中化和更大的社会包容性条件下,如何维持共和主义自由的问题。内战推进这些实践的方式,一方面是质疑国家干预的简单叙述近乎等同于帝国特权,另一方面是将其变革可能性(无论好坏)解释为一种重塑集体生活的工具。尤其是在战后时期,在许多情况下,直接受政府行动协助的新企业等级制的兴起向农民和工薪阶层表明,新依附模式的解决之道,并不会通过限制国家的功能发现,而是将通过主张大众权力对国家应追求目标的控制发现。

一个关键的转折点无疑是美国重建本身。它表明联邦权力能够受到管理而被明显加以利用。正如我们所看到的那样,激进的共和党人,如乔治·朱利安或宾夕法尼亚州的国会议员撒迪厄斯·史蒂文斯(Thaddeus Stevens)，都直截了当地对内部限制和外部特权之间结构上的二元性信念提出了质疑。相反，他们把联邦权力视为一种重新制定成员身份基本框架的工具。为了与定居者自由状态相一致，这些政客们理所当然地认为，生产控制和个人所有权为政治参与提供了伦理基础。因此，包括作为社会正式成员的自由奴隶，要求确保土地所有权和经济独立，这是为了保证自由作为结束实际束缚的必要条件。然而，这种承诺无法通过自由放任的劳动力市场或自我规制的商业社会运作来实现。这要求国会必须采取强有力的行动，史蒂文斯希望此举能够在黑人农民之间重新分配奴隶种植园，并且能在军事上占领南方，从而永久地巩固黑人在政治和法律方面的平等。正如他在 1865 年 12 月所说的那样："国会必然要为他们提供保障，直到他们能够照顾好自己。如果我们不给他们提供家园，不用保护性的法律保护他们；如果我们把他们交给他们已故主人的立法，那我们还不如保留他们的奴役身份。"从某种意义上来说，史蒂文斯认为，只有通过在定居者社会中行使帝国特权、采取完全的戒严法，才能实现保证黑人自由公民身份的目标。与其对共和主义自由进行妥协，政府的自由裁量权才是其必要的工具。[9]

随着重建事业的失败，试图利用强有力的国家，来实现实质平等目标而进行的努力，也几乎"胎死腹中"了。但是，政府作为改变和指导经济生活的工具，却并没有这样简单消失。在南北战争期间，共和党国会颁布了众多法案，致力于促进经济增长和发展大规模企业。这些措施包括五个方面。第一，1861 年的《莫里尔关税法》(the Morrill Tariff Act)，以保护美国工业不受竞争的影响；1862 年的《宅地法》(the Homestead Act)，为西部拓荒定居者提供自由土地；1862 年的《莫里尔赠地学院法》(the Morrill Land Grant College Act)，为大学提供联邦政府赠地。第二，1863 年的《国家银行法》(the National Banking Act)，规定了国家银行体系和货币。第三，许多铁路法案赋予企业联邦政府赠地，并资助他们贯穿美国大陆的铁道建设。第四，创建新联邦官僚机构——如货币监理局(the Office of the Comptroller of the Currency)和移民局(the Office of Immigration)——的那些法律，旨在集中政府权力。

第五,甚至还有美国首次征收联邦所得税。[10]

在促进战后工业化进程中,这些行动发挥了主要作用,并开启了创建一个日益受企业利益渗透的新国家机构的稳定过程。这些行动导致的结果是,随着美国成为世界上最重要的制造业大国,经济生活从根本上围绕着一个不断扩大的工厂生产体系被重新组织起来。虽然手工作坊并未完全消失,"但在19—20世纪之交,近一半的制造业工人都在超过250名雇员规模的工厂里工作"。这些新工厂被等级分明的公司控制,其特点是"官僚式管理、多功能性、资本密集性,以及在全国乃至国际上都有其批量生产产品的营销商"。通过行使管理特权并推动削弱岗位工薪阶层的独立性,这类公司对生产控制的劳动目标构成了直接挑战。[11]

铁路运输的兴起和铁道里程的大幅增加(从1860年到1880年增加了两倍),进一步确立了新兴的企业形式,并同时巩固了制造业和资本的国内市场,广泛地促进了经济集中度的提高。对于广大农民和工人来说,其结果是形成了一个高度不平等的工业社会、一个无论政治上还是经济上都由企业精英领导的社会。至于1890年,51%的财产由处在顶端的1%的人拥有;而88%的人口,包括绝大多数的白人定居者,仅拥有14%的财富。[12]

对于长期沉浸于民粹主义传统的劳工来说,这一结果首先是自相矛盾的。一方面,南北战争之后,像《宅地法》这样的立法造就了一代又一代的新业主,同时推动了定居者的经济独立和社会流动。正如克里·艾布拉姆斯针对19世纪六七十年代华盛顿领地的殖民方案所给出的建议那样,向西迁移的白人继续以典型的共和主义方式看待自己,并且他们享受自治的能力源自这些新的联邦政策。[13]然而,对许多其他定居者来说,特别是在更成熟的边疆地区和美国东部城市,新的经济发展因金钱利益而日益体现了国家选举的典型问题。在"镀金时代"(Gilded Age),几乎在政府的各个层面,巨型企业对两大政党政客都能够施加影响,其中铁路公司也享有特殊准入及特权。[14]此外,如果这种选举利用了典型的杰克逊式对国家的提防的话,它也从根本上质疑了一个自我规制的商业社会的效用。如果有什么不同的话,那就是定居主义对政府自由裁量权的历史性怀疑，仅仅强化了企业权力的崛起。具有讽刺意味的是，这在很大程度上要归功于杰克逊党人本身所倡导的反垄断运动。他们将排他性的州和联邦章程视为专制法案，并认为这些章程通过给予商业精英经济利益而威胁到共和主义自由。但意想不到的结果是，普遍的公司法结合政府的权力分散，使得越来越多的公司开始利用法律形式，最终促进了更高度的商业集中。[15]

因此，内部限制与外部特权之间的鸿沟，不仅不适宜于工业资本主义的崛起；对于居住在美国国土上的新乡镇和城市里的许多人来说，它实际上恶化了那些与作为自治的自由不相容的特征。对于越来越多的定居者来说，捍卫其经济和政治独立的最佳手段，并不是忽视国家的能力，而是从企业利益中收回政府权力，并为了劳动群体的利益而积极地运用它。从某种意义上说，企业和国家权力之间的新联系，意味着出现了一种古怪现象，即将强有力的政府仅仅视为一种毁灭性的帝国特权，并且忽视了国家行为中固有的政治和经济发展潜力。

为促进自由而进行扩张和进行殖民统治的失败

如果说经济集中和工业资本主义对商业自我规制的信念构成了挑战，那么通过削弱有助于内部自由的扩张能力，它们也直接威胁到了定居者帝国的构建。追溯到早期殖民时期，定居者享有共和主义自由的基本方式，乃是通过领土征服和土地所有权扩展而实现的。而这是新土地和有意义的自治之间的主要连接。同时，这也使得帝国以及它对原住民群体的剥夺和控制变得合法化。然而，随着19世纪最后几十年边疆社会的发展，定居者帝国的基本目标似乎仍然遥不可及。在扩张的早期，征服行动与定居者间财产所有权的普遍分散以及内部平等所达到的程度密不可分。由于土地的充裕，像林肯这样的自由劳工支持者（laborites），一直把租赁和工资收入看作通往个人所有权之路的暂时状态。然而，随着企业实力的增强和大规模工厂生产的巩固，扩张行动似乎将新工业秩序延伸到更遥远的西部，而并没有创造一种迅速发展的小型生产者民主。

对于那些生活在城市中的悲惨的人来说，血汗工厂的工作已经成为一种永久的现实,这是一种边疆定居点也无法根本解决的前景。或许更重要的是,随着时间的推移,甚至在像华盛顿领地这样崎岖不平的土地上,西部开发仍旧倾向于促进、而不是抑制经济集中化和企业利益的力量。总的来说,在南北战争后,铁路和商业力量形成了扩张条件。铁路公司和工业企业将西部视为用于拓展市场和创造利润的、取之不尽用之不竭的财源,而不是像许多劳动者所认为的、用于小规模土地占有和手工生产的领土。艾伦·特拉克滕伯格(Alan Trachtenberg)写道,这些企业"以为自己拥有整个范围的国家任他们支配:从用于加工的原材料到市场上的商品"。对于渴望通过西部土地所有权实现经济独立的定居者来说,这一新出现的秩序,从根本上与他们的目标相冲突,因为它为工商业精英提供了更大的对生产生活的控制权。对于新的企业实体来说,"使自己发展为全国性企业的过程,促使公司与农业之间的关系发生了变化,农业企业在生产和营销结构中被同化了"[16]。因此,虽然联邦法律(如共和党的《宅地法》)为定居者提供了大量的新土地,但是农业劳动最终被商人、银行和企业制造商管理和监督。在这样的条件下,同化便产生了。

从某种意义上来说,比利斯拜和其他一些人对扩张无力解决经济依附问题的洞见,已经为大量定居者所接受。这些激进的批评人士认为,除非国内政权从根本上解决生产关系问题,否则扩张不会成为自由的仆人,而只会在新土地上再现压迫性的经济状况。同样地,对于19世纪末的贫困农民来说,他们如今身负沉重的债务,并受制于供应商和工业制造商的命令;而随着时间的推移,新的定居点似乎只会加强企业权力向西转移。扩张创造了一种充满活力的工业经济,但显然是以越来越多的农民和工薪阶层的经济独立为代价的。

对定居者来说,内部平等不再与对外部臣民人口的殖民式控制紧密联结在一起,没有什么比这一事实更能证明定居者意识形态的崩溃。如果领土征服与共和主义关于个体所有权的希望之间的冲突表现得越来越明显,那么主张对依附群体的帝国特权,同样也无法改善白人的经济地位。这种特权不仅是对领土征服的合法辩护,而且维持了定居者社会核心的基本身份等级。从外部运作来看,这种自由裁量权力适用于那些被排斥在具有完全社会成员身份之外的群体,特别是黑人和印第安部落。特权因而起到维持定居者及其后代享有经济和政治至上地位的作用。

由于外部人群不具备共和主义自由所必需的基本素质和特征习惯,这种排斥在历史上曾被认定是正当的。虽然这些论点通常以种族和宗教的术语来表达,但也是以关于工作与自由之间关系的主张为前提的。而只有英裔定居者和欧洲的共同参与者是真正独立的,因而能够参与政治。因为通过土地所有权或者手工艺劳动,他们维持了对劳工的生产控制。换言之,通过这样一种主张,即具体的生产关系为自由公民身份提供了伦理基础,定居者们也认为,所有其他形式的劳动在根本上都是低下的。由于这种低下的劳动是生产中不可避免的一部分,因而为了确保内部自由,有必要宣布从事卑贱工作的被排斥群体为不自由的人。经济自由与经济强制之间的内在联系意味着,为了让定居者享受自由劳动,他们必须要将低下的工作以民族、种族和性别来划分。而且一旦涉及工资收入、租赁、征兵和其他各种各样的劳役偿债模式,社会外部人员就会发现,正是因为他们的生产关系,其地位才被证明是正当的。

追溯到 17 世纪中期开始的大规模非洲奴隶进口,唯有利用社会的边缘化群体从事卑贱工作,才能帮助定居者维持较高的生活水准和更大程度的财产所有权。事实上,在整个 19 世纪,北方和南方的白人劳工都在试图建立严格的职业种族区分制度,并将黑人限制在最不受尊重的工作形式中。这种方法是在内部确保更大经济自由的主要模式。为了维持此类被视为国内自由所必需的生产区分,它要求主张国家自由裁量权,即其帝国特权,来控制边缘化群体并对其发号施令。因此,与合法性征服一道,特权还对那些参与自由劳动的定居者,以及那些从事经济上不可缺少、却具有压迫性的卑贱工作的外部人之间的生产区分进行监督。

南北战争结束之后,随着工厂生产的大规模扩张和农产品价格的下降,越来越多的定居者沦为工薪阶层或租赁者。白人劳工发现自己在与黑人、新移民和墨西哥人竞争工作,而这长期以来被认为是与自由不相容的。在此种条件下,这些群体似乎是一种能够不断压低白人工资的"工业储备"。新的工业秩序并没有通过指定社会外部人从事卑贱的工作,来保护自由公民的经济独立,反而使得定居者和非定居者一样,争夺传统上被视为不自由的工作。从本质上讲,不管在殖民地的身份如何,大多数劳动者如今都处于生产分工的错误一边了。

中国移民和工业后备军

针对以上问题的一个直接回应是,重申内部人与外部人之间的二元性主张,尤其是在中国工人移民的背景下。然而,定居者为此所采取的方式,却反映了新的工业困境。他们不只是试图将中国移民限制在低下的工作类型中,而是试图将这一群体完全地排除在外。这正是因为白人劳工发现,尽管有这一事实,即这些工作本身在历史上会被认为与共和主义自治相悖,但自己与亚洲人确实处在经济竞争中。由于白人也日益处于生产分工的错误一边,一些定居者希望通过利用国会的自由裁量权,来完全限制亚洲人向美国的自由流动,从而保护他们下滑的经济定位。

在 1849 年加利福尼亚州淘金热(the California Gold Rush)之后的一段时间里,中国向西方移民人数急剧增加,大约有 25 万人长途跋涉来到美国。在 1880 年的人口普查中,居住在美国的中国移民有105 000 人,其中三分之二的人居住在加利福尼亚州,并且其中 90% 的人居住在最西边的 10 个州。中国移民通常是为了寻求更好的薪资而来,一般在煤矿工作或从事贯穿大陆的铁路修建工作。对许多白人而言,这些中国移民是最典型的工业后备军,一直收入微薄却被雇主用来压低白人的工资,并且还被利用来抑制劳工的激进主义。从族裔成员身份的传统表达方式来看,定居者认为这些新移民不仅损害了白人的经济福利,而且在文化方面也无法被同化、不适宜融合。[17]

这种情绪导致了一种针对中国人的新联邦移民制度。这一制度强调了他们在伦理上根深蒂固的差异,以及这与美国的自由劳动理想和共和主义独立的不相容。在美国重建的 1870 年,国会最终将归化权利扩展到"自由白人"之外,但它也只适用于"在非洲出生的外国人和非洲人的后代"。尽管像参议员查尔斯·萨姆纳（Charles Sumner）这样激进的共和党人试图打破定居者的二分法，从而使归化变得普及，但是反华情绪太强烈了。结果，中国移民被法案明令禁止，并且他们发现自己受制于一种新法律分类："无资格获取公民身份的外国人。"从本质上讲，尽管归化法试图将黑人纳入自由公民的行列，但是其中所包含的社会成员身份要素，却是与长期的实践相一致的。而尽管欧洲移民可以被归化，甚至在正式的融合之前就享有广泛权利，但这是因为他们是定居者帝国根本上的共同参与者。相比之下，中国移民是文化外来者，在一定程度上与刚获得自由的黑人有着本质的不同。因此，中国移民无法获得自由公民身份，并且还受到当局种种自由裁量权形式的控制。[18]

国会以最迅捷和最直接的方式显示其移民权力，以限制来自海外的中国移民。这项新法案最大的目标是消除、至少是显著削弱中国劳工相对于白人定居者的竞争力。长期以来，这种权力被认为是源于主权国家本身，并且是充分而近乎不受限制的。[19]事实上，对于像塔尼这样的杰克逊式民粹主义者来说，自由裁量移民权对于州政府控制非定居者人口的能力是至关重要的，尤其针对自由黑人和奴隶。如果需要的话，就完全限制他们入境。自由裁量移民权作为一种基本手段而存在，帝国特权通过它可以保护定居者社会的内部构成，并对从属群体迁移进行监督。并且正是出于这个原因，作为定居者的内部人，欧洲移民在很大程度上避免了这种特权所产生的强制性冲击效应。

结果，很像历史上的印第安人、奴隶和自由黑人这些依附群体，亚洲移民如今发现他们的行动自由受到限制，并且受制于全面的政府权力。1875 年，国会通过了《佩奇法》（the Page Act），这是美国历史上第一个限制非奴隶性质移民的联邦法案。尽管该法案以常规性措辞表示：禁止罪犯和娼妓进入美国国土；但是立法起草者和广大公众都明白，该法案旨在将中国妇女挡在门外。他们认为中国妇女会带来种族混合，从而污染定居者社会。结果是维持了男性在中国移民中的绝对比例状况，到 1890 年，在美国的中国移民男女比例为 27：1。1882 年，国会又通过了《排华法案》（the Chinese Exclusion Act），十年内禁止中国劳工进入美国，并宣布任何法院、州或联邦政府禁止"承认中国人获得公民身份"。十年后,国会在《吉尔里法》(the Geary Act)中延长了这一禁令,并要求华工于 1892 年之前必须拥有在美居住证明书,否则将被驱逐出境。那些没有证书的华工,则不得不以充分的理由来说明情况,并需要"至少一个可信的白人证人"帮助确认其 1892 年之前的居所。[20]

纵观这些法案,人们通常将其视为新移民政策时代的开端。随着时间的推移,这将极大地收窄"金色大门",并形成普遍的限制性制度。同时,关于入境和迁移问题,这些法案还强调了从州控制到联邦控制的历史性转变。驱逐中国人,呈现了美国历史上联邦政府依照法律将外国人驱逐出境的先例。这种做法在 20 世纪已经远远超出了亚洲劳工的范围。因此,像罗杰·丹尼尔斯(Roger Daniels)这样的历史学家认为,排斥和驱逐中国人的法案,"成为美国移民政策全然转向的关键点"[21]。但是,尽管随后新的联邦边境管控模式效仿了驱逐中国人的这一案例,而在镀金时代的移民政策仍然适用于像亚洲人这样的依附群体,这些人在族裔上被认定是不符合社会成员身份的。正是由于人们将中国人视为定居者身份的不可同化的威胁,他们发现自己受制于同样形式的自由裁量特权——长期对帝国臣民进行统治的权力。因此,它与维持一个平行体系是完全一致的,即一方面驱逐并强制清除中国人,另一方面却事实上为欧洲人打开了一扇大门。这种做法反映了定居者生活在根本上存在的殖民地二元性特点。

换言之,虽然奴隶制的终结开始瓦解定居者社会的传统边界,但致力于保卫自由的共和国公民与等级化臣民之间的差异的做法却依然维持着。关于中国移民,在大法官约翰·马歇尔·哈伦(John Marshall Harlan)对最高法院裁定的普莱西诉弗格森案(Plessy v. Ferguson,1896 年)中所持的引人注目的异议中,这种二元性得到了最强有力的表达。通过"隔离但平等"的原则,该判决维护了公共生活中种族隔离的合宪性。哈伦认为,作为南北战争和重建修正案(the Reconstruction Amendments)的结果,黑人如今应该被看作自由的共和国公民,并因此在政治上被完全纳入共同体之中。然而,这种包容性并非意味着结束那些仍具有明显族裔特征,并对定居者理念构成威胁的人群的从属地位。对于哈伦而言,中国人依旧是这样一个外部人群体,"一个与我们如此不同的种族,因而我们不允许那些属于它的人成为美国公民,他们应该被完全排除在我国之外,除极少例外"。黑人"冒着生命危险维护联邦"却被禁止乘坐长途汽车,而"一个中国人则可以和美国白人公民乘坐同一辆客车",哈伦认为这是极为不公正的。本质上,在急剧变化的环境下,他试图坚持对定居者身份和成员资格的叙述。就传统定居者而言,"隔离但平等"的问题在于,它向从属的外部人(中国人)提供了更大的权利,而并没有给予内部人(新融入的黑人)适当的特权。[22]

两年后,哈伦重申了他对容纳中国人所持的谨慎态度。他赞成首席大法官梅尔维尔·富勒(Melville Fuller)针对"美国诉黄金德案(U.S. v. Wong Kim Ark)"的异议。在该案中,对于旨在限制中国人口权利的努力,法院提供了受到宪法限制的约束。法院认为,尽管中国移民可能无法归化而成为"没有资格获得公民身份的外国人",但是根据第十四条修正案(the Fourteenth Amendment),在美国出生而父母为中国人的人享有出生公民权。而在这些异议中,多数意见认为这在根本上是"损害公众利益"的。因为这项法案有利于向定居者社会融入"大量的华工,而他们是完全不同的种族,并有着不同的宗教,(他们)仍是这片土地上的陌生人,……不熟悉我们的制度,也显然无法同我们的人民融为一体"[23]。此外,持异议的人支持那些带有定居者千禧年主义色彩的主张,而即使是在中国移民的早期阶段,这些观点在政客和劳工中也相当流行。这些观点认为,中华帝国是一个具有威胁性的帝国,它试图通过提供源源不断的工人,从文化和政治层面向美国内部扩张。在反映了魁北克法国天主教徒革命时代观点的一种主张中,富勒和哈伦认为,"无论从任何的责任意义和任何的宗教原则上说,中国皇帝的臣民……(仍然)受制于皇帝"。如此,即使是那些在美国出生的中国人的后代,仍旧"全然地像他们的父辈一样是旅行者和寄居者"。因而只有通过对新移民行使自由裁量权,中华帝国所施加的威胁才能得以消除,共和主义制度才能得以存续。[24]

在普莱西案和黄金德案中,哈伦对于区别对待黑人和中国人的关注、对亚裔包容的关注,被法院的多数人认为是无关紧要的。这正因为无论是被解放的黑人还是在美国出生的中国人,他们的身份都没有被法院提高到自由定居者的地位。在这两起案例中,正如"隔离但平等"的理念所强调的那样,正式的公民身份被认为是与从属关系结构完全兼容的。此外,给为数不多的中国人提供出生公民权的先决条件,恰恰是那些排他性法律,这些法律完全是为了限制在美国的亚洲人口增长,并且保护白人定居者不受大规模非白人移民群体导致的经济竞争和族裔威胁。然而,在某种意义上,哈伦试图在维持殖民地二分法的同时,纳入长期以来被认为是社会所排斥的黑人群体,则是针对集体生活发生了根本变化而言的。就像激进共和党人所做的努力那样,它意味着如果定居者的成员身份可以从根本上进行修改的话,那么考虑到新的境况,旧的框架在整体上或许也可加以改造。而如今对于许多陷入工资关系或租赁中的白人劳工而言,旧的定居者解决方案已经不再可行。即使中国人被排除在美国政体之外,这也无法解决企业财富和工业生产的增长所带来的深刻社会经济困境。虽然针对中国人的禁令可以阻止非白人移民,并保护定居者的至上地位,但这无法改变工业生产车间的基本事实,也不能恢复那些有意义的独立和生产控制。

出于政治上的需要,贫困定居者开始逐渐产生一种替代性的反应,即所有劳动者,不管他们在定居者等级制中的地位如何,都接受共同的经济利益。一般的现实情况是,随着商业集中和工厂生产的发展,与经济需求和经济自由相关的定居者领域,不再依据族裔或种族关系来划分。而内部人和历史上的外部人都有相同的社会经历;因此,将一个群体从依附关系中解放出来,必然也需要解放另一个群体。在某种意义上,白人劳工们面临着一个严峻的事实:要实现定居者的自由,就必须要克服定居者殖民主义本身。正是这种洞见,使得民粹主义在19世纪八九十年代强势回归,并促成了一种包容性的、社会意义上的新民主政体理念。

劳工大联盟与民粹主义的强势回归

1886年春天,这个国家陷入了大量的工业纷争中。就在一年前,为了抗议工资被削减,工人们通过劳动骑士团组织拆除了杰伊·古尔德(Jay Gould)的铁路线。这场罢工导致铁路运输瘫痪,并直接切断了密西西比河以西的交通。正如沃尔特·利希特所写的那样:"在财务压力下,古尔德不得不向罢工者让步。举国上下的工人阶级群体欢庆一种大卫与歌利亚(David-and-Goliath)式的胜利。"而其直接后果是双重的。首先,骑士团的成员人数从 1885 年 7 月的 11 万人,一年后猛增到近乎 75 万人。第二,古尔德再次许诺要粉碎工会,这引发了第二次从得克萨斯州东部开始、并席卷西部大部分地区的罢工。这次西南大罢工为随后的大动乱(the Great Upheaval)创造了条件。在大动乱期间,来自小城镇和主要城市的 20 多万名工人,选择在 1886 年 5 月 1 日这一天为了八小时工作制宣告全国总罢工。对于以下这两类人来说,美国似乎处在猛烈变动的边缘而岌岌可危:一类人为劳工抗议进行辩护,另一类人则认为罢工乃是对社会秩序的危险威胁。[25]

正是在这一背景下,农场主联盟组织开始着手恢复强大的民粹主义传统。威廉·兰姆是得克萨斯州的蒙塔古县农场主联盟(Montague County Alliance)主席。他宣布了一项联合抵制行动,以支持骑士团的西南大罢工。这一举动与该联盟的全州领导层政策形成直接冲突。随着时间的推移,同情抵制蔓延到整个国家并迅速发展,人们通过提供农产品甚至金钱来直接援助罢工者。这些努力最终促成了农场主联盟与劳动骑士团大会之间联合政治会议的召开。在这一过程中,工人和农民们似乎强调了一种令人吃惊的新发展。他们乃是属于更大劳动共同体——一个有着同样根本目标的共同体——的一分子,而非有着利益分歧的不同选区选民。对于罢工者和他们的支持者而言,这一目标正像历史上对定居者自由的承诺那样意义非凡:所有拥有能力的劳动者,不论是来自农村还是城市,都享有经济和政治上的独立。[26]

在接下来的十年里,农场主联盟的成员与后来的人民党,在很大程度上通过系统推翻占主导地位的定居者主义规范,来努力实现这种独立。在南北战争之后的几年中,最激进的人民党党员愈发意识到,定居者帝国的基本假定不仅与新的工业秩序不相容,也与作为自治的自由不再相符。因此,为了建立一个拥护所有生产者利益的劳工大联盟,需要一种新的政治形式、一种不再受对内自由和对外控制的殖民地二分法束缚的新政治形式。这一新的政治观包含三个基本内容：(1)重新定义谁构成了享有充分经济和政治自由的民主的"人民"；(2)持续批判领土征服和扩张主义的新形式；(3)创建一种永久的、能够立即直接维护其利益的动员型公民机制。

平民政治与谁算作"人民"

为保持与定居者传统相一致，工作上的关系为农场主联盟及其劳工同盟，提供了自由公民身份和共和主义自由的基础。在过去，自由与不自由劳动之间的生产区分，意味着当英裔美国人业主和手工业者能够要求政治成员身份时，从事低等级工作的边缘化群体，必然处于社会共同体或所谓"人民"的范围之外。但是在某种程度上，不管定居者的地位如何，工业的变化破坏了所有农民和工人的经济独立，并且促使改革者们重新考虑包容性的定义。这种变化将焦点更多地集中在生产者与非生产者之间，或是农村与城市中的"大众"劳动者与工商业精英的"上层"之间的对立，而对生产劳动形式的关注度反倒弱化了。

在描述经济自由所面临的威胁时，特伦斯·鲍德利在1878年《劳动骑士团章程》的序言中，强烈地呼吁劳工团结在应对生产分工中的必要性：

> 如果不对最近以来令人担忧的发展进行抑制，如果不对为了聚敛财富而导致的侵占行为进行抑制，必将导致劳苦大众的贫穷化和无法挽救的阶层下降。如果我们想要享受生活的祝福，就需要采取必要的行动，来抑制这种权力的发展以及不公正的财富累积。此外，我们还必须采用一种能够保护劳动者辛苦成果的制度；……这一被急切渴望的目标，只能通过劳工完全联合以及那些服从神圣命令——"靠自己劳动吃饭"——的人的一致努力来实现。[27]

随着这种呼吁而来的相关要求，直接让人想起威廉·曼宁的观点：劳动群体是人民的组成部分，而劳动利益必然是所有人的利益。正如

1886 年劳动骑士团序言所宣称的那样："我们并非把劳动骑士团作为一个政党来创建，而是为了组织和指导工业大众的力量，是为了得到更多。因为在这其中凝结（原文如此）着为所有人利益的情绪和对策。"[28] 由于劳动利益与保证共和主义自由是一致的，因而更具体地说，在扩大的人民群众与工业大众之间，必然存在着一种意识形态的统一。与其说劳动骑士团所体现的是众多党派中的一个政党，不如说它是整个集体的一种组织性表达，是对自由的承诺。

作为人民构成者和作为共同致力于经济独立的联合起来的劳工的愿景，也深深扎根于农场主联盟和人民党之中。1892 年，在附和骑士团社团所表达的情绪时，该党在《奥马哈纲领》(the Omaha Platform) 开篇宣称："财富属于创造财富的人，不付出等价劳动而从工业中获得每一块钱的行为都是抢劫。'不劳动者不得食。'农村劳工和城市劳工的利益是一致的；他们的敌人是相同的。"[29] 对于这样的民粹主义者来说，工资奴役和农村租赁的问题是同一枚硬币的两面。在每种情况下，工商业精英都将资本从劳动力中分离出来，进而从中剥削生产者的利润，并实施对生产的控制。

在重新定义谁是人民时，骑士团活动分子和农场主联盟成员直接挑战定居者的排外情绪。对鲍德利而言，不论其性别或种族背景，所有劳动者都同样受制于工资奴役和经济依附的危险；因此，新的欧洲移民、被解放的奴隶和妇女都同样是受欢迎的。[30] 在弗吉尼亚州首府里士满(Richmond)举行的骑士团大会上，针对种族迫害，鲍德利肯定地回应了组织黑人工人的重要性。因为他直言不讳地宣告："黑人是自由的；他们在此地，而且他们要留在此地。"因此，所有劳动者都有责任认识到他们共同面临的工业奴役困境，并且白人也有义务接受这样一种观点，即"在劳动领域和美国公民身份上，我们不承认存在种族、信仰、政治或肤色的界线"[31]。

具体而言，这种观点拒绝了内战后南方白人至上的论述。在汤姆·沃森看来，对于身陷农作物留置权制度(crop-lien system)，并受债务束缚的贫困农民来说，跨种族团结的需求，只不过是关乎自身利益的事情。他认为，人民党会呼吁白人和黑人，通过告知他们两个群体说：

"你们被隔离开来,因此你们各自的收入就可能分别受到盘剥。有人使你们相互仇恨,因为这种仇恨正是基于奴役你们二者的金融专制主义。你们被欺骗、被蒙蔽,你们可能无法理解这场种族对立,是如何使一种货币制度永久化,从而使你们都变成乞丐的。"在沃森看来,黑人农民和白人农民相同的经济定位意味着,他们的命运永远相互交织在一起;而如果真正致力于将白人从债务束缚中解放出来,那么即使是最顽固的种族主义者也必须要同等对待黑人:

> 这显然是正确的,难怪这些不幸的黑人和白人劳工们都驻足聆听。难怪他们开始意识到,如果不改变法律使白人佃户受益,黑人也同样无法得到好处。他们还意识到,针对他们中任何一方的不公正制度,往往导致二者都遭受损害。他们所有的物质利益都是一致的。一旦这种意识成为一种信念,仅仅关注自身,仅仅企望改善其条件、避开繁重的赋税、避免高利贷费用、减轻自己的租金,或渴望将自己岌岌可危的房屋变为开心的幸福之家,就将使这两类人团结在一起。[32]

对于鲍德利和沃森而言,巩固劳工团结需要向所有农民和工人强调他们共同的自身利益。这不是崇高的理想,而是经济力量的日常运作。这种力量将先前敌对的群体团结在一起,进而形成生产者的团结。以物质关注和具体经验为中心的民粹主义政治,反映了威廉·曼宁早期的信仰,即所有个体,无论其社会地位如何,最终都是由自身利益所驱动。因此,这一假设使得他们继续向共和党精英先前强调的政治美德进行曼宁式的挑战。回想一下,对于麦迪逊而言,代表者与被代表者之间的关系太过于密切,使得立法者关注部分利益,无法以独立理智来采取行动促进更大范围的利益。在这种观点下,自利——以及不能使自己与具体经验保持距离,恰恰使得法制沦为阶级专制的奴仆。相比之下,人民党党员认为,一个人的社会背景是无法规避的,而贤德领导层的呼吁往往为阶级立法戴上了一副面具。更重要的是,利己不仅是无法避免的,而且确实构成了人们理解自身状况、发展政治同盟和深化对利益认知的基本方法。对于沃森而言,他渴望打破民主党对南方政治的束缚,并努力使黑人和白人明白,正是他们的共同利益保证了种族统一运动的希望。这一运动既能终结农业劳役偿债模式,也能永远地摧毁民主党。

最终,通过强调将看似互不关联的劳动者团结在一起的物质经验,人民党党员试图增强劳工团结,并构想出共同利益统一一致的叙述。沃森和鲍德利驳斥了以下这种观念,即公民的行动仅仅是出于个人的良知或他们的优良天性;相反,他们把重点集中在具体的社会环境上。这种社会环境反映了共同的从属地位这一现实、反映了对自由的共同期望。因此,人民党党员抛弃了费希尔·埃姆斯和麦迪逊所奉行的观点。他们二者认为,只有少数贤德的人才能够克服自身偏颇的欲望而意识到社会的更大利益。与之相反,人民党党员相信,普通的劳动者每天都在与依附和不平等做斗争,所以他们能够察觉到个人利益和公共利益(即普遍的共和主义自由)之间的逻辑关联性。如果基于这些利益被组织起来,各行各业的劳动者将成为社会变革的主要力量。而通过政治和经济活动,他们也将共同促进作为自治的自由。

但是,尽管这种对自身利益的强调,提出了一个关于人民的更具社会包容性的愿景,然而它仍旧有其局限性。在某种程度上,共同的物质目标失败或不能被清楚表达出来,以至于对被排除群体的接纳也是如此。在人民党旗帜及其分政财计划下,沃森呼吁种族团结的同一篇文章中,他也对种族隔离进行了辩护,他评论道,只要种族隔离不在法律上实施,"关于社会平等的问题,根本就还没有进入深思熟虑阶段。这是一件由每位公民自己决定的事情。迄今为止,任何一项法令都不能、也永远不能随意拔掉哪怕一个最卑微家庭的门闩。而每位公民都能够、也将一直能够自由掌管他自己的宾客名单"[33]。因而沃森不像撒迪厄斯·史蒂文斯那样激进。史蒂文斯甚至安排自己死后要安葬在兰开斯特(Lancaster)的黑人公墓,以彰显他的自我原则。[34]对于沃森而言,由于利益而非原则在统治,因此人民党的社会包容计划在将平等理想扩展到公共领域和工作场所之外时,他就犹豫不决了。[35]

此外,通过统一的利益来聚焦于团结问题,意味着当白人劳工认为其目标是需要排斥其他群体时,将倾向于持续退回到有关自然公民身份和对外拥有特权的定居者话语之中。如前所述,这种缺陷在对待中国移民问题上得到了充分证实。当然,劳动骑士团中许多活动分子认为,他们的组织是普遍包容的。鲍德利在《劳工三十年》(*Thirty Years of Labor*,1889 年)中写道,骑士团拒绝在他们的章程里包含哪怕一条要求对"仆从种族"进行排斥的条款,特别是针对中国人的条款;因为该组织"不认可任何种族、信仰或和肤色之分",并反对"人类的任何一部分"被排除在享有共和主义自由福利的行列之外。[36] 1878 年,在芝加哥举行的大规模劳工示威活动中,激进的骑士团领袖乔治·麦克尼尔(George McNeil)重申,无论其种族或定居者地位如何,整个劳工群体都应该获得经济上的独立。他向鼓掌欢呼的群众宣告:"现在的工人运动是为了所有人,没有种族、肤色、国籍、政见或者宗教之分……。一个人出生在非洲或中国、欧洲或美国……都是无关紧要的。"麦克尼尔进一步补充说:"如果他们愿意为美国的报酬工作,(他)希望中国人留在美国。"根据麦克尼尔所言,白人劳工"并不是希望中国人离开";他们想要的只是消除针对合同雇工的剥削行为,而这些外来工人的工资水平远远低于美国的基准。[37]

事实上,应向所有工人——无论欧洲人还是非欧洲人——提供自由迁移的思想已经深入人心,并且被视为共和主义独立的基石,因为这是每一位自由公民所应享有的权利。同年,在回应那些排华呼吁时,一名爱尔兰工薪族在写给《波士顿导航报》(*Boston Pilot*)的文章中认为,"就像世界上其他此类……盲目、吝啬、心胸狭窄的偏执者一样,几年前有种类似的喊杀声——'爱尔兰人不得申请',也曾响彻整个美国"。这位作者要求美国应真正成为"任何地方受压迫者的庇护所",而不是将中国人拒之门外。因此,当鲍德利与劳动骑士团开始围绕移民问题讨论时,他们最初坚持的是一种普适主义信仰。正如麦克尼尔的评论所指出的那样,骑士团致力于制定规则,来抑制那些通过公司雇佣合同劳工的人口输入行为。这些人口可能是被利用来破坏罢工或降低工资的。在整个 19 世纪 70 年代,骑士团要求明确禁止这种行为,并最终于 1885 年通过了《福伦法》(the Foran Act)。正如麦克尼尔这样的活动分子所表示的那样,他们的目标并非要造成种族排斥或限制外国人的自由迁移。在许多人看来,这一目标要求乃是基本的共和主义权利。[38]

然而,随着时间的推移,尽管骑士团的大多数依然对欧洲移民维持这种观点,但越来越多的成员仅透过合同雇工的棱镜来看待亚洲人,并认为他们是威胁到自己经济生活的新佣工或"苦力"。这种看法部分源于企业明显把亚洲工人看作临时雇工,因而可以利用他们来摧毁工会组织,或者在繁荣期降低工资。鉴于这些非常实际的做法,旧的定居者二分法,轻而易举使得所有中国人沦为根本不自由的劳工身份,而这难免不符合共和主义惯例。骑士团中的许多人发现,接受排华比坚守四海之内皆兄弟(universal brotherhood)的理想更为简单。到 1886 年,甚至连鲍德利也乐意针对亚洲人声称说:"黄种人只不过是奴隶而已。"他和其他人可能意识到了中国人是替罪羊,而移民禁令并不能解决劳工的基本经济困境。尽管如此,对于日益增多的穷困白人工人而言,他们无法接受自己的同胞兄弟被亚洲人取代的想法。而这正突显了在物质利益分化时包容性的局限。[39]

但是,尽管存在这些明显的缺陷,在削弱成员身份与种族地位之间的纽带上,经济团结的力量仍旧起到了关键作用,甚至一度体现在中国移民身上。这一力量也表达了一种公民身份的愿景,它远比定居者帝国盛行的更为开放、文化上更加多元。尤其是在南方,人民党的政治家及其支持者愿意挑战白人至上的做法产生了深远影响。爱德华·艾尔斯(Edward Ayers)写道:"这样的声明在新南方确实很了不起。在几个月前,没有白人会想到要这么说。政治上突发性的人民党反抗,突然使得上等正统白人男性处于这样的境地,即他们社会的种族不公,对他们来说突然似乎是不公正的。"[40]

反对帝国的平民政治的崛起

通过重新定义谁算作人民,人民党运动不仅向定居者的排他性施压,而且还挑战了主流的帝国规范。在此过程中,这一运动将像布朗森和斯基德莫尔那样的先前被边缘化的民粹主义观点置于政治中心,并强调帝国在实际上是如何进行妥协、而非促进共和主义自由的。激进的农场主联盟成员和人民党党员认为,美国的领土扩张和正在出现的追求全球突出地位的驱动力,将企业权力与军事实力结合起来。而征服扩张开辟了工业利润的新市场,并促进了对一支庞大常备军的需求,以便为镇压劳工运动做好长期准备。

对汤姆·沃森而言,领土面积的增加并不会带来经济自由和集体自治;恰恰相反,它带来了要规避的东西:一个像欧洲那样的封建社会的美国。1893年,针对美国的帝国领土面积和自命不凡,沃森嘲讽地写道:"在领土、财富、权力上成为帝国之后,我们寻求在外观上成为一个帝国。我们要炫耀我们的陆军和海军,我们要装点些华而不实的仪式,我们要在外国的首都建造富丽堂皇的大使馆。"在美国政治家考虑吞并夏威夷的那一刻,沃森公开声明:"这是我们第一次宣布,我们可以走进2100英里外的海洋,占领那些不属于我们、并对我们来说也没有必要的岛屿。"对这种财产和全球权力的追求,隐约地呈现出未来美国的不祥图景。由于既需要在国内保持对不守规矩的公民的控制,又需要在国外灵活地采取行动,美国发现自己将有一位君主式的总统。这样的总统不再受到大众意志的束缚,而只是以工商业精英的名义行事。沃森写道:"谁会将那些奴性的殷勤、卑鄙的诌媚,以及宫廷式的三跪九拜聚拢在自己的周围呢?哎呀!当然是总统了;我们的主人、那些企业,把这个人扶持起来统治我们。"[41]

五年后,最激进的人民党党员认为,美西战争及其后果证明了这些担忧的正确性。在这场战争爆发之前,堪萨斯州国会议员杰里·辛普森,以一位著名学者的言辞、以"该党在众议院里的非官方声音",深表怀疑地关注当时普遍存在的沙文主义情绪,并认为战争应该被当作绝对最后手段。结果,1898年4月13日,众议院通过决议授权在古巴使用武力。辛普森是仅仅19名投否决票的国会议员之一。他担忧,美国将发现自己"在无下限地窃取他国领土",而不是为了捍卫"为自治……而进行斗争的人民的权利"。[42]

辛普森所付出的政治代价是巨大的。尽管他在贫困的中西部农民中近乎被奉为民族英雄,但他在1898年的连任竞选还是失败了。这在很大程度上是由于主战情绪的高涨。在失利后发表的最后一次国会演讲中,辛普森针对以下两件事提出质疑:一是最近的拨款法案;二是通过采取将军队规模从 2.5 万人增加到超过 10 万人的措施,来建立一支新职业化军队。他一贯反对这样的立法。辛普森声称,一些议员告诉他,这些法案的真正原因是要建立扩大的军事设施,以备在必要时可以"镇压国内暴乱"。就像沃森的话一样,辛普森断言,"与殖民帝国计划一道",企业和政治精英寻求"在这个国家将美国总统、西印度群岛和菲律宾的君主威廉·麦金利(William McKinley)推上王位,然后令一支常备军加强这个新帝国的权力"。[43]

在国会门外,沃森也重申了他对企业权力和军事专制幽灵的担忧。作为激烈反对这场战争的一员,沃森在冲突期间向一群人委婉地问道:"到底谁能从战争中得到好处呢?"联想到比利斯拜和斯基德莫尔,他接着回答说:

> 全国性的银行家们将从这场战争中获利。新的公债为他们提供了设立新银行的基础,因而他们的权力也得到增加。特权阶级都从这场战争中获利。战争转移了人们对经济问题的注意力,并使特权阶级强加给我们的不公正制度永存。政客们也从这场战争中获利。战争掩盖了他们不敢面对的问题。那人民从这场战争中得到了什么呢? 打仗与赋税。[44]

应该注意的是,这些针对领土帝国和美国全球权力进行的尖锐批判,并不主要集中在殖民统治下原住民群体的待遇问题。相反,激进的人民党党员最关心的,乃是在其中对外部权力的主张必然导致母国遭腐蚀的方式,因为途径主要是通过促进与劳工群体相左的那些利益,以及创建专制权力的集中化和等级制制度。正如沃森所断定的那样,"共和政体不可能进行征服的勾当而依旧是共和政体。军国主义导致军事独裁、军事专制。帝国主义为君主铺平(原文如此)了道路"。这与哈林顿或曼宁可能得出的结论非常相像。像庞大的常备军和统一的执行官这样的制度,直接威胁到作为自治的自由,并使得普通公民不得不面对一个庞大的、压制性的国家权力机器。[45]

尽管如此,如果主要的焦点不是外部行为,那么形成这一对帝国进行批评的激进声音,却也在更大范围上暗含有关殖民权力道德上缺乏合法性的观点。或许,这种观点最有力的表达,是在运动接近尾声时来自内布拉斯加州的政治家威廉·内维尔。他最终成了华盛顿的最后一位人民党国会议员。[46]1900 年 2 月,在美国侵略菲律宾的战争期间,内维尔在国会发言中谴责了这场冲突。他明确地将对菲律宾人的控制,与标志着美国国内政治实践的种族奴役联系起来。对内维尔而言,这种占领与具有更大程度破坏性特点的集体生活是一致的:不断把非白人群体——无论是在国外还是在国内,只当作实现定居者内部目标的工具。这些群体之所以被认为是有益的,主要因为可被利用来获取经济利益,因此他们完全地受制于强制性的自由裁量权。

在对民主党中那些反对帝国兼并的白人至上主义者讲话时,内维尔宣称道:

> 令一位人民党党员震惊的是,听到众议院(民主党)这一边的议员在辩论中声称说,"这是一个白人的政府",并利用财产和学历条件来剥夺黑人选举权,而与此同时,却谴责共和党未经他的同意试图统治棕色人种。[47]

对于内维尔而言,反对征服亚洲或加勒比地区的原则,同样适用于拒绝不平等地对待在美国的黑人、华人以及墨西哥人。这两类种族从属关系的形式,都使得那些值得享有共和主义自由的群体沦为帝国臣民的地位。

在这样主张的时候,内维尔将他对领土帝国的反对,与一种普适主义自治观点联系在一起:"真正让人感到安慰的是,能够相信人类大家庭的共同兄弟情谊;相信人人生而平等,或者换句话说,相信上帝创造男女作为人类发展的源泉时,并没有规定阶级界线。"通过强调欧洲人与非欧洲人享有同样自决权的基本权利,内维尔继续道:

> 国与国之间应该有和人与人之间一样的权利。生命、自由和

追求幸福的权利,对于黑人和棕色人来说,就像对于白人来说一样
珍贵;对于穷人和富人同样珍贵;对于无知的人和受过教育的人也
是这样;对于弱者和强者而言都是神圣的。这一点既适用于个人,
也适用于国家。而那些靠武力破坏这种权利的国家,相较于把法
律攥在自己手中的人的统治好不到哪里去。[48]

特别值得注意的是,内维尔拒绝将这种自决,视为要求任何诉讼期
间的白人监护权,因为越来越多的政治领袖这样认为,以此对占领菲律
宾进行辩护,或对所实行的原住民保留地新政策进行辩护。而内维尔
在抵制白人监护的同时,同样抵制联邦政府的实际政治控制,以及那些
非正式的经济和军事干预行径;因为长期以来,它们表明了西方与非白
人民族打交道的方式。换言之,内维尔对民族自决的呼吁并没有任何
附带条件。

因此,内维尔的演讲代表了一种引人注目的发展:一位美国政治家
有意识地否定帝国的所有表现形式,并依据国内对依附性国民的殖民
统治描绘了国内的种族控制。内维尔毫不含糊地描述了黑人在美国的
遭遇,他们像是帝国臣民而非真正的公民。他断言道:"当一部分人民
在法律面前处于依附地位而无法享有平等权利时,任何政府都无法彰
显其民治政府的尊严"。[49]内维尔认为,对共和主义自由不变的承诺存
在两项基本要求:一是在美国内部的平等包容性;二是追求尊重原住民
自治、反对欧洲和美国当局监督权的国际政策。在某种意义上,对于内
维尔和沃森来说,虽然美国没有实际的殖民领土,但是以美国干涉主义
为核心的外交政策却是无法接受的。这样的政策将会导致美国对世界
各地的争端进行干预,进而催生华盛顿精英依据自我商业利益而做出
决定的结果。在这一过程中,它可能会因此引发更为激烈的暴力。沃
森断言:"的确,西班牙人和古巴人打游击战,一场战役下来可能死了三
五个人。而我们到那里去,在三个月内杀死的人却比他们在十三年里
可能杀死的人还要多。如果他们以前是挨饿的,那现在又由谁来养活
他们呢?"[50]

因此,生产主义的意识形态和利己主义的言辞,逐渐使得贫困农民

和工薪阶层得出了一组引人注目的结论。为改变数世纪的定居者传统，人民党运动中的许多激进参与者及其盟友对成员身份进行了重新界定，从而几乎囊括了所有农业和工业工人。在此过程中，他们否定了定居者主义将国内白人与原住民或外来黑人区分开来的殖民二分法。同样引人注目的是，他们批判了长期以来视领土扩张为经济自由的先决条件这一主张；相反，他们逐渐把这种为了征服——而今越来越是为了追求全球权力——的驱动力，看作只带来了军事专制和国内更大程度不平等的可能。在风潮席卷之际，一些领袖甚至愿意接受斯基德莫尔对原住民自治的构想，即把他们完全从西方的监护中解放出来。或许最重要的是，这些呼吁并非杰克逊式的局外人观点，而是在大规模社会抗议的背景下由民众领袖提出的。这些社会抗议对既有政党的政治支配地位和工农业精英的经济支配地位构成了挑战。虽然这样的努力功败垂成，但是却表达了人们对正在大大扩展的定居者自由所怀有的希望，并因而将美国想象成为一个殖民自负已被清除、尽可能向所有人开放的生产主义民主国家。

人民党自治与持久动员的目标

如果在人民党运动中的许多人，试图将定居者自由与其扩张和殖民统治的历史纽带分割开来，他们就会通过重申联邦宪法出现之前那些岁月中的大众政治观点来达到目的。由于受到这一信念的激励，即自治需要劳工群体行使公共权力、并颁布符合集体利益的民间法，这一劳工大联盟因而强调了对政府保持永久警惕的重要性。在某种程度上，民意代表本身似乎与"人民"的社会经验和物质利益相脱节。人民党党员进而采取行动，创建了平行机构来不断动员公民，并因此彰显集体意志。

这些协会重温殖民地独立后发展出来的那些法外（extralegal）习惯和制度传统。定居者的反叛，使人们越来越怀疑现有代表机构代表人民发言的合法性。尤其是对于小农场主和市民来说，维护自治和促进经济自由，意味着要组织"户外活动"并发展准公共协会，如民众大会，从而确保公众对政府的直接控制。[51]同样地，在镀金时代，随着企业利益开始占据国家政治和法律机器,公民们形成了大量非正式法外机构,以平复不满和表达集体情绪。这其中既有用于为各种工人团体(包括劳动骑士团)成员提供平行司法框架的民众法庭,也有南方和西部的农民合作社。[52]

但是,以法外形式组织起来的最棒的例子,莫过于人民党党员扩展了杰克逊式的政党手段的方式。与许多19世纪30年代的民主党人一样,人民党党员认为,政党是为消除代表人与被代表人之间的分歧,以及推动小生产者自由社会的工具。这种把政党看作意志形成的主要工具、人民持久动员的基本场所的愿景,将18世纪特别立法协会(extralegislative association)的革命模式与19世纪的政党机器结合到了一起。这种政党机器曾在杰克逊时代得到充分发展,并支配着镀金时代的政治。在此期间,除了通过错综复杂的赞助系统将地方、州与联邦办事机构组织起来,政党甚至控制了选举过程本身。鉴于19世纪后期选举相当普遍,其根源是任期较短以及担任选举职务的地方和州官员的数量巨大,因而这并不是一件小事。马克·科恩布卢(Mark Kornbluh)写道:"此外,他们登记选民,印刷、分发、计数选票,提名候选人,资助和管理竞选活动,并通过占绝对优势的党派媒体控制政治信息的传播。"[53]

这样的政党"把选民作为社会团体成员来动员",并使政党联盟与民族、宗教或种族身份之间形成持久的联系。他们这样做,是通过众多社会活动和颇受欢迎的盛宴,包括游行和野炊,以及为他们的支持者提供基本服务来进行的。例如,对于新到的欧洲移民,政党官员通过归化程序帮助潜在选民,而每个城市的政党委员会都致力于这项任务。更普遍的是,作为对选民在竞选期间忠诚和支持的回报,政党在工作和社会福利方面也会给予帮助。在联邦政府层面,官僚机关在1896年增加至19万人,并且为几乎每100位选民中的一人提供了一个工作岗位。因此,政党是社会整合的关键根源,它将白人移民、得到解放的奴隶,以及土生土长的定居者等多元群体,都融入新兴经济和具有高度参与性的选举过程之中。[54]

这一政党机器的两个特点,使其与人民党运动的政治愿景尤为一致。第一,在一定程度上,由于选举过程和政府机构都被政党完全渗透,因而消除了在已确立的法律框架与法外组织模式之间的明显区别。政党成为准公共机构,成为意志形成和大众参与的基本场所,并且合乎逻辑地不会与"官方的"政治进程相脱离。第二,不掺水分的选举数字,意味着政党不仅是准公众性的,他们还努力进行不断的动员工作。与委托于偶然性投票的民众参与相反,政党认同的核心内容,意味着公众参与通过一系列的竞选活动,诸如"认可会议、抗议、游行、示威、烧烤、集会和篝火",这创造了一种永久参与型的公民。[55]

对于人民党党员来说,现有政党的主要困难之处在于,他们通过无数社会裂痕而使劳工群体分化,而最具破坏性的莫过于过去南北方之间的地区分裂,因为共和党人和民主党人同样都在"挑唆争斗"。[56]通过提供保护和向不同地区的族裔—宗教群体提供社会服务,政党体系的社会整合方法使得社会阶层化,而并没有将公众团结起来。正如罗伯特·维布的著名论述,这种镀金时代的政治,使得美国呈现出一幅分散的"岛屿式群体社会"画面,并通过利用每一群体的不同身份和经验来组织集体生活。[57]相反,就像美国革命时期或杰克逊式动员巅峰时的法外管理一样,人民党运动则想象政党乃是所有生产者的制度场所,因而对人民来说也是如此。就像伊格内修斯·唐纳利(Ignatius Donnelly)在《奥马哈纲领》的序言中所撰写的那样,为拒绝地区性政治和呼吁劳工团结,"我们寻求将共和主义政府重新交回到'纯朴的人民'手中",并且"当这个共和国建立在全体人民相亲相爱的基础上时,它才能作为自由政府而长久存在"。动员的目标是通过整个劳工群体,为人民主权论的直接和持续表达创造空间。通过这样做,政府行动将会成为实现集体目标可以永久得到的工具。就像序言中接下来所表述的那样,我们"认为,为了使压迫、不公和贫穷最终在这片土地上消失,政府权力——换言之,是人民权力——应扩大……迅速扩大到这样的程度,即充满智慧的人民和经验教训认为正当的程度"[58]。

为了实现这种民众自治,政党必定要保证内部的民主和非等级制,并接受农业和工业工人自身所表达的劳工群体的集体情绪。由于权力的分散和对地方组织的关注,镀金时代的政党对其选区的需求毫无疑问会做出回应。尽管如此,他们的基本结构仍然是等级森严的,并将对政党首领的支持与提供的赞助和服务联系在一起。相比之下,像唐纳利、威廉·兰姆和汤姆·沃森这样的激进分子则认为,这一政党处于一个由多元、重叠的劳工组织组成的架构之中,其中最重要的组织就是农场主联盟。换言之,政党成员也是农场主联盟成员。他们经过多年合作改革运动经验的考验,并致力于一系列的政治目标。尽管政党是为了获取选票和即时控制政府而组建的,但它只是更大范围的集体架构中的一部分,并因此可以得到反映更大运动利益的平行制度的支持。正如政党是政府背后的政府一样,农场主联盟和劳动骑士团等组织则体现了政党背后的政府。这一结果表明了一种民众政治形式,其中劳动者被复杂地组织起来,并且能够在不同的地方、州和国家的决策地点被有效地控制,从而做到直接对政党和运动负责。[59]

从某种意义上说,永久动员人民和人民参与自治的愿景,具体表达了曼宁"劳工协会"的希望。曼宁曾设想过一种制度框架,它既可以传播有关生产者利益的知识,又有利于工人在政治上的集体自主性。农场主联盟和人民党追求这些目标最好的方式,莫过于农场主联盟的讲座制度和党的全国改革新闻协会(National Reform Press Association,NRPA)。在每个乡村,农场主联盟建立了数百个次级联盟,其中每个次级联盟不超过 50 人,每一个次级联盟都配备一名讲座员,其目的是解释合作社的改革运动,将农场主次级联盟的行动与更大的组织机构联系起来,并帮助农民向更广泛的群体表达他们的不满。在全国改革新闻协会的帮助下,人民党开发了上千种期刊和周刊。这些刊物向普通公民传递运动目标,并在读者来信里为贫困农民提供一种在公共机构发声的途径。[60]

正如曼宁在一个世纪前所提出的那样,这些机构场所体现了一种关于美德如何在一个政治团体内起作用的不同观点。通过传播知识以及结合农民和工薪阶层的经验和观点,像农场主联盟体系这样的机制,为智力的民主化、为确保所有人而不仅是受教育的少数人了解他们的自身利益,以及如何最好地使之得以实现提供了一种方法。这种协会形式理所当然地认为,每位劳工都有将个人利益与群体道德需求相联

系的基本能力。如此,在对政治活动和公正社会的描述中,农场主联盟
体系和劳动骑士团中激进的人民党党员,为美德拓展出了明确的空间。
在鲍德利看来,例如,对工资制度的攻击和对合作联合体的辩护,乃是
基于这样的基本信念,即前者与以自律、个人责任和自主反思为基础的
道德生活是不相容的。[61]对于他来说,共和主义自由体现了人类繁荣的
愿景,因为自治的经验为集体自主性和精神独立提供了源源不断的实
践。在鲍德利看来,关键问题是如何使个人从依附和工资奴役的环境
中醒悟,从而过渡到解放的状态。特别是工人和农民,因为他们虽然与
定居者至上的观点相关联,但却因经济束缚的现实而在道德上受到贬
低,所以他们如何能够认为自己拥有同样的基本目标,并有能力行使大
众权力呢? 因此,像工会和政党这样的工具,连同报纸和演讲者,不仅
是提高工资或挑战工作场所特权的工具;它们发挥了至关重要的提升
作用。它们提供了一种方法,使得劳动者获得了改变自身处境所必须
的文化和物质资源,即民主的美德。

　　本质上,通过不计其数的平行机构,人民党运动寻求将参与性民主
制与大众政治相结合。民粹主义运动认为,劳动者的利益体现在解放
整个社会的目标上,以及在适当组织下能够代表整个群体发声。在最
激进的阶段,该运动希望通过为农业和工业工人的持续自主性创造一
种政治基础,从而能够使经济独立和政治自由成为普遍的体验。堪萨
斯州的人民党党员弗兰克·多斯特(Frank Doster),也是后来堪萨斯
州的州最高法院首席大法官;正如他在1894年劳动节演讲中告诉听众
的那样,现有的政党,民主党和共和党,面对工业变革和企业权力呈现
出"瘫痪姿态",因而无力"使这个国家的立法,适应这种新生活强加给
我们的奇怪状况"。作为回应,通过确保"国家的工业制度,就像其政治
制度一样,应是一个民有、民享、民治的治理形式",人民党及其支持者将
"社会大众的权力,针对那些威胁国家和平安全的进行反叛的个人"。[62]

　　为了实现这一承诺,人民党党员要求实行以分财政计划为中心的
大量政治和经济改革。在利率降低的情况下,通过将农作物抵押给联
邦政府,该计划将使得信贷更加容易,并且大大减少债务奴役的可怕根
源。然而,随着货币制度的民主化,正如在《奥马哈纲领》和农场主联盟

纲领中所表达的那样,人民党党员也要求政府对运输和通信工具拥有所有权,要求自由无限制的铸银币、采取更公平的累进所得税征税、从铁路部门和企业收回过剩的土地、八小时工作制,以及废止私人警察力量,如平克顿侦探公司(the Pinkertons)。[63]这些措施旨在形成一种新的经济和政治格局,从而将工业化与作为自治的自由联系在一起。

对共和主义包容性的放弃

然而,农业反抗最终失败了,这一议程基本上未能实现。其中部分原因是由于政治和企业精英的强烈反对。但是,这次失败的根本原因并非仅仅是、甚或主要是外部的,反而是源于运动内部本身的基本矛盾。总之,这场农业反抗仍然陷于定居主义的殖民范式之中,以至于无法使其经济政治承诺普及化。随着选举的失败,许多党员重新回到对集体生活的种族排外幻想中。而在这一过程中,他们渐渐破坏了人民党党员宣称代表所有"纯朴的人民"发声的合法性。在汤姆·沃森从激进平等主义者到白人至上主义者的政治历程转变上,这些倾向得到了最有力的体现,并使得中产阶级和平民政治的那些企业对手们,越来越容易将其描绘为蛊惑人心的迷恋者。

平民政治内部特有的选举、反击和矛盾

人们不应该低估精英反对人民党及其改革议程的力量。在1896年的总统大选中,麦金利从两党企业董事和富人支持者手里,史无前例地吸纳了350万美元的竞选资金。这些人都认为布赖恩是一个威胁社会秩序的危险人物,更不用说像沃森这样的激进分子了。在南方,民主党人以操纵选票和恐吓选民等一系列方式,来应对人民党的挑战。甚至更阴险的是,民主党人试图通过剥夺一些选民,尤其是黑人选民的投票权,进而建立永久的一党统治,因为黑人是已建立秩序中最边缘化和最不稳定的群体。艾尔斯写道,南方各州"残酷地推行剥夺公民选举

权"十年之后,到亚拉巴马州解决投票权问题时,"方法似乎已经很明了了。大会于 1901 年颁布的剥夺公民选举权的法律并不是什么新鲜事:严格的居住要求、累积的投票税、识字或财产资格条件、祖父条款"。通过终结南方黑人的投票权和严格限制贫困白人的投票权(尽管还有臭名昭著的祖父条款),其总的效果是扼杀了跨种族劳工团结的希望。[64]

在北方和南方地区,这些旨在遏制农业抗议的努力,部分激发于人们对那些构成人民党运动的普通男女成员的强烈怀疑态度。在中产阶级观察者看来,这些煽动分子只不过是一群粗俗的乌合之众。在威廉·艾伦·怀特(William Allen White)著名的社论《堪萨斯州怎么了?》("What's the Matter with Kansas?")中,这种情绪被最生动地捕捉到了。在他看来,如果人民党党员由经济绝望和暴民心态来界定,那就使理性讨论不可能、使暴力成为始终存在的威胁。在描述最终使他确信要撰写这一专栏的遭遇时,怀特后来回忆道:

> 在办公室旁的一个街区,一大群人民党党员拦截了我……他们重重包围了我。他们是比我年长的男人、四十多岁到六十多岁不等,而我是二十八岁。他们衣着寒碜,我和他们站在一起显得很不合群。他们在贫困中挣扎,而我却是干净整洁的……不管怎么说,他们一伙袭击了我。他们呵斥我、嘲弄我、唠叨我之前发表的一些社论。我就像草地上跳不出去的青蛙,被他们用小木棍戳来戳去。[65]

把公共决策交到这些人手中的想法,将呈现最糟糕的多数统治可能性;这意味着把权力移交给了恶魔般的人群,交给了无论什么利用权力缺陷、利用权力欲望的人。

在怀特看来,人民党支持者的贫困处境,让人想起伟大的共和主义者所担心的经济依附——害怕社会环境会使得穷人习惯于一种服从和专制的生活,而这恰恰与理性自主的生活相反。这些群体的成功并不能促进集体自由,而只会产生蛊惑人心的政治和猖獗的反智主义。它意味着头脑清醒的人,会将堪萨斯州视为未开化的一潭死水。"往东走,你听到人们嘲笑堪萨斯州;向西走,人们讥笑她;向南走,人们会'咒骂'她;往北走,人们早就忘记她了。走进世界上任何以群居聚在一起的聪明人里面,你会发现,堪萨斯人总是处于被动抵挡的状态。"怀特的嘲讽,表明了社会对农村和城市穷人存在的阶级憎恶之深,尤其是经济和政治精英以恐惧和傲慢来看待那些实现集体自主性的努力所达到的程度。戈德金(E. I. Godkin)针对农业社会运动曾有一段著名的描述:"当思忖世界上那些过得越来越好的人的时候,由于自己的无能、懒惰和'得过且过',他们总会产生一种茫然的不满情绪。"[66]

然而,尽管存在选票操纵和妖魔化现象,人民党运动最终的失败,在很大程度上,却是由于人民党基本无法使其民众政治和持久动员的愿景制度化。通过与民主党融合,以及被主张自由铸造银币的政客笼络,该党成了只不过是各种相互竞争的选举势力中的一支而已,结果是受精英驱使、结构上呈等级制。之所以轻而易举滑向这一步,是因为劳工组织内部的软弱,从而使该党成为了一个大众民主机构。到1892年的时候,由于受到了各种破坏,包括雇主的残酷镇压、罢工和抵制的失败,以及来自塞缪尔·龚帕斯(Samuel Gompers)和美国劳工联合会(the American Federation of Labor)的"审慎工会主义"(prudential unionism)的竞争,骑士团再也无法有效地组织农业和工业工人。[67]尽管这项任务落到了农场主联盟身上,但是劳伦斯·古德温证实,农场主联盟同样也面临着严重困难。转向第三党政治的直接原因是,农场主联盟合作社无法实现自我维持和盈利。这样的经验告诉农民,只有通过强有力的政府对企业和私人商业银行行使权力,才能实现合作社联盟的目标。但这也意味着,正当平民政治需要农场主联盟机构为新政党注入民主责任和鼓舞大众参与之际,该联盟却明显衰落了。由于农场主联盟合作社步履蹒跚,因此农场主联盟并不拥有其19世纪80年代末全盛时期,制度上的力量和民众力量。[68]

更根本性的是,地方领导和普通党员失去了对自己机构的控制。这一事实表明,平民政治思想存在一个致命的规范性难题。人民党党员对民主论述的核心是"人民"的概念。与其说是按种族来定义或是简单的选民集合体,倒不如说是人民实际上整体构成了现有的劳工群体。

对于人民党党员来说，人民是那些发现自己面对着"上层阶级"的农民和工业工人"群众"。有一份内布拉斯加州的报纸，将这种"上层阶级"称为"金钱贵族，因为他们已经自己做起了我们的独裁者"[69]。本质上，他们拒绝了以往联邦党人的观念，即社会中没有任何团体可以代表整个共同体，因此"人民"只能是一种理想的抽象物——一个将制度性投票权赋予相互竞争阶层的宪政框架。

在基础层面上，人民党党员意识到他们自己的阐释基于一种虚构：无论人们把劳动者这个类别理解得有多宽泛，但是在任何一个社会中，并非所有成员都是劳动者。并且很明显的是，生产阶级在多维度上也是碎片化的：白人与非白人、农村与城市、手工业者与工薪劳动者、佃农与地主。因此，劳工团结的理念本身也是一种虚构，因为这些群体有着截然不同的社会经历和相互竞争的即期目标。当然，并非劳动者拥有的所有职务都始终符合公共利益。然而，人民党党员和他们知识上的先辈（如曼宁和布朗森）认为，无论立法至上还是政府制衡，共和主义自由最终都不可能受到宪法程序的保护。归根结底，作为自治的自由，是以拥有选举制度内外被动员起来的民众选民为基础的，它不断保证集体决策服务于更大的社会群体。由于不管身处怎样具体的劳动关系中，理想情况下，所有劳动者都在经济和政治独立方面享有同样的物质利益；因此，他们代表了最有可能维护共和主义自由的选民。如果组织得当，不同生产者将认识到自身的部分利益与公共利益之间的统一，并通过集体努力，使大家接受一种民主的民众意志。这样，社会中的一部分选民则可以代表整个社会。

但是，要想让人民党的信仰获得成功，它自己的成员和领导者就必须能超越其即时的需要和偏见。宣称代表人民不仅限于对拥有阶级权力的非法要求；它还必须要意识到将历史上相互竞争的群体联系在一起的利益所在，同时也要意识到如何促进这些利益。它也要求动员与自下而上的控制携手并进，要求农场主联盟个体和政党成员与共和主义理想保持一致，来决定进行政治干预的条件，而不只是追随他们的社团领袖。换言之，这种对民主政治的描述想当然地认为，农村和城市穷人并不是无差异的、容易被奉承者和煽动家利用来达到任何企图的群体,尽管这与怀特的评论相抵牾。相反,农业运动的成员必须是有能力的公民和自身政治命运的创造者——是具备民主美德的个体。

　　然而,1896年以来发生的一系列事件表明,颇具影响力的党内高层持有恰恰相反的观点。让普通成员恐慌和无助的是,这些领导人是能够寻求与威廉·詹宁斯·布赖恩——一个最终摧毁了农业激进主义的选举能力的人——结成联盟的。上述事件威胁到这样的理想,即运动参与者是根本驱动力、是能够支配和塑造他们自己政治制度的个体。它也强调了这样一种假定的潜在危险性,即假定人民党代表全体人民、其政策等同于公意。由于这些制度能够很快被指定,他们对民主合法性的主张也类似地被联盟内部的团伙所利用,以消除异议或强制终止与共和主义抱负不一致的言行。换言之,小团体可以声称代表"人民",从而用自己的意志替代人民的意志。

反殖民思想的失败

　　假定代表"人民"的最好不过的阴暗面例子,可见诸定居者排外情绪的回归。在将潘恩、曼宁与沃森、鲍德利联系在一起的更广泛的民粹主义传统中,压倒一切的问题是,整个19世纪大多数白人劳动者通常以最狭隘的方式来理解他们自身的利益。这种狭隘性使得部分(劳动者)与政治整体之间的身份认同观,建立在严重的隶属模式基础之上。由于普遍存在的排外政治,白人生产者的集体自主性,往往对社会外部人有着严重的破坏作用。早先的大众参与时代,即杰克逊时期,可以产生白人普选权,但这是以进一步巩固定居主义的殖民二分法为代价的。根据像塔尼这样的政治家或法官的看法,白人定居者的经济独立,有赖于对本土土地的征用和非白人的依附性工作。通过使用种族和性别的术语来定义谁是自由公民,杰克逊党人极大地限制了抗议和动员的解放潜力。19世纪后期,每当农业反抗面临压力或潜在的失败时,这些倾向就会重现。他们这样做的方式,不仅破坏了运动广泛的解放要求,而且使他们看起来更像一群暴民、而非自由和自主的公民。

　　即使在运动的全盛时期,旧的排外性也明显地主要针对华人,尽管华人并非唯一的被针对者。由于反华情绪,《奥马哈纲领》呼吁限制"不受欢迎的移民",并主张出台法令来禁止外国人拥有土地。然而,值得注意的是,对于支持这种禁令的激进派人民党党员来说,其主要目的不是为了本土主义。像杰里·辛普森这样的人,他们并不认为反对外国人拥有土地与反对排华之间存在不相容:"我相信……国门应该大开,这样在上帝土地上的任何人,只要渴望改善自己的处境和命运,他就应当被允许在这片土地上安家落户。"这是因为在包含外国人禁令的同一纲领中,该党还要求将目前大部分由铁路公司拥有的土地重新分配给贫困农民。人民党党员认为,那些没有使用或有效利用土地的企业,不应该宣称拥有土地的绝对所有权。劳动骑士团重申了这一点,并曾在1889年呼吁终结所有为投机而拥有土地的行为。激进的人民党党员因此将反对"外国人"条款,看作主要针对外国企业的。这些外国企业就像美国公司一样,非法在西部囤积土地,现在成了美国的外居地主(absentee landlords)。[70]

然而,紧随政治失败而来的是,这样的提案越来越多地抛弃了它们挑战国内外企业支配地位的初衷。相反,外国人持有土地法,成了促进定居者至上主义和拒绝非白人享有自由公民权益的另一种方式。正如20世纪早期几十年在西部各州实施的那样,这些法律并没有限制企业的投机行为,而是禁止那些"不具备公民身份的外国人"拥有土地。[71]这些法律被用来剥夺亚洲移民的继承权,并剥夺他们获得国家土地储备的权利,从而导致他们不可能享受共和主义的包容性,这与边疆土地赠与条件下自由黑人的境地十分相像。从本质上讲,民粹主义政策所遗留下来的一切,并不是维持对经济等级制和从属关系的强有力批评,而是随着民粹主义者重新诉诸旧的驱离方法,似乎产生了最令人不安的结果。

在这种背景下,所谓的本土主义政治蓬勃发展,与之相伴的是白人劳工甚至逐渐放弃了开放欧洲移民的承诺,而这是旧的定居者叙述中为数不多的一个包容性因素。特伦斯·鲍德利晚年担任过美国移民局局长(U.S. commissioner general of immigration,1897—1902年)和移民局首席信息官(chief information officer of the Bureau for Immigration,1907—1921年)。鲍德利是一名爱尔兰天主教徒,直到生命的最后,他都拒绝接受禁止东南欧人的排外情绪的正当性或像识字测试这样的措施。他认为后一种做法是对那些没有接受过正规教育而无法成为自由公民者能力的轻视,因而也是对共和主义平等理念的践踏。随着时间的推移,虽然得到了其他劳工领袖的呼应,但是鲍德利对"进口"工人的关注,却发展成为对"非自然""诱导"或"辅助"劳工的普遍排斥,并产生了一种更广泛地限制移民氛围,尤其是对文化差异较大的群体而言。[72] 从本质上讲,鲍德利无法使得他对开放的包容性政府的渴望,与其对经济上竞争的担心完全相适应。因此,虽然他在道义上继续为所有欧洲人的自由流动理想而辩护,但是在政治现实中,通过扩大边境排外和入境后的社会控制的基本原理和做法,鲍德利帮助促成了对自由迁移的彻底否定。

与移民问题相比,黑人与白人劳工团结的问题,更凸显了定居者自由的局限性。作为农业运动核心和灵魂的南方白人农民,轻易地接受了大规模剥夺黑人选举权的行为,以及制度化种族隔离的兴起。这些都充分强调了平民政治的局限性。1904 年,汤姆·沃森开始了他从坚定的平等主义者,到民主党党首和白人至上主义者转变的漫长历程。身为人民党总统候选人,沃森呼吁他家乡佐治亚州的民主党政客,通过一项将黑人从投票名单中剔除的宪法修正案。而长期以来沃森是一贯反对这类措施的。对此,他基于两点为自己的新立场进行辩护。首先,"黑人支配的恐惧"意味着,"只要受到黑人投票这种恐惧心理的威胁,白人就不敢反抗"。其次,根据沃森的说法,在佐治亚州,黑人的选票通常被有权者利用来挫败有意义的改革。"在佐治亚州,他们不敢剥夺他(黑人选民)的选举权,因为操控佐治亚州民主政党机器的那些人知道,大多数白人都是反对他们的。他们需要利用黑人来击败我们。"[73] 沃森表示,他自己同白人农民一样,对南方黑人在支持人民党这件事上迟疑不决感到失望。面对一场由民主党组织协调的恐怖竞选,在拿自身安全下注与白人结盟的问题上,大多数黑人犹豫不决,因为直到最近,这些白人之中的许多人还在诉诸种族至上主义言论,还在为南方分离的"失败事业"进行辩护。然而,对于沃森和其他人来说,黑人群体就这样轻易地成了平民政治败北的替罪羊。恰如对英国人控制的卑躬屈膝的奴隶人口的担心一样,自由黑人现在在文化上被描述为惯于受到支配。有人认为,正是由于整个群体没有自主行动和维护共和主义自由的能力,所以黑人的选票才可能被强大的商业利益方操纵和利用。定居者自由乃种族特性的假设,又一次增强了他们重回旧的种族排外方式的意愿。

1904 年,汤姆·沃森仍然相信,一旦所有白人劳工都能被组织起来以改变当前的现状,黑人就会重新获得选举权,而白人至上主义也将永远消失。尽管如此,这种为共和主义自由的长期事业而牺牲掉百万佐治亚人基本权利的意愿,意味着沃森的构想存在严重缺陷。在根本上,沃森认为,终归不能指望白人工人将人民视为一个整体来进行集体性思考。当面临种族分裂时,大多数白人定居者都不是追求所有劳动者的利益,而是漠视通过生产工作建立起来的共同纽带。归根结底,这意味着,即使在沃森——这位曾经的激进民主政治的伟大代言人——的论述中,劳工群体所指向的也仅是部分人的利益,而无法真正代表全体人民。

从本质上说,尽管定居者的经历使人想起平等主义的解放性话语,但它也恰恰削弱了这场农业运动的普遍性主张。平民政治内部的这种模糊性,反而使其动员民众意志的愿景蒙羞,因为这是一种实际上在社会内部生成、并具有共同公共利益感的愿景。到 20 世纪头十年时,"汤姆·沃森式的平民政治"已经污迹斑斑,它仅仅被视为一群可以随时受人利用而进行暴力和恐吓行为支持者的现成据点,无论这些行为是针对天主教徒、犹太人还是黑人。"人民"反而似乎在一夜之间就成了无组织的暴民,他们服从那些利用由分裂所带来的仇恨、由赤贫所导致的愤怒来挑起事端的领导者。最能说明这种形势的变化,莫过于沃森利用煽动排外情绪,来促使对利奥·弗兰克(Leo Frank)处以私刑。而弗兰克是一名犹太男子,被陷害谋杀了 14 岁的工厂女孩玛丽·菲安(Mary Phagan)。[74]

至于对帝国统治的批判,随着平民政治被南方和西部较为富裕的农业利益所支配,沃森自己彻底的反帝国主义立场,在当选政党中处于局外地位。政党领导层呼吁打开美国农业的境外市场,并围绕经济和商业扩张制定外交政策进行辩护。[75]像沃森这样的激进派领导人对这一转变无疑持谨慎态度,并认为它是为农业和企业精英、而非贫困农民或劳动工人的利益服务。他们还意识到,美国的商业扩张主义最终将由军事当局维持;这样,国家才有能力强制拉丁美洲和亚洲顽强反抗的政府"开放门户"。因此,要求建立新市场的呼声,与主张组建更强大海军力量及更多常备军的观点沆瀣一气。而这恰恰是共和党人长期以来视为威胁自由公民的军事化手段。

然而,尤其是在 1896 年之后,党内许多人都士气低落;许多当选官员在某种程度上全然代表旧运动,无论是在领土吞并还是在商业扩张主义模式问题上,他们都谨防逆主流的民族主义潮流而动。1898 年,在众议院的 22 名人民党议员中,只有辛普森和米尔福德·霍华德(Milford Howard)两人投票反对美西战争。[76]对其他人来说,投赞成票在一定程度上是一种自我保护的行为,因为他们担心,共和党和民主党会以不爱国的罪名来抹黑人民党。但不管他们如何投票,这种自我保护最终并未获得成功。在这场战争的结果中,人民党的众议员代表猛跌至 5 席,这从任何意义上说都实际终结了该党作为一股立法力量的存在。

更有问题的是,由于定居者排外情绪的幽灵始终存在,这使得残存的反帝国呼声显得空洞。直至沃森生命的最后阶段,他仍反对帝国主义海外扩张以及美国参加第一次世界大战。因为他认为,参战只会在国内引发军事独裁,并导致一种根深蒂固的、与 19 世纪 90 年代殖民冒险不同的企业寡头政治的崛起。正如 C.范恩·伍德沃德(C. Vann Woodward)所写的那样:"他的观点是,'从来没有哪位国王能比伍德罗·威尔逊(Woodrow Wilson)总统要求行使更多的独裁专制',而这位总统正利用这种权力'使普遍的行军步伐系统化'。"[77]当这样的观点是在对包容性的共和主义愿景进行辩护时,其对帝国统治的批判,就成了更广泛的解放计划的重要组成部分。但当它与恶毒的白人至上主义相结合时,同样的指责听起来则是狭隘的孤立主义。当放弃民主平等的阵地时,这些观点日益允许全球扩张的辩护者有着普世主义和包容性的光芒。正如我将在第四章讨论的,反帝国主义的论述,似乎以种族相关的措辞重新出现,而美国的全球力量逐渐被威尔逊和罗斯福(Roosevelts)筹划为一项有远见和耐力的事业。

没能摒弃定居者的模糊性,强调了声称代表"人民"这种方式的固有困境,并且极大地削弱了平民政治运动对 20 世纪改革家的吸引力。对于那些在农业激进主义失败后为美国自由的未来争论不休的人来说,民主理想必须通过摆脱与沃森式暴民的联系来得到净化。如果他们的成员身份可以继续保持,那么对于大多数人而言,这项努力就必须以更少的改革和更顺从的方式,来面对经济集中化的潮流。

尽管如此,这种失败暗示了在下一世纪出现的社会运动的一个关键点。平民政治的政治难题,强调了生产阶级不必被视为唯一能够保护共和主义自由、并将其范围扩大至被排除在外群体的选民。对于那些不愿放弃站在政府身后的被动员起来大众的代理人这一想法的人来说,以上事实表明,不只是劳动者,各种类型的选民都有能力通过其协同行动来代表更广泛的公众,并且也有能力体现致力于推行大众利益的民主基础。而取决于历史的契机,不同群体的利益可能与对更具包容性自治的辩护相符合,如进步主义时期(the Progressive period)的消费者协会,或通过人权运动组织起来的黑人。平民政治的巨大悲剧,最终正是在于其自身无力认可这种辩护。虽然平民政治成功地指出了定居者架构的缺陷,但是它未能创造出一种新的后定居者社会,从而使人们理解哪些意识形态成分应该得到保护、哪些应该被淘汰。

对平民政治的直接回应与永久和平的目标

在工业动荡和人民党反抗的高潮时期,政治和企业精英们意识到,定居者的假设和制度似乎处于极度紧张的状态。但是在他们看来,农民和劳工的抗议,并没有给出一个可行的解决方案;相反,这表明了一种深刻且令人颇感不安的集体生活的分裂。面对国内危机,许多人认为,在定居者社会中积极运用国家暴力是必要的,这只是为了维护其脆弱的稳定性。在过去,定居者帝国的意识形态把两项主要事业结合到了一起:共和主义自由与永久和平。只有使大陆实现和平,并消除所有的外来威胁,定居者才能安全地拥有实现经济独立所需的土地。根据定居主义者的千禧年理论基础,这一领土扩张主义事业将带来持久的安宁,并将使社会内部人享受免于任何外部威胁的国内自由。然而,现如今随着美洲大陆的平息,对于许多法官和政客们来说,确保这种安宁的目标不再围绕由美国原住民或欧洲竞争对手所构成的威胁。相反,他们专注于平息国内的政治和经济混乱。这些混乱由两个原因引起:其一是新的工业条件;其二是农民和工人对独立的期望,与他们所经历的等级制和控制之间的日益脱节。因此,倘若要建立一个永久和平的共和国,就涉及国内的和平事业。这一事业预先假定的是,在国内能够行使一种灵活、可自由裁量的政府权力。特别是法官们开始认为,这种权力最好不是由规定劳动者集体意志的立法多数派来行使,而是由那些能够不受影响、即刻而强有力地对社会混乱做出反应的行政人员来行使。换言之,和平事业既需要在内部运用外部特权,也要求行政部门拥有大得多的政治集权。

　　至于人民党运动,这种社会秩序的动力,起到了削弱自由公民身份与标志定居者殖民主义分层化臣民身份的二元性架构的作用。当英裔和欧洲的定居者在政治上平等参与,并享有授予正式社会成员的权利保护时,各非定居者群体却在不同程度上是帝国权力的臣民,而这种权力最初来源于英国王权。尽管这种臣民与统治者之间的关系认为双方都有义务和权利,但实际上它为定居者政府提供了广泛的自由裁量权。然而,面对愈加严重的社会崩溃的威胁,遏制冲突的需求意味着要淡化自由公民与分层化臣民之间的界线。因此,无论什么种族或人种,他们都逐渐发现,自己所面临的乃是历史上被认为是殖民性质的自由裁量权统治形式。18世纪晚期,英裔殖民者反抗英国权力的理由,恰恰是因为这个新的全球帝国对所有臣民都施行暴政,不顾及定居者的地位。这些定居的殖民者反而试图捍卫一种等级森严的社会秩序,从而为内部人提供广泛的经济和政治自由。现在,一百年后的今天,就像之前的工业化大英帝国一样,美国已成为一个庞大的多语言社会。在这种背景下,维持政治和经济控制,意味着要开始扩展这种政府特权的模式。而在早些时候,这一特权似乎将王室臣民与君主至高无上的权力绑在了一起。

这一最初举措涉及行政权的崛起,正如 19 世纪末最高法院关键决议所强调的那样。然而,许多法官和律师仍然希望,扩展这种自由裁量权,在实际上能够捍卫自由劳工对共和主义自治的旧有承诺。就像人民党党员一样,他们试图发展出一种后定居者社会的框架结构,从而依旧维持其与经济独立和自由公民身份理想之间的联系。然而,这些行为体最终并不能解决这些新兴权力模式,与其致力于自由劳工正统论之间的分歧。这种正统性在现代工业时代显得不合时宜,并且它向新一代商人和政治家们表明,需要另一种对自由和帝国的替代性叙述,而这种叙述基本上剥夺了其所依赖的定居者理想。

社会动荡与行政特权的崛起

在 19 世纪 90 年代,政府固有的紧急处置权在学理上的发展,凸显了精英阶层一方日益坚信国内自由裁量权的必要性。为对抗国内的危机,要求一种强大而可能不受制约的特权权利,这种权利可以被迅速地用来对社会和平施加影响。这些目标正是塞缪尔·米勒(Samuel Miller)法官 1890 年关于尼格尔案(In re Neagle)的多数派意见。这些意见既表示了对混乱的忧虑,也表达了对扩大合法的国家强制领域的愿望。[78]该案涉及一名心怀不满的诉讼当事人戴维·特里(David Terry),他曾是加利福尼亚州最高法院法官。在加州联邦巡回法院任职时,特里威胁要杀死法官菲尔德(Field)。在一次对菲尔德的攻击未遂之后,特里被美国法官随行官戴维·尼格尔(David Neagle)射杀。尼格尔受司法部长指派,以保护菲尔德的人身安全。由于特里在当地仍是很受欢迎的人物,随后,尼格尔被加利福尼亚州政府以公然藐视州权利起诉犯了谋杀罪,从而促使尼格尔提交了一份关于非法拘禁联邦人员人身保护令的动议。[79]

在提供法律救济方面,米勒认为,虽然国会的法令没有明确授权尼格尔的行动,但这一法定权限从联邦立法中可以推断出来。联邦法律赋予美国法官随行官在各州工作时，与地方行政长官和副手拥有同样的执法权。根据米勒的说法："如果……加利福尼亚州一名行政长官被授权去做……尼格尔所做之事，……保护法官免受攻击和谋杀，那么尼格尔就有权参照美国法律来做同样的事情。"[80]

尽管米勒很容易就此得出结论，但他继续在宪法的"忠于职守"条款之下，对总统的权力进行全面解读。这些权力（同样适用于被任命的行政人员）超出了"包括宪法本身所产生的权利、职责和义务，我们的国际关系和全部防卫，都因宪法之下的政府性质而得以表现出来"。从本质上讲，为应对动荡时刻，总统享有特有的紧急处置权，比如对联邦法官的威胁。米勒写道："如果在权力范围内没有任何保护法官的手段，这对于宣称自己在其领域内拥有主权并且至高无上的美国政府系统来说，是一种极大的耻辱。"在这样的争论中，米勒实际上把帝国特权话语引入了国内领域，并认为出于必要，行政人员所拥有的权力，必须比条约或国会法令措辞所规定的更大。[81]

米勒通过以下方式对此立场进行了辩护，他假设像法官菲尔德一样，美国邮递员是联邦行政人员；如果他们被有组织地"抢劫""攻击"和"谋杀"，总统毫无疑问可行使特有权利来召集民兵，并提供武装军事保护。[82]虽然该案本身并没有直接解决社会冲突问题，但是米勒认识到，需要在行政部门建立自由裁量权，从而使之作为保护政府机构及其官员、维护公共秩序的一种手段。

然而，克服所有国内威胁的目标付出了高昂的代价。为了唤起人们对一种灵活而强大的紧急处置权的必要性的认识，米勒一下子放弃了结构二元论的基本假定。在他看来，社会平稳似乎需要在国内获得嵌入在帝国特权中的所有权力；正如他假设说明的那样，而这其中甚至包括政府在国内雇佣军队的行政权利，并且无须国会授权。

在关于尼格尔案发生五年后，德布兹案（In re Debs）使人们明确认识到，为了应对工业纷争，需要在国内行使帝国特权。1894 年，由当时坚定的人民党支持者尤金·德布兹所领导的美国铁路工会（ARU），发现自己带头对普尔曼公司（Pullman Company）发起了一场声势浩大的工业罢工，以抗议工资被削减 20%。随着铁道工人在全国范围内拆卸普尔曼汽车,并阻止运载这些汽车的火车,这次罢工引起了一连串的同情性抵制。在抵制行动的数日里,从芝加哥向西的铁路交通已经完全停摆。由于罢工阻碍了美国邮政的运输,在没有国会任何形式的授权下,总统克利夫兰(Cleveland)依据自己的权力要求禁止罢工。随后,与坚持认为局势稳定的州长和市长的意愿相悖,克利夫兰命令12 000名联邦军队前往芝加哥执行禁令。克利夫兰的司法部长理查德·奥尔尼(Richard Olney)本身是一名长期的铁路公司律师,并且他还是多个不同铁路公司的董事会成员。他声称,根据1792年《叛乱法案》(the 1792 Insurrection Act),总统享有这种紧急处置权。而该法案曾被乔治·华盛顿用以镇压威士忌暴乱(Whiskey Rebellion)。结果,德布兹和美国铁路工会的其他官员,在联邦法院遭到起诉并被判决入狱,而德布兹最终被判处六个月徒刑。在街头,联邦军队介入导致冲突升级,并在7个州造成了超过50名平民死亡。[83]

在支持这一起诉,并宣布总统的单方面禁令为合宪的过程中,大法官戴维·布鲁尔(David Brewer)领导下的法庭意见坚持认为:

> 在美国国土的任何地方,可利用国家的全部力量,来强制性地全面而自由行使宪法所赋予其关注的全部国家权力和安全权利。中央政府的强硬手段,可用来清除所有影响州际贸易自由或邮递运输的障碍。如果出现突发事件,国家军队和所有民兵都要服务于国家,从而强制性地使国家法律得到服从。[84]

对于最高法院来说,普尔曼罢工以及对它的同情性抵制,"威胁"到邮递运输车,并威胁到政府的运作和官员的安全,这不再像尼格尔案那样只是一种假定了。控制劳工动乱的局面,要求授予行政部门特有的、不受限制的紧急处置权。此外,这不仅需要禁令具备合宪,总统单方面在国内使用军队来镇压罢工的这一行为也必须合宪化。换句话说,法院并不是将注意力集中在随后行动的法律根据上,或者从司法角度评估劳工抗议是否达到真正的"造反"程度,而是为总统提供了近乎无限的权力来使用联邦军队,只要在工业纷争的背景下行政部门认为合适即可。

对于许多人民党党员来说,这样的权力要求集中体现了似乎要将共和主义公民变成依附性臣民这一现象。在汤姆·沃森抨击领土扩张和对全球性权力的欲望的同一篇文章中,他本着尼格尔案和德布兹案的精神,挑出这些司法判决,因为它们是在为美国的封建秩序提供合法辩护,而这种秩序则是基于企业利益和不受限制的总统权力。"这是第一次大胆地通过司法裁决,宣称有组织的资本可以逼迫劳动者,而有组织的劳动者却被禁止进行有效的抗议。旧的贵族权利是'将劳动者束缚在土地上',而如今在现代企业权利中发现的其孪生兄弟,则是把工人束缚在机器(Engine)上。"[85] 对于沃森而言,通过由最高法院宪法化的行政禁令和其他联邦紧急处置权法案,正是政治专制的核心,同时也使得帝国政治面临的道德危险暴露无遗。

除了强调内部约束和外部特权之间的转变之外,尼格尔案和德布兹案还清楚说明了由谁适当行使这一特权的微妙变化。从这个国家的革命建国,到路易斯安那购地案和德雷德·斯科特诉桑福德案判决,特权问题主要涉及国会权力。这些问题围绕着立法多数派是否享有衍生自王室先例和政府特有性质的主权权利。历史上的解决办法,是把国会对特权的行使,限于领土扩张问题和对被排除群体的控制上。然而,社会混乱的现实意味着,政府行动必须是迅速灵活的、能够立即应对危机,并用所有可能的国家暴力工具武装起来。由于这种权力能够最有效地通过行政部门、而非立法部门来行使,因而上述两项最高法院的判决,透露出以下这两种情况在逐渐发生变化,即谁应行使特权权利、谁可能屈服于行政部门的武力。

因此,除了质疑定居者生活的结构性二元论外,法律方面的发展则意味着对政府制度的重组,从而使其更有效地平息动乱和镇压劳工抗议。行政特权的崛起,恰恰发生在农民和工人威胁要接管州和联邦立法机构,并利用公共权力的方式来挑战新兴工业秩序期间,此事殆非巧合。向行政部门投入更大的自由裁量权这一举动,乃是使国家权力工具与民众骚动隔绝开来,并保护政府免受社会动乱力量侵扰的一项直接努力。结果,法官们在使总统特有的紧急处置权合法化的同时,也把已普遍颁布的措施当作非法特权的立法形式而宣布无效,其中包括为工人补偿所做的努力和最高工时法律。对于像沃森这样的民粹主义者来说,这样的发展迎来了一个"君主制"时代,因为权力被隔绝于公民之外,且被集中在甚至愿意动用军事力量来使人们接受企业利益的行政官员手里。[86]

工业化、国家监护和离奇的自由劳工正统论

然而,对于捍卫新扩大的总统权力的法官们来说,平定暴乱的目标和诉诸行政特权,是为了防止而非鼓励专制。与劳动骑士团、农场主联盟以及人民党所组织起来的农业及工业工人一样,米勒法官和布鲁尔法官仍对定居者信念坚信不疑,即自由与生产控制密不可分、经济独立乃自由公民身份的伦理基础。对他们来说,这种独立的愿景,仍然与自由放任的市场和自我规制的商业社会中旧的自由劳动信仰紧密相连。而市场具体地体现了自由的特权领域;他们相信,如果任由市场自行发展,它将确保所有辛勤工作的定居者都成为个体业主。因此,任何对由个人所达成的劳动协议的干预,都会使自由公民成为受国家监护者,从而损害他们选择在何种条件下工作的基本权利,并妨碍市场本身的灵敏运行。[87]

扩大国内行政特权影响的需要,恰恰是源于这样的观点,即劳工抗议和农业反抗威胁要摧毁自由劳工正统论赖以为基础的商业体系。按照这种观点,那些特有的紧急处置权力,实质上是为共和主义自由和市场特权领域提供保护,从而使其远离专制主义的真正根源——社会动荡和寻求安抚劳工的立法机构。换言之,许多法官想要把国会特权转向行政特权,以期捍卫自由劳动和应对那些威胁到经济自由的未来危机状况。

通过研究屠宰场案(Slaughterhouse Cases,1873 年)和洛克纳诉纽约州案(Lochner v. New York,1905 年)等判决,[88]以及最高法院评估妇女地位和印第安人地位的裁决,我们可以意识到这一时期持续不断的司法争论,这些争论根植于诸如此类的自由公民身份的共和主义叙述之中。然而,这些法院的意见,尤其是关于洛克纳诉纽约州案的意

见,也凸显了在巨大的社会变革下,自由劳工正统论在意识形态方面的
不足。由于人民党的挑战不加掩饰,随着雇佣劳动、租赁、企业合并的
增加,关于商业自我规制的旧的自由劳工设想,已无法再与集体生活相
一致。而平定暴乱似乎只是行政权力的专制主张,而且立法限制体现
了司法对民主自治的攻击,而非避免使定居者沦为依附性"被监护者"
的努力。从某种意义上说,为了让平定暴乱成为解放事业的一部分,社
会精英们将不得不为政府的强制力发展出一种新的、更令人信服的理
论,并因此建立成员身份的新伦理基础。

斯蒂芬·菲尔德(Stephen Field)法官在屠宰场案中意义重大的反
对意见表明,在对工业化进行全面抨击之前的 1873 年,自由劳工正统
论和立法限制的言辞,仍旧可以表达许多劳动者的社会经验。此案涉
及 1869 年路易斯安那州的一项公司规定法令,该法令同意在新奥尔良
对动物离船上岸和屠宰实行为期 25 年的垄断。在授权特许公司建造
一个任何屠夫都能以合理价格使用的大型屠宰场的同时,该法案还禁
止任何其他屠宰场继续存在。作为回应,约 200 名被排除在垄断之外
的屠夫质疑该法令,理由是它违反了宪法第十三条和第十四条修正案。
在屠宰场案中,最高法院对维持法律的合宪性存在分歧,最终,米勒法
官宣布了五人多数意见:由于"(修正案的)主要目的,是为了确立黑人
的公民身份",因此,把对他们的平等保护特权扩大到白人屠夫,"将使
得该法院永远(成为)所有合众国法律的永久审查员"。[89]

在异议中,来自加利福尼亚州的主战派民主党人菲尔德法官,对这
种由州授权的垄断,以及以别的群体为代价来使某一群体受益的政府
特权,明确表达了一种基本的杰克逊式谨慎态度。对于菲尔德而言,对
立法权力施加内部限制,能够确保所有共和国自由公民在自我规制的
市场中享有平等竞争、并因此实现经济独立的机会。在他看来,"在对
生活的合法追求中⋯⋯这种免受所有歧视和不公平法令压制的权利平
等,乃是美国公民享有的显著特权。对于他们来说,无论何处,他们的
追求、职业、娱乐消遣都是选择自由的"。而与共和主义政体的框架相
一致,自由是和所有权相互交织在一起;同时,这也要求个体能够维
护对劳动的生产控制。这种控制的丧失则体现了一种"奴役的状态",

并意味着个体"将不会享有自由,也不会享有自由人的特权"。菲尔德呼吁追求个人欲望的权利,为的是保护手工业者和小业主免受由州所支持特权的侵害,为的是重申工作是如何为自由公民身份提供了伦理基础。通过剥夺像屠夫这样的个体业主"(他们)自己的劳动果实",路易斯安那州的法律侵犯了自由劳工的基本权利,而这一权利是"人类最神圣不可侵犯的权利之一"。[90]

菲尔德的观点体现了对手工业生产大声疾呼的辩护、体现了对自由放任市场与共和主义自由相互兼容的大声疾呼的辩护。正如经典的定居者假定,这些观点的基础,乃是值得拥有完全成员身份者与那些完全被视为从属者之间的根本差别。这一点是显而易见的,因为在屠宰场案判决后的第二天,菲尔德就赞同约瑟夫·布拉德利(Joseph Bradley)法官针对布拉德韦尔诉伊利诺伊州案(Bradwell v. Illinois,1873年)的协同意见书。对此,法院从宪法上准许伊利诺伊州的一项法律有效,该法律仅以性别为由否定了女性从事律师职业的权利。虽然自由劳工和追求个人职业的权利可能是共和主义公民身份的基本特征,但它们不适用于那些被视作不配完全包容者。布拉德利重申了强加于女性的与生俱来、不可改变的父权的陈词滥调,他宣布道:

> 家庭组织的构造是基于神圣的法令和事物的本质。这种构造表明了家庭范围内那些适合属于女性气质的领域和职能……。女性的最重要命运和使命,是去履行妻子和母亲的高尚而温良的职责。这是造物主的法则。[91]

与帝国臣民身份相似,处在父权从属者地位的女性因而被排除在经济独立的权益之外。[92]事实上,就像在屠宰场案的异议中,菲尔德对在不同领域中布拉德利观点的赞同,表明了他的杰克逊式思想,即如果要恢复杰克逊党人将选举权扩大至所有白人男性这种主要方法,就需要通过加强家庭中的父权等级制,并将家庭中的夫权控制描述为男性自治能力的证明。

一年后,在迈纳诉哈珀西特案(Minor v. Happersett)中,法院再次利用女性地位问题,重申了管理正式公民与自由公民之间存在的区别。法院经过一致表决裁定,基于本身作为正式公民的地位,女性不享有宪法保障的投票权。首席大法官莫里森·韦特(Morrison Waite)宣称,作为一个纯粹的法律范畴,"公民"只承载着国家与个人之间的"互惠义务"。在这种情况下,一个人应对国家"忠诚,并有资格得到国家保护"。从本质上讲,正式的公民身份只意味着,在服从关系中,个人与哪个最高统治者联系在一起。根据韦特的说法,作为一个法律问题,"臣民""居民"和"公民"是可以互换的,是一个取决于"便利性"的名称。[93]选举权只给予特定类别的公民,而非一项涉及最高统治权下所有臣民的权利。韦特明确地将女性公民身份,与爱德华·柯克的旧封建定义结合起来继续进行论述。正如面对自由裁量权的其他群体,作为父权从属者的女性被认为不在拥有完全成员身份之列。因此,国家可以利用各种特权模式,来维持与她们天然依附性相一致的制度性结构。

针对印第安人的新法律体系,则进一步拓展了既是"公民"又是国家依附者的含意。19世纪后期,随着美国大陆被广泛开拓定居,美国政府发现自己面临如何对待遗留下来的美国原住民这一难题。美国政府对此难题的回应是《土地分配法》(the General Allotment Act),又称《道斯法案》(Dawes Act,1887年);该法案试图改变居留地政策的性质和目标。在此之前,正如马歇尔大法官在切罗基民族诉佐治亚案和伍斯特诉佐治亚案中所明确指出的:居留地的目的是维持对外部人的间接殖民统治。相反,如今《道斯法案》的支持者,则希望能以一种本质上像对待刚获得自由的黑人的方式,将原住民群体融入美国社会之中。19世纪70年代,在印第安人事务局局长弗朗西斯·阿马萨·沃克(Francis Amasa Walker)等基督徒改革家的领导下,该法律试图彻底摧毁部落制(tribal system),并给予印第安人正式的美国公民身份。在罗纳德·高木(Ronald Takaki)看来:

> (《道斯法案》)授予总统权力,不经印第安人同意、由总统自行决定将居留地的土地,以每户160英亩分配给印第安人。该法案还将公民身份授予接受分配土地者,以及任何其他愿意放弃其部

落、接受"文明生活习惯"的印第安人。此外,该法案还允许联邦政府在征得部落同意后,把"剩余的"居留地土地(即分配后余留的土地),出售给那些土地不超过 160 英亩的白人定居者,允许联邦政府为印第安人托管从此类交易中获得的金钱,以用于他们的"教育和文明"。

正如 1889 年《印第安人事务局局长年度报告》(Annual Report of the Commissioner of Indian Affairs)所指出的那样:"部落关系应该被打破,社会主义应该被摧毁,而家庭以及个人的自主权也应该被取代。"94

对于原住民来说,这种做法导致的直接后果是毁灭性的,并且使得印第安人的土地被大规模地转移到白人农民、土地投机商和铁路公司的手中。到 1900 年,仅仅在《道斯法案》通过后的 13 年里,美国原住民失去了将近一半土地,只还保留了 1887 年他们拥有的 1.38 亿英亩土地中的 7 800 万英亩。95随着印第安人财产被剥夺、部落结构被清除,同样的问题也发生在妇女、被解放的黑人以及出生于美国的华人身上。而印第安人正式公民身份条款,在何种程度上意味着帝国特权的终结、意味着自由公民身份的提供? 与布拉德韦尔诉伊利诺伊州案和迈纳诉哈珀西特案的措辞几乎一样,最高法院通过重新开始将正式公民身份与实质性依附相结合的方法进行了回应。在美国诉塞莱斯廷案(United States v. Celestine,1909 年)中,布鲁尔法官宣称,公民身份并不能使美国原住民受排他性联邦管辖权的豁免,也不会给他们带来所有给予其他美国公民的那些特权和豁免权。根据布鲁尔的说法,国会的意思并不是"仅仅通过授予公民身份,就完全放弃了对这类依附性种族个体成员的管辖权"96。而在 1916 年,法官威利斯·范·德文特(Willis Van Devanter)在美国诉尼斯案(United States v. Nice)中宣称:"公民身份与部落的存在或继续保持监护权并不矛盾,因此在没有被完全解放或尚未被移出国会规定的保护范围的情况下,印第安人也可以被授予公民身份。"97就典型的定居者而言,作为精心设计的控制结构的组成部分,特权可被合法地用于像美国原住民这样的从属群体身上,这种控制适用于每一依附性人群的特别情况。

尽管如此,根据法院判例和定居者意识形态,如果国家的自由裁量行为对妇女、印第安人和黑人来说是正当的话,那么它就不应该被用来反对自由公民,从而使其沦为受监护的境地。事实上,正是由于法官们要求限制特权,从而保护享有特权的内部人的共和主义自由,才产生了对经济管制的强烈司法批评。对法官们来说,保障自由的公民身份,越来越意味着要对立法多数派进行监督,因为他们的经济行为与只适用于非定居者或妇女的家长式统治十分相似。

没有什么比鲁弗斯·佩卡姆(RufusPeckham)法官在洛克纳诉纽约州案中臭名昭著的判决,更好地说明了这样的企图,即对人们所认为的经济上的家长式统治进行限制。尽管佩卡姆提出的观点与菲尔德的大体一致,但是到了1905年,这些观点对于大多数劳动者的意义却非常不同了。因此,这种愿景所提出的家长式统治的危险性,似乎与新的现实完全不协调。结果,这一判决凸显了这样一个事实,即司法对立法权的抵制,以及对市场作为特权领域的捍卫,已同工作场所的实践活动不再相符。

该案本身涉及1895年纽约州的一项法令。这一法令对工作日10小时工作时间的限制,和工作周60小时工作时间的限制进行监督。因雇佣面包师傅的工时超过每周60小时而被判有罪,约瑟夫·洛克纳(Joseph Lochner)向最高法院提出上诉;结果最高法院又以5∶4的判决,裁定该法违反了宪法第十四条修正案和契约自由(liberty of contract)。在异议中,奥利弗·温德尔·霍姆斯(Oliver Wendell Holmes)指责大多数人用"赫伯特·斯宾塞先生的社会统计学(Herbert Spencer's Social Statistics)"代替第十四条修正案,并使宪法屈就于对"这个国家大部分地区并不接受的一种经济理论"——保守主义的自由放任经济学及伴随它的社会达尔文主义——进行辩护。[98]

然而,与霍姆斯指控不同的是,佩卡姆并不认为政府的行为以某种方式违背了不变的经济规律。相反,他试图通过拒绝承认立法机构的特权,来捍卫历史上共和主义的经济独立承诺。对于佩卡姆来说,这样的权力只适用于"国家的被监护者",即不能成为自由劳工、因而也不能享有作为自治的自由的那些人。与这种政治依附者——理所当然地受到自由裁量权统治的人——相比,自由的个人能够"在没有国家保护,以及不受到干扰他们独立判断和行动的情况下照顾自己"。佩卡姆将面包师傅看作与手工业者、小业主和专业人员一样的同类人,他们控制自身生产劳动的权利,因立法多数受到非法损害。从某种意义上说,佩卡姆认为,1905年纽约州面包师傅的社会地位,相当于1873年路易斯安那州屠夫的社会地位,即他们都是与政府支持的特权主张做斗争的独立业主。佩卡姆在列举其他小型创业者时声称,如果这些法律不被宣布违宪,那么"在这种假定下,印刷工、锡匠、锁匠、木工、家具工、纺织品职员、银行职员、律师、医生,或者几乎任何类型工作的职员,都会受到立法机关权力的控制。任何交易、任何职业、任何谋生方式都无法逃脱这种无处不在的权力"。而最高工时的法律甚至会影响到雇主,最重要的是,它还会限制个人通过在工作中勤奋而长期地继续其认为有意义的工作来实现自我的能力。"不仅雇员的工作时间,而且雇主的工作时间也是可以被管制的。医生、律师、科学家、所有的专业人员,以及运动员和手工业者,都可以被禁止因延时工作而使自己身心俱疲。"[99]

然而,佩卡姆观点的基本问题在于,他所认为的面包师乃一独立业主的印象,已经无法反映社会现实。纽约州的面包师傅们既不是小规模的创业者,也不是即将成为手工艺大师的熟练工。他们只是在闷热的、通风恶劣的工厂里长时间工作的工薪阶层。[100]结果,繁重的劳动并没有体现这一点,即个人致力于发展出一门手艺,或通过生产控制来寻找社会意义。这些工人是血汗制度(sweating system)的组成部分,而工厂主试图通过尽可能多地榨取工薪阶层的劳动来降低生产成本。在这种情况下,广泛实施的法律乃是由劳动者自己努力的一部分,以重新拿回对工作条件的控制权;而非由立法机关进行尝试,以便把自由公民变成分层化的臣民,或者变成类似于妇女或美国原住民那样的受国家监护者。

自由劳工正统论与工业实践之间的脱节,使得平息集体生活的努力、将自由裁量权的中心从立法部门转移到行政部门的努力,都丧失了解放性的基础理论。随着社会变化使努力工作和自立的自由劳工魅力

(free labor incarnations)变得古怪可笑,政治家、法官和企业商人越来越难以利用人们对个人所有权和生产控制的期望,来为新出现的工业规范辩护,或者为自由公民身份提供伦理基础。因为秩序本身不仅是目的,如此的精英们只得构想出替代性方法,来对国内安宁与紧迫的集体可能性愿景相符进行辩护。如果没有这样的愿景,那么退回到如今不再与社会实践有着重要联系的自由劳工正统论,将会使得自治和独立的共和主义理想精华殆尽。

结论:共和主义自由之后的公民身份?

沃尔特·惠特曼(Walt Whitman)的《从加州岸滩面西而望》("Facing West from California's Shores")最初写于 1860 年。这首诗不仅阐明了定居者扩张的活力,而且还预言般地表达了如今标志着 19 世纪末 20 世纪初美国的焦虑和不餍足感。在那首诗的结尾,惠特曼用类似于 30 年后弗雷德里克·杰克逊·特纳的言语,颂扬西部边疆的结束:"我已漫游很久、漫游在世界各地/现又面对家园、愉悦而欢乐/(可很久以前我在何处启程?/且因何故而依然未曾发现?)"[101] 这些话语记录下了全国性拓荒定居者的神话,他们是能够在新世界的崎岖荒野中开创文明的美国人原型。然而,与他之前的杰斐逊和之后的特纳不同的是,无论多么隐晦,惠特曼还是对定居者社会的基础前提提出了质疑。

在惠特曼的诗中,一方面,他对定居者的征服感到自豪;另一方面,他却对关于帝国的终极价值深感怀疑。领土增加本身从未被看作目标,而只是定居者自由和永久和平必要的先决条件。帝国与一项乌托邦事业密切相连,因为在这一事业中,扩张将确保所有自由公民拥有足够土地,以实现经济上的自给自足,并为政治共同体提供免受外部威胁的安全保障。在惠特曼写作《从加州岸滩面西而望》一诗的时候,殖民化主要目标得以完成似已成定局。美国大陆逐渐平息下来,而欧洲国家已不再对全球独立构成重要挑战，更不必说威胁到美国生存了。然而，惠特曼笔下的拓荒定居者，正如他凝望着太平洋一样，似乎已经忘记了长期以来激发他们进行扩张的目的。帝国事业非但没有成为定居者民主的孵化器，反倒似乎使其忘却了自身解放的思想动力。对于定居者来说，不仅殖民化未能实现经济和政治自由，而且这些目标在实际上也已经从记忆中消失。取而代之的是，美利坚帝国，及其持续扩张和控制的过程，已变成了自我延续的方式；结果拓荒者的主要"欢乐"动力，已不再与国内安宁或定居者自由有什么明显联系了。

恰恰是对社会期望与社会实践之间存在巨大分野这种认识，规定了19世纪80年代和90年代政治斗争的内容。由于定居者意识形态处于危机之中，农业和工业工人试图建立永久性的动员和大众民主愿景——这是一种认识到"自治即自由"抱负的愿景。然而，法官和政治家们基本上认为，这种民粹主义愿景将会把共和国推向混乱之渊，并且威胁到自由劳工的理念。他们对此的直接反应是，坚持国内安定的重要性，加强对内特权的使用，并越来越多地由行政部门而非立法部门来行使这一权力。尽管恢复秩序因自由契约对共和主义自由的重要性而被证明是正当的，但是在一代人之久的企业合并和社会冲突之后，无论是对工业领域中的穷人还是众多城市专业人员和商人来说，这些主张听起来都虚伪空洞。

正如奥利弗·温德尔·霍姆斯、特迪·罗斯福（Teddy Roosevelt）和乔赛亚·斯特朗（Josiah Strong）这样不同的人所明确表示的那样，如果要捍卫联邦政府的新权力，并成功拒绝人民党的大众民主政治的愿景，就必须重新思考市场本身的道德价值。对于他们来说，破坏性商业主义的根本原因是劳工抗议和农业反抗。这种商业主义削弱了具有社会价值的政治成员身份，并使得美国人既不愿为国家荣誉而牺牲，也不愿将自己的个人奋斗与国家更大的历史使命结合在一起。虽然这些公共知识分子试图恢复关于帝国、自由和永久和平的旧有承诺，但却是以如此方式进行的：如果说不是放弃了，也是从根本上改变了定居主义。促进经济独立和共和主义自由，已经无法再为扩张和国际权力提供基本理由了。如今，经济繁荣和国家全球投放力量的能力，已成为其自身的正当理由；如今，包容性的伦理基础，是个人通过努力工作、投票和国外战争参与到扩展美国影响力和工业财富的全球事业之中，而非使成员身份与对劳动的生产控制相绑定。

从美西战争到进步主义（Progressivism）、再到新政（the New Deal），20世纪初各种各样的政治家、社会改革家和法官，都试图让美国向欧洲盛行的政治法律制度看齐，并直接利用了在镀金时代期间宪法化了的行政特权形式。这些参与者欣然接受自由公民与帝国臣民之间新的不确定性，并认为国家权力能够将一群难以控制的贫困大众和族裔上多元的个体，塑造成统一的国家公民。正如美国政府在国际上主张权力来维持秩序和保护国家利益一样，它在国内主张权力是为了控制社会冲突，并确保政治参与同更大的国家目标相一致。在某种意义上，这种新的美国政体否定了佩卡姆、布鲁尔和米勒三位法官的愿景，就像它以激进的方式对大多数人民党党员所做的那样。如果往昔岁月的伟大斗争，关注的是如何使共和主义自由与工业化和终结奴隶制相一致的话，那么20世纪的政治反响，则恰恰降低了作为自治的自由这一理想的重要性，结果使之从集体话语中的核心地位，沦为日益孤立的异议之声。

注　释

1. 难以确定通过农场主联盟组织动员起来的准确人数。引用的数字来自平民政治历史学家劳伦斯·古德温纪念农作物仓储计划100周年的一次演讲。Lawrence Goodwyn and William Greider, "Democratic Money: A Populist Perspective," December 9, 1989, www. geocities. corn/progpop/Goodwyn. Greider.html(accessed October 8, 2009).

2. 更多关于杰克逊党人把政党看作积极主权者"人民"场所的思想，可参见例如 Gerald Leonard, *The Invention of Party Politics: Federalism, Popular Sovereignty, and Constitutional Development in Jacksonian Illinois* (Chapel Hill: University of North Carolina Press, 2002).

3. 一般可参见 Richard Hofstadter, *Age of Reform: From Bryan to FDR* (New York: Vintage Books, 1955), 3—93(引自第35页)；以及 *The Paranoid Style in American Politics and Other Essays* (Chicago: University of Chicago Press, 1979), 3—40(引自第29页)。有关理查德·霍夫斯塔特(Richard Hofstadter)观点的最新版本——尽管具有更少的敌意，参见 Michael Kazin, *The*

Populist Persuasion：*An American History*（New York：Basic Books，1995）。在该书中,他将民粹主义看作反精英主义的美国特质——贯穿左翼和右翼。它根本上从未挑战基本的政治体系;20 世纪,他受到像麦卡锡（McCarthy）和乔治·华莱士（George Wallace）这样的煽动性发言人的拉拢。

4. 参见 Lawrence Goodwyn，*Democratic Promise*：*The Populist Moment in America*（New York：Oxford University Press，1976），387—423。我将引用 *Democratic Promise* 一书及其节略本,Lawrence Goodwyn，*The Populist Moment*：*A Short History of the Agrarian Revolt in America*（New York：Oxford University Press，1978）。虽然节略本呈现的对这一农业运动的描述不那么全面,但是它包括对民众动员有益的理论研究和促进大众政治的条件。

5. Goodwyn，*Populist Moment*，231—232.

6. Christopher Lasch，*The True and Only Heaven*：*Progress and Its Critics*（New York：Norton，1991），218.

7. Goodwyn，*Populist Moment*，325.

8. 更多关于美国平民政治的文献,除古德温之外,尤其参见那些拒绝轻易将这一运动放在特定意识形态阵营——小资本家或原始社会主义者、本土文化保护者或反种族主义者——之中的描述;Gene Clanton，*Congressional Populism and the Crisis of the 1890s*（Lawrence：University Press of Kansas，1998）；Bruce Palmer，"*Man over Money*"：*The Southern Populist Critique of American Capitalism*（Chapel Hill：University of North Carolina Press，1981）；Michael Schwartz，*Radical Protest and Social Structure*：*The Southern Farmers Alliance and Cotton Tenancy*，*1880—1890*（New York：Academic Press，1976）；Normal Pollack，*The Just Polity*：*Populism*，*Law*，*and Human Welfare*（Urbana：University of Illinois Press，1987）；以及 Elizabeth Sanders，*Roots of Reform*：*Farmers*，*Workers*，*and the American State*，*1877—1917*（Chicago：University of Chicago Press，1999）。

9. 参见 Thaddeus Stevens，"'Reconstruction,' December 18，1865，in Congress,"in *The Selected Papers of Thaddeus Stevens*，vol.2，ed. Beverly Wilson Palmer and Holly Byers Ochoa（Pittsburgh：University of Pittsburgh Press，1998），44—56(引自第 52 页)。

10. Walter Licht，*Industrializing America*：*The Nineteenth Century*（Baltimore：Johns Hopkins University Press，1995），98.

11. Eric Foner，*The Story of American Freedom*（New York：Norton，1998），117；以及 Licht，*Industrializing America*，113；也可参见 Alan Trachtenberg，*The Incorporation of America*：*Culture and Society in the Gilded Age*（New York：Hill and Wang，2007），4—5。

12. 参见 Foner，*The Story of American Freedom*，116—117；以及 Licht，

Industrializing America，183。

13. 艾布拉姆斯讲了一个努力吸引"合意的"白人妇女到华盛顿领地的精彩故事，因为那时该领地被认为是崎岖而不适宜居住之地，目的是希望再现一个自给自立的定居者社会——一个建立在自由劳工和种族排他性上的社会。关于她的"默瑟女孩"（Mercer Girls）故事——她们由阿莎·希恩·默瑟（Asa Shinn Mercer）安排迁移到西部的移民旅程，参见 Kerry Abrams，"The Hidden Dimension of Nineteenth-Century Immigration Law，"*Vanderbilt Law Review* 62（2009）：1353—1418。

14. 一般参见 Jack Beatty，*Age of Betrayal：The Triumph of Money in America*（New York：Vintage，2008），尤其是第 98—101、184 页。

15. 参见 Morton Horwitz，*The Transformation of American Law，1870—1960：The Crisis of Legal Orthodoxy*（New York：Oxford University Press，1992），72—73。

16. Trachtenberg，*Incorporation of America*，20.

17. 参见 Roger Daniels，*Not Like Us：Immigrants and Minorities in America，1890—1924*（Chicago：Ivan R. Dee，1997），5—6；Hiroshi Motomura，*Americans in Waiting：The Lost Story of Immigration and Citizenship in the United States*（New York：Oxford University Press，2006），16；以及 Ronald Takaki，*Iron Cages：Race and Culture in Nineteenth-Century America*（New York：Knopf，1979），236—240。

18. 对于归化法，参见 Act of July 14，1870，ch. 254，§7，16 Stat. 254（引自第 256 页）；以及更多关于国会辩论期间反华人的情绪和"外国人不适合拥有公民身份"的思想，参见本村宏具有启迪作用的评估，*Americans in Waiting*，70—75。

19. 尤其参见 the *Passenger Cases*，48 U.S.(7 How.) 283（1849）。虽然塔尼不同意这一裁决，但像多数人一样，他也认为所有政治共同体都享有完全的移民权；这种移民权来自固有的"自保权"，"它从主权上说是至高无上的、绝对的，因为主权控制着移民权"。*Passenger Cases*，470，467（1849）（J. Taney，dissenting).虽然法院裁决中央政府拥有这一完全的移民权力，但是从典型的杰克逊党人角度出发，塔尼对此并不同意，并认为这一权力是由各州持有的。

20. 关于对待华人与此前的印第安人和黑人移民政策之间的法律及历史连续性的讨论，参见 Daniel Kanstroom，*Deportation Nation：Outsiders in American History*（Cambridge，Mass.：Harvard University Press，2007），21—23。关于《佩奇法》及其人口统计学影响，参见 Daniels，*Not Like Us*，12，6；Motomura，*Americans in Waiting*，25。关于排华法律，参见 Act of May 6，1882，ch. 126，§14，22 Stat. 58，61；Act of May 5，1892，ch. 60，§6，27 Stat. 25，26。

21. Daniels，*Not Like Us*，17。

22. 参见 *Plessy v. Ferguson*，163 U.S. 537，561(1896)(J. Harlan，dissenting)。

23. *U.S. v. Wong Kim Ark*，169 U.S. 649，731(1898)(J. Fuller，dissenting)，引自 *Fang Yue Ting v. U.S.*，149 U.S. 698，717(1893)。

24. Ibid.，725.也参见克里·艾布拉姆斯讨论在《佩奇法》进行立法辩论期间，政客们是如何对华人移民进行描述的。Kerry Abrams，"Polygamy，Prostitution，and the Federalization of Immigration Law，" *Columbia Law Review* 105：641—716，尤其是第 692—694 页。从典型的千禧年危机和威胁的角度，华人被看作危险的外部人，因此他们必须被制服，以便形成持久的国内安宁。

25. 参见 Licht，*Industrializing America*，169；以及 Bruce Laurie，*Artisans into Workers：Labor in Nineteenth-Century America*（New York：Hill and Wang，1989），157（关于劳动骑士团成员身份的统计）。

26. 更多关于这一轶事及其在使农场主联盟激进化中的决定性作用，参见 Goodwyn，*Democratic Promise*，52—65；也参见 Edward Ayers，*Southern Crossing：A History of the American South，1877—1906*（New York：Oxford University Press，1995），114—115。

27. 引自 Terence Powderly，*Thirty Years of Labor，1859—1889*（Columbus：Excelsior Publishing House，1889），243。

28. "Preamble to the Platform of the Knights of Labor(1886)，" www. 6hourday.org/1886.html(accessed October 7，2009).

29. "Omaha Platform，July 1892，" in *A Populist Reader：Selectionsfrom the Works of American Populist Leaders*，ed. George Brown Tindall（New York：Harper and Row，1966），90—96(引自第 93 页)。第一份人民党党纲的前言和实际的大部分政纲条目，是由明尼苏达州人民党党员和反传统者伊格内修斯·唐纳利所撰写。

30. 关于妇女的自由公民权问题，劳动骑士团与杰克逊党人有关妇女的依附性观点决裂了；相反，劳动骑士团认为妇女同样能够进行自由劳动，并值得进行劳动控制。作为基本政纲条目中的一条，1878 年的《劳动骑士团章程》试图"保证两性同工同酬"。Powderly，*Thirty Years of Labor*，245.

31. Ibid.，657，659.

32. Tom Watson，"The Negro Question in the South，October 1892，" in *The Populist Mind*，ed. Norman Pollock(Indianapolis：Bobbs-Merrill，1967)，360—374(引自第 371—372 页)。

33. Ibid.，374.

34. 史蒂文斯这样写下自己的墓志铭："我眠于这安静的与世隔绝之所/并非出于何种寻幽的自然派偏好/而是发现别的公墓受种族限制/为宪章所限/我已选择可加以说明的此地/在我生命终止中/我所主张的原则/穷尽一生/造物

主前人人平等。"引自 Hans L. Trefousse，Thaddeus Stevens: *Nineteenth Century Egalitarian*(Chapel Hill: University of North Carolina Press，1997)，xi。

35. 关于对人民党运动激进动力的评估，包括不情愿为社会平等施压，一般参见 Gerald H. Gaither，*Blacks and the Populist Revolt: Ballots and Bigotry in the "New South"*(Tuscaloosa: University of Alabama Press，1977)；以及 Ayers，*Southern Crossing*，134—156。更多关于白人至上和美国内战后的南方种族关系，一般参见 C. Vann Woodward，*Origins of the New South，1877—1913*(Baton Rouge: Louisiana State University Press，1951)。

36. Powderly，*Thirty Years of Labor*，429.

37. 引自 Andrew Gyory，*Closing the Gate: Race，Politics，and the Chinese Exclusion Act*(Chapel Hill: University of North Carolina Press，1998)，101。

38. 一般参见 William Forbath，"The Borders of 'Our America': 'Race,' Liberalism，and National Identity in the Law and Politics of European Immigration，1882—1924"(未出版手稿，与作者一起存档)，尤其是第12、15—20页；以及 Gyory，*Closing the Gate*，引自第69页。我尤其感激福巴思(Forbath)，他允许我引用他有关劳动共和主义与移民问题做斗争的富于启发性的出色研究。

39. 参见 Takaki，*Iron Cages*，239；以及 Powderly 引自 Forbath，"The Borders of 'Our America,'" 15。

40. Ayers，*Southern Crossing*，145.

41. Tom Watson，"Imperial Tendencies," in *The Populist Mind*，ed. Norman Pollock(Indianapolis: Bobbs-Merrill，1967)，23—26(引自第25页)。

42. 参见吉恩·克兰顿(Gene Clanton)对当选人民党党员是如何与美西战争问题进行斗争的富有启发性的描述，*Congressional Populism* 127—164(引自第139、141页)。

43. 引自 Ibid.，152。

44. 参见 Thomas Watson，"Summary of Mr. Watson's Speech at Thomson，Georgia，July 27，1898," in *The Life and Speeches of Thomas E. Watson*(Nashville，Tenn.，1908)，229；也引自 C. Vann Woodward，*Tom Watson: Agrarian Rebel*(New York: Oxford University Press，1963)，334—335。

45. Watson，"Summary of Speech," 230；也引自 Woodward，*Tom Watson*，335。

46. Clanton，*Congressional Populism*，4.

47. William Neville，"Speech on Imperialism，February 6，1900," www.history.missouristate.edu/wrmiller/populism/texts/Documents/speech_on_im-

perialism.htm(accessed October 7，2009).

48. Ibid.；也引自 Clanton，*Congressional Populism*，161，4。

49. Neville，"Speech on Imperialism."

50. Watson，"Summary of Speech,"230；引自 Woodward，*Tom Watson*，335。

51. 参见 Gordon Wood，*The Creation of the American Republic，1776—1787*(Chapel Hill：University of North Carolina Press，1998)，319—328。

52. 更多关于民众法庭的论述，参见 Jonathan Garlock，"The Knights of Labor Courts：A Case Study of Popular Justice," in *The Politics of Informal Justice：The American Experience*，vol.1，ed. Richard L. Abel(New York：Academic Press，1982)，17—33。

53. Mark Lawrence Kornbluh，*Why America Stopped Voting：The Decline of Participatory Democracy and the Emergence of Modern American Politics*(New York：New York University Press，2000)，41.

54. Ibid.，42，52(引自第 55 页)。

55. Ibid.，112.

56. 参见 Ayers，*Southern Crossing*，71—87,关于内战如何为政治分裂,以及镀金时代的政治认同创造条件的讨论。这在南方尤其真实,因为在民主党与共和党之间进行选择,意味着重申地方性联系,并"通常决定一个人的朋友、业务往来,甚至婚姻前景"。Ibid.，71。

57. Robert Wiebe，*The Search for Order，1877—1920*(New York：Hill and Wang，1967)，xiii.

58. "Omaha Platform,"92.

59. 关于这一点,尤其参见 Goodwyn，*Populist Moment*，306—307。

60. 参见 Ayers，*Southern Crossing*，120；Goodwyn，*Populist Moment*，206—212。一般参见 Schwartz，*Radical Protest and Social Structure*，129—198,关于作为整合联盟成员和形成参与式群众运动措施的讲座机制优缺点的评估。

61. 参见 Michael Sandel，*Democracy's Discontent：America in Search of a Public Philosophy*(Cambridge，Mass.：Belknap Press of Harvard University Press，1996)185—189,更多关于美德在鲍德利政治思想中的作用。

62. Frank Doster，"The Common Property of All," in *The Populist Mind*，ed. Norman Pollock(Indianapolis：Bobbs-Merrill，1967)，12—13(引自第13 页)。

63. 参见"Omaha Platform,"92—96。

64. 关于麦金利筹措的资金,参见 Michael E. McGerr，*The Decline of Popular Politics：The American North，1865—1928*(New York：Oxford Uni-

versity Press，1986），140。关于南方黑人被剥夺公民权及祖父条款，参见 Ay-ers，*Southern Crossing*，171（引自该页）。该条款意味着贫穷白人被豁免，因为他们是在大会举行前的三个月之内注册的，或者说他们能够证明自己、自己的父亲或祖父在重建之前投票的。这一术语如今得到广泛使用，而基本不对其来源和历史含义进行评价。

65. William Allen White，"What's the Matter with Kansas?" in *A Populist Reader：Selections from the Works of American Populist Leaders*，ed. George Brown Tindall（New York：Harper and Row，1966），192—199（引自第 195 页）。

66. Ibid.，p.197；以及 Godkin 引自 Goodwyn，*Populist Moment*，210。

67. 龚珀斯和美国劳工联合会拒绝了劳动骑士团将所有农业和产业工人组织到一个联盟中的雄心，而这一联盟将对基础广泛的改革和建立平民合作社联盟（cooperative commonwealth）施压。相反，他们接受 19 世纪 80 年代末垮台的劳动骑士团的观点，认为对于工人来说，如果要在根本上保证实现任何目标，他们就需要放弃系统性的改革，进而严格按照行业组织起来向雇主施压，以取得有限的改进。参见 Laurie，*Artisans into Workers*，176—210。

68. 关于农场主联盟机构内部的组织问题，尤其是领导层与一般成员之间的利益分歧问题，参见 Schwartz，*Radical Protest and Social Structure*，118—125。关于转向选举政治和农场主合作社的衰落，参见 ibid.，269—278；以及尤其是 Goodwyn，*Populist Moment*，230—263，305—306。

69. *Platte County Argus*，"The Classes against the Masses," in *The Populist Mind*，ed. Norman Pollock（Indianapolis：Bobbs-Merrill，1967），41—44（引自第 42 页）。

70. "Omaha Platform,"94，95（关于移民引自第 95 页）；以及 Simpson 引自 Clanton，*Congressional Populism*，132。有关土地投机问题，《纽约时报》（*the New York Times*）引援鲍德利的话声明道："我们反对持有土地进行投机，并总是赞成将源自土地的收入转而用于社区和有利于社区的计划。"参见"Farmers and Knights：Mr. Powderly Talks about the Proposed Alliance," *New York Times*，November 26，1889。虽然一般来说人民党党员支持这样的观点，但是大多数人民党党员却比鲍德利更加模棱两可。农场主联盟关于合法权利和利益的辩论，参见 James Green，"Populism, Socialism, and the Promise of Democracy," *Radical History Review* 24（1980）：7—40（引自第 16 页）；也参见 Palmer，"Man over Money," 72—74。

71. 参见 Motomura，*Americans in Waiting*，69—76。

72. 一般参见 Forbath，"The Borders of 'Our America',"尤其是第 51 页，关于鲍德利对识字测试的观点。

73. 引自 Woodward，*Tom Watson*，371，370—371。

74. 参见 Ibid.，435—447，关于对佐治亚州利奥·弗兰克的审讯，以及沃森在他最终的谋杀中所起作用的更完整描述——这是在他得到州长赦免之后。

75. 一般参见 Nancy L. O'Conner, "The Influence of Populist Legislators upon American Foreign Policy, 1892—1898"（博士论文, University of Oregon, 1958）；以及 William Appleman Williams, *The Tragedy of American Diplomacy*(New York: Norton, 1988), 18—57。甚至杰里·辛普森都无法避免被外国土地上的新市场前景所席卷，因此在 1894 年夸口声明说："我相信，先生们，美国作为一个伟大国家，占有它作为世界商业国家中一员的地位的时刻已经来到了。"引自 Williams, *Tragedy of American Diplomacy*, 27。最终，辛普森是一个对美西战争和使用海军将自由贸易强加给弱小民族的有原则的批评者，他宣称说："我知道最为荒诞的，莫过于建造不合时宜的战舰以及穿透它们的枪炮的国家间对抗。"引自 Clanton, *Congressional Populism*, 139。然而，他似乎不能够赞成商业扩张主义与他恰恰所憎恶的干涉主义和炮舰外交之间的联系。

76. 参见 Clanton, *Congressional Populism*, 141。

77. Woodward, *Tom Watson*, 454.

78. *In re Neagle*, 135 U.S. 1(1890).

79. 更多有关这一相当有趣轶事的信息，包括这一事实，即特里早先曾作为加州最高法院的当地法官(fellow justice)向菲尔德宣誓就职，参见 Phillip R. Uric, "Knife-Wielding Justice," *Wild West Magazine* 49 (February 1993)。

80. *In re Neagle*, 68.

81. Ibid., 64, 59.

82. Ibid., 65.

83. 参见 *In re Debs*, 158 U.S. 564(1895)。关于罢工及其后续影响，参见 Laurie, *Artisans into Workers*, 204—210；以及尤其参见 Nick Salvatore, *Eugene V. Debs: Citizen and Socialist*(Chicago: University of Illinois Press, 2007), 127—140, 147—161,关于这些事件尤其是联邦镇压所达到的程度，如何使尤金·德布兹相信，只有通过主张州权才能使劳工利益获胜。这种主张向他强调了需要直接的选举和政治行动，如通过人民党，以及后来通过各种社会主义政党。

84. *In re Debs*, 582.

85. Watson, "Imperial Tendencies," 23—26(引自第 25—26 页)。

86. Ibid., 26.

87. 这种对法院判例，尤其是对洛克纳诉纽约州案判决的解释，与削弱社会达尔文主义司法思想的核心地位是一致的。相反，人们对法官们有关自由契约观点的理解，最好依然是基本在共和主义习惯性表达法的范围之内，从而表达了这种见诸杰克逊和林肯的持久观点，即提供特殊经济特权的法律贬低了自由劳工的自治，等同于不可接受的阶级立法。尤其参见 Howard Gilman, *The Constitution Besieged: The Rise and Demise of Lochner Era Police Powers Juris-*

prudence（Durham，N. C.：Duke University Press，1993）；以及 William Forbath，"The Ambiguities of Free Labor：Labor and Law in the Gilded Age，" *Wisconsin Law Review*（1985）：767—817。

88. *The Slaughterhouse Cases*，83 U.S. (16 Wall.) 36(1873)；以及 *Lochner v. New York*，198 U.S. 45(1905)。

89. *The Slaughterhouse Cases*，73，78.

90. 参见 Ibid.，109—110，90，110(J. Field，dissenting)。关于菲尔德，就像国会中的许多议员那样，重建修正案已不仅是消除实际的束缚，而且是加强这一信念，即共和主义公民资格，意味着对一个人自身劳动的基本控制。因此，他愿意把修正案与路易斯安那州屠夫的困境联系起来，强调在菲尔德的观点中，这一个案基本上是有关捍卫自由公民权、而非自由主义的经济权利理论。就像福巴思在评论菲尔德的立场时所说的那样："'共和国中的公民权'，现在保护他们（屠夫）的自由不受干涉，以追求其所称的在路易斯安那州由州建立的垄断。"参见 Forbath，"Ambiguities of Free Labor，" 778。

91. *Bradwell v. Illinois*，38 U.S. (16 Wall.) p.130，p.141(1873)(J. Bradley，concurring).

92. 参见 Gretchen Ritter，*The Constitution as Social Design：Gender and Civic Membership in the American Constitutional Order*（Stanford，Calif.：Stanford University Press，2006），21—24，更多关于她所称的这一时期女性的"边缘地位"——或者我想这样描述它：她们拥有作为正式公民的地位，但依然在家中服从父权权力。

93. *Minor v. Happersett*，88 U.S. 162，166(1874).

94. Takaki，*Iron Cages*，189；引自 Sarah Cleveland，"Powers Inherent in Sovereignty：Indians，Aliens，Territories，and the Nineteenth Century Origins of Plenary Power over Foreign Affairs，" *Texas Law Review* 81(2003)：1—284（引自第 55 页）。

95. Takaki，*Iron Cages*，189.

96. *United States v. Celestine*，215 U.S. 278，291(1909).

97. *United States v. Nice*，241 U.S. 591，598(1916).

98. *Lochner v. New York*，75(J. Holmes，dissenting).

99. Ibid.，57，59，60.

100. 参见 Paul Kens，*Lochner v. New York：Economic Regulation on Trial*（Lawrence：University Press of Kansas，1998），6—14，关于 19 世纪末面包工业工作条件的讨论。

101. Walt Whitman，"Facing West from California's Shores，in *Leaves of Grass and Other Writings*，ed. Michael Moon(New York：Norton，2002)，95.

第四章　公民投票政治与新宪政秩序

　　如果我们能够将政府开支与足够动情的意识形态联系起来，那结果本来会是什么样子的呢？这种猜测真是有趣。如果我们有能力征服芝加哥，并将之作为一项国有资产加以改善，那么我们的运作或许可以更加明智合理。比较一下我们按照人道帝国主义理想在菲律宾能够做什么，这真是有趣。……帝国主义理想，连同我们本能的人道主义冲动，允许我们比对自己的人民更加善待这些原始人。我们无惧于毁灭他们的特性，因为我们并不认为他们身具什么可被毁灭的特性。因此，我们能够做出许多明智的事情，来平复我们的棕色小兄弟们。……如今，人们真希望能够把我们自己的国家视为一项资产。

——瑟曼·阿诺德（Thurman Arnold）

《政府的象征》（*The Symbols of Government*，1935 年）

　　在对内部使用行政特权进行辩护，而且未能提出工业背景下令人信服的共和主义自由叙述时，像佩卡姆、布鲁尔和米勒这样的最高法院法官不经意间强调了这一情况，即我们的国家是如何彻底地远离了其定居者根源的。虽然自由劳工魅力、邪恶的家长式统治主张以及特殊的政府特权可能已然存在，但从根本上来说，在法律、政治或经济上，人们不再将美国作为定居者帝国中的一项事业来加以建设。在某种意义上，无论多么不经意，这些法官强调了这样一种基本困境，它将规定20

世纪前 40 年里美国集体生活的内容：什么样的宪政架构应该用来管理一个后定居者社会？什么样的对自由的叙述能够证明这些架构的正当性，并为新的公民身份的伦理基础打下根基？

定居主义作为一种把政治和宪政组织起来的制度，其瓦解是缓慢的、分阶段的，因此很难找到某一精确时间点来作为其寿终正寝的标记。在法律和政治上，人们能够觉察到这一旧制度框架消亡最显而易见的方法，体现在欧洲移民的待遇，以及征服和领土扩张的历史动力上。随着边疆地区基本稳固，集体生活中白人移民的身份地位日益变得不可靠了。由于没有人口上的需求，以使之在新的领地上居住，美国致力于事实上的边界开放态势因而减弱了。因此，定居者政治退出历史舞台的第一个迹象，便是关于外国人选举权法律的逐步取消，而这些法律曾促进了移民，并促使欧洲人作为自由的共和主义公民快速融入进来。在 19 世纪的最后几年里，各州压倒性地否决了试图赋予外国人选举权的新提案，最后一项在马萨诸塞州 1917 年宪法会议中的类似提案也以失败告终。更引人注目的是，爱达荷领地于 1874 年，成为那个年代首个废除其入籍外国人投票权的州或领地。在 1901 年麦金利被一名移民刺杀后，以及由于第一次世界大战期间人们对移民忠诚度的关注，在 20 世纪最初的几十年里，这些取消移民投票权的努力得到了加强。1926 年，美国最后一个允许非公民投票的州——阿肯色州——也废除了外国人选举法。[1]本质上，美国已经开始采用类似于科克所认同的处理外国人与主权国国民之间关系的老方法了。白种外国人——至少在归化之前——是外部人，而非定居者殖民事业的共同参与者，因而对他们的适当管理是通过有别于正式成员的法律机制来进行的。

这种与欧洲模式的日趋一致，进一步在美国移民边境政策上得到了证明，因为这一政策强调联邦政府对所有非公民入境和流动事宜拥有近乎绝对的权力，无论这些非公民属于什么种族。在海洋蒸汽航行公司诉斯特拉纳汉案（Oceanic Steam Navigation Co. v. Stranahan，1909 年）中，虽然涉及一项授权官员阻止携带传染性疾病者入境的联邦法令，而最高法院的做法却远远超出了该案的具体事实。在移民入境问题上，法官一般拒绝国会的司法审查发挥重要作用。正如大法官爱德华·怀特（Edward White）在代表法院表达其观点时所宣称的那样："国会立法权力在使外国人进入美国这一问题上，要比在任何其他可能问题上都拥有更加彻底的权利。"事实上，根据怀特的说法，这一立法权力"（已经）包含了该问题所有可能的方方面面"，并表明了对非公民的外国人进行广泛控制的合法性。[2]在过去，排华的前提假定是，华人天生不适合成为共和主义公民；与之相伴的是坚持对白人移民门户开放，并避免对他们行使这种绝对权力。然而到1917年，随着领土扩张的前提不复存在，公众愈加将所有新移民都视为经济竞争对手，无论其族裔背景如何。那一年，美国政府最终确定对新来者进行识字测验，而这恰恰是鲍德利一直所反对的措施，因为识字测验支持者希望这将限制移民入境，尤其是限制东欧、南欧人。[3]

1921年，国会通过了第一个移民人数配额法案，目的是将每个国家的年度移民人数占"出生在外国的此类国籍的美国居民人数（根据1910年的美国人口普查来决定）"的比例限制在3%。三年后，为进一步限制移民入境，国会又通过了《民族始籍法》（the National Origins Act），把移民数限定为不得超过1890年人口普查中已在美居住人口数的2%。该法律的主要目的和作用是通过减少东欧、南欧国家的移民配额，在种族上纯化新移民人口。该法律还明确把亚洲移民和黑人排除在配额制之外，前者被认为是"没有资格获得公民身份的外国人及其后裔"，后者则被认为是"奴隶移民的后裔"。结果，该法律使来自西欧、北欧的入境者份额提高至84%，并实质上终止了许多非白人族裔群体的合法移民。[4]

历史学家已对1924年《民族始籍法》中的种族歧视因素进行详细讨论，这些因素的确有助于将白人特性（whiteness）思想作为彻底的美国包容性的关键永久化。[5]然而，如果将（1921年和1924年的）这两项配额条款结合起来看，它们又具有另外一层主要含意。即便美国的包容性仍将按照种族来划定，但对欧洲移民的限制和控制表明，这种种族等级制嵌入在一个非常不同的制度框架之中。实际上，所有移民现在都受制于联邦政府的自由裁量权和特权权力（prerogative power）。虽然欧洲人处在分层化等级制度的顶端，但他们也发现自身的自由流动受到限制,而且他们在美国的举止受到日益侵扰的国家权力的控制。就像行政紧急命令权(emergency power)对宪法的侵入一样,移民限制也削弱了定居者的二分法。在坚持对欧洲外国人的特权权利(prerogative rights)的合法性时,这样的限制却按照施加于印第安人、黑人、华人和墨西哥人身上的同样规则,将以前的定居者内部人组织了起来。

在扩大针对所有移民入境后的驱逐制度中,这一规则最为明显,而该制度出现在 20 世纪 20 年代。就像丹尼尔·坎斯特卢姆(Daniel Kanstroom)所写的那样:"对无证非法'外国人'的驱逐,成为了日益庞大的官僚化驱逐制度的主要组成部分。而被驱逐者的总人数,则从 1920 年的 2 762 人,上升到 1929 年的 38 796 人。1921 年至 1930 年期间,在超过 9.2 万的被驱逐的人之中,有超过 3.6 万人被发现没有携带合适文件、没有经过审查,或通过欺诈方式入境。"[6]事实上,这种普遍使用特权权力来移除大量移民的方式,产生了一种新的"非法移民"类别。此外,在美国政治中,谁算是"非法移民"的评估显然被种族化,这种情况尤其集中体现在雇佣墨西哥劳工到美国西南地区工作这一问题上。[7]但是,即使驱逐移民的企图带有种族性质,这些政策也清楚地表明这一管理机制管辖的是所有全部移民。就像以前那些处于附属地位的人口一样,最近来自欧洲的入境者发现不仅他们的选举权被剥夺,而且他们在归化前的生活,还因美国国家当局拥有的驱逐权和迁移权而受到监督。从整体上看,美国政府所做出的努力——以外国人投票终止、移民配额限额和移民驱逐程序为标志特点,使得自从 17 世纪以来普遍流行的这种做法获得了引人注目的突破。

在某种意义上,这种变化从根本上使得领土扩张与提供内部共和自由之间的帝国连接断裂了。如果没有用来定居的西部土地,不仅美国对新移民的人口需求将就此终结,而且帝国将促进定居者内部人经济独立和自治的历史期待也将告终。回望美国漫长的扩张轨迹,征服和处于从属地位人口的屈从,毫无疑问促进了自由白人公民引人注目的平等主义社会发展。然而,随着新的经济和行政权力形式的兴起,实际情形恰恰是,共和主义自由依然难以捉摸、定居者帝国带来解放的希望甚至更加渺茫。一代代新的美国人所面临的挑战,乃是要决定以什

么样的框架来代替旧的定居者框架,以及哪些旧的定居者承诺——如
果有的话——还值得加以保护。

在本章中,我对20世纪被修正的关于自由叙述的发展进行跟踪记
录,探索其在由新政所确立的宪政秩序中的高潮。在第一部分中,我认
为在平民政治溃败后的几十年里,包括沃尔特·韦尔(Walter Weyl)和
约翰·杜威(John Dewey)在内的社会批评家和改革家们,试图通过普
及教育、休闲和有意义工作的相关论点,来重建共和主义自由的思想基
础。然而,尤其是在一种缺乏参与性和自主性的大众选民背景下,这样
的目标因同时期国家行政权力的崛起而彻底失败。随着农业抗议的失
败及其社会基础的分崩离析,政治参与逐渐从集体生活中淡出;而就其
保留的程度而言,政治参与日益同实际运用权力相脱离。结果,在经济
独立或民主自治方面,团体中的完全成员身份失去了其伦理基础。正
如我在第二部分中所阐述的那样,像西奥多·罗斯福(Theodore Roo-
sevelt)和乔赛亚·斯特朗(Josiah Strong)这样的扩张主义者则试图填
补这一伦理空白,途径是聚焦于美国全球力量的崛起,认为这种力量能
够给美国人提供一种具有共同目的和集体意义的观念。

在本章的剩余部分中,我描述了新政决策者是如何将这些帝国渴
望的东西,与新出现的对政治权力和公民身份含义的叙述联系起来的。
我认为,这种新秩序将安全提升到了作为社会指导性承诺的地步,以作
为对过去的、而今日益变得遥远的参与式控制目标的替代品。在20世
纪早期,杜威和其他激进的进步主义者辩护说,这种安全——尤其是就
广泛的社会经济条款而言——乃是经济独立和共和主义自治的主要先
决条件。然而,随着这些涵盖范围更广的理想倒退,新政官员把安全本
身变成了目的。而在这一过程中,他们认为自由主义政府而非民众控
制,才是提供稳定收入,并在根本上服务于人道主义目标的最佳手段。
在对外关系方面,这些决策者还试图把服务于定居者自由的领土扩张,
重新想象成追求永久和平的全球霸权。随着时间的推移,新出现政体
的制度基础,变成了自主权得到增加的总统职位,从而作为一个代表和
形成公众意志的权威机构发挥作用。事实上,行政机构权力的加强,导
致了帝国特权在国内政治和政府日常运作中的常规化。

就像我所认为的那样,如果说美国独立战争试图捍卫共和主义自由,以反对扩张式的、权力集中的帝国中心,那么20世纪的美国政体则最终精确地验证了这一事实,即自由公民与分层化臣民之间关系的解体,后者曾令英裔美国殖民者颇为困扰。此外,无论是在国内还是在国际上,这些事态发展表明了手段与目标之间明显的本末倒置。虽然帝国在历史上曾被规定为作为自治的自由之仆,但是美国权力除了自身扩张外,似乎日益偏离指导目标。维护美国全球权力的要求,主要是为了加强内部的企业和国家的等级制,而非为了维持自由公民的政治权力或工作场所权力。如果进步主义者曾希望经济安全能提高民众自治的知识水平和能力,那么安全话语反而与明确的解放理想基本脱节了。

现代复杂性与进步主义幻想中的自治

随着进步主义取代平民政治成为主要的改革运动,像以前那些先辈一样的活动家出现了,尽管他们是在条件根本发生变化的情况下与共和主义自由的可行性进行斗争。政府官僚机构与日俱增的复杂性和美国经济,催生了大量新的社会群体和职业类别,涉及领域从工薪阶层到律师、医生、社会工作者和教师。作为这些新兴中产阶级的成员,许多进步主义知识分子认为,19世纪的生产主义与这一时代现实的制度基本上是相互排斥的。对于像约翰·杜威这样的思想家来说,他调查了这一时代的政治风貌(political landscape),与他19世纪六七十年代在佛蒙特州度过的青少年时期几乎没有什么共同之处,尽管社会改革的中心目标仍然是促使自治与工业时代二者之间的调和。然而,这种调和显然无法通过简单地重申杰克逊党人或人民党激进分子的政策处方来实现。虽然经济独立有充分理由可以成为共和主义自由的核心内容,但对于大多数美国人来说,不解决新的官僚机构雇佣形式,而只通过小规模农业耕种或解决工厂劳力问题,不可能实现多数美国人的经济独立。

对于进步主义者来说,城市经历使其明白了这一事实。在他们的经济生活中,传统的个人"生产者"越来越少了;此外,他们面对的是没有即将加入这一行列的可能性。鉴于工作性质在发生变化,必须找到维持旧的共和主义目标的另一种基础。因此,进步主义者试图利用新的治国手段,特别是再分配工具和公共教育,来挑战官僚式的劳动分工,并促进那些长期以来根深蒂固的自由公民身份特性。在本章的这一部分,我详述了他们在思想上的努力,以使作为自治的自由与新出现的工作场所和政治环境能够协调。我还阐明了以下事实,即由于未能将他们的独立愿景与被动员起来的自信的民众选民联系起来,进步主义者最终是如何为强有力的国家权力日益同民主问责脱节奠定了基础。随着时间的推移,进步主义者将现代生活与共和主义理想相结合的努力,逐渐减少为其对行政权力的提高。就一个更大理想继续存在的程度而言,进步主义在于将安全从实现自治的手段,变成一个方向性的社会目标(a guiding social end)。

韦尔、克罗利和新时代的共和主义自由

在第一次世界大战之前的岁月里,赫伯特·克罗利(Herbert Croly)和沃尔特·韦尔作为《新共和》(*New Republic*)的联合主编,开始为共和主义自由勾勒与众不同的框架。他们期望这一框架能够直接解决复杂官僚机构这一现实问题,并作为社会的主要民主代理人,告别民粹主义对生产阶级的依赖。[8]在克罗利和韦尔两人看来,美国正站在一个意识形态和历史的十字路口。这个国家长期以来一直面临的关键问题是,如何捍卫经济独立性的承诺。由于现代工业生活的庞大规模,以及作为确立自由劳工和参与式公民身份手段的宅地持续减少,这种独立性面临强烈、可能无法承受的压力。

在回忆弗雷德里克·杰克逊·特纳的文字里,克罗利对有关旧的定居者范式这样写道:"按照他们自己的见解,在经济和政治意义上,美国拓荒者或领地上的民主党人都是自由人。"土地的可获得提供了"最终的经济独立希望",即实现对生产的控制,并获得在道德及物质自治方面的日常经验。然而在20世纪初,企业资本的集中,"已经将美国人

民从拥有不动产式的民主,变成了工薪式的民主"。对于克罗利来说,工薪式工作是一种被剥夺了自治、取决于雇主的反复无常的工作。它不仅逐渐限定了工厂工人的经济地位,而且对绝大多数企业和国家机构的雇员也是如此。这样的工资收入无法提供自主教育,并且体现了民主理想的危险倒退。根据克罗利的说法,正如在他之前的布朗森与鲍德利的观点那样,这个国家的基本困境是,"工薪阶层如何才能获得一定量或一定程度的经济独立,就像民主主义拓荒者所指望的那种经济独立一样?"[9]

在 1912 年所著的《新民主》(*The New Democracy*)一书中,通过聚焦工业时代的主要成就,以及意义深远的经济富足的形成——他称之为"社会盈余",韦尔对这一困境做出了回应。韦尔把这种富足看作"一个无比重要的现象"。在他看来,大部分人类历史的标志性特点都是匮乏和为生存而斗争。但现代的繁荣则意味着,在一个蓬勃发展的工业社会里,有足够的社会财富,可以用来将所有个体从只关心生活所需中解放出来。同样重要的是,它在公众的想象力中树立了一种"道德思想":财富不仅应该用于消除赤贫,而且还应促进所有人享有"更充实的生活"。这种基于政治自治和个人发展的更充实生活思想构成了民主的支柱,而且只有现在才可能在更广泛的公众层面得到实现。韦尔写道,"如果没有剩余财富,就不会有大规模民主"存在,无论"有多少人做梦,或有多少人在荒野中大声呼号"。[10]

因此,社会的基本任务是双重的:富足得以继续产生;以及这种富足从极端的财富中心朝向更广泛的群体进行再分配。至于民粹主义传统,韦尔赞成以强有力的政府权力来果断地干预经济关系;而且这一政府权力"是从社会立场,而不仅仅是从目前的产业受益者或产业董事们的立场,来看待……我们的多种商业生活"。这种国家再分配是必要的,因为"社会盈余的形成……并不会自动或直接产生一种社会化的民主。它只是为这样的民主创造机遇而已"。就像过去的《奥马哈纲领》一样,韦尔设想了多种管理国家财富的方法,涉及的范围从税收政策到选定行业的政府所有权。最终目标是"由人民来获得最大可能的工业控制和最大可能的工业红利"[11]。

在最基本的层面上,韦尔希望大众监督能够建立一个广泛的社会保障体系,从而使得贫困最终消失。然而他也意识到,要实现真正的独立——消除政治和经济精英们行使专制权力,需要的不仅仅是个人免于迫切需求和稳定收入压力的自由。个人必须获得对新的、似乎是万能的社会力量的控制。这涉及对文化知识技能和物质资源的掌握,因为这是他们理解其状况并有意义地介入集体生活所必须的东西。对于韦尔来说,19世纪的社会现实使得定居者能够在没有政府大量干预的情况下,相对容易地获得这些知识技能。在对独立性至关重要的性格习惯中,家宅建造和手工艺生产为此提供了持续训练的机会。此外,由于经济和政治组织的规模有限,大多影响个人日常生活经验的决策的制定都是地方性的。对一般公民而言,不仅这些决策显而易见并可以理解,而且定居者可以直接接触主要的决策机构,如立法机关和地方法院。相反,在20世纪,由工业化和官僚等级制造成的急剧变化,使得曾推动小规模生产主义者民主的社会背景过时了。结果,政府不仅必须扮演再分配的角色,而且也必须使那些对于自治不可或缺的文化资源得到再生。

在韦尔看来,这意味着社会盈余应该被用来向全民提供从幼儿园到大学的普遍免费教育。这种教育的目标不是为了培养少数人才的社会流动性,也不是为了提高国家在国外的竞争前景,而是在才智上的彻底民主化。如此方可使得每个人都能发展认识自身利益并追求个人和公共目标的能力。正如曼宁曾经希望"劳工协会"能够产生一群有道德的、高尚的劳工选民群体一样,韦尔也设想出一种新的教育制度,它"在权力惊人的伟大社会中(正)形成革命的力量"。这种民主知识将允许普通男女"在他们的工业追求中,在他们的政治活动中,亦在他们除工业和政治之外的私人生活中"重新获得控制权。[12]

在这些关于教育的观点中,韦尔乞灵于19世纪民粹主义传统的基本因素:不应在不同阶级之间对劳动和学习进行划分的思想,因为这种划分导致大多数人都过着艰苦工作的生活,而少数人却享受着文化特权。布朗森曾在19世纪40年代宣称,只要存在"一种有学问的和无学问的、开化的和未受过教育的、有教养的和粗俗的、富有的和贫困的阶级之分,作为自治的自由就不可能存在"。他坚持认为,亚里士多德式休闲——自我反思的时间、政治参与和思想享受——的益处应广泛地扩展;而在此过程中,应消除"劳动者与闲散人员、雇主与技术工人之间的社会划分"[13]。

韦尔在对这些主张进行修正的基础上坚持认为,除了教育之外,在工业条件下的自由也需要休闲的民主化。他发现自己周围的从业人员几乎是无时无刻不在工作。特别是工厂工人,他们被剥夺了发展对自由公民身份来说至关重要品质的机会,更不必说充分参与公共生活的时间了。在韦尔看来,"像'健壮的乞丐'或者是满身臭虫的流浪汉一样活着,要比那些一年到头、一周7天、每天工作12小时、汗水流干的劳动者那样活着要好得多"。在某种程度上,大多数人都是在长期单调沉闷的工作中度过的,"没有休闲或安静发展的机会",因而他们在根本上是不自由的。[14]因此韦尔认为,只有具备稳定的收入、适当的教育和足够的休闲时间来进行自我发展,在新经济中的个体才有能力和机会践行有意义的政治控制。从本质上讲,韦尔描述了进步主义重塑共和主义思想的决定因素,并聚焦于经济富足提供解放的可能性。

在对韦尔的回应中,赫伯特·克罗利发现了这一叙述中略去的一个关键因素:实际而直接的自治。在《进步主义民主》(*Progressive Democracy*,1914年)一书中,克罗利为直接参与经济和政治生活的重要性进行了辩护。他尤其认为,韦尔的方法未能完全解决依附性工作的问题,即劳动者或雇员只能在对自身活动的有限控制条件下进行工作。克罗利担心,进步主义改革会越来越倾向于只主要关注社会保险问题。的确,韦尔和其他一些人建议:

> 要为(个人)投保以防失业、防疾病和防老,要保证有益于其健康的工作条件,要使忠实可靠的工人只得到低于最低工资标准的不公平报酬成为不可能。他们期待能够使工薪阶层不再身陷债务,并避免使其因自身健康和工作状态的起伏而沦落。

尽管经济安全可能是自由的先决条件,但只要大多数美国人在工业决策中被剥夺了参与角色,雇主与雇员之间的"被依附与依附关系"就会"(依然)存在"。对于克罗利来说,"工薪阶层的解放(仍旧)要求……相较其自身命运而言的同样控制,应附属于他的地位,就像附属于财产所有者的地位一样"[15]。

克罗利断言,从长远来看,韦尔对职场参与重视的下降,将会更普遍地削弱民主权力。而如果个人把大部分时间都用于完成如上所述的任务,那么虽然有全民教育和得到改善的休闲时间,但他们依然很难成为适合自治的自由公民。因此,谨慎对待民主理想的势力必然会认为,由于大多数人很少从事实际的决策,因而他们缺乏承担这种责任的必要专业知识。社会目标可以"通过一个权威性代表机构,以更少摩擦和延迟的方式来加以实现"[16]。因此,雇主和政治家们将迫切要求建立一个单独的、统一的机构来代表人民发言,并且这一机构不受制于大众意见分歧的起伏或暴民统治的混乱。

对于克罗利而言,这一最终结果意味着要放弃共和主义自由,并迫使普通美国人退出社会权力的舞台。他担心,一些进步主义者"(仍)过于重视具体结果的实现和维持,却太少强调永久性道义上的民主福利事业"。民主在根本上是一种集体的大众控制经验。它要求个人能够行使实际的经济和政治权力,并习惯于这种权力的严苛和责任。当提及上述行政机构时,克罗利写道:"以这种方式实行的计划,将无法使人民有资格获取他们的利益。其导致的结果,要么是大众的卑躬屈膝,要么是有组织的大众抵抗,或二者兼而有之。"避免这些后果的唯一方法,是将政治中的"直接民主",与工作上的"工业自治民主"结合起来。[17]

这种工业民主要求,"自由必须以某种方式被引入其自身的工资制度中"。克罗利坚持一种平民合作联盟的理想,他断言,经济独立除了只会使得产业工人"作为自治社会群体,对社会生产工作进行循规蹈矩的组织和执行负责外",别无其他结果。鉴于工业生活的复杂性,克罗利认为,由于强大的新工会主义错综复杂地卷入所有经济生产的基本决策中,因此它为有意义的自治提供了最好的可行途径。他希望工会能成为打破雇主垄断决策的工具。这样一来,劳工代表和经民主选举产生的立法者,将确保整个社会、而非只是一种狭隘利益,有益地参与到设定工资、工作条件和生产目标之中来。因此，工业劳动将不再仅是延续旧的主仆关系，其中由雇主单方面决定工作生涯的形式 。同样重要的是，工人们为建立强大工会而进行的实际斗争，将体现为一种"代表日益增长的自治程度的积极努力"；而建立职场团结和工会制度的过程，将成为它自身在共和主义自由方面独特的训练场。[18]

　　显然，克罗利的大规模集中化工业工会主义，具有成为挑战雇主统治绝对论、追求经济再分配的强有力工具的可能性。而与此同时，工业工会主义似乎并没有为克罗利提出的关键任务做好充足准备，即为所有工人在日常体验中，提供对重要职场决策进行控制的实践机会。这一愿景恰恰是旧手工业模式所提供的，而它的丧失是克罗利如今所惋惜的。然而，克罗利的工业工会主义并非参与式的思想，似乎最终成了集权化的、基本上是代议性的思想。结果是权力集中在工场车间高层领导手中，他们会针对需求进行讨价还价，并为解决工业冲突提供议程。由于大多数工人在设定经济生产条件方面的直接作用有限，所以人们不禁要问，强大的工会怎会愿意提倡旧的合作理想。本质上，克罗利对这种看似永久性的行政复杂性赞赏有加，但他没有想出办法来挑战被授权的决策者与基本上处于被动地位的工人之间严格的劳动分工。尽管他对工会主义的关注确实有助于打破雇主的主导权，但这并不会令工作场所的等级体系或精英统治的控制程度变弱。如果没有额外的措施，这种工会主义本身实际上并不移交权力，只是增加参与决策的精英人数而已。

杜威、卡伦，以及智力与休闲的民主化

　　如果合并在一起考虑的话，克罗利和韦尔提出了一种新的共和主义愿景的不同构成因素，这种构成因素被其他改革者强调并完善。在《民主与教育》(*Democracy and Education*，1916 年)和《公众及其问题》(*The Public and Its Problems*，1927 年)两本著作中，杜威将韦尔关于智力民主化的思想，与克罗利对实际参与所有集体机构的特别关注结合在一起。在这一过程中，他试图直接回应劳动分工中的等级制问题，并计划对该工会主义进行帮助，这些帮助将可能改变现代工作受精英

驱使的本质。杜威将企业权力和官僚机构复杂关系的主流社会范式称为"伟大社会"（Great Society），它是机器时代和技术发展所带来的冷冰冰的、日益专横的最终结果。然而，像韦尔和克罗利一样，杜威相信，将"不成熟的民众"改造成一个民主得以彻底实现、围绕共和主义原则组织起来的政体依然是可能的。正如19世纪的平民合作联盟捍卫者一样，杜威呼吁不间断的大众自治，因为他希望这种自治将使得多元主义理想，与个人自主、政治自治和经济独立结合在一起：

> 从个人立场来看，它在于根据以下两方面的个人能力有责任进行分担：其一，影响和支配个人所属团体活动的能力；其二，按照这些团体所需要维护的价值而进行参与的能力。从团体的立场来看，它要求以协调共同利益与共同财产的方式，来解放群体成员的潜能。

杜威认为自由公民是推动社会的力量，因为自由公民"发现，通过参与到家庭生活、工业、科学和艺术协会之中，其作为政治团体成员的行为是丰富而得以充实的"。因此，政治的主要目标是将"伟大社会"变成"伟大共同体"（Great Community），从而使人类成就和民主合作的全部潜力得以释放。[19]

杜威认为，实现这一目标的主要手段不仅是加强工会主义，而且还要对以下做法进行抨击，即越来越严格地区隔工作中的管理岗位和那些使大多数雇员沦为完成机械呆板任务的工作岗位。虽然新的经济现实可能已使劳动分工成为集体生活无法避免的特征，但是仍有可能降低这种分工的不灵活性，提供远远更高程度的实际责任分工。杜威希望，通过在日常工作实践中为雇员创造性地独立行动创设通道，来防止新的权力寡头形成。结果，没有哪个受过教育的精英团体，将会要求垄断有用的知识和实际的权力。杜威因此认为，面对深嵌于等级制的企业劳动分工之中的异常状态，应居于任何共和主义议程的中心：

> 民主社会为其持续健康必须付出的代价，是消除最排他性、最

危险的寡头,因为他们企图垄断智力的好处,企图为了一些特权者利益而垄断最佳方法的好处;而从事较少需要精神上的努力和创新性的实际劳动,则依然是绝大多数人的份儿。[20]

在杜威看来,真正的民主社会必须将"生产商品和提供服务"的活动,与"自主决定思想"的经验结合在一起。因此,它需要一种教育制度来完全地满足这些需求。这一教育制度必须注重以这样的方式使"文化与实用价值"相互交织,即这种方式为个人不仅提供书本知识,而且提供在工作场做决定的日常技能。[21]从本质上讲,杜威接受了韦尔的普及教育理念,并明确地将其与现代工业和官僚主义生活的问题联系起来。杜威理所当然地认为,即使是他称之为"实际社会状况改进"的真正的转型社会变化,也不会恢复到杰克逊式的生产主义世界和地方民主世界。[22]尽管那个世界或许已经永远消失了,但提升大众能力,并将自治经验注入工作和政治领域之中,却仍然是可能的。这样一来,伟大共同体仍然能够实现,这是一个拒绝将个体分裂为"博学阶级与无知阶级、有闲阶级与劳作阶级"的社会。[23]

如果说杜威将关于教育的观点与重塑劳动分工联系在一起,那么哲学家霍勒斯·卡伦(Horace Kallen)提出了韦尔民主化休闲的其他希望的激进含意。[24]对于韦尔来说,增加休闲主要意味着减少工作时间,这样个人就有时间实现自我提升和参与政治活动。卡伦认为,这种观点忽视了长期以来一直是共和主义经济自由思想核心内容的隐含目标。这一隐含目标正是将劳动本身变成休闲的增加。关于休闲,卡伦的意思是指那些能够使个人出于自我对自身和社会的内在价值、而非由于法律要求才决定参与的活动。为了使劳动成为休闲,他认为必须解决两个基本问题。首先,这一目标需要面对这一事实,即尽管某些工作形式是必要的,但它们限制了自我实现的可能性。在卡伦看来,虽然必须有人要承担这些卑微的工作,但是应该利用社会财富,来使个人花在做这些工作上的时间减到最少。甚至更重要的是,这样的工作应该进行分配,如此一来,就不会有个人或选民终身被困于此,并因而没有机会从事有助于自我实现的活动,就像历史上那些长期以来处于从属地位的团体一样。

其次,卡伦认为,社会也需要建立"工厂里的自由"。在保持与杜威和旧的合作理想一致的时候,他的意思是,在公司面前,雇员必须能够参与基本的决策制定,并且能够创造性地参与关键任务和计划中。在卡伦看来,"无论工业民主还可能有什么含义,都丝毫不意味着能缺少整个生产过程的参与性实现,包括其条件、手段和结果"。他希望通过让个人控制其工作生活,并延长其拥有个人发展的独立时间,从而使得劳动和休闲的界线开始变得模糊。正如19世纪更加广泛的民粹主义传统一样,卡伦认为,只有社会技能和社会知识得到广泛传播,这样的社会才能出现。只要个人具备这些手段,他们就有基本能力在经济领域进行尝试,并有基本能力在致力于新的创造性政治事业中进行协调合作。对于卡伦来说,这种广义的生活方式,是经久不衰的共和主义雄心抱负的最终实现。它意味着经济"工作(将)由人们自由地选择,通过理解而使人快乐,……通过每个人都有意识地参与全部工作之中而使之变得人性化,从而起到释放(一个人的)力量和技能、而非奴役他们的作用"[25]。

在某种意义上,杜威、卡伦、克罗利和韦尔,他们各自都详细阐述了工业和政治复杂性是如何依然能够受制于共和主义自由。他们都强调,利用经济富足的主要目的,不仅是为了消除社会不幸的最糟糕形式,而且要创建一个公众受过教育、经济上独立和有自信的共同体。这一共同体将拥有在工作上和政治上做决定的资源,并拥有从事个人新计划和追求集体提升的时间。尽管过去的自治所必不可少的条件——农业和手工艺生产——可能已基本消失,但这并不意味着此类自治也必须随之消散。尽管如此,仍然存在一个基本问题:到底社会中哪些群体,可以被指望来促进这种可能的社会愿景?正如许多积极投身于民粹主义运动的人一样,韦尔和其他人相信,民主需要其成员持久而积极的参与。如果选民没有被调动起来,如果选民不能保持警惕,那么存在于社会中的威胁,就会解开对国家权力机关权力的束缚,而民众却没有手段对这种力量进行抑制或控制。正如接下来所要强调的,进步主义者在这一时期提出的主要回应措施,即培育"全国性的"人民和提高消费者的水准，却几乎并未消除这样的担忧。

国家主义与消费者公民

在面对工业化经济中自由的未来时，就像 19 世纪 90 年代的民粹主义者一样，韦尔、卡伦、克罗利和杜威，试图将国家干预主义与被动员起来的公众团结在一起。然而，他们拒绝以往聚焦于劳工群体，希望包含的不只是社会内的特定人群，而是作为整体的社会。他们认为，不仅是农民和工薪阶层，如果所有人能够受到恰当的教育，就都可以作为政府监督者（government behind the government）* 来管理国家权力。然而，困难在于如何把大规模的不同公众组织起来，从而使大多数美国人开始认识到自己享有共同的利益和目标。在韦尔和卡伦看来，从生产出发的观点未能凝聚社会，也没能提出集体行动的框架。个人与工作的关系是非常多样和矛盾的，因此这种观点所强调的内容，只会进一步加剧阶级冲突和社会混乱。韦尔写道："生产者……是高度分化的。他可以是银行家、律师、士兵、裁缝、农民、擦鞋匠、信差。他也可以是资本家、技工、放款人、借款人、城市工人、农村工人。"[26]

值得庆幸的是，还存在另一种经济倾向，这种倾向并非对公众进行区分，而是强调公众的共同经验：个体作为消费者的社会角色。对于韦尔来说，只有当个人从这一角度联合行动的时候，他们才构成了"人民"并追求公益。"在如今的美国，使经济统一的力量，乃是作为富有消费者公民的共同利益，而且关于这一力量的多数派——他们敌视财阀统治——正在形成之中。"与这种观点相呼应，卡伦同样呼吁围绕这种"消

---

* 据作者 2019 年 2 月 2 日发来的邮件说明，作者用"政府背后的政府"这一短语来指民粹主义社会运动所追求的一种具体民主愿景。以平民党为例，这些民粹主义团体认为，对于表达劳动人民利益的代议制和选举制来说，需要强大的平行社团。就像工会和平民党一样，这些社团将形成广泛的社会团结网络（为社团成员提供非主流的教育，通过内部民主安排做出决定，甚至通过非传统的法院系统对争议进行裁决）。这些社团将起到持续动员空间的作用，以及选举政治愿意了解的民主意志形成的作用。它们将是事实上的"政府背后的政府"，从而确保国家的正式机构表达民众的目标、而非仅仅是精英观点。——译者注

费者的首要地位"来组织民众活动,针对"表达并维持其固有的自由"来指导民众活动。[27]

民粹主义传统曾长期吁求劳工大众在经济政治进程中维护自己的权力,而如今韦尔号召让人们听到"百万无声的消费者"的声音。在他看来,进步主义是美国人作为消费者成熟化的体现,并因而形成了一个新的政治共同体;无论生产者的地位如何,在这个共同体中,每个人都成了推动政治发展的行动者。韦尔写道:"被挖掘出来的消费者,作为'普通人''平民''乘坐公共交通的上班族''街边常人''纳税人'和'终极消费者',重新出现在政治舞台上。而此前曾作为生产者投票的人,现在是作为消费者在进行投票。"[28]

韦尔和卡伦都希望,如果美国人首先想到自己是消费者,那么他们就会意识到财富集中是如何造成了破坏性的新寡头政治出现,结果阻碍了社会盈余的合理分配及使用,并在此过程中削弱了共和主义自由。韦尔认为,在"对财富进行明智消费"中受教育并得以提升的平民,将利用那种知识来维护民主对工业和政府的影响力。按照这种观点,通过为公众提供一个理解并挑战不平等和等级制的公共基础框架,消费者观念的出现将促进自治。正如卡伦所写的那样,像通过消费者合作社那样,以消费者为导向的活动,为不同群体提供了获得集体"控制自身权力"的机会,并因而获得民众控制"目无法纪的企业权力"的能力。[29]

然而,这种观点面临一个基本挑战。作为消费者,公众的主要活动似乎只需要明智地在立法者间来回周旋和消费产品。对理性消费者的关注,形成了以下两类人之间的根本分裂:一类是那些在重要机构手握权力者;另一类是大多数的美国人,他们只是在政治场所和经济市场中对前者的纲领和决定做出被动反应的人。人们不禁要问,消费的实践是否能在自由公民身份中提供一种有意义的伦理和教育基础。这样做的风险在于,通过将大多数个体变成由他人在异地所做决策的被动接受者,它将反过来使任何真正的自治内容荡然无存。

这一事实尤其令人关注,即恰恰是因为作为一个整体的消费者包括了每个人,因此这一类别构成了一个非常分散的社会群体。韦尔自己也承认,与实际社会运动、政党或公民协会相反,一个进步主义福利国家提供了最接近于代表所有消费者的制度。最糟糕的是,这意味着国家与公众之间令人不安的一致性,结果在这种一致性中,国家行为体可以声称无论他们把什么定义为消费者的利益,都体现了更大的善。在所有关于民主控制的讨论中,赋予消费者权力这一观点,体现了这样一种显而易见的可能性,即用政治精英的利益取代源于大众的目标。由于消费者的观念似乎由国家行为体得到了最好的表达,因而国家很容易取代消费者而成为决策的驱动力。在某种意义上,虽然公众将作为一个社会受益者的角色存在,但是其作为民主行动者的角色却消失了。这些思想为大大扩展国家权力创造了可能性,而与此同时也产生了一个远远更加消极被动的公众群体。

与韦尔的观点相一致,克罗利试图重塑政治认同的企图只加剧了这种风险。随着市场的整合和美国人逐渐将自己视为消费者,克罗利断言另一种共同观点已经出现了。这一观点并不是基于阶级、党派或种族属性,而是基于个人对一个单一统一国家的承诺来使他们结合在一起。他希望随着时间的推移,这个拥有权力和繁荣的美利坚国家,能够成为所有社会成员情感上和政治上明确的忠诚对象。像韦尔和卡伦一样,克罗利认为,受跨地区市场和消费者身份推动,新的国家主义将通过摒弃旧的地区观念和培养公众的凝聚力,来加强民主实践活动。克罗利在《美国生活的希望》(*The Promise of American Life*,1909 年)一书中写道:"一个变得越是像一个国家(nation)的民族(people),越是因此变得像一个民主国家。"正如詹姆斯·莫罗内(James Morone)所评论的那样,克罗利的"选民乃是一个单一的全国性选民,他们被动员起来以反对私人权力的集中"[30]。

然而,克罗利呼吁民族主义,不仅意味着对强有力的政府行动进行辩护,而且意味着对日益等级性的国家结构进行辩护。对于美国人来说,如若要作为国家成员的身份来定义,那么就必须存在一种全国化的政治。在这样的政治中,政府和经济都被集中于具体机构。克罗利写道:"美国民主的国家进步……要求越来越多的集中化行动和责任。"在他看来,这种信念是对发生了根本变化的美国社会形势的率直承认;集权化是"美国工业、政治和社会生活日益集中的自然结果"。克罗利总结道:"美国的活动日益集中化,(曾)要求更多而非更少的集权化。"[31]
尽管他一直在谈论自治,但是这一趋势的更大意义在于经济和政治相
关的决策场所的明显减少。它意味着进一步使大多数人与其日常生活
中的实际权力行相分离。

克罗利希望,尽管会存在这种分离,但民主控制仍可以通过"直接
民主"实践得到保证。他和韦尔都为一系列旨在加强公民权力的制度
改革进行了辩护。正如莫罗内所列举的那样,这些改革包括"参议员的
直接选举、初选、全民投票、罢免、创制权、宪法修正、法院判决的公共审
议等"。值得注意的是,激进的人民党党员也曾对这些制度改革中的每
一项,作为普通积极分子能够影响政治结果的手段进行辩护。人民党
希望在农业和劳工协会帮助下,掌控农民和工业工人的情绪,然后利用
新的程序性机制,将集体意志加诸反抗性的社会力量身上。同样,克罗
利认为这些手段为民主参与提供了杠杆,从而允许人们不断地"坚定追
求一个强有力的社会计划"。全民公决和创制权最终成为了"一系列政
治制度中的"两项内容,其目的是为了从根本上促进美国公众舆论活动
的活跃和社会化。[32]

然而,克罗利笔下的国家公众,甚至比韦尔和卡伦叙述的消费者社
会更加松散。尚不清晰的是,这一主体究竟是如何自我组织,并因而又
是在何种基础上能使其政治活动"社会化"的。在拒绝接受实际劳工群
体时、在未能包含任何实际存在的社会群体(与虚构的国家和统一民众
意志相对)时,克罗利留下了一套没有实际公众去激励的理论。就像人
民党党员一样,他的直接民主的核心是一个强有力的集体代理人。然
而,在拒绝聚焦于一个参与实际抗议和改革活动的明确群体时,克罗利
实质上否定了社会内部任何可以直接做出政治决策的代理人的存在。
这种对实际社会力量的谨慎态度,在很大程度上与对现有政治组织的
不信任密切相关。虽然工会在工作场所明显起着关键作用,但是在克
罗利的国有化构想中,工会和政党都不应充当政治中间人。在某种意
义上,克罗利仍然对普通美国人管理这些组织的能力,以及这些群体是
否会促进统一大众意志的能力持怀疑态度。因此,直接民主意味着消
除中央集权政府与人民之间明显存在的隔阂,意味着抛弃那些先前曾

使集体生活团结一致的部分团体。

然而，其结果是将美国人民简化为一种无差别的民众，并剥夺了真正的政治选民用以维护自我权力的制度基础。克罗利拒绝接受这样的信条，即"权力的代表主体"——比如国会，或更可能是总统——应该塑造公众舆论和决定集体意志。他设想了一种自下而上的、具有持续压力和大众自主性的政治进程。但他关于人民的意象和对人民现有公共表达模式的怀疑，几乎没有留下什么真正的政治可能性。如果选民分裂、联合纽带削弱，那么除了一个强大的中央集权国家，还有什么可以支配政治话语呢？在这种情况下，程序性改革将成为政府几乎不顾及人民，而追求自身对民众意志解释的工具。尽管克罗利坚持共和主义公民身份的梦想，但实际上他的政治却意味着某种截然不同东西——一种以自己的政府机构取代社会选民的中央集权化政治权力——的基础。如果没有一个被动员起来的具体社会群体，那么除了这个"权力的代表主体"之外，其他任何东西都难以坚持拥有权力。

因此，并非巧合的是，克罗利和韦尔都为西奥多·罗斯福在1912年的竞选纲领提供了一种意识形态基础，而这一纲领被恰如其分地命名为"新国家主义"。克罗利的"国家民主"与罗斯福总统任期内自己的管家理论（stewardship theory）非常契合。这一理论认为："总统……是人民的管家，而且……他一定要意识到自己拥有法定权利来满足人民的任何需求，除非是宪法或法律明确禁止他所做的事情。"[33] 如果所有余留的集体权力是两个极的话，即一个极是总统、另一个极是想象中的国民，那么只有前者拥有实际能力来代表全体发言。换言之，只有总统才会知道复杂的人民可能的需要，并因而知晓国家权力应该流向何处。此外，尽管克罗利认为"国家主义"是旨在挑战新"富豪统治"的国内民众行动，但这种对集权化和美国威望的关注，很容易就会蔓延到对美国全球权力的捍卫之中。对于像罗斯福这样的人来说，国家自豪感和身份认同不仅加强了强大的总统特权，而且改善了对这些特权在海外的决定性使用，以便维持和投放美国的权力。在某种意义上，克罗利和韦尔无意中参加了发展一种与其最初支持的截然不同的集体生活愿景的活动之中。这种叙述聚焦于少数精英之间的决策，并利用国家主义概念,在公众利益与国家在国内外的行动之间建立起一种认同。

至于杜威,虽然他特别关注集中化的工业和大众传播制度所构成的危险,但他似乎并不能够想到将对根深蒂固的等级制进行挑战的政治选民或社会力量。杜威坚持认为,"虽然伟大社会……是可能存在的",而与此同时他又补充道,"但是它永远无法拥有当地社区所具备的全部特质"。[34]因为对不加约束的消费者主义和国家情绪的可能影响保持警惕,所以杜威放弃了将共和主义自由的驱动力固定在某一规定群体身上的目标。因此,在呼吁建立一个伟大社会时,杜威没能准确说明他在向谁发出呼吁,或者说,他没能弄清楚应出现什么样的社会运动来建设这一民主理想。他对公众所进行的抽象性呼吁,在很大程度上是他对社会不和谐或任何形式的暴力深度反感的产物。在《自由主义与社会行动》(*Liberalism and Social Action*,1935 年)一书中,杜威承认"阶级冲突的存在,有时甚至等同于一场蒙上面纱的内战"。但是他拒绝接受这种想法,即社会因根本不同的物质利益而分裂。相反,他认为合作的概念不仅是社会民主的理想,而且是历史的指导原则,从而促进了发展和技术进步。尽管"在很大程度上有强制和压迫现象(可能存在)",但人类经验展现的是"有组织的合作性智慧"。[35]

杜威在提出这一观点时,必然拒绝接受美国社会批评的整个传统——这一传统可以追溯到威廉·曼宁的《自由之钥匙》一书,因为此书中的主张与杜威的恰恰相反。对于曼宁和其他人来说,社会冲突乃是集体生活的永恒特征,因为某些群体——例如杰克逊式的金钱贵族——的物质利益,与经济独立和大众参与的目标并不一致。此外,承认这样的冲突使得曼宁及其知识上的传承者能够明白,平民合作联盟的建立是与被组织起来的社会运动的命运直接相连的。对于他们来说,这种运动是以工作经验为基础的,并因此在全部分歧中寻求将劳工群体团结起来。然而,杜威不仅拒绝接受这一选民,而且拒绝关注那些真实的日常争论发生的地方,虽然这些地方本可以为他提供相关的集体代理人。由于忽视在更大范围的国家内区分不同潜在的活跃群体,他的哲学向世人呈现了一种没有任何社会手段使其得以实现的政治。在某种意义上,克罗利、韦尔、卡伦和杜威都提出了对共和主义理想进行现代重塑的框架。但随着农业反抗的溃败,他们更难以想象出能够呼吁哪些选民来成功地追求这些理想。总而言之,他们因此向人们呈现了这样的情景:一个力量得到加强的强有力国家,但却缺乏被动员起来的公众引导其朝向明确目标前进。

进步主义的行政部门、政党衰落与妇女选举权

在许多方面来说,关于民主行政机构(agency)日益增加的不确定性,显示出 20 世纪初普遍存在的一种气氛。这一时期不仅目睹了工业等级制的兴起、行政国家的崛起,以及并非无关紧要的大众消费的增加,而且还见证了那些在历史上曾支撑过大众政治活动的工具——尤其是庇护式政党——的持续废除。尽管将选举权扩大到妇女意味着一种新的潜在的强大政治集团,但投票公众人数的增加,并不能扭转参与弱化的总体趋势。总之,越来越多的思想家和政策制定者开始认为,恰恰是生产控制和大众政治决策的思想,应该让位于高效而有益的行政管理。

1900 年以后,政府改革的努力将打击腐败、裙带关系,以及政党控制选举过程的目标作为其主要任务。按照克罗利的逻辑,政党通常被视为限制公民直接表达其政治意愿能力的障碍。因此,国家拥有对政党体系的更大权力,被认为是加强政治精英管理和政治透明度的根本手段。切斯特·劳埃德·琼斯(Chester Lloyd Jones)曾对改革做过不计其数的评论,其中便包括他对无记名投票和政府印刷选票方面的评论。他在 1913 年写道:

> 在过去的半个世纪里,影响政党最引人注目的发展,已经是政党活动受法律规范的程度不断加深。选票的印刷、选票的拉票活动、党团会议时间和程序的规定、初选、大会,甚至是对自身委员会的选择,已经被越来越多地从政党中剥离,并受到公众的监督。[36]

如此规定带来的长期后果,是大众参与度的大规模下降。这一现象可以部分地通过作为社会运动的平民政治的失败加以解释,结果留

下了分崩离析的政治基础。早在 1887 年,农场主联盟组织创始人之一S.O.道斯(S. O. Daws)就指出:"如果农场主联盟组织被摧毁了,人们对自己、对相互之间有信心,来复兴它或者组织任何新的东西,将要花上一些时间。"然而,进步主义时代的改革,也在民众遣散中起到了主要作用。例如,马克·科恩布卢指出:"澳大利亚式选票[无记名选票]使不识字的选民和非英语语言选民参加选举……变得异常困难。这样的选民可以毫不费力地投一张政党印制的选票,因为票上总是含有党的符号……,但是他们却无法阅读加固选票(consolidated ballot)。"此外,正如先前所讨论过的那样,19 世纪的政党曾是将不同的社会组成部分(如移民、农民和工业工人)整合进政治过程的主要手段。随着政党和党派性的极大削弱,这些群体参与的机会也大大减少了。毫无疑问,一些进步主义者曾希望这些措施能够整肃边缘化群体选民。除了这一结果之外,改革还使这一过程总体上对民众介入承担远为更少的义务。[37]

在某种意义上,选举变化只是更大范围的新官僚主义国家发展的一部分而已。虽然人民党的成员曾试图利用一个强有力的政府来代表劳动群体,但他们也反对势头看涨的集权化和中央集权式的国家权力(特别是在行政方面)。然而,随着他们愿景变得渺茫,被进步主义改革强化的新行政机构开始越来越广泛地监管经济生活。行政官僚涉及多个领域,包括建立州际商业委员会(Interstate Commerce Commission)、食品和药物管理局(Food and Drug Administration)、联邦储备金监察小组(Federal Reserve Board)和联邦贸易委员会(Federal Trade Commission)等众多机构。更重要的是,虽然这类委员会表面上是在立法机构控制之下,但这些组织享有广泛独立,且不受任何选民或参与者的制衡。[38]官僚权力的扩张降低了选举的实际价值,而民众参与因此同那些具有影响力的有意义的手段一起减弱了。

由于进步主义时代最伟大的改革为第十九条修正案(the Nineteenth Amendment)——该修正案于 1920 年将投票权扩大至妇女群体,因此这种发展尤其具有讽刺意味。早在 30 年前,人民党党员也曾呼吁这样一项宪法修正案,并认为劳动妇女乃是可以通过农场主联盟组织和人民党进行政治动员的未开发基地。在平民政治崩溃后,对于阶级和种族政治以及党派性,许多城市改革家和政治精英总体上来说十分警惕,因此对女性选民的潜在作用得出了完全相反的结论。"他们预估,在本土出生的中产阶级妇女会比来自移民文化背景的妇女具备更高的参与率,从而可以使得改革者击败那些在工薪阶层和移民选民中占据优势的正规政党组织。"而实际上,只有当新的行政管理国家已经根深蒂固,并且投票对日常生活的影响已然消退时,选举权才会出现。妇女参政权扩大论者苏珊·拉福莱特(Suzanne La Follette)就制度性变化评论道:"妇女运动的悲哀在于,该运动成功地保证了妇女政治权利之时,恰恰是政治权利价值比 18 世纪以来任何时候都要低的这个时期。"39

　　制度性变化和变化中的社会环境无疑一同降低了选举权的价值,而妇女选举权运动自身内部的动力变化,也对此起到了增加助力的作用。一方面,妇女获得选举权的时间,是在选举所产生的政治影响力比上个世纪任何时候都要小的阶段;另一方面,推动选举权运动的意见也越来越偏离了早期女权主义者的目标。与人民党运动的那些目标一样,这些目标将争取选举权的斗争与被边缘化妇女的能力联系起来,以推动经济解放和政治自治。在夏洛特·珀金斯·吉尔曼(Charlotte Perkins Gilman)看来,为了对性别进行重塑、对经历进行改写,选举权必须与这些努力联系在一起,即为女性提供像白人男性所享有的同样的经济独立。而这必须挑战女性对男性的物质依赖,并且要通过在婚姻内外都普遍存在的性别分工来强制推进。这种分工导致妇女被束缚在家中并专注于家务,因而她们没有机会来控制自己的劳动。

　　因此,尽管投票是共和主义自由的先决条件,但吉尔曼坚称,除非选举权与更广泛的改革议程相结合,否则单单它结束不了实际的从属关系。吉尔曼在其《女性与经济学》(*Women and Economics*,1898 年)一书中写道:

　　　　进步的主线现在是、而且一直是朝着经济平等和自由发展的。虽然生命存在于地球上,但经济条件必优先于、并支配着每一种现存生命形式及其活动;社会生活也不例外。相较于政治单元为异性结合的父权社会在政治上的发展能够超越某个阶段,一个经济单元为异性结合的社会在工业上的发展是做不到这一点的。

关于工资平等化和"家政行业的社会化"等问题,吉尔曼希望能将妇女的投票与具体的政策目标联系在一起。而通过国家支持的儿童抚养协助和家务援助将这些负担也分配给男女两性,"家政行业的社会化"将给予妇女充分参与到经济和政治生活之中的机会。在这样的背景下,"家于我们而言不再是工厂车间或博物馆;它远非处在其目前受抑制的工业发展状态之中,而是居住者进行个人表达的处所——一个和平安静和休憩之地、一个爱和私密之地"。对于像吉尔曼这样的女权主义者来说,妇女权利运动乃是全面民主努力的组成部分,以消除一切形式的依附(家长式的或其他形式的),因为依附将劣势关系和控制关系强加给从属群体。[40]

然而,到第十九条修正案通过时,妇女参政已发生在参政权扩大论主张大打折扣的背景之中。随着时间的推移,女权主义者的努力开始主要由特权精英们主导。而为了获得投票权,他们毫不犹豫地放弃了更大的社会抱负。参政权扩大论者不仅顺从被整肃的选民思想;事实上,通过文化水平测验、财产要求和将黑人排除在外,他们把自己的呼吁与那些剥夺价值更低的社会人群选举权的企图挂上了钩。在表达这种主流观点时,全美妇女选举权协会(National American Women's Suffrage Association)主席卡丽·查普曼·卡特(Carrie Chapman Catt)在其1901年的主席演讲中承认,之所以把选举权扩大到白人妇女犹豫不决,部分原因是最近几十年里各州"欠考虑地匆匆"赋予"外国人、黑人和印第安人"选举权。卡特同意那些支持被整肃的选民的观点,因为她解释说:"危机四伏的状况使得这个国家变得怯懦,而这种状况似乎源于让大量不负责任的公民进入政治团体(the body politic)之中。"[41] 到1910年,这种情形使得像埃玛·戈德曼(Emma Goldman)这样的反传统主义者反复说,早先平等主义者对选举权的构想,必定是一项普遍而具有变革性的社会计划。她为选举权运动是如何"完全脱离了人民的经济需求"而惋惜。在选举权运动只集中关注形式上的政治权利中,她发现了"现有关于妇女独立和解放观念的狭隘性"[42]。

因此,虽然投票权毋庸置疑为妇女提供了政治表达的机会,但是通过抑制大众干预的目标和机会,参政权扩大论者的观点和行政国家的发展二者都限制了选举权权力。本质上,尽管新增加大批量被赋予选举权的公民,但这一时期仍目睹了公众从政治决策通道上被逐步排除在外的现象。虽然克罗利可能曾希望行政部门的发展能够扩大并特别关注民众的参与,但最终的结果却是人民从民主参与中淡出。在此背景下,公共活动的核心内容开始转移到新的全国大众消费品市场。据印第安纳州曼西市的一家报纸报道,"对于美利坚来说,美国公民首要的身份不再是作为国家的公民,而是作为消费者"[43]。韦尔曾认为,消费者的观点可以导致统一集体利益的产生,并能够为参与政治和推动社会需求提供共同基础。他可能曾对一个强大的国家表示欢迎,但他也认为,国家权力依然需要通过警觉而明智的公民权加以制衡。相反,大众消费权力将注意力转移到了私人事务领域。它似乎培育了一种共同观点,但是比起韦尔曾期待的、或整个19世纪曾存在过的情形来说,这种观点在政治上要无动于衷得多。此外,消费主义的兴起也提出了这样发人深省的问题,即公众是否有能力做出理性而明智的决定,以及民主形式——代议制或直接民主——的可行性问题。消费者似乎很容易被营销策略和新时尚所左右,并且因最低程度的共同点而着迷。没有什么比新大众媒体更能突出这一事实了,因为新闻业正是在哗众取宠、内容低俗、引起人兴味的故事中营运的。

曾一度与克罗利和韦尔共同主编《新共和》杂志的沃尔特·李普曼(Walter Lippmann),捕捉到了政治生活中新的意见倾向。鉴于行政管理和社会复杂性,以及大众能力明显缺乏的现实,"把人的尊严与一种关于自治的假设相挂钩"显然是荒谬的。相反,李普曼坚持认为:

> 人的尊严需要一种生活标准,在其中人的能力能够得到完全发挥……随后应用到政府身上的标准,在于它是否正在产生某种最低限度的健康、体面居所、物质必需品、教育、自由、快乐、美好,而不只在于是否以所有的这些东西为代价;它随着偶然悬浮于人们心头的利己主义想法而波动。在制定这些标准所能达到的准

确性和客观性程度方面,政治决定——尽管无疑只有相对少数的人对此关心——实际上与人们的利益联系到了一起。[44]

自由不再等同于对基本决策场所的集体控制;相反,它包含了免于经济匮乏的安全。这样的安全本身即终极目的,而非实现经济和政治独立的先决条件。对于李普曼而言,政治话题转到了政策话题,而这是一个对专家来说在功能上截然不同的领域。参与沦为已受到贬损的选举权,而公众关注的主要领域如今变成了市场,结果满足了人们的个人激情和偏见。从某种意义上说,李普曼对这样的直观知识进行了明确有力的表达,即需要坚定地与旧共和主义叙述分道扬镳,通过新的经济安全框架和有效的行政管理来构想政治和自由。如果像克罗利这样的思想家曾试图使共和主义思想与现代环境相适应,那么李普曼则认为,对生产控制和民众决策的承诺,必须当作乌托邦式的幻想或无用的怀旧形式而被抛弃。

从定居者帝国到人道帝国主义

这种对作为在持续自治中进行实践的美国自由愿景的实际放弃,给社会成员的经历留下了令人瞠目结舌的空白,因为早在美国革命之前,这一愿景曾激励过一代代的美国人。如果说工作和直接政治参与曾为定居者主义背景下的自由公民身份提供了伦理基础的话,那么有什么东西将在新政治制度中取代它们的位置呢?稳定的收入和大规模的消费,似乎不太可能逐渐灌输曾植根于集体生活中的相同责任和自治。面对这种困境,思想家和政治家们转而求助于美国定居主义的另一个前提——帝国方案——来寻求解决之道。如果财产和劳动不再在伦理上能够完全确立社会成员身份,也许全球扩张的共同事业可以起到必不可少的替代品作用。

在慨叹美国边疆的终结和那些已经消失的坚定的民主主义拓荒者

的时候,弗雷德里克·杰克逊·特纳提醒读者,定居者社会的基本特征不仅是经济独立,而且是不断进行领土扩张。关于美国的经历,特纳写道:"迁移一直是其主要事实,因而美国人的精力不断要求更广阔的田地来使用,除非这种迁移运动对人们没有任何影响。"在 1910 年印第安纳大学的毕业典礼演讲中,特纳更尖锐地谈及帝国的重要性,指出征服乃定居者的指导原则:

> 拓荒者最重要的理想是征服。为了生存机会而与大自然搏斗就是他的使命……。这种状态一直延续到现今我们自己的时代。每一代拓荒者面对的是尚未被驯服的大陆……。步枪和斧头是边远地区拓荒者的标志。它们意味着获得进取性勇气、学会支配控制、采取率直行动、得到致命力量的训练。

面对以商业主义和社会冲突为标志的 20 世纪,特纳提出了另一种方法来对"美国生活的扩张性特点"进行辩护。[45] 随着社会因颓废和消费者冷漠而摇摇欲坠,各个领域的知识分子和政治精英开始追随他的领导。在定居主义的帝国议程中,他们看到了将社会成员身份与自律、勤勉和统一国家意志的意识重新连接起来的可能性。

在对"勤奋生活"的价值(与沃尔特·韦尔的类似价值相反)进行辩护时,西奥多·罗斯福、奥利弗·温德尔·霍姆斯和乔赛亚·斯特朗提出对美国帝国的含义进行大幅度的改造,从而使曾经一以贯之的定居者殖民计划,与欧洲帝国主义的制度和设想为伍。然而,在 20 世纪初,美国力量的全球化既不是单纯的经济冒险,也不是纯粹的强权政治演练。罗斯福、霍姆斯和斯特朗也为新的美国包容性愿景铺平了道路,这种新愿景深深地浸透在清教的千禧年抱负之中。虽然从斯基德莫尔到内维尔的民粹主义传统中的激进派,曾希望使自治成为可以广泛得到的社会经验,但新的美国全球主义,却将创造一个所有人都能够平等享有持久和平利益的世界作为自身的目标。这些思想信念体现在美西战争之后的领土并购上。通过法律管辖权的主要变化,从而使国际扩张合法化——无论宪法保护是否延伸到新土地上,这些思想信念也得以表达出来。

"勤奋的生活"与帝国的义务

1899 年 4 月 10 日,西奥多·罗斯福在芝加哥汉密尔顿俱乐部 (Hamilton Club)前发表演讲,在演讲中他开始道:

> 我愿宣扬的是艰苦奋发的生活信条,也就是操劳、努力、勤勉和奋斗一生的信条,而非卑微低下的安逸信条;我愿意宣扬的最高层次的成功信条,属于那些不畏艰险、不畏辛劳,并从中获得最终辉煌胜利者的信条,而非冀望轻松和平者的信条。

罗斯福嘲弄地看待大众消费的兴起,因为他明白,使休闲民主化的欲望,乃是要基本抛弃曾使美国定居主义和殖民化得以维持的辛勤工作和行为准则。在他看来,"当男人害怕工作或正义战争、女人害怕成为母亲之时,他们会在濒临死亡时瑟瑟发抖;如此他们应该从地球上消失,因为这些人合当为那些自身坚强、勇敢、心灵高尚的男男女女所鄙夷"[46]。

他担心,一个缺少边疆的美国,将是一个缺乏共同义务的美国,从而使得集体生活毫无意义。对罗斯福来说,社会成员身份的意义,必须胜过重要性降低的选举权或物质需求的供应。它需要一种鼓舞人心的传教士般的激情,由此助长英雄主义,并激发个人使自己的私利服从更大的善。"如果一个国家缺乏深厚的……物质繁荣基础……那么它将无法长久维存。但如果仅仅依靠物质繁荣,它将不会变得真正伟大。"罗斯福使用林肯和格兰特(Grant)这样伟大的勇士型政治家的例子提醒公众,他们"以其生命表明……他们认识到还有其他甚至更崇高的职责,即对国家和种族的职责"。因此,罗斯福试图使以往定居者想象中两个根本方面的内容获得新生。他认为美国在根本上是一项英裔美国人的事业,尽管在现实中存在着移民和种族多元化的现象。虽然罗斯福祖上是荷兰人,但是他坚持认为,这个国家是建立在英国自由原则的基础之上;而且英美两国有着共同的帝国命运,从而赋予"英语种族"一项基本的教化使命。事实上,就像当时的许多美国人一样,罗斯福认识到,有一种强烈的文化吸引力,将所有那些英国定居者群体连接在一起,尤其是那些美国和南非的定居者群体。在这两块土地上,殖民者均战胜了可怕的原住民群体,并为自由制度的拓展开疆扩土。他呼吁国内的英裔群体摆脱商业颓废的重负,并重拾这一共同的定居者传统和使命。因此,罗斯福对殖民化对于集体生活的重要性进行了辩护,认为尽管美国大陆边疆可能已经开拓完毕,但世界本身却意味着远为更广阔的新边疆。他承认,对于美国人而言,尽管他们或许不可能像此前在北美大陆那样定居在其他大陆,可美国公民仍然可以承担"世界事务中我们的那份工作",并"真诚地努力在世界上发挥重要作用"。[47]

　　罗斯福认为,如若从全球帝国的召唤中退缩,其后果是十分可怕的。因为这样一来,其他更好战的国家将必然挑战美国的孤立主义。鉴于技术的进步,海洋不再能够为美国提供一道安全屏障,来阻隔那些发生在海外的冲突和混乱。堕入珍馐美食和漠不关心的迷雾中,将使得这个国家受制于境外的混乱失序。在展示中国——一个曾经的伟大帝国如今正被欧洲列强竞相瓜分——这个冷酷无情的事例时,他警告道:

　　　　我们决不能扮演中国的角色,要是我们重蹈中国的覆辙,自满自足,贪图自己疆域内的安宁享乐,渐渐地腐败堕落,对国外的事情毫无兴趣,沉溺于纸醉金迷之中,忘掉了奋发向上、苦干冒险的高尚生活,整天忙于满足我们肉体暂时的欲望,那么毫无疑问,总有一天我们会突然发现中国今天已经发生的这一事实:在这个世界中,畏惧战争、闭关锁国、贪图安宁享乐的民族在其他好战、爱冒险的民族面前最终肯定是要衰败的。[48]

　　因此,全球扩张不仅是定居者帝国的自然延伸,而且也是国际现实和相互竞争的国家间不可避免的冲突之必然要求。

　　在提出这些观点时,特纳和罗斯福均强调,尽管长期反对维持一支常备军,但是美国军国主义在定居者社会中根深蒂固。正是通过暴力,英裔殖民者使其帝国得以扩张,并维持社会的等级制度,从而使享有特权的内部人区别于那些原住民、奴隶或墨西哥外部人。从本质上讲,勤奋的生活有着两重平行的含义:一重含义是打理家园的辛勤工作和经济自主,另一重含义是持久的殖民战争。随着前者的消退,罗斯福提出将后者作为通往建立美国统一的自由公民身份之路。

在强调战争在国家经历中的重要性时,罗斯福因此指出了作为一名士兵或工人的个体,是如何在将美国权力扩展到海外过程中为其共有身份提供新的基础的。再也没有谁比奥利弗·温德尔·霍姆斯在他1895年阵亡将士纪念日(Memorial Day)于哈佛大学所作的题为《士兵的信念》("The Soldier's Faith")演讲中,更雄辩地强调了这一观念。正如罗斯福一样,霍尔姆斯拒不接受"慈善家、劳工改革家和时尚人士"之流对"舒适生活"和"光鲜华丽而无忧无虑"的"热望"。商业主义不仅使得人类活动失去活力,而且还促使人们虚幻地认为美国因远隔重洋而安全无虞。始终存在的战争可能性要求我们采取全球性行动并不断做好准备,这应使美国人警觉,"我们的日常舒适生活,只是动荡不安、桀骜不驯的世界潮流中的平静一隅,而非恒久的必然存在"。由于这样的危险,士兵的信念乃是保护这个国家,并使之充满阳刚气的活力和忠诚承诺的最好终极希望。霍姆斯将这种信念描述为一种使命感,它使"士兵打算为此而将生死置之度外:遵从盲目接受的职责,投身不甚了解的事业,参加不甚明了的战斗计划,接受认为并无用处的战术"[49]。

虽然这种对军国主义的辩护或许是就定居者边疆生活的暴力性质而言的,然而它恰恰体现了共和主义自由的矛盾。霍姆斯虔诚地对盲目服从的价值进行了描述,而非佐之以针对国家权力不断保持谨慎的理性而自主的行动。对于他而言,这一新的殖民计划将建立在对国家目标的献身精神上,而不论这一目标是什么。从本质上讲,罗斯福和霍姆斯都在努力为自由公民身份寻求另一种基础,一种将赋予完全成员身份价值、并教育人们为集体目标而愿意牺牲个人目的的伦理基础。在这样的探索中,他们推翻了哈林顿伟大的共和主义主张,即产权而非军事经验可以使个人拥有公共生活所必需的独立和行为准则。如今霍姆斯和罗斯福放弃了经济自主性,转而重新将战争作为培养真正美国公民身份的舞台。

　　甚至连像威廉·詹姆斯（William James）那样的反帝国主义者、自诩的和平主义者，也意识到了缺乏价值观和共同责任感的社会成员身份所造成的难题。詹姆斯写道："主战派一再重申的这种说法无疑是对的，即武德（martial virtues）尽管最初是通过战争竞争而获得，但却是人类绝对永恒的优点。"与哈林顿并无不同的是，詹姆斯主张需要"战争的道德等价物"，从而重振涣散的公众，并将集体力量从市场和纯粹的私人事业中转移开来。詹姆斯的解决方法是建立全国性服务，这为后来新政设立的民间资源保护队（Civilian Conservation Corps）提供了灵感。[50] 詹姆斯希望，这样的计划能使美国年轻人投入"煤铁矿山、货运火车、十二月的捕鱼船队、洗涤擦拭场所、筑路掘隧之地、铸造厂和锅炉间，以及摩天大楼的屋架上"。詹姆斯将国家服务，描述为"对全部人口的动员，以在一定时间里作为抗衡大自然（Nature）的军队的组成部分"，而非"征兵制度"。[51]

　　虽然军国主义和詹姆斯的"道德上的等价"，都试图使美国人在内心逐渐产生一种更高尚的国家使命感，但这二者都不是真正的自治愿景。如果共和主义公民身份的伦理基础曾经是独立和集体决策的日常经验，那么霍姆斯、罗斯福和詹姆斯均未提出培养这种独立的替代性方法。虽然詹姆斯显然对军事化社会所体现的缺乏深思熟虑感到担忧，但他的解决方法在实质上是将经济军事化，并把工业工人想象成他们自己的军队。在寻找"武德"时，像霍姆斯和詹姆斯这样的美国人似乎辨别不清这些品质的用途何在。旧的定居者理想并没有将这些美德本身视为目的，而是认为这些美德在促进作为自治的自由所达到的程度上是有价值的。但是，随着有关自治的强大叙述越来越处于次要地位，对行为准则的要求只是强化了集体生活的等级制倾向，并且成了其本身的正当理由。这显然并非詹姆斯的意图，而是用军事化话语来描述成员身份和平民生活中有价值的东西所导致的后果。因此，詹姆斯与"主战派"似乎融为一体了，因为他们提出了互补性而非竞争性的观点。正如在海外的帝国冒险体现了"勤奋的生活"一样，在国内受到管制的勤勉劳动力可以帮助这个国家释放其经济潜力。两种方法中的每一种都提供了一种国家主义道德观,它们没有强调以往对参与的集中关注,反而强调无论在交战中还是工厂里美国人的支配权。

此外,这种国家主义与得到复兴的千禧年主义一拍即合,因为与其清教徒前辈并无不同,它把美国想象为正在承担历史性的救赎使命。人们应该记得,在19世纪中期,随着共和主义理想因雇佣劳动的兴起而受到威胁,定居者退避到信奉天定命运和大陆扩张欲望的排外政治之中。如今,对自由公民身份前景和自由含义的类似忧虑,导致人们同样求助于千禧年主义。在19世纪晚期最畅销的著作之一《我们的国家:可能的未来及当前的危机》(*Our Country:Its Possible Future and Its Present Crisis*,1885年)一书中,公理会牧师乔赛亚·斯特朗将他对美国商业主义的担忧,与呼吁改革和重回英裔美国人殖民化的伟大希望结合在一起。在许多方面,这本书都像一首过时的清教徒式的哀歌,该书虽然暴露了国民的软弱和罪恶,但与此同时却提醒信徒们即将到来的乌托邦。在书中,斯特朗一章接一章地描述了那些威胁着美国的危险,其中包括天主教、摩门教、酗酒放纵、社会主义、财富以及城市的崛起。如若以盎格鲁-撒克逊至上主义、清教徒宗教和社会内部人之间的经济平等为前提,那么以上所有危险均破坏了定居者社会的持续。在斯特朗看来,美国已经被其中大部分为天主教徒的南欧移民所侵占,并且因这些人充塞城市而导致"危险阶级"膨胀、"无知"和"罪恶"泛滥。此外,工业的发展使得富人与穷人之间产生了一道危险的鸿沟,导致了对"精神疲惫、腐败堕落和破坏毁灭"推波助澜的"恶劣的物质主义"。[52]

在过去,美国定居主义所受到的威胁主要来自外部敌人,即原住民敌人和英国帝国中心;而如今则内外受敌。在国外,世界为"种族之间的最后竞争"做好了准备。而在这种形势下,不管自身是否寻求和平,美国将不可避免地要遭遇好战和怀有敌意的国家。在国内,社会中的定居者成分走向式微,并且需要保护它们不受那些种族上相异的不纯因素和到处蔓延的颓废情绪的威胁。不管多么极端,斯特朗认为这些危机本质上与早期英裔美国殖民者面临的危机相似,他们是"让未来铭记他们自己及其性格的第一批永久定居者"。尽管有"带来重要改革"的历史变化,但斯特朗认为,一个重新充满活力的盎格鲁-撒克逊社会正追随其祖先们所树立的榜样。清教徒曾相信,领土扩张会消除对自由的危险,并创立一个和睦的千年共和国。斯特朗认为,虽然这一目标仍然触手可及,但是由于新的社会现实,一些关键方面应该加以改变。尽管已控制了这个大陆,但美国并没有更接近和平或新教的乌托邦,并目睹其活力因工业主义和文化上不适群体的大规模移民而大伤元气。在这些情况下,只有当美国作为一个盎格鲁-撒克逊国家来宣称其全球领先地位时,将自由与安全相结合的终极希望才能被实现。[53]

遵循以往的清教徒定居者观点,帝国是美国人作为种族上的选民而被传承下来的宗教责任。然而,斯特朗的千年愿景与旧的千禧年主义在一个关键方面有着重大区别。正如他所写的那样:"因此,上帝在这片大陆上训练盎格鲁-撒克逊种族承担其使命之际,弥补性的工作在这片大陆之外的伟大世界里已在进行之中。上帝双手兼备。它不仅在我们的文明中准备给各国留下印记的命运钢戳(the die),而且……在准备让人类接受我们的印记。"为了使平静安宁遍布世界,美利坚帝国必须将盎格鲁-撒克逊人的自由,传播到世界遥远的角落以及不同种族的人民中去。定居者殖民化的最初观点是,非白人的外部人不能像具有特权的内部人那样享有同样自由。因此大陆帝国将消除所有可预见的敌人,并建立一个单一的和平共和国。在斯特朗的阐释中,尽管帝国是一项种族支配权计划,但为了它的成功实现,非盎格鲁-撒克逊群体,尤其是非欧洲人,必须在某种程度上被包括进来——这时他们才会放弃好战的性情并享受文明的果实。斯特朗评论道:"人们有机会对此进行合理的怀疑吗? 即在非常真实而重要的意义上,这个种族……注定要废黜众多弱小种族,同化别的种族,并影响其余种族,直到这个种族使整个世界盎格鲁-撒克逊化。"[54]

最终,可能在不知不觉中,这种对定居者帝国的修正,为断然与以往的叙述决裂创造了条件。它意味着未来的美国人将如何把致力于全球性权力的追求,与致力于普遍性权利的追求结合到一起。跟随斯特朗的足迹,西奥多·罗斯福则追求嵌入在美利坚帝国这一新千年愿景中的排他主义和普遍主义的双重逻辑。在 1899 年发表的一篇题为《扩张与和平》("Expansion and Peace")的社论中,罗斯福也把美国描述为不仅是以英国的自由传统为基础的国家,而且是一个特别处在向全球传播这种自由位置上的国家。美国为世界和平而做出的努力,因此也是在号召将落后民族纳入一个自由和稳定的文明世界。然而,与斯特朗不同的是,罗斯福清除了持久和平中最明显的宗教内涵。他把平静安宁作为一个更高目标,而不是进行乌托邦式的努力去创造人间的上帝统治;围绕这一目标,一个充满活力的军事化社会才能集中自身精力。此外,他将颓废舒适的商业生活,即他所嘲笑的"轻松和平",与使世界由混乱变得和平和自由而进行的高尚(且明显是长久的)斗争进行了对比。罗斯福写道:"和平乃善道;而因此,那些将和平等同于自私自利的和平鼓吹者的态度、那些从正与存在的邪恶进行交战中怯懦地退缩者的态度,是极其有害的。"战争是这项事业的核心所在,因为正如柯克勋爵和英国殖民者曾经宣称的那样,在文明与野蛮人之间,永久和平是不存在的。在将美国的全球扩张与定居者艰苦跋涉穿越美国大陆的历史连接在一起的时候,罗斯福声称:

> 然而,国家间和平的增加曾严格限于文明化国家间……。与野蛮国家之和平乃例外情形。在文明与野蛮接壤之处,战争为普遍常态,概因战争定发生于野蛮情形之下。无论美国边疆之美洲印第安人、英属印度边境之阿富汗人,抑或遭遇西伯利亚哥萨克人之土库曼人,其结果概莫能外。长远观之,唯有使其野蛮之邻邦臣服,文明人始知和平得以维持,乃因野蛮人只屈服于武力。[55]

通过恢复早期定居者的千禧年政治,罗斯福试图赋予这一新帝国以一种既能够团结公众,又使社会成员身份具有价值的愿景。自由公民身份如今必须参与到这场全球斗争之中,从而以文明取代野蛮。在国内,美国人将视己身为国家伟大事业之构成部分,并视其在工厂或军营中的辛勤劳作为完成美国全球天命之关键。此外,这一天命也证明了工业增长和物质充足的正当性。此种繁荣乃美国全球扩张之动力和美国至上之明证,而非仅仅提供无所事事的舒适。

罗斯福并不回避强调暴力和强制对全球实现和平并战胜野蛮的重

要性。他写道:"文明的每一次扩张皆有助于和平。换言之,伟大文明力量的每一次扩张都意味着法律、秩序和正义的胜利。"罗斯福认为,任何持久的秩序都"完全归因于强大文明种族的力量,因为他们尚未丧失战斗本能,并且他们的扩张正逐渐将和平带入那些世界野蛮民族统治的红色荒原"。然而,就像斯特朗一样,普遍主义观念也跟罗斯福的民族沙文主义一起共存。美国的扩张将不会消灭野蛮民族,而是会提供一个稳定统治的榜样。这样一来,随着时间的推移,文化上不同的国家可以成为文明社会的成员。虽然罗斯福可能曾认为,"只有文明民族的好战力量才能给世界带来和平",但是他提出,希望所有群体都能享受到美国带来的平静安宁的益处。尽管永久和平可能需要美国力量的高压手段,但它仍然是一种共同福祉。通过使定居者对和平的承诺全球化,罗斯福和斯特朗都提出了他们自己的包容性政治。斯基德莫尔和布朗森都曾希望,美国所有群体都能被纳入自由公民的行列,并享有对生产的控制;相反,罗斯福却设想出一种世界秩序,其中所有民族都能获得持久稳定和英美文明的益处。[56]

与西班牙的战争和美国全球力量的形成

罗斯福的社论和他对扩张本质的反思是由美西战争激发的,因为这场战争给美国留下了一个从加勒比海一直延伸到东亚的海外帝国。除了 1867 年购买的阿拉斯加和无人居住的那些鸟粪岛(Guano Islands),在 19 世纪 90 年代之前美国所有领土都是毗邻的。然而,19世纪与 20 世纪之交却见证了一系列的扩张主义政策。1898 年,夏威夷正式被吞并——而早在五年前,美国的糖业种植园主们就心怀叵测地为此发起暴动。同年 12 月 10 日,美国签署了《巴黎条约》,从而正式结束了与西班牙的敌对状态。该条约一开始的内容是关于古巴的未来地位问题;《巴黎条约》第一条规定,西班牙放弃对古巴的主权,并根据国际法让渡给美国占领当局。第二条规定,西班牙须将波多黎各和关岛的主权移交给美国。而根据第三条,西班牙还以 2 000 万美元的价格将菲律宾群岛割让给美国。此外,在这场战争之后,美国于 1900 年通过与英国、德国缔结条约而获得了东萨摩亚,并于 1903 年通过对哥伦比亚的干涉夺取了巴拿马运河。[57]

这种扩张体现了与定居者殖民化经验的明显决裂,尤其是与德雷德·斯科特诉桑福德一案中的主张的决裂。对于早期的殖民者来说,驱动帝国的主要动机是为白人殖民开拓新的土地。就此而论,没有什么新拥有的土地是以不平等为基础而被合并的。旧的帝国叙述拒绝帝国中心与领土边缘地区之间所存在的持久法律差异;相反,却设想出一种相对分散的定居者征服和控制计划。但这并不意味着他们会平等对待那些被征服的人群,更不会因此将这些人融入定居社会中。对于外部人群体,尤其是印第安部落而言,定居者以英国的绝对统治为榜样,建立了一种分层化臣民管理模式来保护定居者至上主义及其土地利益。然而,如今美国发现自己拥有种种不能由美国白人进行殖民的土地,而且当地人口也不符合种族和文化同化的历史标准。在这种情况下,帝国的成长似乎需要一个不同的框架,一个需要以无限领土依赖和殖民依赖为前提的框架。

对于华盛顿的政客们来说,与西班牙的冲突最初并没有威胁到旧的假定或意味着一种新的帝国叙述。几乎没有人认为这场战争会以大规模吞并而结束。[58]只是当参议院面临是否批准《巴黎条约》时,这一现实才在国内受到关注,因为如何最好地管理这些新领地留待国会做出决定。正如批评家们很快意识到的那样,如此无条件的权力(plenary authority)提出了这样的可能性,即与定居者意见和塔尼在德雷德·斯科特诉桑福德一案中所采取的方法相比,这些拥有的领地完全能够无限地以殖民地方式加以统治。尽管该条约最终被批准通过,但反兼并主义者仍然对这一新的范式保持高度警惕,尤其是考虑到菲律宾正在发生的叛乱活动。

正是在这种背景下,罗斯福撰写了他的社论,从而为扩张和发展出一种新的帝国叙述提供了有力的辩护。对于罗斯福来说,对战争及其后果进行辩护具有特别的个人意义。他从一开始就强烈地支持战争,并且战争本身也使他声名卓著。在敌对行动爆发时,罗斯福辞去了他在海军部(Department of the Navy)的职务,并在古巴率领一小团以"狂野骑士"(Rough Riders)而为人所知的士兵。罗斯福的行动最终为他赢得了荣誉勋章（Medal of Honor）。如今面对战争的后果——军事占领和遥远的领土，罗斯福拒绝质疑领土兼并的逻辑。谈及菲律宾，他认为撤军不是可行的选择。因为在他看来，这会使得这些岛屿落入阿奎纳多将军（General Aguinaldo）手中，并造成巨大的混乱和失序，这些结果将不可避免地导致未来的干涉成为必要。关于那些反兼并主义对手，罗斯福写道：

> 如果通过敦促我们离开菲律宾，并让阿奎纳多的寡头集团来控制这些岛屿的话，如果那些提出国家羞耻和国家耻辱劝告者能够得逞，那么我们只应将菲律宾交给劫掠和杀戮，直到某一更强大、更刚毅的力量介入进来承担这项我们自己惧怕执行的任务。

重要的是，罗斯福提出了支持全球帝国主义的两个相互联系的观点。一方面，他坚持认为需要拒绝德雷德·斯科特诉桑福德一案宪法应随旗而动（the Constitution follow the flag）的观点。国际和平的义务要求保留依附性的殖民地，并建立与受到宪法完全保护不一致的领地权力模式。定居者帝国必须让位于美国全球主导地位和国内安全的迫切需求。然而，罗斯福也声称，帝国主义仅是一种以其自己的方式实现更大和平目标的手段而已。因此，美国的控制将是暂时的，最终所有国家都将在他们自己的领导下享有稳定的政府。虽然依附性在国家对全球稳定施加影响的努力中是必要的，但却不能将其认为是永久拥有的属性。罗斯福写道："我们这个国家将保留这些岛屿，并将在那里建立一个稳定、有序的政府；这样一来，世界上将会又有一个更公平的地方从黑暗势力中被夺过来。"他补充道："从根本上来说，扩张事业就是和平事业。"[59]

遵循罗斯福的逻辑，在面对新的国际挑战时，兼并主义的支持者们也逐渐接受了全球扩张的观点。1899 年，在一次接见卫理公会派（Methodist）牧师代表团的著名活动中，麦金利总统进一步明确地表示了改变定居者帝国基本特征的必要性。在解释他做出将菲律宾保留为依附性殖民地的决定时，他评论道：

我每晚都在白宫的地板上踱步到午夜;先生们,我不耻于告诉你们,不止一晚,我跪着(向)全能的上帝祈求给予光明和指引。就在一天深夜里,我就这么意识到——我不知道是怎么回事,但我意识到了:(1)我们不能把他们还给西班牙,因为那将使我们显得懦弱和可耻;(2)我们不能把他们转交给法国或德国,因为这两国是我们在东方的商业竞争对手,这将是糟糕的交易、是丢脸的;(3)我们不能把他们交给他们自己,因为他们不适合自治,他们很快就会陷入比西班牙统治时更糟糕的混乱与失序;(4)我们别无选择而只能完全接管他们,并教化这些菲律宾人,提升他们并使之成为基督徒。仰仗着上帝的恩典,我们尽自己所能去帮助他们,正如基督为我们的同胞而赴死那般。[60]

麦金利明白,"菲律宾问题"(Philippines Question)并未提供简单的解决办法。他接受定居者所强调的这样一种观点,即共和主义自由乃英裔美国殖民者和其他同种族参与者的共同事业,因而他认为,宪法平等不能扩展至那些不可被同化的非白人群体。但麦金利也坚持认为,如果无法在菲律宾立足,美国将面临许多和平的潜在威胁。如果法国或德国宣称对其拥有主权,美国将不可避免地受到欧洲列强的围困,并被他们拖入更大的纠纷之中。也许更糟的是,菲律宾的独立将造成混乱,并使得平静安宁的希望更加遥远。面对已然改变的世界,麦金利主张一种新的务实帝国主义政治,这将促使而非限制美国在海外使用权力。

全球扩张的宪法化

美国的全球崛起需要对定居者帝国基本假设进行修正的认识,最终进入了当时的法律辩论之中。从 1901 年开始,最高法院最终解决了波多黎各的宪法地位问题。在一系列总体上以海岛案(Insular Cases)*

---

* 海岛案是美国最高法院于 1901 年就美国在美西战争中所获得领土表达的意见,https://en.wikipedia.org/wiki/Insular_Cases,2019 年 2 月 19 日登录。——译者注

而为人所知的具有里程碑意义的判决中,最高法院驳回了德雷德·斯科特诉桑福德一案的处理方法,并严重地改变了扩张的宪法基础。紧随麦金利再次竞选总统之后,最高法院做出了这样的判决,该判决发生在多数政治家认为早期定居者叙述不再合理的时刻。对全球秩序的要求,更不用提罗斯福和斯特朗的千年抱负,意味着一种新的帝国范式,其中对帝国拥有土地的维护似乎是至关重要的。[61]海岛案中最重要的一例是唐斯诉比德韦尔案(Downes v. Bidwell),它为美国如何管理这些新领地提供了法律框架。[62]该案本身涉及国会对来自波多黎各的货物征收特别进口税的权力,因为宪法第 1 条第 8 款要求对美国各地实行统一关税。最高法院以 5:4 的投票结果对该措施的合宪性予以支持,尽管缺乏简单多数的舆论场。[63]相反,大法官亨利·布朗(Henry Brown)的主张宣告了最高法院的判决。在布朗的主张中,他坚决认为德雷德·斯科特诉桑福德一案对国会全权管理领地的拒绝仅仅是一项判决附带意见;而且这种作为"国家主权偶发事件"而存在的权力,只受到"在宪法及其修正案中系统阐述的个人权利"的限制。[64]这使人想起塔尼曾在 19 世纪中期的背景下提出了这些观点,其中不仅包含奴隶制,而且还包括国会对边疆领土管理的广泛监督。由于塔尼对不受抑制的联邦权力持谨慎态度,并对边疆政治家们的看法进行了反思,因此他试图阻止国会在国内社会里面利用旧的帝国特权,并因此防止国会使白人定居者屈服于完全用来反对原住民和奴隶的强制性权力。相比之下,布朗现在重申了这种自由裁量监督权的合法性。因此,即使是在领土国家内行使帝国特权,其合法性亦是如此。

然而,布朗努力限制这种权力的范围,并确保其不使用到享有特权的内部人身上。在这一过程中,他重申了传统的定居者观点,即帝国特权只是适当地用来管理非白人与被征服的人群。布朗坚持认为,根据宪法条款,统一的关税适用于地理上的美国,并不包括波多黎各。在做出这一裁判时,布朗强调了被殖民的原住民与美国族裔社会之间文化上的不相容性:

> 另外我们也认为,通过条约获得领土的权力,意味着美国不仅

> 有权管理这些领地,而且有权规定以何种条件接收这些居民,有权
> 规定这些居民在首席大法官马歇尔所定义的"美利坚帝国"的广袤
> 领土上的地位。在这一立场与以下原则之间似乎不存在妥协,即
> 如果这些居民因直接的兼并而没有成为美国公民,他们此后出生
> 的孩子——无论是野蛮人还是文明人的孩子,都是美国公民,并有
> 权享有公民的所有权利、特权和豁免权。如果这应是他们的地位,
> 那后果将是极其严重的。事实上,并不确定国会将会按照以下条
> 件来赞同对领地进行兼并,即无论被兼并领地上居民的习惯、传统
> 和生活方式与我们如何相异,他们将即刻成为美国公民。

布朗还认为,对在国外使用暴政权力的担心被夸大了,因为"在盎格鲁-撒克逊人的性格中存在某些固有的正义原则",从而将保护新的殖民地免受压迫虐待,"无须在宪法或法令中表达对它们产生的影响"。[65]

从本质上讲,布朗对分层化从属身份和领地管理之间的基本定居者关系进行了修改。对于定居者帝国来说,由于英裔美国(和其他欧洲)殖民者最终将在边疆上占有土地,因此任何时期的国会监督都必须受到限制,而新的领土最终会在平等基础上作为一个州而被纳入美国。同时,这样的监督却仍然可以无限期地施于非白人群体身上。因为无论什么样的权力机构管理那些帝国从属者,都是最有利于秩序的。然而,如今白人殖民不再是获取海外土地财产的选择,因此在领土上平等对待的假定也站不住脚了。正如美国的非白人人口可以被分层化统治一样,这意味着符合国会需求的永久性全权(pleanary power),能够影响作为整体的领地的发展。

大法官爱德华·怀特与乔治·希拉斯(George Shiras)和约瑟夫·麦肯纳(Joseph McKenna)两位大法官的共识,吸取于阿博特·劳伦斯·洛厄尔(Abbott Lawrence Lowell)在《哈佛法律评论》(*Harvard Law Review*)上发表的一篇文章,该文提出了一个有关领土获得的融入理论(incorporation theory)。随着时间的推移,这一共识逐步变成了由海岛案所全面颁布的宪法法律。[66]对于白人来说,对新的全球领地采取合适的宪法手段这一议题提出了两个基本问题。首先,由于明显的

种族差异性,美国应该如何管理那些无法完全融入政治实体的被征服群体? 这就是布朗通过对特权权利进行辩护、通过修改帝国臣民身份与领地管理之间关系而直截了当回答的问题。但与此同时还存在第二个关键难题。怀特同意罗斯福的质疑观点,即帝国统治的目的不是为了建立永久的依附关系,而是利用殖民统治来形成稳定局势,并为原住民自治创造条件。如此一来,除了如何统治帝国臣民的问题之外,最高法院还面临着做出宪法安排的挑战,从而为美国的托管和殖民地的最终独立提供一个可行的框架。

怀特认为,兼并条约确立了对领地的并入或不并入,而后者需要交付国会来确定新拥有土地的最终地位。这使得政治共同体能够做出判断,确定哪些被征服土地应作为美国整体的必要组成部分来对待,并值得享有完全的宪法平等地位;而哪些被征服土地应永远作为依附性殖民地来对待。因此,这种情况形成了一种法律机制,美国据此能够拥有未被并入的领地,直到对帝国监督的需要减弱,当地主权能够在符合美国利益和国际秩序的基础上得以重新确立。这无疑让怀特想到了菲律宾的案例,他如此推断道:"如果占领的结果是必须将一个外来的、怀有敌意的民族纳入美国,那么所发动的这场战争哪怕是成功了,难道就不会充满危险吗?"鉴于对内部稳定和族裔认同显而易见的影响,怀特总结道:

> 因此,我们必须遵循一个对于并入行动不含有任何条件限制的条约,最重要的是,该条约不但没有这样的条件限制,而且能够明确提供相反的观点,即只有在国会以其智慧认为所兼并领地已经达到适合加入美国大家庭、并构成大家庭组成部分的状态后,并入行动才能发生。[67]

至于眼前的波多黎各案,怀特认为,波多黎各作为未被兼并的领土,虽然它的某些(宪法中未陈明的)根本权利不得违背,但国会具有自由裁量权来管辖这一属地,并对其采取非单一的关税:"因为它(指波多黎各)的主权隶属于美国,且为美国所拥有,因此从国内意义上说,它是与美国不相关的,因为这座岛屿不曾被并入美国,而只是作为美国附带拥有的土地。"怀特进一步坚持认为,是否将新拥有的土地并入美国这一议题,应该注定是个政治问题;而限制国会权力的举措,则削弱了这个国家在世界舞台上追求其目标的能力。在他看来,政治部门最能了解国际秩序的要求、最了解何种框架——平等的国家地位或是殖民依附关系——恰当地适用于特定领地。换言之,如果由司法机关来宣布被征服土地的"并入",那么这将在以后削弱国会做出这一决定的能力,即把被征服领土永久包括进来,并使其享有完全宪法保护权利并不合适的决定:

> 假定国会应做出决定,数以百万计的菲律宾群岛的居民不应再是美国的附庸,而应得到允许建立自己的自治政府——该政府超出美国宪法控制之外……。如果情形是这样的,即当领土被兼并时该领土是否即刻并入美国是个司法而非立法问题,那么接下来的合法性情况也将出现在司法权范围之内,而因此政府的整个政治政策应单独由法官来控制。

因此,怀特认为全球扩张的现实和需要,使得发展出领土管理的二元结构,并让国会拥有判断如何利用这些结构的充分能力成为必然。[68]

按照克里斯蒂娜·伯内特(Christina Burnett)的观点,有关领土并入的争论,导致了联邦的"去领土兼并"(territorial deannexation)过程。[69]这些争论使得怀特能够维持这样的假定,即宪法保护真正"美国大家庭"之内的平等州,并在必要但可指望的有限托管期间在国外拥有殖民地属国。在某些方面,布朗和怀特所做的修改与定居主义的二元性政治并无明显不同,从而将受到保护的自由公民身份范围与殖民地的分层化臣民身份范围得以区分开来。然而,尽管有着这样的一致性,这两位大法官却认为,由于只是单一的领土管理框架,德雷德·斯科特诉桑福德一案的方法太过于僵化;它不能满足新的全球需求、不能保证这个广袤帝国边缘地带的和平。因此,与德雷德·斯科特诉桑福德一案相反,新的法律机制极大地扩大了帝国特权的范围。新的法律机制做到了这一点,尤其是通过确立这样一种观念,即国会能够指定哪些美国的领地是依附性殖民地、哪些则是宪法上的自由土地。这样的权力(authority)必然摒弃了塔尼所怀的希望,即对外处理权决不用于对内,因为联邦政府现在明显享有权利,甚至来决定什么可以被算作内部。

这一事实对最高法院成员并非不起作用,因为他们对唐斯诉比德韦尔一案的多数裁决持有异议。首席大法官梅尔维尔·富勒(Melville Fuller)在一项得到最多票数的判定中坚持认为,土地并入问题离题了。在他看来,国会不能为把波多黎各作为美国领地来管理而制定民事和行政规则,然后声称它的其余行为不受宪法限制。关于怀特的理论,富勒写道:"那一理论认为,宪法创立了一个政府,它被授权在全世界夺取土地,由不同的、并非在原先那些州和领地流行的规则加以管理,并取代目前的共和主义政府制度——一种以不加限制地使用权力来对遥远省份进行控制的制度。"

类似地,大法官哈伦将这种多数裁决看作对这一观点的拒绝,即中央政府只能行使枚举出来的权力。通过设想如果宪法足够灵活来使无论什么样的政府行动都正当化,那么则必然推动海外扩张,多数派削弱了共和主义制度对政治权力所施加的基本制约。按照哈伦的观点:

> 由于不受成文宪法限制,君主政府和专制政府可以处理新夺取的领土;而为了与我们的根本法律一致,这个政府(Government)却不能这样做。反之,就是承认国会可以通过采取宪法外的行动,将存在于像君主制之下的殖民制度,移植到我们的共和主义制度身上。当然,宪法之父们绝对没有估计到这样的结果。

对于哈伦和富勒来说,领地管理的二元性方法,意味着将对外的自由裁量权应用到对内的共和主义政治操作上;并意味着享有特权的定居者可能发现,自己正面临帝国特权的威胁。[70]

尽管有这些担忧,然而最高法院却在唐斯诉比德韦尔一案中,使一种新的帝国观念宪法化了,它允许无限期拥有殖民地属地。在这样做的时候,唐斯诉比德韦尔一案形成了一种令人吃惊的情形:它在平等基础上将联邦政府的能力，与那些欧洲帝国运用的能力相提并论。通过一票取胜，该案认为全国性政府能够合法地拥有一切用于获得全球性权力的必要权力，包括根据有关安全和秩序的政治判断创建不同的领土管理机制。通过形成"去领土兼并"方法，大法官怀特和其他人无疑表明了美国对全球支配不感兴趣。他们反复强调这些观点，即帝国的基本目标是追求世界和平，并认为托管将最终导致被殖民民族的完全自治。然而，与此同时，领地并入理论并未提供帝国统治的日落条款（sunset provision），因此帝国统治可能永远持续下去。

定居者殖民主义的大前提曾经是：美国的扩张与自由公民权力下放且自主的自治相得益彰，而非推进帝国中心的霸权。通过提供财产拥有权和经济独立的条件，帝国曾起到实现共和主义抱负的作用。但是在 20 世纪初宪法结构被修改的情况下，全球抱负或指引美国扩张主义的法律框架，与其欧洲对手之间几乎没有什么区别了。新属地——尽管谈的是它们的临时地位——与典型的欧洲殖民地并无不同，它们主要都是用于经济榨取和权力设计。毫无疑问，这曾是特迪·罗斯福的目标。他认为，一个强大的、有着自由裁量权且权力集中的官僚机构，将在国外战斗，并支配它所认为合适的和平。然而，最高法院接近的投票结果，意味着对所选择道路存在反复出现的不确定性。新的帝国秩序将促进国际稳定和提升某种国家目的感，还是将使美国陷入非常具有欧洲政治特点的混乱和阶级冲突之中？得到扩张和合法化的帝国特权是否能够避免干预国内的内部事务，这一点并不明朗。

美国扩张的包容性政治

或许在关于美帝国争论中最令人吃惊的发展，是这场辩论如何牵涉到社会包容性和种族的观念。激进的人民党党员曾将他们对帝国主义的批评，与在国内拒绝军国主义和不受制衡的国家权力联系在一起。就像大法官富勒和哈伦所表明的那样，这些观点依然强有力地控制着国家的想象力。然而，沃森、内维尔和其他人，也曾把对集权化的专制主义的担心与社会成员资格的广泛包容联系在一起。他们的反帝国主义立场，曾经与定居者两个明显的说法决裂连在一起：第一，他们相信非白人有能力成为完全的美国公民;第二,他们尊重外国民族——尤其尊重他们不受干涉的权利。

然而,平民政治作为社会运动的解体越来越意味着,主流的全球帝国批评者转而依靠旧的定居者仇外偏见。新的领地不应被兼并,因为按照政客和知识分子的观点,非白人没有能力享有源于英国的自由。在《哈佛法律评论》的文章中,卡曼·伦道夫(Carman Randolph)拒绝按这些熟悉的定居者条件拥有殖民地属地的合宪性。目睹对菲律宾占领的混乱,伦道夫把对遥远土地的兼并,看作对美国族裔构成和国内民主自治可持续性的威胁。他写道:

> 美国……显然不应兼并这样一个国家,因其人民的特点而显然从各方面看都绝对不适合获得州的地位;而且那里的气候,明确禁止人们怀有这一希望,即将美国人向那里大量移民,从而改进其社会条件,并最终使之有理由作为一个州加入美国。而当一项领土兼并计划与放弃接纳其为一个州(State)——无论是现在还是将来——的意图结合在一起的时候,当有必要为了保证这种优先考虑而放弃接纳的时候,这一计划就与宪法的精神相悖了。[71]

伦道夫认为,菲律宾在文化上是如此异质性的、人口是如此之多,以至于消除了任何将其同化到这个国家共同体之中的希望。菲律宾获得州的地位引发社会冲突和战争,而将其作为依附性的殖民地进行兼并,则将抹去美国与独裁的欧洲之间存在的哪怕一丁点儿规范意义上的差异。美国将会发现自身统治着一个有着多样性的异质民族的帝国,而且这些民族没有一个具有领会定居者自由的传统和特征。

密歇根大学的J.尼尔·斯蒂尔(J. Neal Steere)教授是全球扩张的颇有影响力的坚定反对者。关于菲律宾,他写道:"我认为如果我们以我们的政府和制度形式来兼并这些岛屿的话,那么我们将会面临数不清的困难。印第安人本身处于一种需要监护的状态,他们缺乏自治的经验,无力成为公民;而内战后的南方黑人情形更糟糕。"[72]对斯蒂尔来说,美洲原住民和被解放的奴隶都是外部人群体,因而对美国社会的种族凝聚力和内部民主构成了永久的挑战。同样,非白人异质性群体固有的劣势,引起人们对新帝国政治的严重关注。在他看来,更大范围的扩张,意味着历史上的英裔定居者社会出现不可避免的"种族混杂"。与黑人的融入或来自南欧和亚洲"不健康"社会的移民并无不同,这种变化威胁到了社会包容性的族裔基础。

面对以种族和仇外偏见为前提的反兼并主义观点,随着时间的推移,全球扩张的捍卫者开始强调帝国的普遍性特点。这在很大程度上也是由于人们对永久和平及其千禧年愿望的关注。而美国要想成功地平定世界,制造战争和强制性控制并不能成为国际关系的长久特征。在某种程度上,美国的托管极可能会终结,并且那些次要国家将会成为国际社会中稳定的自治成员——怀特大法官帮助这一事实合宪化,以作为美国拥有殖民地属地的基础。当然,本土人拥有主权的希望,并不意味着扩张主义者对以下情形没有做好准备,即托管失败,因而帝国控制依然是全球和平近乎永恒的要求。然而,新帝国逻辑——集中对非欧洲人进行教化,以及反对者严重的种族-民族主义(ethno-nationalism)倾向,将重点转向了更具包容性的国际视野。

1901 年,特迪·罗斯福在明尼苏达州博览会(Minnesota State Fair)上发表了著名演讲,他在演讲中不仅号召美国在全球事务中"说话温和而手持大棒",而且还明确表示,殖民主义只是实现和平和自由的世界的一种手段。罗斯福就菲律宾的经验写道:

> 如果我们放弃这些岛屿,他加禄人(Tagalogs)本可享有我们治理下百倍之多的自由。我们不是在企图征服一个民族;我们正在努力使之壮大,使其成为守法、勤劳和有学识之人,希望他们最终成为一个自治的民族。简而言之,在我们所做的努力中,我们不过是在贯彻我们真正的民主原则。[73]

虽然早先罗斯福曾强调暴力对于在颓废和商业化的社会中注入男性美德的重要性,但他现在却更重视美国的历史使命。作为其本身目的的军国主义陷入了这一背景之中,而这个国家在提倡自治和自由的共和国稳定秩序中所起的作用,则成为了哲学的核心内容。

对扩张辩护者来说,显而易见的两种发展事态促进了这一变化。第一种事态是,美国在一个无疑太晚的时刻才出现在全球舞台上,这时候那些最具价值的殖民地属地业已被夺去。尽管这个国家还在寻求自己的分赃份额,但与欧洲竞争对手相比,新的美利坚帝国必然有心无力。这一事实限制了直接控制的殖民地属地作为国家权力的象征或作为维护美国全球主导地位的手段的价值效用。此外,在菲律宾的经验,为未来的帝国冒险提供了一种令人不安的背景。尽管罗斯福热心地谈到给菲律宾人带来"自由"的前景,但显而易见的现实却是民众的骚乱和残酷的游击战争。这些冷酷无情的真相,对陷入代价高昂的殖民战争是否可取提出了质疑。

所有这些力量,包括新出现的美国致力于永久和平的普世主义、美国进入殖民地属地争夺的时间太晚、对菲律宾进行直接控制的困难等,最终意味着美国的帝国主义抱负有着不同的聚焦点。由于许诺扩大白人土地所有权,并因此增加自由劳工,旧的定居者帝国已经为英裔美国人和其他联合种族的殖民化寻求新的领土。紧随其而来的世纪之交的帝国主义者希望通过争夺殖民地属地,美国可以恢复其勇士精神,并获得一种国家使命感和认同感。然而,帝国的现实,以及自由和全球安宁的说辞,意味着一种新的国际交往模式。与其直接控制领土,美国不如主张在国外拥有持久的经济和军事实力。这可以为美国国内的商品开辟新的市场,并在无论什么地方出现混乱威胁到和平可能性的时候进行干涉。这样的全球性权力不需要拥有广袤的殖民地属地,并且将以稳定和全球自治的名义使之正当化。从托管话语中还引出了这一观点,即美国的监督对本土自治的适当行使至关重要,因为美国仁慈地提供帮助,以引导较弱的国家朝和平、繁荣的方向前进。

至关重要的是,这种对帝国理解的转变,使得之前关于兼并的辩论存在讨论的余地。争论双方在大体上都同意美国权力的目的,即对全球的无序施加影响以建立秩序;同意实现其目的的手段,包括作为一般规则的经济扩张和在必要时使用军事力量。在美西战争之后的辩论期间,像安德鲁·卡内基(Andrew Carnegie)和塞缪尔·龚帕斯这样迥然不同的人都曾抨击领土兼并。然而，如今每个人都为"商业扩张"和美国全球力量的扩张进行辩护。正如卡内基所评论的那样："我反对帝国主义——比如兼并菲律宾——的原因之一，是商业扩张。"根据他的说法："即便没有遥远的属地，这个团结、坚实、因远离战乱地区而安全的共和国，也已占领许多产品的世界市场，并且只需要持续的和平条件来使工业世界匍匐在它的脚下。"同样，在对和平倡导者的演讲中，龚帕斯描述了美国劳工联合会的立场：

> 我们并不反对我们的工业发展、商业扩张，也不反对美国对世界上那些国家的命运使用权力和施加影响。相反，我们明白，美国工人更高的才智和生活水平，在很大程度上将为美国达到伟大的工商业最顶峰做出贡献；而这些和平道路上的成就，将使我们的共和国制度变得神圣。

虽然龚帕斯和卡内基都接受这种更大的和平计划，但是他们认为，为实现这一目标而维持昂贵的外国殖民地是没必要的。对于他们来说，美利坚帝国意味着一种经过修改的政治霸权形式，即扩展商业和军事权力，以服务于促进国际稳定，并因而促进国际和平的目的。[74]

在许多方面，龚帕斯和卡内基都将美国全球力量的未来，看作长期以来的门罗主义的扩展。门罗主义是在 1823 年由时任美国总统詹姆斯·门罗（James Monroe）在其向国会发表第 7 份年度国情咨文（State of the Union Address）时提出的。根据门罗主义，欧洲国家在美洲对土地进行殖民或发展势力范围的任何企图，都会被美国视为侵略行为，美国有正当理由对其加以干涉。这一外交政策试图逐渐破除美国权力扩展所遭受的两重制衡。第一重制衡是欧洲帝国继续致力于维持对拉丁美洲的经济和政治垄断。第二重制衡包括当地政府所做的那些努力，以便对美国企业关闭他们的大门，或限制外部对他们经济的监督。正如詹姆斯·塔利（James Tully）所指出的，美国对自由贸易的辩护，以一组国际权利与义务为前提。像门罗这样的美国领导人认为，所有西方国家在非西方社会都享有一种世界性的商业权利；而非西方社会也有相应的殷勤地向外国公司和贸易敞开大门的义务。[75]

这种权利与义务的观点,不仅是为了扩大美国产品的市场,而且是通过在邻国确立美国的法律、政治和经济制度,来使非西方民族变得开化。[76]因此,如果当地政府不承担友好义务而对美国公司关上大门,那么与自由贸易权相随的,则是军事干涉和经济赔偿的权利。人们应该注意到,随着19世纪的推移,开放的边界并没有在这两个方向起作用。尽管美国的商业能自由地进入他国,但是那些被认为根本上没资格拥有定居成员身份的非白人群体,却被拒绝进入美国。因此,就在政治和商业精英支持撬开先前封闭的中国市场而向美国贸易开放之际,美国人却朝排除亚洲移民的方向迈进。

在19世纪的许多时候,这种经济扩张主义的叙述,与更主流的定居者殖民化的帝国图景相互支持。然而,随着边疆开拓的终结,以及在破坏性地努力建立正式属地(尤其是在菲律宾)的背景下,门罗主义日益明确有力地表达了美国全球自信的提升。门罗主义开始与"门户开放"外交政策相关联,特别是与国务卿约翰·海(John Hay)1899年和1900年有关美国对华关系的备忘录相关联。它也强调了美国干涉主义一个重要的新逻辑。由于自由贸易要求在非西方国家进行具体的制度安排,因此对原住民社会进行不断干涉,以使之变成美国镜像的做法就被正当化了。美国因此有权利和责任用制度结构来取代当地的权力模式。这些制度结构的特点是政治和经济权力集中、私人产权,以及雇佣劳动。

罗斯福又一次成了首批人员之一,他们完全领会到了这一对帝国和旧的清教徒所寻求的永久安宁进行新构建的意义。在他1904年12月6日的国情咨文中,罗斯福宣布了门罗主义的罗斯福推论(Roosevelt Corollary),他公开将这一主义扩大到整个西半球。更重要的是,他将美国进行干涉的权利,描述为保护和平商贸和弱小邻国制度发展的全球性国际警察力量。根据罗斯福的说法,美国承担地区安全网络的责任,以保证当地的行为符合民主治理和对私有财产的尊重。在这一过程中,罗斯福强调,所有国家都享有基本自由和选民自治的普遍权利,但他将这些权利与美国经济和军事力量的扩展联系在一起。

如果没有美国的干涉主义,世界将继续处于危险而不稳定的状态之中,从而不断威胁美国的安全、经济繁荣,以及使全球变得和平的千禧年希望。罗斯福以美国托管的基本言辞评述道:"认为美国对任何土地都感到贪婪,或认为美国惦念着任何关于西半球其他国家——除了他们的福利之外——的计划,这样的看法都是不对的。美国所希望的,只是看到周边国家稳定、有序、繁荣。"美国的干涉因此仅仅只是保证这种秩序的需要和保护美国免受国外混乱影响的产物。罗斯福继续评述道:

> 长期的不道德行为或因软弱无能而导致对文明社会约束的普遍松弛,可能⋯⋯需要进行干涉⋯⋯无论多么不情愿,在那些明目张胆的不道德行为或软弱无能的事例中,要求使用国际警察权力。如果每个国家都被加勒比(原文如此)的海水所洗涤,那么稳定和正义的文明进步就会显现,而这⋯⋯在众多南北美洲共和国中都生动地显示:由于美国对其事务的干涉,所有问题都将迎刃而解。[77]

罗斯福提出,在外交上采取积极行动,是促进民主和集体和平的必要代价。只有通过美国的霸权,即通过扩大美国的全球影响力和地区控制,世界才能变得足够安全,从而可以使美国人在国内享有安宁和繁荣。

按照罗斯福的指引,伍德罗·威尔逊(Woodrow Wilson)对全球和平和自治的包容性承诺的逻辑含义进行探索。1916 年,威尔逊在对铁路商业协会(Railway Business Association)的讲话中明确表示,这个国家的全球抱负并不包括更多的殖民地属地。如果说罗斯福曾认为直接控制是进行民主托管的重要手段,威尔逊则认为此法不妥。他宣称道:"美国没有扩张精神。任何有思想、有良心的美国人,都不愿从世界上任何一个国家夺走一英尺领土。"然而,这并不意味着军事干涉不再是和平事业的关键所在。在同一演讲中,威尔逊用赞赏的言辞说到美西战争:"当我们开始解放古巴的时候,全世界都在嘲笑我们,但是世界如今不再嘲笑我们了。现在全世界都知道,尽管他们当时不愿相信,一个国家可以为了其他民族的自由幸福,牺牲自己的利益,抛洒自己的鲜血。"[78]在威尔逊看来,正如罗斯福所认为的那样,美国的全球主导地位和军事高压的"大棒",对于一个和平、文明世界的繁荣而言是至关重要的。

威尔逊在多米尼加共和国的活动,为以下现象提供了一个最佳的例子,即新出现的对美国霸权的叙述,是如何将一种自信的国际警察权力与旧的千禧年抱负联系在一起的。威尔逊将 1914 年对多米尼加总统何塞·博尔达斯·巴尔德斯(José Bordas Valdés)的反抗,看作在美国人门前制造混乱和流血事件的行为,并认为此次反抗与其同西班牙开战前的古巴事件并无差异。同年 8 月,以他自己起草的指令——"威尔逊计划"(Wilson Plan)——为基础,他派遣一个委员会去恢复秩序。[79]该计划在接下来的一年半时间里带来了一种脆弱的和平,并且是以美国新立场的两个关键假设为前提:第一,任何地方的不稳定都对美国的安全构成潜在威胁;第二,除非别的国家是民主国家,否则和平决不会是永久的。

因此,在美国政治精英描述外交政策目标时,该计划对他们的自由和民主政府的含义提供了更精确的解释。对于像斯特朗和罗斯福这样的美帝国的军国主义辩护者来说,自由一直是一个需小心对待的术语。显然,无论是在经济上还是在政治上,它不再具有浓烈的共和主义所蕴含的、对所有相关地方的决策进行参与控制的含意。但是,斯特朗和罗斯福仍旧强调民主对英美文明的重要性,因此也是对自由的重要性。然而,随着时间的推移,民主自治成了选举合法性的同义词。在使多米尼加共和国通往自由之路时,威尔逊认为他计划的主要规定,是要求该国举行总统和国会选举——二者均须由美国"代表"监督。只有"美国政府对这些选举感到满意,认为这些选举是自由和公正的,并在能使该共和国人民表达其真实选择的条件下举行",美国才会承认新政府并避免进一步干涉该岛屿的内部事务。[80]在美国,官僚行政机构的兴起逐渐将政治自治改变为主要是投票行为。在这些情况下,民主自由成为了个人选择他(她)的代表的重要能力,而不是致力于任何直接、持续的参与。以威尔逊为代表,这些变化意味着,在国外传播自由的行动与这种选举政治越来越紧密地联系在一起了。就像威尔逊认为的那样,建立自我维持的代表制度,是促进一种由自由国家所组成的和平世界的主要手段。

这种致力于选举合法性的做法,并未对美国外交政策的干涉主义前提构成挑战。如果别的国家没有达到代议制的理想,或者每当其他混乱出现时,美国都肯定必须坚持使用其监督权力,并强制实行军事秩序,正如多米尼加的情况所表明的那样。1916 年 5 月,威尔逊的计划在民众反抗中失败了。对此,威尔逊派遣美国海军陆战队(American Marines)恢复秩序,并对该国进行军事占领。从本质上讲,民主与和平的长期目标要求美国不断的干涉,甚至在必要时进行占领。千禧年目标可能曾是一个平静的世界,但在这一目标实现之前,美国将被迫对顽固的邻国执行一种干涉性和强制性的国家权力。在呼吁批准国际联盟(the League of Nations)和支持其"十四点"(Fourteen Points)原则的时候,威尔逊强调了"神圣的自决权,每个民族都有神圣权利说他们不愿继续生活在当前正生活的政府之下"。然而,与此同时,威尔逊却明白,捍卫这一普遍权利的最后且最好的手段,乃是美国的国家实力和全球领导地位。[81]

最终,威尔逊和罗斯福所推销的观念,意味着明显地与定居者帝国分道扬镳;也意味着美国公民身份的新伦理基础:要通过努力参与,以及在全球范围内的军事服务来传播和平。它也强化了进步主义运动朝行政集权的方向发展。正如海岛案所清楚表明的那样,侵略性的美国外交政策,要求赋予联邦政府远远更大的自由裁量权,甚至在那些国家领土之内对使用旧的帝国特权不加约束。虽然唐斯诉比德韦尔一案可能已经确定这种权力由国会掌握,但罗斯福和威尔逊的干涉主义实践和决定性领导的例子表明,这一权力最有效地受到了总统的控制。实际上,新的帝国主义政治为行政部门扩张奠定了基础。由于遵循罗斯福的管家理论(stewardship theory),行政部门因而将灵活地在国外采取行动,以消除混乱和对民主稳定施加影响。因此,日益统一的行政机构,已逐渐开始取代权力相对分散的定居者扩张制度。虽然美国所拥有的殖民帝国规模,并不像英国或法国的那样广阔,但在追求其自身的全球抱负中,美国却发展出了一种类似的官僚政治框架。

这一事实绝非偶然,即美国外交政策使日益加强的中央集权与普遍权利的政治和更大程度的包容性结合在一起。正如它之前的英国一样,构想不同民族如何能够享受自由益处的前提条件,涉及自由本身价值的大幅减少。最终,这引起了民主理想的改变,即从真正的共和主义自治到选举下的政客定期轮换的改变。换言之,罗斯福和威尔逊把自由的活动和责任置于较低的水准,这样一来,威尔逊所主张的"神圣"自决权,如今就具有少得多的意义了。在这两位总统看来,对这种"神圣"权利的尊重,正好与大量的占领期相一致,因为在此期间美国的控制将推动代议制政府成为常态。

人们应记住,自由价值的降低首先有助于促成全球性的突进。恰恰因为社会成员身份似乎缺乏实质性内容,且不能促进一种责任伦理或参与伦理的形成,所以霍姆斯、斯特朗和罗斯福曾在新美利坚帝国中寻求答案。随着这个帝国的发展,美国如今面临着一系列新的现实。美国在国外所推销的,是一种受到很大削弱的对自由的叙述,它虽然强调选举过程,但几乎没有意识到这些过程如何才能让本地民族说出自己真正渴望的东西,或如何才能体现参与的理想。在追求永久和平的过程中,他国的实际担忧和政治现实不可避免地居于次要地位,而原住民群体则首先成了扩大美国权力的工具和选举设计方案中的空白。换言之,这种普世主义模式是同化性的、而非多元性的。人们理所当然地认为,英裔美国人的观点独特而卓越,并且把权利扩散看作对当地群体落后文化的消除。有人可能会说,这种普适主义本身并不能认真对待其所要提升群体的特定背景。而且并非巧合的是,新的千禧年主义在很大程度上依赖于对弱小邻国使用强制力。此外,这种强制力的使用,成了老一辈人民党积极分子最关心的问题;在国外的帝国会促使国内的专制统治,并将政治权力集中到越来越少的国内的人手中。

伯恩的选择:一种非帝国的包容性国际主义

尽管致力于国际警察权力和地区霸权,已越来越规定了美国的宪政和政治定位,但这在当时并不是美国人的唯一观点。无论是孤立主义,还是相比特迪·罗斯福或伍德罗·威尔逊所倡导的更具有实质意义的国际主义,都作为美国在世界上地位的不同观点而出现。然而,前者在"后第一次世界大战"(post-World War Ⅰ)时期变得更加突出,而像伦道夫·伯恩(Randolph Bourne)这样的社会批评家所拥护的非帝国的国际主义,则处于非常边缘的位置。

紧随第一次世界大战之后,源自有关兼并菲律宾和波多黎各辩论的反兼并主义观点,推动了得到加强的国内孤立主义。这样的立场,尤其是在共和党内,最终战胜了威尔逊使美国被纳入国际联盟之中的努力。在20世纪20年代和30年代期间,其支持者迫切要求从侵略性的全球立场中全面后撤。在对永久和平的典型千禧年追求上,孤立主义的反应呈现出自己的变体。利用此前定居者对外来威胁的担忧——这与美国宪法奠基者们并无不同,许多国际联盟的反对者认为,国内的安宁要求从欧洲的纠缠中脱身,要求警惕可能挑战美国国内主权的外国机构。这些观点足以强大到阻止威尔逊当时的希望得到实现,即美国在战后时期承担明显的领袖角色,从而让这个国家管理和平并带来稳定的国际秩序。[82]事实上,要使威尔逊的观点获得永久的政治胜利,要使总体上朝向全球干涉主义前进而不受强大孤立主义集团的限制,它将要承受珍珠港和第二次世界大战的代价。

类似于20年前更早的反兼并主义立场,人们应该注意到,两次世界大战之间的孤立主义也有助于强调本土主义与帝国批评之间似乎存在联系。像爱达荷州参议员威廉·博拉(William Borah)那样的个人,或者像已故的汤姆·沃森那样的白人至上主义者,似乎经常与种族纯洁和排他性辩护合作行动,因为前者将反帝国主义与严厉的反移民言辞和政策观点结合在一起,后者则质疑美国的权力。那些在国会里的人,像威斯康辛参议员罗伯特·拉福莱特(Robert La Follette),他们确实将反对第一次世界大战和国际联盟与拒绝本土主义结合在一起。然而,甚至拉福莱特都投票赞成对新来者进行1917年识字测试,并且在本土主义观点获得支配地位时几乎保持沉默,尽管他反对广泛的移民限制。[83]

　　然而,在政治辩论的边缘,依然有人表达意见支持共和主义自由的解放希望,并且坚定地把反帝国主义的观点与包容性的社会观念结合在一起。在这样做的时候,这些激进进步主义者寻求打破普遍理想与美国干涉主义之间在公众意识中日益加强的联系。或许没有人比社会批评家伦道夫·伯恩更加充分地使这一计划有血有肉。由于在第一次世界大战的背景中进行写作,伯恩描述了在国内的经济和政治自治衰落,与在国外崛起的侵略性民族主义及其致力于投放美国全球影响力之间的联系。

　　首先,他将扩张主义和国家的战争狂热,描述为以在根本上对自由公民身份进行妥协的方式,来创建集权化和得到扩大的行政国家的国内法律制度。伯恩在他身后出版的文稿《国家》("The State")中认为,这一新治国术背后的基本原则,是那些源自中世纪将国王与其臣民绑在一起的服从和义务关系。他认为国家的历史,乃是作为以下企图体现的政治制度:

> 企图维持这些个人特权权力,企图将越来越多的议事规则、公众复仇的规定、阶级差异、拥有特权等,变成稳定的法律。它是一种将最初的任意侵占、完全明目张胆地使用非正当化武力,变成被认为理所当然、得到神圣确立的企图。

　　按照伯恩的观点,虽然美国定居主义的前提曾从根本上与这种政治权力观点相分离,但是简单的事实在于,几乎在不知不觉间,美国政府尤其是总统,已变成了欧洲王权和英国君主合适的接班人。[84]

　　与人民党党员和许多其他进步主义改革者一致,伯恩相信自由的本质依然在于共和主义自治,他将其称为"决定一个国家理想、目标、工业和社会制度的民主合作"[85]。为了使这样的合作指导集体实践,人们显而易见需要一个充满活力的政府来干预商业生活。然而,伯恩认为新的政府不仅在于代表人民的要求来进行干预;它还日益完全垄断了决策,并以前所未有的强制性权力形式聚集在政治精英周围,从而利用这些来维持自己的权力。

　　与赫伯特·克罗利相反,伯恩认为保持这些趋势的,恰恰是对美国民族主义的新聚焦。扩张主义政策强调,"民族"(nation)思想,而非成为削弱财富集中的强大力量的思想,已使得政治和企业精英入迷了。这种想法一方面使这些行为体能够把在国内的民众斗争作为对公益的威胁重新提出来;另一方面把在国外的美国干涉主义,以爱国主义的荣誉和集体繁荣来进行描述。在这个过程中,民族主义恰恰使那些有助于国际警察行为和国内镇压行为的特权权力的不断扩张得以正当化。对于伯恩来说,这既制约了自治,又进一步将美国变成了一种与其欧洲对手并无区别的政府体制。在他看来:"不去寻求其他别的目标,而去寻求令人厌倦的旧民族主义——好战、排外、近亲繁殖,这些都是我们现在在欧洲正在目睹的弊病,这将使得爱国主义变得空洞无物;尽管我们自夸,但美国将必定永远是国家之中的追随者、而非领导者。"在本质上,伯恩重申了发动战争与国内出现军事专制之间存在的典型的共和主义分析纽带。他把主流的国家认同模式,看作通过"威胁"和"军国主义"来增强公众团结,以放松"在国内对工人进行经济剥削的限制,或放松在弱小国家之间进行弱肉强食的经济帝国主义的限制"[86]。

　　然而伯恩意识到,否认这样的民族主义,不能意味着回到旧的地区分割或纯粹的地方忠诚。他也相信,需要新的政治身份认同,来对抗主要的社会问题和粘合集体生活。然而,这种身份认同不是要加强、而是要挑战军国主义的崛起和强制性的国家惯例。与他之前的斯基德莫尔不同,对伯恩来说,解决办法是按照真正的普适主义来理解共和主义理性的身份认同。在详细阐释其立场时,伯恩要求一个"跨国家的美国"(Trans-National America),它在内部是包容性的,并反对监督和警察权力的全球政治,因为这样的政治把外部人当作追求民族主义目的的依附性手段。他提醒他的读者说,由于奴隶制和移民的遗产,美国必须形成一个现代历史上不能与之比拟的多元族裔共同体。"在一个梦想到国际主义的世界,"他写道,"我们发现我们都未意识到在建设第一个国际性国家。"[87]

　　对于伯恩来说,"国际性国家"(international nation)这一希望具有一系列的关键意义。首先,它拒绝在种族上对移民进行限制的架构,并且对所有民族开放边界，无论种族或文化背景。一个美国人"将不再（是）具有一部分文化、而是具有许多部分文化的殖民地居民，他乃世界的殖民地居民"。伯恩因此设想这样一种集体的未来，在其中"殖民主义已变为大同主义（cosmopolitanism），而且（殖民地）祖国不是一个民族，而是拥有一切令人愉快的东西来提供这种精神的所有民族"。在他看来，唯有这种普世性方向和文化开放性，才能免受好斗的民族主义之害。至关重要的是，这样的开放性也拒绝把移民思想看作一个熔炉，在其中英裔定居者依然是文化上的标准，而其他群体则由其符合"同质性的美国主义"所达到的程度而被包括进来。相反，伯恩把美国设想为一个"小型世界联邦"，种族多元主义在其中得到尊重，因为只有在那时候，所有群体才能作为平等者被对待。这种对"异质性"的辩护，并不意味着对狭隘性的赞美，或相信种族身份应该至高无上。虽然伯恩坚持认为，种族性对于个人如何理解自身状况的意义至关重要，但他却把这些多样性的背景，看作建设超越所有民族主义的美国新文化的基础部分。[88]

就像韦尔一样，伯恩将在美国的巨大社会财富的产生，看作为这个国家提供了无可比拟的机会。这是因为国民经济提供了充足的国内资源，以在平等基础上吸纳多元的族裔群体。结果，这一历史时机使得在美国边境之内形成"国际公民身份"的可能性变大了。[89]据此，伯恩的意思是在国内发展出这样一种政治，在其中个人把自己看作全球而非国家的强烈支持者，而这恰恰是因为他们在文化上与世界各个角落的社会依然有牵连。他相信，这种国际主义视野将逐渐削弱美国的干涉主义，尤其是美国使用军队和政治强制性来撬开弱小国家的市场。就美国本身是一个世界联邦所达到的程度而言，其成员将认同那些领土之外的人的立场。进而言之，伯恩希望这种认同将由双重公民身份和国家之间自由迁移政策来维持——前者促进对新移民的包容，后者增强这些移民与其本土群体之间的联系。

因此，非帝国身份将取代旧的政治信念而出现。关键在于，对伯恩来说，这种对帝国的摒弃就像对孤立主义和本土主义观点的摒弃一样彻底；相反，它依靠边界传播流通和美国与世界在文化上充分的一体

化。事实上，伯恩勾勒出了一个美国大都会的图景——经济上的繁荣
和充满活力；它并不依赖边缘地带——传统上以被殖民的臣民或卫星
国为特点——来维持其地位。由于既是不干涉主义，又具有普遍包容
性，因此美国人的认同将摒弃"任何狭隘的'美国主义'或被强迫的沙文
主义"[90]。结果，它将使得政治和经济精英在扩大国家特权时，失去狭
隘的民族主义这一主要工具。

　　尽管与此前的激进民粹主义传统有着所有这一切的相似性，但是
伯恩的非帝国大都会观点，却有着绝对决定性的差异。19 世纪末，像
平等主义者沃森那样的个人，不仅是道德批评家，而且也是社会运动的
参与者。他们那些观点的力量，部分依赖被动员起来的农民和薪资工
人的潜力，以通过选举区内外的协调活动来使这些观点对集体生活产
生影响。然而，20 年后，对这种新治国术及其全球狂妄自负的反对声，
不再在受到激励的公众中位居首要。伯恩把自己看作一个外部人、一
个"遗世独立"的"反叛者"，从而提醒美国一流的知识分子已丧失的美
国誓约。[91]他非常清醒地将他的计划理解为逆潮流而动、没有可能折回
的计划。在某种意义上，虽然伯恩可能抱怨民族主义和自由裁量的国
家权力的含义，但这二者每个都已成为集体生活的基础性特点；而对它
们的反对既不系统，又没有得到大众民间政治同等程度的支持。虽然
伯恩的思想提出了一种与威尔逊和特迪·罗斯福不同的普适主义选
择，但是它们代表了一种局外人观点；例如，相较于本土主义者的孤立
主义，这种观点的说服力要缺乏得多。

　　随着 20 世纪 30 年代的开始，社会成员身份、自由和帝国含义的变
化意味着新的政治模式在出现。在某种程度上，这一政治框架将更加
具有包容性，从而将对权利的保证，扩展到那些长期以来因定居者叙述
而处于从属地位的外部人身上——在国内和国际关系中都是如此。然
而，这样的变化却与民主可能性受到极大限制的观点，以及对干涉主义
全球权力不断加强的辩护相伴相随。它也意味着在国内政治范围内对
帝国特权权力的最终诠释，并因此意味着美国成员身份的含义和价值
不断下降。在农业运动结束以来的那些年里，经济独立已被作为经济
安全而重新固定，政治自治已变成选举人的选择，定居者殖民化似乎日

益作为全球首要事务而改头换面。到新政及其后果把这些原则作为新宪政秩序基础确立的时候,旧的叙述本身几乎没有什么保留下来了,更不用说这些叙述更深层次的前提条件了。如今,这一新秩序继续影响我们对民主实践的基本条件以及驱动外交政策的目标的思考。

新政与公民投票的总统

虽然进入 20 世纪之后美国政治的明显趋势在国内外已向更大的行政部门和行政权力方向发展,但没有什么比大萧条对此产生了更大的促进作用。紧接着 1929 年的股市崩盘,美国陷入了严重的经济危机,结果到 1932 年的时候,国民生产总值已下降了三分之一,物价下降了一半,数以百万计的美国人没有基本的必需品,包括住房、食品和服装。[92] 由于这样的可怕情形,富兰克林·德拉诺·罗斯福(Franklin Delano Roosevelt)认为,总统在如何最好地应对这一危机时应具有广泛的灵活性。在提供这一灵活性幅度的例子时,莫罗内提醒读者说:"罗斯福在一个两年期里得到 30 亿美元的自由裁量资金,而在此期间整个联邦预算只有 112 亿美元。"[93] 这种自由裁量权有助于巩固进步主义时期的行政部门改革,并确立总统作为美国政府政治中心的地位。在此过程中,这一自由裁量权终于给旧的定居者抱负和框架准备了接班人,从而取代了辩论的基本条件和自由及帝国的基本观念。最终,新政巩固了社会成员身份与经济安全及全球和平之间正在形成的纽带。

或许最令人吃惊的是,新政期间官僚机构的膨胀,在国家政治的根本上改变了"人民"的含义、改变了人民主权的叙述。在这一部分中,我详细说明了最终发展出来的宪政框架,以及促进这些新制度安排的自由主义观点。克罗利的"权力代表机构"已逐渐消失在总统领导地位的形式之中了,结果是行政部门总体上具有与公众之间的直接关系。在新政以来的岁月里,这一关系已经使得总统能够决定和指导社会目标,并成为集体生活中主导性的政治行动者。在本质上,富兰克林·德拉诺·罗斯福促使更替政治的持续进行；在其中，行政部门如今虽然以人民的名义追求安全和永久和平，但经常不与被动员起来的或自信的社会选民有任何直接联系。因此，虽然在实践中人民作为有意义的政治行动者是沉默的，但是他们仍作为合法性——使得总统制政体这种新的类型正当化——的基本来源而不断被提及。

行政部门权力的法律和制度框架

新政因其目不暇接的一系列政府计划和官僚政府机构而首先引人注目，这些都是罗斯福行政当局为促使经济改善而实施的。作为一位政治实用主义者，罗斯福把这些计划称为"勇敢、持久实验"事业的组成部分；而且除了改革者应对紧急社会问题的愿望外，并没有什么经济理论来推动这一事业。[94]这样的实验导致了新的行政管理形势，它以扩大官僚机构权力的范围并将政府活动权力集中在行政部门手中为前提。新政显而易见追求的是进步主义者的行政管理逻辑，而就其规模和宪政意义而言，它远远超过了此前由州和联邦政府所做的努力。

事实上，我认为在新政期间，有三个事件继续规定了我们目前的总统制政府模式的特征。在当时，每个事件都被看作要么是政治失败，要么是相对边缘性的。然而，把这些事件放在一起，则为新宪政秩序确立了制度基础。第一个事件是最高法院明显主张，相对于政府的其他部门，总统拥有得到提升的地位。在美国诉柯蒂斯-赖特出口公司（United States v. Curtis-Wright Export Corp.）一案中，大法官乔治·萨瑟兰（George Sutherland）传达了一种多数人的观点，认为总统享有特有的行政权力来处理外交事务，而外交事务乃是作为政府的主权权力捍卫其利益的直接后果。[95]该案本身关注的是一家美国公司的拥有者，因阴谋卖枪炮给玻利维亚而被起诉。应罗斯福的要求，一项国会联合决议已授权总统有权力禁止售卖武器给玻利维亚或巴拉圭，因为当时这两个国家在进行血腥的边界战争。在罗斯福公布那一结果后，被告们被指控违反了行政命令。

跟随西奥多·罗斯福和伍德罗·威尔逊，富兰克林·罗斯福的法令是试图平息人们所认为的国外不稳定，并利用任何所需要的强制性工具来影响地区争议的结果。在对他们的案子进行辩论的时候,辩护人把国会委托的权力看作对立法责任的放弃,是不合宪地将立法权转给行政部门。虽然这些观点明显得到了宪法文本的支持,但是他们却没能解释变化中的全球现实情况,因为在其中像对永久和平这样的承诺,必然带有更为扩张性的总统权力。国会的委托只是接受这一事实,即只有通过强大而灵活的行政部门——一个能够对秩序威胁做出即刻反应的行政部门,国际警察权才能够得到有效行使。由于同意主流的逻辑观点,萨瑟兰宣称国会的立法权授权是合宪的:

> 我们在此讨论的不单单是通过运用立法权来授予总统权力,而是在讨论这样一种权力,再加上作为"国际关系领域中联邦政府唯一代表"的总统的权力——非常敏锐、充分和排他性的权力;虽然这一权力不要求国会法案作为其行使的基础,但就像任何其他政府权力一样,其行使当然必须遵从适用的宪法条款。[96]

萨瑟兰含蓄地做出结论,认为宪法在外交事务中几乎具有无限灵活性,从而授予总统广泛权力来追求其政治目标,并因此确立美国的地区性和全球性权力。

在这样做的时候,萨瑟兰延申并修改了唐斯诉比德韦尔一案的逻辑。在美国诉柯蒂斯-赖特出口公司一案影响深远的声明中,他对旧的帝国特权范围的扩大和合法性进行了辩护,并认为这一帝国特权的合法性,并不取决于文本权威或"宪法的肯定性授予"。在独立时,这种充分的"对外主权权力(已)从王权……传给了……美国",并被直接安放在了与国会相对照的总统职务中——这在唐斯诉比德韦尔一案的判定中已得到说明,甚或被共同安放在两个政府部门之中了。[97]结果,萨瑟兰明白无误地将富兰克林·罗斯福的行动与王权行动联系在一起了,并认为英国君主在对外事务中所享有的特权权利,基本上也依附在美国总统身上。

在此过程中,最高法院在美国诉柯蒂斯-赖特出口公司一案中合法地使制度性安排生效了,且日益司空见惯,而这在唐斯诉比德韦尔一案时曾依然有争议。在外交事务中,行政部门现在享有以司法顺从主义(judicial deference)和国会委托为前提的广泛自由。甚至更关键的是,萨瑟兰使这种合宪性正当化了,即通过主张行政部门在集体生活中的独特角色,特别地将总统职务与英国王权权力捆绑在一起,尤其是在实现永久和平和国际稳定的希望时。他写到外交事务时说:"在这个巨大的对外领域,因其问题的重要性、复杂性、敏感性和多重性,总统单独有权作为国家的代表发言或倾听。"[98]行政部门并不仅仅是政府的一个分支,而是与美国人民有直接关系,它单独就能够成功追求国家利益,并致力于任何的全球性影响力和进取精神。正是因为没有其他机构能够声称具有"代表"能力,或具有利用美国国际权力的灵活性,所以司法顺从主义才是唯一的合法回应。

而或许令人吃惊的是,接下来发生在1937年的两个事件,对富兰克林·罗斯福行政当局来说乃是人尽皆知的失败。事实上,1937年经常标志着历史学家所认为的罗斯福国内议程的溃败,当时总统凌驾于民众支持之上。[99]首先,通过法院填塞计划(court-packing)倡议,罗斯福企图解决新政上的司法僵局问题。在该倡议中,无论什么时候有位在职者年届70,总统将提名一位新的最高法院大法官——那时候将有大约六项额外任命。面临这样的危机,最高法院改变了其在最低工资法规上的立场,以支持西岸宾馆诉帕里什(West Coast Hotel Co. v. Parrish,1937年)一案中华盛顿州一项法律的合宪性。[100]通过发出信号显示对新政更广泛经济议程更大程度的司法接纳,这一对策摧毁了法院填塞计划倡议在国会的势头。然而,尽管罗斯福的努力失败了,并导致他的民众认可度显而易见的降低,却形成了布鲁斯·阿克曼(Bruce Ackerman)称之为"转型司法任命"(transformative judicial appointment)的先例。[101]久而久之,这些为罗斯福及其继任者所利用的转型任命,成为使总统能够建立一个与其自身意识形态议程更协调的联邦司法体系的主要工具。它也进一步促进了制度性权力朝行政部门的转移。不仅司法变得更加恭顺了,而且总统能够挑选法官来致力于其自身的政治承诺。

塑造我们目前总统制政府模式的最后一个新政事件,是罗斯福努力将民族国家正在扩张的权力集中在总统手中,并使行政部门成为立法焦点。1937年,罗斯福建立了总统行政管理委员会,该委员会的改革建议在1938年1月送交国会。这些改革被反对者广泛谴责为"独裁者法案",它们包括大大增加白宫工作人员,通过十二个内阁机构中的一个使所有独立委员会和管理委员会向总统负责,通过设立一个由总统任命的单一行政官来集中全部联邦行政人员,将主要的审计功能由国会转移到设置在行政部门的总审计长。[102]最后,所建议的重组法案在众议院堪堪被击败,而国会在1939年最终通过了这一法案被打了折扣的版本。

然而,又一次,政治上的失败为行政结构和权力的改变提供了先例;委员会计划的原则基础,依然是如今总统权力的标准模式。1939年的国会将白宫工作人员扩大为六名高级助手,而目前则有大约2 000人在总统行政办公室领导下负责政策制定的工作。进而言之,对于富兰克林·罗斯福以及后来的总统们来说,行政部门的扩大和行政权力的集中,意味着国会将自己的立法权广泛地授予总统,不再限于外交政策事务方面。西奥多·洛维(Theodore Lowi)写道,自从1937年以来,"国会新增加的每项计划,都是按照其致力于对政府进行扩张而授权行政部门去实施执行。这些法律故意以最宽泛、最模糊的条件写下来,以便为……总统在制定实际政策时提供最大可能的自由决定权"。事实上,行政部门重组不仅意味着接管全部的常规行政管理工作,它还涉及主张总统对整个立法过程的领导地位,从立法倡议和通过一直到实施执行。[103]

总之,这样的新政政治开创了"公民投票的总统"的兴起。[104]由于围绕扩张性的自由裁量权、司法的恭顺,以及国会的授权进行组织,行政部门成了美国统治的如此重要工具,以至于理查德·诺伊斯塔特(Richard Neustadt)在1960年写道:"每个人现在都期望白宫里的那个人对每件事都做点什么。法律和惯例现在反映的是把他作为伟大的首倡者来接受,这种接受在国会山和他那位于宾夕法尼亚大道尽头的白宫都很普遍。"这种权力变成由公民投票来决定的,乃是由于双重性的发展。一方面,就像萨瑟兰所指出的那样,美国政治目睹了总统与人民之间直接而无中介关系的增加。按照斯蒂芬·斯科罗内克（Stephen Skowronek）的观点："公民投票的总统们通常越过华盛顿的精英权势集团进行呼吁，从而希望利用他们拥有的公众声望，来迫使权势集团跟随他们的领导。"这种总统作为全国性代表的观点，与强调投票作为美国人成员资格的典型体现一同出现，并因而与选举作为关键的政治时刻——此时"人民"显而易见地表达其对总统领导的赞成与否——一同出现。结果，用自己的"独立政治机器"和"大众通信技术"武装起来的总统，为国家的政治力量提供了焦点。[105]

在新政之下，总统既成了集体变化的主要手段，又成了负责政府行动——无论好坏——的单一政府代表。这一由定居者帝国变成高度官僚制的总统式政府的制度性变化，具有一种根本性的意识形态变化。紧随经济危机而来的，是知识分子和政治家提出了他们自己有关定居者社会崩溃问题的解决办法，结果越来越不关注民众权力的减少，或中央集权等级制的兴起。相反，这些解决办法将进步主义时期对行政管理的信心，与对全球权力和永久和平的承诺结合在一起，这二者的每一项都是由旧的帝国特权来组织和指导的。

富兰克林·罗斯福、林德、阿诺德和自由主义观点

在那些最初迹象中，是新政改革者给其政治意识形态所冠的名称：自由主义；这些迹象即新政改革者从沃尔特·李普曼（Walter Lippmann）那儿吸取到的东西：对公众抱持警惕态度、对行政专长欣然接受。富兰克林·罗斯福非常自觉地拒绝把自己称为"进步主义者"，因为尽管完全类似于新政政治，但进步主义仍然意味着克罗利以往的直接民主承诺。这一术语依然背负着政府过去所做努力——大力影响经济增长和社会财富再分配——的失败。相反，罗斯福重新改造了源自19世纪有限政府和自我规制的商业社会提倡者那儿的"自由主义者"这一术语。[106]在这样做的时候，罗斯福将自由主义重新设想为两个方面的内容：不仅是解决当前经济危机的办法，而且是对定居者政治的终结和边疆开拓的终止。

通过对定居者自由的历史目标的描述，罗斯福对他的自由主义观

点进行了概述。在他 1932 年旧金山的联邦俱乐部（Commonwealth Club）竞选演讲中，罗斯福把西部边疆称作"自由的土地"，从而保证美国的物质繁荣与分配平等相伴而行。他宣称："在这一扩张时期，所有人都有平等机会，而政府的职责不是干涉而是帮助产业的发展。"至关重要的是，罗斯福对定居者过去的意象，修正了领土扩张的基本目的。对他来说，"平等的机会"意味着有平等的可能去达到美国人的生活标准，并避免经济混乱交替。然而，先前致力于经济独立或实际生产控制的内容则几乎荡然无存。他对"个人能力"——这一概念对杰斐逊式的共和主义自治理想曾是至关重要的——的重新定义强调了这一事实。在对杰斐逊式自由进行描述和重新确立的时候，罗斯福评论道："就'个人能力'而言，他（杰斐逊）的意思是指自由思想的权利、形成和表达观点的自由，以及每个人按照自己方式生活的自由。"由于有条不紊的深思熟虑和个人自治对自由公民身份的重要性，"自由思想"对杰斐逊的叙述来说确实是至关重要的。但是罗斯福忽视了共和主义语汇中对能力进行的第二个方面的内容的关键界定：小农场主和工匠通过自由劳动获得经济自足的能力，以及决定他们工作生活条件的能力。[107]

通过改变定居者社会的历史目标，罗斯福为自己对自由的自由主义叙述创造了条件。他认为，作为成员身份的利益，所有美国人都被认为有平等的权利分享这个国家的财富，并通过工作而有权利免受穷困威胁。按照罗斯福的劳工部长弗朗西丝·珀金斯（Frances Perkins）的观点，罗斯福最常使用的一个词汇是"体面的"，因此他的基本哲学——就一个人生存的程度而言——最终"是要使这个星球上的人类生活……更体面"。就像富兰克林·罗斯福自己在他的联邦俱乐部演讲中所宣称的那样：

> 每个人都拥有生命的权利，而这意味着他也拥有过舒适生活的权利。他可能因丧生或犯罪而无法使用那一权利，但是不可以拒绝给予他这一权利。我们并不存在真正的饥荒或粮食匮乏，我们的工农业机制能够生产足够的东西来出让。我们的政府，正式的和非正式的，政治的和经济的，应使每个人都有通过自己工作而

拥有充分满足他自己那部分需求的渠道。[108]

雇用被重铸为个人获得财政安全的手段，而非自治的场所。事实上，作为参与式控制的自治似乎是从公共领域中抽离出来的。如果它还全然在自由主义的控制之下，那么日常决策就存留在罗斯福的"个人能力"范围之内。自由主义自治，表达了人们私下选择生活的能力——免受任何强制性干涉的自由，而非不断主张大众意志的集体的、民主的努力。因此，直接支配权从保卫公共权力的社会实践，转向了"个人生活"的私人努力。

然而，对于像杜威这样的进步主义者来说，聚焦于不干涉私人事务，尤其是聚焦于消除经济生活最糟糕的兴衰，这是根本不适当的。虽然安全底线是关键的前提条件，但是它最终只提供了自由的必要条件，而非构成自由的实际完整内容。在1939年撰写有关新政架构内容的时候，杜威试图提醒决策者说："'安全'乃是手段；它虽然是不可或缺的手段，却并非目的。"在本质上，虽然富兰克林·罗斯福相当高尚地聚焦于"体面"，但他没有看到公众行动的合适目的应该是什么：建立自信的民主社会，个人能够在工作和政治中要求支配权。在写到安全与自由之间的关系时，杜威认为："手段必须由社会经济制度来贯彻落实，因为该制度确立并利用这一自由人根据平等条件而相互关联的生产手段。"他担心富兰克林·罗斯福的方法，已使得社会福利计划与打造博学多识、忙于参与的公民的抱负相分离了。对杜威来说，如果安全上升到影响集体承诺，那就没有什么东西迫使它受到民主权力的约束。当把手段变成目的时，更有可能的是，它将把精英解放出来，使之能够声称有权代表公众，以使"由上而来和由外而来的某种形式的强制性支配权"得到更牢固的确立。[109]因此，杜威坚持认为，如果任凭有关消除不安全的观点孤立存在，那么这些观点将决不会为定居者独立和自治提供令人信服的替代物。

这一事实并非对富兰克林·罗斯福和其他新政拥护者不起作用。就像霍姆斯和詹姆斯几十年前曾问过的那样，舒适生活本身能够提供给公民身份一项——将社会成员身份统一起来，并且美国人能够有意义地参与其中的——共同事业吗？部分地，富兰克林·罗斯福希望复兴特迪·罗斯福以往的回应——这种回应根植于美国的国际警察权，来解决这一空洞性问题。富兰克林·罗斯福以对更大的全球权力进行威尔逊式辩护的方式，犹犹豫豫地开始整合他那具有鲜明特点的内部成员身份的观点。由于两次世界大战期间孤立主义情绪稳定持久的力量，富兰克林·罗斯福非常有意识地小心翼翼地提出这些观点。虽然他在 1920 年竞选副总统失败期间支持国际联盟，但在 1932 年竞选总统时，他断然拒绝了美国在国际联盟中的成员身份。然而，这一变化并不意味着全面拒绝美国的国际合作，或全面拒绝致力于国际联盟之外的其他手段。相反，这种变化象征着有意识地强调国际组织的建立是否合适、国内政治条件是否适当。[110]

富兰克林·罗斯福在《我们的外交政策：民主党人的观点》（"Our Foreign Policy：A Democratic View"）一文中表明，美国人"确立并维持和平原则的努力"，是如何为自由主义规定了清晰的使命，而且他相信这一使命能够实现国家理想，并为公民身份注入意义。[111] 这篇于 1928 年在《外交事务季刊》（*Foreign Affairs Quarterly*）上发表的文章，是富兰克林·罗斯福为阿尔·史密斯（Al Smith）竞选总统而撰写的。文章对罗斯福自己的"友邻政策"（Good Neighbor Policy），以及他对美国承担适当的国际角色的信念，进行了生动的预演。与威尔逊、甚至特迪·罗斯福并无不同，富兰克林·罗斯福对以下事情进行了辩护：美国需要为集体和平利益果断采取行动，并因此确保所有国外的潜在威胁得以消除。然而他也意识到了自决理想与实际占领之间的脱节，更不用提拉丁美洲对美国人伪善的看法。作为回答，在追求美国国际利益时，他集中关注多边手段的重要性。他支持建立联盟，并在干涉之前确保得到地区的支持，而不是把军事占领或政治干涉看作与当地自决根本不相容而加以拒绝。

关于多米尼加的例子，富兰克林·罗斯福写道："我们已经在物质上做了一件幸事，世界应该感谢我们。"然而，不同的是，拉丁美洲邻居们"不感谢我们；相反，他们几乎全体一致不赞成我们的干涉。他们说，除了美国是首要力量的权利外，它凭什么冒称自己有特权独自干涉另一个主权共和国的内部事务？"对于罗斯福来说，为了解决当地反对的问题，美国未来应主要以国际社会集体支持的方式行事。这意味着建立区域性和全球性制度，从而通过联合行动而非单边行动来促进安全。这预示了不到20年之后美国在联合国的领导地位，富兰克林·罗斯福相信，促进国家利益不仅要求军事威慑，外国高度尊敬美国并愿意参加到美国的努力之中也是必要的。这并不意味着美国应该避免干涉其他国家的本地事务；它只意味着在这样做的时候，美国应该作为联盟的一部分来行动。在提及"我们的一个姐妹国家"的时候，罗斯福重申美国托管的重要性，并赞成"失序和管理不善可能要求我们向其公民伸出援助之手，以作为临时的必要之举来恢复秩序和稳定"。然而，作为原则，这样的努力应联合相邻国家来进行，因为"与其他人进行合作，我们将在这个半球有更多的秩序、更少的厌恶"[112]。

对于新政研究者来说，传统观点是把富兰克林·罗斯福的自由主义外交政策——尤其是有关拉丁美洲的外交政策——看作明显与帝国主义的过去分道扬镳。按照一位评论者的观点："在历史和政治传说之中，'友邻政策'曾代表在美洲间关系中伟大的新尝试；曾代表不干涉的胜利和对自决的尊重。"[113]然而，这些观点过分强调了从单边主义到多边主义的转变，因为这两种手段终究都是政策工具。在本质上，罗斯福的自由主义，强调了在追求美国全球目标时"软权力"的重要性，强调了需要国际支持以确保永久和平。然而，这并不意味着干涉的终结，而只意味着以更加老练的方式进行。就像罗斯福对多边主义干涉的辩护所表明的那样，人们能够以合作性行动追求强制性目的，就像人们能够拒绝国际支持而追求这样的目的一样。对于罗斯福来说，全球和平的更大事业依然是至高无上的，而且必然要求区域性霸权和不断的全球监督。由于关心美国在国外的公共形象，罗斯福希望利用合作手段将降低美国干涉主义的强度。然而，他并不质疑那些目标的根本重要性。在真正意义上，由于以美国诉柯蒂斯-赖特出口公司一案的自由裁量行政权力为武器，这样的自由干涉主义重申了全球进取精神对美国国家认同的重要性。

对作为社会指导原则的自治的历史承诺，因聚焦于国内的经济安全和国外的永久和平而变得模糊不清了。这种情形的消失并非偶然发生的,而恰恰是源于新政拥护者如何看待美国公众的能力。对于得到新的授权的社会科学家、学者和改革者来说,人民党运动以来的事件论及行政效率的价值,以及普通公民将成为群众煽动和偏见受害者的可能性。在 1939 年的《知识为何?》(*Knowledge for What?*)一书中,罗伯特·林德(Robert Lynd)汇集了社会科学家之间的这一观点,即使得工业资本主义与经济平等相一致,将要求在行政专家掌管下使用社会权力。在 20 世纪 20 年代和 30 年代,海伦·林德(Helen Lynd)和罗伯特·林德写出了美国社会学的两部经典著作:《理想的中产阶级都市》(*Middtetown*,1929 年)和《转变中的理想的中产阶级都市》(*Middletown in Transition*,1937 年)。这两部作品探究了印第安纳州曼西市(Muncie)的生活,描述了民众希望享受"美国的生活标准"[114]。目睹了大萧条引发的危机和社会混乱,罗伯特·林德在其 1939 年的作品中认为:"自由放任,甚或使我们限于在机器上进行偶然小修小补的政策,将应付不了形势的需要。"[115]

林德认为,不受规制的资本主义崛起曾受到一种过时的 19 世纪信念的推动。这种信念认为,虽然没有有组织的规划或技术上见多识广的领导,但是普通公民有能力管理集体生活。这种信念是以不真实的经验假设为基础的,即个人理性地行为处事,并具有应对复杂问题的基本能力。在复述李普曼十年前的观点时,林德写道:"我们对理性、全知全能的人类的依赖是如此之大,以至于我们基本上坚持……更早的习惯,即把所有事情都取决于个人'用他大脑'的不确定的能力。"对于林德来说,对美国民主实践的可持续性构成的最大威胁之一,存在于对民主决策模式的过分强调,结果只会产生混乱和无效率。按照他的观点:"不分青红皂白地坚持民主形式,其运转起来将导致本质上具有民主功能的专家工作瘫痪。"[116]

林德竟然说道,为了坚持民主政治,美国的当选政治家将必须把宣传作为一种手段加以掌握,以传播有关社会政策的信息。大多数美国人不具备理解复杂经济和政治问题的能力,因此精英们将必须利用大众传媒系统来使那些基本问题简化,并提出清晰的社会生活叙述。林

德提出法西斯主义的威胁作为参考,继续道:

> 在一个满是独裁者使用所有宣传伎俩的世界里,如果以自由放任的态度对待公众舆论,民主将不再能够生存下去。民主必须以自己的方式采取攻势,并且为了民主目的利用这些新的强有力工具。为私人目的进行的"公众舆论管理"在美国业已相当发达。我们必须发现使这一过程民主化的方法,或者停止吹嘘美国是个民主国家。

按照林德的观点,坚信管理型政府(administrative government)和引导公众舆论的重要性,源于有关技术专家的一种基本主张。林德将新政的改革主义推动力,看作进步主义真理向社会制度的扩散。他断言:"有证据表明,自由主义的看法与智识相关;并且有大量证据表明,保守主义与产权相关。"因此,由于自由主义的社会科学家和专业人士从普通公民和私人企业那儿接管了决策,知识本身将成为集体生活的指南。在对广泛而具有等级性特点的管理型福利国家的需要进行辩护时,林德归纳道:"如果没有大规模的普遍规划的扩展,以及对现在任由个人偶然倡议的许多领域加以控制,我们的文化就无法能够成长起来用于拥有它的人民。"[117]

其他新政拥护者可能对如此明白地支持宣传或社会规划讳莫如深。然而,林德对新改革主义引人注目的特点进行了清楚说明。他表达了现在普遍流行的一种观点,即一种自治和公民理性——也因此是他们管理政治和经济制度的能力——的过时信念阻碍了社会的改良。对于林德和类似的资本主义批评者来说,这种对自治的设想是自由放任经济学的核心,并已因私人财富而推动了对政府的占领。但是在排斥"全知全能的"个人的时候,林德也必然排斥被解放的、自信的自由公民的共和主义观点。这牵涉到放弃曼宁、布朗森和韦尔他们曾强调的共和主义的尝试,以通过像普及教育或劳工协会那样的工具来使智识民主化,从而产生既能够理解其利益,又能够掌管其自身集体命运的大众。对于林德来说,公民不再被理解为强有力的机构,而是相反被描述为社会政策的目标。按照这种意象,虽然更大范围的公众从聪明的行政管理中受益,但必须对其进行塑造和建构,从而使其认识到共同的需求,并对文化进步做出积极响应。事实上,在林德手中,普及化教育并不是主要用于提升作为整体的国民的手段。它的核心目标在于形成精英制度的政治经济领导,途径是帮助挑选有才干的为数不多的人,因为他们的不凡之处使得其统治正当化并促进社会进步。

就像拉什(Lasch)曾认为的那样,没有哪位新政拥护者像瑟曼·阿诺德那样更好地说明了这一观点,即把美国公民——无论其族裔还是在定居者社会中先前的立场——看作开明的、社会响应型政府的主体。作为一位耶鲁大学法学教授、后来的司法部反托拉斯部门(the Antitrust Division)负责人,阿诺德在 20 世纪 30 年代末的一系列著作中,对新政议程进行了强有力的辩护,其中包括罗斯福最激进的措施,例如法院填塞计划、财富再分配,以及广泛的经济规范措施;这些著作包括《政府的象征》(*The Symbols of Government*,1935 年)、《资本主义民俗学》(*The Folklore of Capitalism*,1937 年),以及《资本主义的瓶颈》(*The Bottlenecks of Business*,1940 年)。[118] 对于阿诺德来说,推动新政自由主义的基本原则,乃是人道主义原则,其致力于消除贫穷、为工人提供稳定收入这一目标。就像他在《政府的象征》一书中所坚持的那样,人道主义对那些受慈善帮助者的道德品质,或个人本身对政策有什么看法并不感兴趣。相反,社会福利相当于药品,政府与公众之间的关系和医院与病人之间的关系并无不同。所有的个人都渴望经济安全,而这取决于国家来提供这一目标,作为基本的道德问题。在扩大这一医疗关系类比的时候,阿诺德写道:"人道主义理想不是根据逻辑来界定。救护车的责任是把人送到医院,而不是讨论法理学……。一旦我们把一个人称之为'病人',无论是心理上还是生理上的病人,我们就继续治疗他;任何有关下面这样的讨论都会让我们震惊不已,即在道德上或逻辑上他是不是值得救治。"[119]

进而言之,工业的复杂性意味着公众并不知道如何提出人道主义的目的,因此,无论公众意见如何,发展出合适的"技术"乃是行政管理者的责任。在遵循林德的观点主张时,阿诺德大胆地认为,普通美国人并不比医疗机构中的病人更能够意识到如何最好地实现人道主义。由于在根本上缺乏这种能力,阿诺德坚持认为精神病院应该起到人道主义政府的模范作用。关于精神病院他写道:

> 在这样一个政府中,主治医生们并不会将精神失常者的思想分成任何不同科学,例如法学、经济学和社会学;那时候医生们也不教授那个精神失常者这三门复杂的科学。他们也不与那个精神失常者就他们的思想是否聪明进行争辩。他们的目的是要使收容所的人尽可能舒服,无论他们各自的道德品质如何。[120]

对于阿诺德来说,就公众作为一个毫不相关的政治团体存在所达到的程度而言,它只是作为国家馈赠的领受者和自由人道主义的获益者。这并不意味着民主在美国政治中没有位置。阿诺德的民主观念等同于一个保证社会福利的选举政府,因为民主的声音被理解为民众的不满——它出现在没有提供商品的时候。[121]当然,这种叙述使得民主与人道主义难以区分,而且没有给实际参与或任何公众权力的真正行使留下余地。

阿诺德对菲律宾的讨论,进一步强调了他对所有个体——无论是自由公民还是阶层化的臣民——最终作为扩张国家的"受监护人"的重视。它因此表明了有关新政框架一个有力的事实:由于自由裁量的国家权力应该构成被殖民的外部人和社会内部人的经验,因此区分这两个群体的哲学立场越来越少了。阻止帝国特权并限制其在国内应用的旧二分法应该被放弃。就外交政策而言,阿诺德认为"人道主义的帝国主义"是有力的原则,它承载着将物质福利扩及所有国家民族,并因此确保永久和平的承诺。在比较芝加哥和菲律宾的政府计划时,他归纳道,后者的政策在实现自由主义目的上远远更加成功。阿诺德写道:"在这些岛屿上由美国所做的人道工作是非凡的。疾病减少了、社会工作得以贯彻、生活条件改善了,直到因条件改善而人口翻倍。"[122]

这一成功源于这样的事实,即在追求美国全球影响力的时候,美国政治家们远不是那么关注外国群体的实际思想和信仰。政治家们把菲律宾当作"国家资产"对待,并组织政府尽可能多地改良那一资产,而不是假定美国价值与当地社会价值之间存在的虚假平等。

> 帝国主义理想,连同我们本能的人道主义冲动,允许我们比对自己的人民更加善待这些原始人。我们无惧于毁灭他们的特性,因为我们并不认为他们是身具可毁灭特性的同等的人。因此,我们能够做出许多明智的事情,来安慰和平复我们的棕色小兄弟们。[123]

美国应该使人道主义的帝国主义在国内外成为社会政策的一般基础,而非在国内使美国人的个人能力理想化。在抵制"全知全能"公民这一谎言时,阿诺德认为政府必须把公众当作"国家资产"来对待,这一资产乃有进取心的、道德上坚定的国家干涉的合适目标。换言之,阿诺德有力地声称,只有得到完全实现的帝国特权权力——在国内外都起作用,才能实现自由主义的道德抱负。

尽管阿诺德的观点存在沙文主义特点,但在根本上他暗示,所有个人,无论其族裔,本质上都是平等的,因为每个人都追求物质福利和稳定——一般的社会财产。进而言之,所有人,无论其背景,对如何最好地促进这样的社会财产都一样有着普遍的愚昧无知。美国白人在国内并不比菲律宾人在东南亚拥有更好的能力来管理自己,因此在两个社会中,都需要开明的国家监督——仁慈地使用帝国特权。基于这些事实,政府承担着建立能够促进自由主义的制度和计划的责任。阿诺德的观点具有广泛的包容性,就像他那具有全球性视野,且不基于国籍、种族或宗教进行道德上的区分的人道主义一样。所有人都值得免于穷困,所有人都应服从指导国家权力的方针。

安全与民众政治的含义

尽管对直接诉诸民意的总统制度的兴起和"人道主义的帝国主义"的理性辩护都存在批评意见,但是富兰克林·罗斯福自己把新的宪政秩序看作民主的真正实现。在对行政重组法案进行辩论期间,当面对共和党指责他寻求独裁权力的时候,罗斯福煞费苦心地发出以下总统声明:"一、我无意做独裁者。二、我没有任何能使我成为成功独裁者的资格。三、我对现存的独裁国家的历史背景太知情、太了解,以至于不会使我有愿望以任何形式的独裁来取代像美国这样的民主。"对于罗斯福来说,行政权力是实现民众委托去对付经济危机和促进物质进步的必要手段。他反复说到"经济传统主义者"和不受规制的资本主义对社会福利构成的威胁,并认为总统的权力将通过"保护公民工作和生活的权利"而使"人民"得到解放。在对得到加强的集权化行政部门进行辩护的时候,他评论道:"相对于僵硬的政府因自己冷冰冰的漠不关心而导致的疏忽,具有内在慈善精神的政府偶尔犯下的错误要更好。"[124]

对于罗斯福来说,总统的民主要旨,不仅在于政府行动为公众利益服务这样一个事实,而且在于这个职务对实际的动员做出直接的回应。通过选举政治,尤其是通过劳工罢工和街头示威,人民以鲜明的形式组织起来,表达采取改善其基本条件的社会措施的要求。虽然在农业运动之后几十年里处于被遣散的消极状态,但是20世纪30年代见证了充满活力的群众政治再次出现。这样的动员呈现两种主要形式:失业者的活动和已加入工会的工人的活动。

大萧条导致了几乎全面失业,因为失业人数从1929年10月的42.9万人,上升到1933年的超过1500万人,或者说三分之一的劳动力失业。由于没有工作,男男女女的人们处于绝对贫困之中,他们面临从租房中被驱逐和丧失房屋抵押赎回权,并且不能养活他们的家庭。在过去,穷人救济基本上曾是偶然的事业,通常是由本地和私人慈善机构来提供。在应对经济危机上,这些方法具备令人悲哀的糟糕能力。因此,失业者开始去街上游行,进行房租暴乱,甚至采取暴徒劫掠行为。从新的市政救济措施中业已濒临破产的城市,在实际的崩溃边缘摇摇欲坠。至于那些依然拥有工作的人,他们也由于工资的迅速下降而面临严重的财政压力。作为回应,产业工人发展出大规模的工会运动来捍卫其利益,结果在1934年有150万人参加罢工。这一运动集中在新兴的产业工会联合会(Congress of Industrial Organizations,CIO),以及像上述失业者为得到社会经济保护而做出的一切努力之中。这一运动最受欢迎的领导人之一是悉尼·希尔曼（Sidney Hillman），他广泛地说到了"对安全的追求"，形成具有工作和基本福利服务的生活标准。在附和许多工会活动分子观点的时候，希尔曼声称，这样的安全体现了"现代人生活中的核心议题"[125]。

由于新政集中关注安全所带来的所有长期影响，因此指出这一点是至关重要的，即在危机的深渊中，这恰恰是公众想从政治家那儿得到的东西。结果，为协调这些广泛的要求，富兰克林·罗斯福对各种立法措施进行了监督；这些措施的目的是帮助内部和外部的劳动力群体。新的联邦保险计划是为老年人和失业者提供的，而大规模的公共工作计划让数以百万计的人就业。至于那些业已就业者来说，最低工资法律确保了不出现最极端的报酬削减；而尤其是国家劳动关系法（the National Labor Relations）或瓦格纳法（Wagner Act），加强了工会迫切要求更高报酬和更好条件的能力。1935 年通过的这一法案，创造了具有以下执行能力的新的劳动关系委员会：主持雇员选举、禁止雇主干涉、迫使公司与当选的工会代表进行劳动合同谈判。[126] 这样的集体商谈在许多方面乃是工会运动的核心目标，从而把立法行动看作最终消除在工作条款中享有的几乎绝对的权力管理。自从一个世纪以前产业工资劳工的崛起，雇主已从激进的不平等谈判地位上获益，在其中他们能够以不时模仿封建主仆关系的方式来决定雇佣条件。现在通过集体谈判，以工会代表形式存在的工人们，获得了与企业和国家行为体一道参与决定其自身雇佣的机会。[127]

这些成就是激动人心的大众胜利，因为这是许多美国人亲身经历过的、并决定性地改善其日常生活的成就。当最高法院在国家劳动关系委员会诉琼斯和劳克林钢铁公司（NLRB v. Jones & Laughlin Steel Corp.，1937 年）一案中颁布其划时代的判决——对瓦格纳法的合法性进行了辩护——时，全国各地的工人与在宾夕法尼亚阿勒奎帕（Aliquippa）——琼斯和劳克林钢铁公司拥有的一家巨型工厂所在地——的那些人一道进行了自发的庆祝；人们"挤进小汽车并穿过城市游行，喇叭吹得震天响"[128]。然而，随着经济危机缓和，新秩序的最终意义变得越加明显了。首先，经济安全本身的目标已大打折扣，主要是因为南方民主党人反对以威胁到白人至上的方式,为人们提供普遍的保险责任。例如,农业工人——经常是美国西南地区的黑人和墨西哥人——完全不受瓦格纳法和社会安全法(Social Security Acts)的保护,而且完全就业措施从未使这种保护在国会获得通过。[129]

更加根本的是,在新政期间所追求的实用主义安全观念,本身就与韦尔和其他人所想象的有着细微的不同。按照韦尔的观点,由于经济财富为创造得到提升而自信的公民提供了足够的基础,这些公民需要享有的不仅仅是最低限度的补偿,如新措施所提供的那些补偿。相反,美国人要求有基本的收入,这种收入高到足以消除人们主要集中精力在与必需品进行战斗的状态。就像杜威在其对新政的批评中所写的那样,对安全的适当理解,关乎"建立社会条件,从而(将)使得这种情况成为可能,即所有人都能从事社会生产性工作";而这一问题永远不会得到解决,也没有被"系统性地面对"。[130]

正如令人烦恼的事情一样,新政对安全的强调——即便在它更加广泛全面的时候,有着使现代官僚政治的基本等级制永久化的影响,从而使得普通美国人与实际决策进一步分离开来。尽管官僚政治在阻止工作场所存在的企业独裁中起到关键作用,这甚至与瓦格纳法相比也是明显的。与克罗利更早的观点一致,产业工会联合会和产业工会会员把集体的讨价还价,看作将民主自治引入薪资劳工之中。对于矿工联合会(the United Mine Workers)主席约翰·刘易斯(John Lewis)来说,这样的"产业民主"标志着"由管理层本身来控制和支配的公司工会"的终结。[131]然而,虽然这些措施对改善劳工的相对讨价还价权是必要的,但是它们并未在实际上解决这一关键问题,即受精英推动的产业工作是如何形成的。事实上,就企业领袖、劳工,以及国家垄断谈判和决策过程所达到的程度而言,新的框架强调了大多数个人从实际权力现场被清除的程度。

回想起来,对于激进的进步主义者来说,改革的最终目的是使得经济独立与现代条件相兼容,并因此为大多数美国人提供掌握其自身制度的知识和机会。对于杜威和其他人来说,解决办法有三重:它意味着挑战刻板的劳动分工、使智识民主化、使休闲民主化。通过这样的普及教育制度——其目标导向是给予个人文化资源和解决工作场所现实问题的实用技能,个人将获得比对外部指令死记硬背的执行者更多的知识。结果,责任能够更加分散,从而由更少的人仅从事行政管理任务的工作。通过经济安全条款和延伸自由时间,工作本身受到约束,将以民主的方式组织起来,并朝着创造性和自我实现的方向聚焦。在这种背景中,集体讨价还价将起到强大的保障作用,从而限制企业支配的再次出现,并利用雇员的集体力量来维持适当的权力平衡。但如果没有得到提升的自由公民的愿景驱使,杜威相信,解除国家权力束缚的可能后果,将是权力的进一步集中和一般责任的减小。在关注这些新政意义的时候,他问新政决策者:"在给予……许许多多的个人这样的机会时有什么收获呢? 即他们有机会发现自己,然后教育自己在有益于社会的工作中能够把什么做得最好,例如在他们自身的发展中尽情发挥。"[132]

如果没有适当的解放愿景或者维持民众决策的制度性机制,很显然,实际权力将集中在越来越少数的行政人员手中。在顶部,总统职务将表现出其本身乃是能够最好地指导国家参与、为协调性政治行动起到基本作用的唯一制度。由于社会运动随着大萧条的结束和第二次世界大战的开始而减弱,集体生活开始接近这些令人担忧的状况。群众选民的遣散和公众参与缺乏实际的出路,使得有组织的团体越来越难以同总统竞争,来声称自己代表民众。在这一背景下,总统主张是唯一能够在危机中灵活行动、代表整个国家发声的机构,似乎越来越貌似可信了。在政治经济决策中,民众参与基本上被放弃,因此许许多多的美国人逐渐将这一观点作为不言而喻的事情,即唯有扩张性的行政部门才能够指导和体现共同的目标。总之,像国家协调的集体讨价还价这样的机制强调了这些发展。在其社团主义的框架中,劳工和企业都被当作相互平衡的部分性利益来对待,结果联邦政府——总统居于其中的核心地位——总体上代表着公众,并对如何平衡相互竞争的要求做出判断。[133]

最终,安全政治学与强调公民投票的制度很好地合拍了。尽管富兰克林·罗斯福对总统领导地位的集中关注,认为民众意志对于合法性政府的重要性是理所当然的,但是人民是由"一般人"(the average man)来代表的,这种"一般人"乃是韦尔和卡伦所谓产品和商品的一般消费者,而按照罗斯福的观点,他们值得"在市场中拥有平等的机会"。由于社会割裂和多样性,只有充满活力的行政部门,才有能力使这些消费者构成一个一致的整体,并追求与公众利益保持一致的政策。然而,这样的总统权力,却没有给真正自治和持续参与的共和主义政治留下任何有意义的空间。就长期社会运动始终持续所达到的程度而言,新政拥护者们拒绝了曼宁和斯基德莫尔曾持有的那些观点,即认为这样被动员起来的选民真正提出了自由理想并代表整个社会发言。费利克斯·弗兰克福特(Felix Frankfurter)曾决定性地参与为劳工立法辩护,赞成劳工立法在宪法上的合法性;对于像他这样的律师来说,工会组织并没有鲜明地体现人民的自信,因为劳工只不过是众多团体中的一个而已。相反,工会在改善社会福利方面是宝贵的同盟,他们数量上的力量在证明民众对行政部门的支持方面是显而易见的。[134]

新政宪政与总统的最高统治权

如今,行政部门权力对美国宪政的准确意义基本上依然模糊不清。法律学者坚持主张,新政的变化与旧的联邦主义分权制衡的形象相符合。按照布鲁斯·阿克曼的观点,对于美国宪法最初制定者们来说,由于众议院的直接选举基础和英国的立法至上传统,他们非常担心众议院将主张有权代表整个社会发言。因此,联邦主义的本质是试图使民主合法性与单纯的多数统治相分离。众议院可能曾是"民众运动……首先使其喧喧嚷嚷的存在为人所知"的场所,它并不能独自表达公众意志。就像阿克曼所指出的那样,麦迪逊和汉密尔顿坚持认为:"参议院和总统应该起到事先考虑的防波堤作用,从而要求行事鲁莽者提交建议,以冷静分析相互竞争的观点。"[135]

按照这种观点,作为新政的结果,总统——而非众议院——逐渐开始陈述这个国家的"主要民粹主义推动力",陈述那些在特定时刻得到公众支持的趋势和意见。对于阿克曼来说,这种变化并没有否定联邦主义理想,而只是在分权制衡的基本框架上形成了现代的观点。与调动大众的情绪相反,如今国会对行政部门的提案进行立法约束,从而为"对总统最近宣言的怀疑"提供了"防波堤"。最后,最高法院作为保护主义机构存在,从而捍卫主流宪政的现状,以反对那两个选举出来的政府分支的攻击。尽管总统渴求代表人民发言,但是它依然受到制度性限制的束缚——这是联邦主义之内的一个难题,而非对民主意志的主要表达。[136]

尽管有这一对现代分权的介绍,但我认为由新政所创立的宪政秩序,在本质上消除了旧的联邦主义安排。新政合法性意味着国会将主要立法责任转移给行政部门,而非使国会以令人怀疑的防波堤作用出现。至于司法机关,顺从的法院认为,在总统特权与一般的宪政之间存在连续性。然而,它不仅是行政部门合并了相互竞争的政府分支的重要职能,或按照自己的设想重塑了国会和法院。总统与人民之间具有直接代表关系的思想——这是罗斯福新福利社会国家民主思想的核心,从根本上削弱了联邦主义的民主理论,尤其是削弱了这一观念,即现有政府机构和分支不享有主权权力。

从这种意义上说,新政民主理论实际上是民粹主义传统在智识上的继承者,它相信真正的政治代理人能够代表全体发言。因此,并不令人惊奇的是,历史上与新政期间宪法化的总统权力观念最接近的,乃是来自一个世纪之前的杰克逊式观念。与罗斯福并无不同,政治上的反对者指责杰克逊抓住独裁权力不放,例如企图通过民主党效忠者来取代起初的联邦官僚机构中的官员。1834 年,正当对第二国民银行存在分歧的时候,辉格党人反对者引人注目地通过了一项参议院决议,指责安德鲁·杰克逊不合宪地僭取总统权力。在回应中,杰克逊坚持主张他那由民众委托授权的、用来雇佣和解雇行政部门官员的权利,例如财政部长,因为"总统是人民的直接代表"[137]。

然而,尽管有这些显而易见的智识上的根源,新政期间出现的东西却在根本上是不同的。对于开始者来说,杰克逊式的民粹主义对政府行动强烈警惕,并致力于限制联邦权力的增长和行政部门文职人员的增加。通过像轮换被任命官员这样的手段和推动"分赃制"(spoils system)的发展,杰克逊希望对独立而非选举出来的官僚崛起进行制衡,因为他们不受民众权力的控制。就像我更早讨论到的那样,一个矛盾性的后果是,"分赃制"有助于使联邦政府与集体生活结合起来,尤其是通过获得工作岗位来提供政党支持者。但与此同时,杰克逊式的创新,也削弱了强大而有效的国家机器的形成,虽然总统能够利用国家机器作为国家权力集中的工具。它限制了行政部门越过国会,以及形成和实施自身立法议程的能力。进而言之,即便就杰克逊主张的总统特权所达到的程度而言,这样的立法集中也不是他的目的。本质上,杰克逊没有将他的改革(例如任期限制)应用到国会身上,而辉格党人的反感则经常把目标对准行政部门内部的事务,例如杰克逊开除被任命者的权利。[138]

但是,或许一样重要的是,杰克逊式的总统代表性理论建立在有关政党民主合法性观点的基础之上。在将民主党改造成全国性团体的过程中起到核心作用的马丁·范布伦(Martin Van Buren)认为,通过在全国对公民进行组织,该党已逐渐代表作为整体的人民了。在杰克逊眼中,政党领导下的总统归根结底是这一制度性结构的工具,是一种用来动员作为积极政治行动者的人民的工具。[139]事实上,随着杰克逊总统任期的结束,这一时期的持久遗产更多的是全国化政党政治的冲击,而更少的是总统的自信,从而最终支配了19世纪剩余的时间。

在杰克逊当政之前和之后的时间里,显然有总统们在影响民众意识中起到关键而决定性的作用。杰斐逊和林肯都强调在美国人的生活中总统领导地位的持续性。然而在19世纪,没有哪位总统像富兰克林·罗斯福那样拥有行政官僚机构的自由处置权,或者拥有由大众传媒所提供的广泛向公众演讲的沟通工具。进而言之,(总统所在的)支持政党(the patronage party)对行政部门与人民之间的直接联系进行协调,以至于到19世纪末的时候,实际当选的总统经常与主要政党管理目标和华盛顿所追求政策的关联性有限。尽管存在总统的领导时期,但对于公民投票的总统职务来说,该职务吞并了竞争性政府分支的功能,或不断以自身意识形态设想来努力重塑那些政府分支,此前并不存在宪法上和行政上的基础。

在本质上,使新政秩序独特的是,这种对直接代表的接受意味着总统职务现在首次被安排作为行使"立宪权力"(constituent power)的工具。埃马纽埃尔·西哀士(Emmanuel Sieyès)很好地将立宪权描述为主权权力,因为它创造并因而先于任何设立的政府。这样的权力既是民主的,又是合法的,因为它表达了作为整体人民的国家意志。因此,政府和宪制权之所以正当化,只是因为其所达到的依然"忠实于加诸(它们)身上法律的程度。另一方面,国家意志只需要其存在的现实是合法的。它是所有合法性的源泉"[140]。在其核心,新政的宪法灵活性和行政自行决定权思想,为总统提供了对基本原则进行改革的能力,从而在一般合法性束缚之外采取行动,以便重建法律准则。当然,总统的权力并非全然不受限制。但是在人民党运动与新政的间隔期间,行政部门的领导地位和行政管理的等级制,已经作为政治活动的核心模式被常规化了。结果是自20世纪30年代以来的岁月里,法律机制使得总统能够改变基本的权力分配和根本的宪法原则。最重要的是,不能把这种由所设立的政府分支来行使的立宪权力描述为完全非法或僭越。在新政架构中,它享有民主合法性,因为公民投票的政治认为行政部门与人民之间存在直接的联系。

新政民主在智识上的核心内容,乃是坚信总统致力于民众的目标,并且不涉及政治上的取代行为,即他以人民的名义为自己的利益或那些"经济上的效忠者"利益服务。在社会危机和群众动员的背景中,当贫穷的公众要求再分配和基本必需品的时候,这种观点具有明显的影响力。然而,如果没有20世纪30年代民众的自信,行政部门将如何知道哪些行动真正受到人民的授权,并因而是合法的呢?像林德和阿诺德那样的自由主义知识分子的观点提供了言之成理的答案。国家权力的目的是为了实现对经济安全和永久和平的追求,因为政府有责任提供所有公民免于匮乏和免受外部威胁的自由。无论公众舆论如何,这些目标都存在,因为它们包含了在本质上完全合乎道德的一系列人道主义承诺。对林德和阿诺德来说,虽然公众拥有反抗政府不当行动的民主权利,但是普通美国人并不具备直接统治的基本知识。结果,即便动员消失了,而且不再能够指望公众提供实际的政治授权,但是行政部门却依然能够以其名义采取行动。只要富有思想的政治家和行政官员——经由精英化的高等教育制度挑选出来的人——继续追求自由主义目标,这样的人道主义政府就将依然是合法的。

然而,在某种意义上,允许行政部门为自由主义目的选择手段,使得政治取代不可避免,因为社会分歧的大部分内容将明显关乎如何最好地实现像财富公平分配那样的广泛目标。而随着美国进一步远离20世纪30年代突然爆发的经济危机,自由主义目标本身的重要性也减弱了。对"安全"的承诺不断丧失其经济成分的内容;而结果,保留下来的是人民党和进步主义与经济独立和自治的联系。如今,"安全"这一术语几乎仅仅与全球和平事业相关:国家保护公民人身安全,以及最终在国外维护权力的能力。结果,除了解决不平等和匮乏问题的努力外——尽管还远远做得不够,新政总统权力也给美国人遗留下这样的现实,即一个具有自由裁量权的国家和对民众能力持不断的怀疑。它提供了一个这样的例子,即行政部门代表人民在国内外广泛地采取行动;而在此过程中,行政部门按照自己的设想来建立政治共同体;结果,普通美国人成了他们政府的目标而非政府代表。如今,这意味着塔尼和其他定居者政治家曾担心害怕的已变成了现实:每天将帝国特权用作支配政治生活的工具。而在自新政以来的岁月里,公民投票的总统已越来越少与任何真正的社会选民联系在一起。相反,新政在宪法上的变化,使得总统在实质上的真空中行使立宪权力(其帝国特权)越来越方便可行。以下两种情况使这一问题更加恶化:其一,公民退回到关心私事的倾向;其二,日益增强的竞选经理机制和公众舆论专家机制,结果加强了选举和决策过程,并经常自上而下地运作以影响民众的支持。

结论:现代臣民地位与自由公民衰落

对于反抗全球化的英帝国崛起的英裔美国定居者来说,共和主义公民身份是殖民地获得独立的伟大希望。如果从种族上和宗教上进行界定,自由公民身份为所有的定居者内部人提供了作为自治的自由。完整的包容性意味着参与政治决策和享有经济自治的权利。这种包容性拒绝旧的君主组织结构,因为它在臣民与国王之间建立了先于政治的(pre-political)永恒不变的联系。在这些组织结构下,作为对保证忠于英国君主的回报,帝国中心为他们提供基本的保护。虽然这样的保护可能已经根据财产所有权、在帝国中的地位,或作为本土出生的地位进行了微调,但是所有个体最终都处在皇家权力的同一集合体之中。对于定居者来说,这种分层化的臣民身份,已经与以下两个方面根本不相容了:其一是英裔美国人至上地位;其二是他们对领土扩张和参与自由的长久期待。在英国统治下,定居者发现,自己面临类似针对那些被征服原住民的集权。无论其祖先或新教信仰,所有人似乎都屈服于伦敦的帝国反复无常。在深层次上,由于对当地习俗有着更大程度的尊重和维持帝国安全的利益,18世纪末的英帝国远比定居者殖民化更宽容、更人道。但是这种宽容付出了惨痛代价。伦敦削减了相对自治的剩余地方,而非提供给每个人——无论其背景如何——共和主义自由的利益。

150年之后,由英裔殖民者所建立的定居者社会,已逐渐变成了那个幅员辽阔帝国的恰当的政治继承人。美国本身已成了支配性的全球存在,从而主张要求国际警察权,并寻求稳定、经济财富和永久和平。对于像瑟曼·阿诺德这样的知识分子来说,美国在国内外的治国术(statecraft)应是等级制的、享有自由裁量权的;其合法性基础是政治家为社会成员提供身体健康保证的程度。定居者对参与、直接民众控制和经济独立的承诺似乎已经消失了。事实上,对共和主义自治的拒绝,为社会上更具包容性的政治提供了基础。就像阿诺德所总结的那样,所有群体都寻求物质繁荣的人道主义目标;而由于现代的复杂性,如果没有强大的国家指导,那么这些群体在根本上都不能实现这些目标。因此,在国内政治和全球交易中,国家有道德责任使文化上和物质上的进步普遍使人满意。按照他的观点,成员资格的利益不应按照个人的"美德和智慧"来给予,因为这是以道德应得理论(theory of moral desert)为基础的。恰恰是这样的理论,已经将勤劳理性的定居者与野蛮

的原住民区别开来了；而在这样做的时候，已经使英裔美国人至上的观
点正当化了。相反，阿诺德争辩说，由于民众的无力，没有哪个人聪明
到足以管理好自身；而因此"道德失职"（moral delinquency）不再能够
作为排他性的基础。[141]

由于坚信需要国家的普遍监督，因此并非偶然的是，西岸宾馆诉帕
里什一案起到了法律案件的作用，从而开创了新政宪政主义，并确保了
司法对政府经济管理的尊重。大法官罗伯茨（Roberts）的"及时转向挽
救了9人"的判例不仅维持了新的工资法，而且是在这样一个背景中进
行的，即强调发展将国家与政治成员连接在一起的权力模式。这一案
件本身涉及把妇女的特殊地位作为政府保护的臣民来看待，这是一个
30年之前已处理过的问题，当时是在洛克纳诉纽约州一案的顶峰期
间。在更早的马勒诉俄勒冈州（Muller v. Oregon，1908年）一案中，最
高法院有效地做出裁决，认为干涉妇女的契约自由是合法的。就像美
国原住民和得到自由的奴隶一样，妇女完全被认为是受到国家监护的
人，她们置身于自由公民身份和共和主义自由制度之外。更具体地说，
最高法院支持将妇女在工厂一天的工时限制在10个小时之内的法令，
因为该法院认为，应与布拉德韦尔案和迈纳案（Bradwell and Minor）保
持一致，从根本上说妇女没有能力坚持她们自己的政治和经济独立。
就像大法官戴维·布鲁尔为法院的裁决书所写的那样：

> 从维持生活中的独立地位而进行努力这一观点看，她并不在
> （与男性的）平等之列。由于因这些事情而与男性相区别，她被完
> 全置于其自身的阶级之中，而为保护她所设计的立法可以得到维
> 持，甚至当类似立法对男性没有必要且不可能得到维持的
> 时候。[142]

在宪法第十九条修正案通过之后，最高法院在阿德金斯诉儿童医
院（Adkins v. Children's Hospital，1923年）一案中推翻了自己的立场，
从而坚持修正案将完全成员身份扩展到妇女，并结束其依附地位。妇
女也是享有平等自由契约权的自由公民，而非父权主义的附属或受国

家监护者。这一案件涉及哥伦比亚特区的法律,该法确立了妇女的最低工资,但它显然并非男性的最低工资。代表最高法院的大法官萨瑟兰的意见部分写道:

> 我们不能接受这样的理论,即有权处理自己事务的成年妇女需要或可能受制于其契约自由的限制,而在类似情况下并不能依法将其施加于男性身上。这样做将忽视从今日立法趋势中吸收的所有含义……妇女由此被给予从旧的教条中获得解放的权利,而那种教条认为她必须被给予特殊保护,或在其契约和公民关系中受制于特别的限制。

对于萨瑟兰来说,妇女现在被认为能够成为自由劳工并做到集体自治,因此家长式统治并没有宪法上的正当性。家长式统治使自由公民沦为依附者的地位,认为他们不能采取自治行动、不具备经济上的自信。就像洛克纳诉纽约州一案一样,阿德金斯诉儿童医院一案的裁决捍卫了自由劳工的信念,并与共和主义独立目标保持了清晰的意识形态联系,即便是在已经变化的雇佣劳动经济条件下。它拒绝政府管理,因为如此权力的适当维持,只是针对社会外部人和被殖民民族而言的。[143]

然而,在新政高峰期间,当最高法院触及妇女最低工资这一完全同样的问题时,它使用了家长式统治的语言,来对根本上的新结论进行辩护。这些结论是有关施于内部人与外部人身上如此权力的合法性问题。在直接推翻阿德金斯诉儿童医院一案的时候,大法官查尔斯·埃文斯·休斯(Charles Evans Hughes)在西岸宾馆诉帕里什一案的多数派意见中写道:

> 有什么比妇女的健康和保护她们免受肆无忌惮、欺瞒蒙骗的雇主伤害能够更加贴近公众利益的呢?而如果保护妇女是行使国家权力的合法性目的,怎么能够说对完全固定的最低工资报酬的要求——以便满足生存的真正必需品,不是满足那一目的的公平手段呢?[144]

1908 年,外部特权与内部限制之间的二分法依然还相对明显。以类似于非定居者族群的方式,妇女是受监护者,而她们的依附地位则使得扩张性的自由裁量权被正当化。通过给特权权力划定合法范围,最高法院在马勒诉俄勒冈州一案中强调了自由公民与分层化臣民之间的分裂,以及把拥有特权的定居者置于广泛的政府命令控制下的不当。在新政时期做出同样结论的时候,首席大法官休斯代表了本世纪开始以来明显的意识形态变化。休斯并不是将妇女的历史性依附,作为与共和主义公民身份相对的例外地位问题提出来,而是将其作为所有美国人遭遇的一般性典型处境问题提出来。[145] 无论性别或种族,公民面对各种各样的经济危机和社会危机,而这些危机只能通过国家监督来解决。人们并没有把完全成员身份想象为阻隔外部特权的条件,反向的发展出现了。社会包容性的益处恰恰在于国家保护。在某种意义上,一度只与"受监护者"相关的权力形式,现已变得与普通的法律和政治权力运行不可分了。在此过程中,自由公民与分层化臣民之间的区别,即共和主义自治与集权化专制之间的区别,已经消失殆尽了,尽管这样的区别曾如此激励过早期的美国定居者。

然而,如果说这种二分法瓦解了,但它并不意味着所有群体都发现自己被当作平等者对待。相反,在许多方面,新宪政秩序效仿了旧欧洲模式内部阶级和族裔等级制的做法,而在几个世纪以前爱德华·柯克即对此进行过阐述。它也再现了皇家臣民与外国人之间具有明显划界的做法,因而在美国的环境中将值得拥有国家安全的公民与面临广泛移民控制的非公民区分开来。20 世纪美国政治的影响是双重的。一方面,美国变成了一个更加有意义的包容性政体,从而将成员身份的各种权利(如选举权),延伸到了先前的从属性社会群体身上。久而久之,它也逐渐质疑定居者身份的一个基本假定——如果不总是从制度上质疑,也从意识形态上质疑:非白人群体不是真正的社会内部人的观点。然而,宪政秩序依然严重地维护种族、阶级和性别的差异,从而形成了特定类别公民之间正式的和非正式的不平等。不同群体落在了分层化臣民身份集合体的不同位置上,而不是据此消除从属地位。在底层,最边缘化的人继续面临正式的歧视,或遭遇习惯性和强制性的国家权力模式。以这种方式，新出现的秩序将包容性与先前固执的偏见和殖民统治方法结合在一起。而且与以往的英帝国相似，一个人在政体中的地位得到提高，与其是否经历真正的自治远没有那么多的关联。相反，高等级地位必定变成个人在市场上、在政治中，以及通过法律体系来享有和行使——通常是非正式的——特权的能力，尤其是考虑到特定的阶级和种族背景因素。

在过去，由像托马斯·斯基德莫尔和伦道夫·伯恩那样的人所促进的包容性愿景，曾意味着使共和主义自由普遍化。它试图对参与性控制进行辩护，以反对由经济和政治等级制所构成的威胁，并将自由公民身份的扩展，看作提高所有人平等地位的斗争。久而久之，由新政所形成的秩序产生了其自身的政治包容性；而这样的包容性是通过对意识形态和制度设计进行大幅修改而产生的。新出现的政体在宪法上是围绕公民投票的总统进行组织的，总统在国内享有惊人的行政权力，在国外则具有几乎无限的实力来提升美国的权力。公众，作为一个积极和不断参与的存在，已经被改变成免受经济和国外威胁的安全保护接受者。政客们迎合"人民"——因为"人民"依然是总统合法性的基础，而与此同时却使得大多数美国人运用权力的实际能力化为乌有。这种减少民众权力的做法，让行政部门越来越独自成了集体生活中强有力的政治代理人。结果是出现一种取代政治，其中民众意志将悄悄化为由强有力的行政部门所实施的那些政策。

对于美国定居者的奠基者来说，这些含义本将是显而易见的。国家权力以更具扩张性的方式、以源自历史上从属群体的和平原则而得以组织起来。虽然对包容性的努力扩大了社会成员身份的范围，但等级制在不同群体之间持续下去，从而强化了经济和政治特权的新老结构。由于没有自由公民身份的解放愿景，所有那些似乎保留了这个国家殖民地根基的东西，乃是帝国臣民身份的框架。结果是，随着20世纪的展开，普通美国人，无论白人或黑人，能够怀着敬畏之心看待美国的军事外交力量和国内经济的工业成就。在美国制度的运转中，他或者她能够感到骄傲并有种集体意志感。然而，在日常中，同一个人却几乎没有机会来左右对美国至上的利用，更不用说表达美国至上的根本目的。虽然每个人都可能曾是这一全球政治强国的社会成员,但定居者曾一度将扩张与经济生产连接在一起的自治和独立,却已长期消失了。如果有什么的话,也是帝国已成自由的主人,而非自由的奴仆;而且那种曾一度强有力的观点——自由不能为了帝国安全而被交易,已化为遥远的政治余烬。

注 释

1. Alexander Keyssar, *The Right to Vote: The Contested History of Democracy in the United States*(New York: Basic Books, 2000), 138, 426n34.

2. *Stranahan Oceanic Steam Navigation Co. v. Stranahan*, 214 U.S. 320, 339, 340(1909).

3. Hiroshi Motomura, *Americans in Waiting: The Lost Story of American Immigration and Citizenship in the United States* (New York: Oxford University Press, 2006), 125.

4. Ibid., 126—128(引自第 126、128 页)。

5. 尤其参见梅·恩盖(Mae Ngai)的杰出著作, *Impossible Subjects: Illegal Aliens and the Making of Modern America*(Princeton, N.J.: Princeton University Press, 2004),关于该法案在维持白人美国的种族思想和在非白人社区之间形成新的"非法"移民种类中所起的作用。

6. Daniel Kanstroom, *Deportation Nation: Outsiders in American History* (Cambridge, Mass.: Harvard University Press, 2007), 158.

7. 参见 Ngai, *Impossible Subjects*, 56—90,有关移民政策中对"非法性"的构建及其种族上的意义;以及 Kitty Calavita, *Inside the State: The Bracero Program, Immigration, and the I.N.S.*(New York: Routledge, 1992), 4—7, 18—41。

8. 在其有关进步主义的作品中,克里斯托弗·拉什和迈克尔·桑德尔(Michael Sandel)过度强调了克罗利与韦尔在意识形态上的不一致(他们把前者看作工业自治的支持者,而将后者看作新的再分配国家的捍卫者)。参见 Christopher Lasch, *The True and Only Heaven: Progress and Its Critics*(New York: Norton, 1991), 340—344;以及 Michael Sandel, *Democracy's Discontent: America in Search o f a Public Philosophy*(Cambridge, Mass.: Belknap Press of Harvard University Press, 1996), 219—227。这种方法没能够领会到克罗利与韦尔所共有的共和主义连续性,例如他们对自信和参与式公民身份重要性的长期信念。事实上,如果作为基本上的互补来看,这两位思想家共同提供了20 世纪对企业和国家等级制的兴起做出可能回应的主要基础。

9. Herbert Croly, *Progressive Democracy*(New York: Macmillan, 1914), 379, 380.

10. 参见 Walter Weyl, *The New Democracy*（New York：Macmillan, 1912), 191, 196, 197, 193。

11. Ibid., 279, 195, 276.

12. Ibid., 329, 330.

13. Orestes Brownson, "Our Future Policy," in *The Works of Orestes Brownson*, vol.15, ed. Harry Brownson（Detroit：Thorndike Nourse, 1884), 113—149（引自第 124 页）。

14. Weyl, *New Democracy*, 334.

15. 参见 Croly, *Progressive Democracy*, 380—381, 384, 385。

16. Ibid., 281.

17. Ibid., 281, 384.

18. Ibid., 384, 390.

19. 参见 John Dewey, *The Public and Its Problems*（New York：H. Holt, 1927), 147, 148, 126—127。

20. 参见 John Dewey, "Education from a Social Perspective," in *The Middle Works, 1899—1924*, vol.7, ed. Jo Ann Boydston（Carbondale：Southern Illinois University Press, 1979), 113—127（引自第 127 页）。

21. 参见 John Dewey, *Democracy and Education：An Introduction to the Philosophy of Education*（New York：Macmillan, 1916), 299, 298。

22. Dewey, *The Public and Its Problems*, 211.

23. Dewey, *Democracy and Education*, 298.

24. 在进步主义时期，就对本土主义攻击来自东南欧新移民社区做出回应，并捍卫"文化多元主义"价值而言，卡伦或许是最著名的人。一般参见 Horace Kallen, *Culture and Democracy in the United States*（New York：Boni and Liveright, 1924)。相反，下面的讨论聚焦于他有关休闲和消费主义政治的观点。这样的立场在后来的 20 世纪三四十年代的作品中得到了更全面的发展，尤其是 *The Decline and Rise of the Consumer：A Philosophy of Consumer Cooperation*（New York：D. Appleton—Century, 1936)以及 *The Liberal Spirit：Essays on Problems of Freedom in the Modern World*（Ithaca, N. Y.：Cornell University Press, 1948)。虽然我对这些后来作品的利用稍稍偏离了历史上的纪年，但是这些作品与卡伦更早的观点相一致，并且提供了他对自由与工作之间关系的进步主义重新构建最清晰的阐述。有关民主教育与通过劳动实现自我的类似主题的更早介绍，参见 Horace Kallen, *Education, the Machine and the Worker：An Essay in the Psychology of Education in Industrial Society*（New York：New Republic, 1925)。

25. Kallen, *The Liberal Spirit*, 211, 236.

26. Weyl, *New Democracy*, 250.

27. 参见 Ibid.，250；以及 Kallen，*The Liberal Spirit*，238。

28. Weyl，*New Democracy*，250，251.

29. 参见 Ibid.，330；以及 Kallen，*The Liberal Spirit*，241—242。

30. Herbert Croly，*The Promise of American Life*（New York：Macmillan，1909），212；以及 James Morone，*Democratic Wish：Popular Participation and the Limits of American Government*（New York：Basic Books，1990），113。

31. Croly，*The Promise of American Life*，274，274—275.

32. Morone，*Democratic Wish*，112；Croly，*Progressive Democracy*，270.

33. Theodore Roosevelt，*The Rough Riders：An Autobiography*，ed. Louis Auchincloss（New York：Library of America，2004），721.

34. Dewey，*The Public and Its Problems*，211.

35. John Dewey，*Liberalism and Social Action*（New York：G. P. Putnam's Sons，1935），63.

36. 引自 Mark Kornbluh，*Why America Stopped Voting：The Decline of Participatory Democracy and the Emergence of Modern American Politics*（New York：New York University Press，2000），123。

37. 关于新程序与大众参与的下降之间的联系，参见 ibid.，118—137（引自第 123 页）；以及一般参见 Michael McGerr，*Decline of Popular Politics：The American North，1865—1928*（New York：Oxford University Press，1986）。S.O.道斯（S.O.Daws）引自 Lawrence Goodwyn，*Populist Moment：A Short History of the Agrarian Revolt in America*（New York：Oxford University Press，1978），332。

38. 参见 Stephen Skowronek，*Building a New American State：The Expansion of National Administrative Capacities，1877—1920*（New York：Cambridge University Press，1982），177—211。

39. 参见 Kornbluh，*Why America Stopped Voting*，131；拉福莱特（La Follette）引自 Ibid.。

40. 参见 Charlotte Perkins Gilman，*Women and Economics：A Study of the Economic Relation between Men and Women as a Factor in Social Evolution*（Berkeley：University of California Press，1998），144，247。

41. 一般参见 Aileen S. Kraditor，*The Ideas of the Woman Suffrage Movement，1890—1920*（New York：Columbia University Press，1965），163—218；卡特（Catt）引自 Ibid.，197。

42. 参见 Emma Goldman，"Woman Suffrage," in *Anarchism and Other Essays*（New York：Dover，1969），195—211（引自第 207 页）；以及 "The Tragedy of Woman's Emancipation"，in *Anarchism and Other Essays*，213—225（引自第 217 页）。

43. 引自 Eric Foner，*The Story of American Freedom*（New York：Norton，1998），151。

44. Walter Lippmann，*Public Opinion*（New York：Harcourt，Brace，1922），313，313—314。

45. 参见 Frederick Jackson Turner，*The Frontier in American History*（Tucson：University of Arizona Press，1986），37，269。

46. Theodore Roosevelt，"The Strenuous Life，" in *The Strenuous Life：Essays and Address*（New York：The Century Co.，1905），1—25(引自第 1、4 页)。

47. 引自 Ibid.，8，7。更多有关罗斯福的种族观点，一般参见 Thomas G. Dyer，*Theodore Roosevelt and the Idea of Race*（Baton Rouge：Louisiana State University Press，1992）。托马斯·G.戴尔（Thomas G.Dyer）写道，恰恰因为他的荷兰裔背景，罗斯福避免使用"盎格鲁-撒克逊人"术语，相反使用他"喜欢的'讲英语的种族'术语；这是一种在政治上意味深长的划分，因为英国人、美国人、南非人和澳大利亚人由血缘和语言纽带而连在一起；并且也意味着祖先并非英国人的那些人，如荷兰人，依然能够获准进入罗斯福所相信注定要支配世界的那个群体"。Ibid.，28—29.有关罗斯福认为英美之间具有共同帝国责任的观点，参见 William Tilchin，*Theodore Roosevelt and the British Empire：A Study in Presidential Statecraft*（New York：St. Martin's Press，1997）。在这一时期，罗斯福与阿尔弗雷德·塞耶·马汉（Alfred Thayer Mahan）之间关系紧密，并强烈支持后者进行扩张和海权的立场，经常参考马汉的著作 *The Interest of America in Sea Power，Present and Future*（Boston：Little，Brown，1898）。在一篇作为该书一部分而重印、题为"Possibilities of an Anglo-American Reunion"的文章中，马汉也认为美英有着相同的基本理想和帝国命运，因为这两个国家一起"被授予了海洋利益，这是就这个词的最广泛意义而言。因此，作为其实施和安全的条件之一，要求有组织的力量足以控制海上事件的一般进程"。Ibid.，111.

48. T. Roosevelt，"Strenuous Life，" 6。

49. 参见 Oliver Wendell Holmes，"The Soldier's Faith，" in *The Mind and Faith of justice Holmes：His Speeches，Essays，Letters，and Judicial Opinions*，ed. Max Lerner(Boston：Little，Brown，1946)，18—25(引自第 18、23、20 页)。

50. 参见 Lasch，*True and Only Heaven*，301；而关于拉什对霍尔姆斯、罗斯福、詹姆斯，以及詹姆斯嘲讽地认为是集中关注以前两个人物"纯粹的兴奋劲"的东西的讨论，参见 Ibid.，296—303。与拉什相反，我质疑詹姆斯是否真正为"战争方"提供了有意义的选择，或者他的国家服务方法事实上是否意味着公民参与的军事化思想。

51. 参见 William James，"The Moral Equivalent of War，" in *The Writings o f William James*，ed. John J. McDermott(New York：Modern Library，1967)，660—671(引自第 669 页)。

52. 一般参见 Josiah Strong, *Our Country: Its Possible Future and Its Present Crisis*, rev. ed.(New York: Baker 5c Taylor, 1891), 56, 163, 165。

53. 参见 Ibid., 213—214, 187。

54. Ibid., 216, 216—217.

55. 参见 Theodore Roosevelt, "Expansion and Peace," in *The Strenuous Life: Essays and Address*(New York: The Century Co., 1905), 25—38(引自第 26、31 页)。

56. 引自 Ibid., 32, 38, 37。更多关于美国全球抱负的千禧年主义的复兴，及其在重塑 21 世纪外交政策中的作用，参见沃尔特·麦克杜格尔(Walter Mc-Dougal)将美国描述为"十字军战士"国家的著名论述, *Promised Land, Crusader State: The American Encounter with the World since 1776* (New York: Houghton Mifflin, 1997), 101—146。

57. 参见 Sarah Cleveland, "Powers Inherent in Sovereignty: Indians, Aliens, Territories, and the Nineteenth Century Origins of Plenary Power over Foreign Affairs," *Texas Law Review* 81(2003):207, 208；以及 Juan R. Torruella, *The Supreme Court and Puerto Rico: The Doctrine of Separate and Unequal*(Rio Piedras: University of Puerto Rico, 1985), 23。

58. 例如，佛蒙特州参议员雷德菲尔德·普罗克特(Redfield Proctor)是个要在古巴对抗西班牙的强有力的辩护者，他想当然地认为胜利将不会产生广泛的新领地。在战争前，他完全拒绝扩张或将外国民族并入的所有努力，认为这些民族不适合享有自由公民身份。他用经典的定居者术语评论道："我不赞成兼并：不是因为我将担忧由它而来的任何具体麻烦，而是因为接受任何讲外国语言、由外国培养的人，却缺乏任何强有力的美国引导因素，并不是明智的政策。"Redfield Proctor, "Speech to Congress, March 17, 1898," in *America as a World Power, 1872—1945*, ed. Robert H. Ferrell(Columbia: University of South Carolina Press, 1971), 59。

59. 参见 T. Roosevelt, "Expansion and Peace," 35, 35—36。

60. 引自 Frederick Merk, *Manifest Destiny and Mission in American History: A Reinterpretation* (Cambridge, Mass.: Harvard University Press, 1995), 253。

61. 关于波多黎各地位辩论的领土意义的最近描述，参见 Kal Raustiala, *Does the Constitution Follow the Flag? The Evolution of Territoriality in American Law*(New York: Oxford University Press, 2009)，尤其是第 59—91 页。劳斯迪亚(Raustiala)认为，海岛案在美国宪法法律内，为"领地内"(intraterritorility)思想打下了基础，即不同的法律机制能够在国家领土之内的不同地理空间进行运转。

62. *Downes v. Bidwell*, 182 U.S. 245(1901).关于该案的重要性，参见 San-

ford Levinson，"Why the Canon Should Be Expanded to Include the Insular Cases and the Saga of American Expansionism，" *Constitutional Commentary* 17(2000)：241—266,尤其是 243n7。

63. 大法官布朗、怀特、希拉斯、麦肯纳和格雷(Gray)在判决中意见相同；而首席大法官富勒、大法官哈伦、布鲁尔和佩卡姆则持不同意见。

64. *Downes v. Bidwell*，268(J. Brown,意见相同)。

65. Ibid.，279—280，280.

66. 参见 Abbott Lawrence Lowell，"The Status of Our New Possessions—A Third View，" *Harvard Law Review* 13(1899)：155—176；而关于怀特持相同意见的学理上的意义,参见 Christina Burnett，"Untied States：American Expansion and Territorial Deannexation，" *University of Chicago Law Review* 72 (2005)：799—800。

67. *Downes v. Bidwell*，307—308，339(J. White,意见相同)。

68. 引自 Ibid.，341—342，318。

69. 一般参见 Burnett，"Untied States"。

70. 引自 *Downes v. Bidwell*，373，380。

71. Carman F. Randolph，"Constitutional Aspects of Annexation，" *Harvard Law Review* 12(1898)：291—315(引自第 304 页)。伦道夫通过进一步强调他对英裔美国人自由的未来的担忧——如果国会追求对菲律宾的兼并——来结束他的文章："假定兼并菲律宾体现在条约之中,那么它就是国内关心的、总统曾提交参议院的最成问题的计划。"Ibid.，315.

72. J. Neal Steere，"Professor against Annexation，August 27，1898，" in *The Anti-Imperialist Reader：From the Mexican War to the Election of 1900*，vol.1，ed. Philip S. Foner and Richard C. Winchester(New York：Holmes 5c Meier，1984)，241.

73. Theodore Roosevelt，"National Duties，" in *The Strenuous Life：Essays and Address*(New York：The Century Co.，1905)，279—297(引自第 288、296 页)。

74. 卡内基(Carnegie)引自 Murat Halstead，*Pictorial History of America's New Possessions：The Isthmian Canals and the Problem of Expansion*(Chicago：The Speech to the Chicago Dominion Co. 1899)，515，516；以及 Samuel Gompers，"Speech to the Chicago Peace Jubilee，October 18，1898，" in *The Anti-Imperialist Reader：From the Mexican War to the Election of 1900*，vol.1，ed. Philip S. Foner and Richard C. Winchester(New York：Holmes 5c Meier，1984)，201—208(引自第 205 页)。

75. 更多关于门罗主义的论述,尤其参见 James Tully，*Public Philosophy in a New Key：Imperialism and Civic Freedom*，vol.2(New York：Cambridge

University Press，2008），133；以及一般参见 Ernest May，*The Making of the Monroe Doctrine*（Cambridge，Mass.：Harvard University Press，1992）。

76. 参见塔利（Tully）对康德永久和平观念在证明 19 世纪帝国主义的正当性中所起的作用的讨论。Tully，*Public Philosophy in a New Key*，143—149.更多有关国际法中大同主义、商业与帝国之间历史关系的论述，一般参见安东尼·安吉（Antony Anghie）影响深远的著作，*Imperialism*，*Sovereignty*，*and the Making of International Law*（New York：Cambridge University Press，2004）。

77. Theodore Roosevelt，"State of the Union，December 6，1904，" in *America as a World Power*，*1872—1945*，ed. Robert H. Ferrell（Columbia：University of South Carolina Press，1971），105—107(引自第 105、105—106 页)。

78. Woodrow Wilson，"Address to the Railway Business Association，New York，January 27，1916，" in *The Political Thought of Woodrou Wilson*，ed. E. David Cronon（Indianapolis：Bobbs-Merrill，1965），268—270(引自第 269 页)。

79. 参见 Woodrow Wilson，"The Wilson Plan," in *The Political Thought of Woodrow Wilson*，ed. E. David Cronon（Indianapolis：Bobbs-Merrill，1965），284—287。

80. Ibid.，286.

81. 关于在多米尼加共和国的事件，参见 Ibid.，285；以及 Woodrow Wilson，"Appeal for Support of the League of Nations at Pueblo，Colorado，September 25，1919，" in *Woodrow Wilson：Essential Writings and Speeches of the Scholar-President*，ed. Mario R. DiNunzio（New York：New York University Press，2006），411—419(引自第 415 页)。

82. 关于参议院没能批准《凡尔赛条约》(the Treaty of Versailles)的论述，参见 David Joseph Goldberg，*Discontented America：The United States in the 1920s*（Baltimore：Johns Hopkins University Press，1999），13—39；以及 William Appleman Williams，*The Tragedy of American Diplomacy*（New York：World Publishing，1959），77—118。也可参见 Stanley Hoffmann，*Gulliver's Troubles*；或 *the Setting of American Foreign Policy*（New York：McGraw-Hill，1968），94—143,对孤立主义意识形态及其与美国外交政策中的单边主义和支持魁北克独立者主张之间关系的讨论。

83. 更多关于 20 世纪 20 年代反帝国主义观点与本土主义观点之间联系的讨论,参见 Goldberg，*Discontented America*，23，140—166。至于拉福莱特有关新出现的限制主义（restritionist）范式的冲突性方法，参见 Ibid.，157；以及 Richard Lowitt，"Review：Robert M. La Follette and the Waning Insurgent Spirit：From the New Citizenship to the New Deal，" *Reviews in American History* 4(1976)：244—250。然而，至少在 1913 年,拉福莱特打算坚持原则,反对要求新移民提供品格证书的建议。按照他的观点,这一建议的支持者正努力邀

请那些垄断者和企业精英。进步主义参议员宣称,欧洲移民"对富豪阶级是威胁,而在这个国家有些人并不支持鼓励对富豪阶级的威胁"。"Senate Turns Back Immigration Bill," *New York Times*, January 21, 1913.

84. 一般参见 Randolph Bourne, "The State," in *The Radical Will*: *Selected Writings 1911—1918*, ed. Olaf Hansen(New York: Urizen Books, 1977), 355—395(引自第 383—384 页)。这篇文章实际上只是一篇有计划的更长文本的一部分,该文作为以下文选的一部分于 1919 年首次发表: *Untimely Papers*, ed. James Oppenheim(New York: B. W. Huebsch, 1919)。

85. Bourne, "Trans-national America," in *The Radical Will*: *Selected Writings 1911—1918*, ed. Olaf Hansen(New York: Urizen Books, 1977), 248—264(引自第 252 页)。

86. Ibid., 255, 260.

87. Ibid., 248, 258.

88. 引自 Ibid., 258, 258—259, 252。

89. Ibid., 260.

90. Ibid.

91. Bourne, "A War Diary," in *The Radical Will*: *Selected Writings 1911—1918*, ed. Olaf Hansen(New York: Urizen Books, 1977), 319—330 (引自第 328 页)。

92. Foner, *The Story of American Freedom*, 195.

93. Morone, *Democratic Wish*, 129.

94. 引自 Richard Hofstadter, *Age of Reform*: *From Bryan to FDR* (New York: Vintage Books, 1955), 315。

95. *United States v. Curtiss-Wright Export Corp.*, 299 U.S. 304(1936).

96. Ibid., 319—320.

97. Ibid., 318, 316.

98. Ibid., 319.

99. 参见 Morone, *Democratic Wish*, 137。

100. *West Coast Hotel Co. v. Parrish*, 300 U.S. 370(1937). 在此前宣布新政立法不合宪之后,大法官欧文・罗伯茨(Owen Roberts)投下了维持政府工资管理的决定性一票。他的转变被广泛认为是"及时转向挽救了 9 人",尽管还不清楚大法官们在多大程度上直接响应了罗斯福的法院填塞计划。

101. 关于这一轶事和变革性司法任命思想更完整的叙述,尤其参见 Bruce Ackerman, *We the People*: *Transformations*, vol. 2 (Cambridge, Mass.: Belknap Press of Harvard University Press, 1998), 25—27, 213—334(引自第 26 页);也可参见 James McGregor Burns, *Roosevelt*: *The Lion and the Fox* (New York: Harcourt, Brace, 1956), 291—315。

102. 引自 Burns，*Roosevelt*，344；以及一般参见 Theodore J. Lowi，*The Personal President：Power Invested，Promise Unfulfilled*（Ithaca，N. Y.：Cornell University Press，1985），2—3；Morone，*Democratic Wish*，138。

103. 关于目前白宫行政管理的统计，参见 Miller Center of Public Affairs，"American President：An Online Reference Resource：Administration of the White House," www.millercenter.org（accessed October 17，2009）；也可参见 Lowi，*Personal President*，第 4 页（关于 1939 年的数字），（引自）第 6 页。

104. 遵循西奥多·洛维和斯蒂芬·斯科罗内克的做法，以行政部门的领导地位和总统作为代表整个国家的单一机构的观点为前提，我将利用这个术语来表达当代的宪政秩序。一般参见 Lowi，*Personal President*；Stephen Skowronek，*The Politics Presidents Make：Leadership from John Adams to George Bush*（Cambridge，Mass.：Belknap Press of Harvard University Press，1993），54—55。

105. 参见 Richard E. Neustadt，*Presidential Power and the Modern Presidents：The Politics of Leadership from Roosevelt to Reagan*（New York：Free Press，1990），7；以及 Skowronek，*The Politics Presidents Make*，55，53，54。

106. 参见 Foner，*The Story of American Freedom*，201—204。然而，人们应该注意到，富兰克林·罗斯福在演讲和作品中，实际上几乎完全没有把自己或新政称为"自由主义的"。就像我稍后将要讨论的那样，这能够被看作罗斯福所做的部分努力，以把自己的政策描述为经济安全中一般民众利益的体现、而非只是伙伴关系的产物。新政措施是作为实现免于短缺的广泛政治权利而被提出来的，而非是自由主义的、进步主义的，或保守主义的。

107. 参见 Franklin Roosevelt，"Commonwealth Club Campaign Speech，September 23，1932," in *The Roosevelt Reader：Selected Speeches，Messages，Press Conferences，and Letters of Franklin D. Roosevelt*，ed. Basil Rauch（New York：Rinehart，1957），74—85（引自第 79、77 页）。

108. Frances Perkins，"FDR Was 'A Little Left of Center,'" in *New Deal Thought*（New York：Bobbs-Merrill，1966），379—385（引自第 384 页）；以及 F. Roosevelt，"Commonwealth Club," 83。

109. 一般参见 John Dewey，"The Economic Basis of the New Society," in *The Later Works，1925—1953*，vol.13，ed. Jo Ann Boydston（Carbondale：Southern Illinois University Press，1988），309—322（引自第 320 页）。

110. 一般参见 David K. Adams，"The Concept of Parallel Action：FDR's Internationalism in a Decade of Isolationism," in *From Theodore Roosevelt to FDR：Internationalism and Isolationism in American Foreign Policy*（Staffordshire，U.K.：Keele University Press，1995），113—130（尤其是第 117 页）；以及 Ronald E. Powaski，*Toward an Entangling Alliance：American Isolationism，*

Internationalists，and Europe，1901—1950（Westport，Conn.：Greenwood Press，1991），58—88。更多关于富兰克林·罗斯福试图操纵孤立主义情绪，同时维持威尔逊主义原则——例如通过对 20 世纪 30 年代《中立法案》(Neutrality Acts)的辩论——的论述，也可参见 David M. Kennedy，*Freedom from Fear：The American People in Depression and War，1929—1945*（New York：Oxford University Press，1999），381—425。肯尼迪（Kennedy）写道，在富兰克林·罗斯福担任总统的初期，"作为威尔逊主义者，他……希望一个国际合作……的世界有一天将会出现……。但是在他的第一个任期期间，这个国家的气氛，以及罗斯福自己的个人优先顺序和新政政治的实际现实情况，决定了他本应该不会促使美国进行严肃的努力来使得那个世界……得以建立起来"。Ibid.，390.

111. Franklin Roosevelt，"Our Foreign Policy：A Democratic View，" in *The Roosevelt Reader：Selected Speeches，Messages，Press Conferences，and Letters of Franklin D. Roosevelt*，ed. Basil Rauch（New York：Rinehart，1957），50—55(引自第 52 页)。

112. Ibid.，54，54—55，55.

113. 参见 Robert Freeman Smith，"The Good Neighbor Policy：The Liberal Paradox in the United States Relations with Latin America，" in *Watershed of Empire：Essays on New Deal Foreign Policy*，ed. Leonard Liggio and Felix Morley(Colorado Springs：Myles，1976)，65—94(引自第 66 页)。

114. 一般参见 Lynd and Robert Lynd，*Middletown：A Study in Contemporary American Culture*（New York：Harcourt，Brace，1929)，以及 *Middletown in Transition：A Study in Cultural Conflicts*（New York：Harcourt，Brace，1937)，181。

115. Robert Lynd，*Knowledgefor What? The Place of Social Science in American Culture*（Princeton，N.J.：Princeton University Press，1939)，207.

116. Ibid.，234，214.随后对罗伯特·林德和瑟曼·阿诺德的讨论，扩展到了以下书对两位思想家的观点，Lasch，*Progress and Its Critics*，412—475(尤其是第 424—439 页)。在书中，关于他们对新政专家意见的信心和对民众理智的怀疑，拉什提出了类似的批评。

117. Lynd，*Knowledge for What?* 219—220，247，209.

118. 参见 Lasch，*Progress and Its Critics*，430。

119. Thurman Arnold，*The Symbols of Government*（New Haven，Conn.：Yale University Press，1935)，47—48.

120. Ibid.，47—48，232—233,后面内容部分引自 Lasch，*Progress and Its Critics*，433—434。

121. 拉什为阿诺德的民主写道："它意味着物质福利的普遍化，这是由'注重事实倾向的人'和'有能力胜任的诊断专家'来引导的。虽然民主政权……必须'充满情感地支持其人民',但是那并不意味着人民应积极参与对自己的管理。"Lasch, *Progress and Its Critics*, 434—435.

122. Arnold, *The Symbols of Government*, 111—112, 112.

123. Ibid., 112, 部分引自 Lasch, *Progress and Its Critics*, 433, 434。

124. 引自 Burns, *Roosevelt*, 345—346, 274, 275。

125. 更多关于希尔曼和"对安全的追求"的讨论, 参见 Steve Fraser, "The 'Labor Question,'" in *The Rise and Fall of the New Deal Order, 1930—1980*, ed. Steve Fraser and Gary Gerstle (Princeton, N.J.: Princeton University Press, 1989), 55—84(引自第 78 页)。更多关于大萧条时期失业的数字, 参见 Frances Fox Piven and Richard A. Cloward, *Poor People's Movements: Why They Succeed, Hour They Fail* (New York: Vintage Books, 1979), 46, 108。参见第 41—45 页对贫穷救济的讨论, 以及第 121 页对产业工会主义和罢工统计的讨论。

126. 参见 National Labor Relations Act of 1935, 29 U.S.C. ch. 7, §§ 151—169。

127. 更多关于像瓦格纳法那样的措施如何削弱规定工资制度的"过时的封建主义"形式, 尤其参见 Karen Orren, *Belated Feudalism: Labor, the Law, and Liberal Development in the United States* (New York: Cambridge University Press, 1991), 204—230。

128. James Gray Pope, "The Thirteenth Amendment versus the Commerce Clause: Labor and the Shaping of American Constitutional Law, 1921—1957," *Columbia Law Review* 102(2002):1—122(引自第 97 页)。

129. 关于南方民主党人在限制新政上的作用, 参见 William Forbath, "Constitutional Change and the Politics of History," *Yale Law Journal* 108 (1999):1917—1930(尤其是第 1927—1929 页);也可参见 Justin Akers Chacón and Mike Davis, *No One Is Illegal: Fighting Violence and State Repression on the U.S.-Mexico Border* (Chicago: Haymarket Books, 2006), 67。

130. Dewey, "Economic Basis," 318.

131. John Lewis, "Industrial Democracy in Steel," in *New Deal Thought* (New York: Bobbs-Merrill, 1966), 204—211(引自第 207 页)。

132. Dewey, "Economic Basis," 318.

133. 参见 William Forbath, *Law and the Shaping of the American Labor Movement* (Cambridge, Mass.: Harvard University Press, 1991), 158—166, 关于劳工新统计论范式的缺点——尤其是政府在限制有组织的抗议活动中的作用——的论述。也可参见 Christopher Tomlins, *The State and the Unions: Labor Relations, Law, and the Organized Labor Movement in America,*

1880—1960（New York：Cambridge University Press，1985），103—147。就像克里斯托弗·汤姆林斯所写的那样，在"期待获得许可去追求据私人界定的不受妨碍的目标"时，长期而言，瓦格纳法反过来产生了一种框架，在其中"工会……发现，自身容易受到机构规则的攻击，而这一机构正是他们寻求对其传统实践进行辩护的机构"。Ibid.，145.

134. 罗斯福引自 Burns，*Roosevelt*，274。关于弗兰克福特对劳工与商业之间关系的观点，以及强调国家最能够规定公益的观点，参见 Pope，"Thirteenth Amendment，" 25—30。

135. 一般参见 Bruce Ackerman，*We the People：Foundations*，vol.1（Cambridge，Mass.：Belknap Press of Harvard University Press，1991），230—265（引自第 259 页）。

136. 引自 Ibid.，259。

137. Andrew Jackson，*Messages and Papers of the Presidents 1789—1897*，vol.3，ed. James D. Richardson（Washington，D.C.：Government Printing Office，1900），90.关于这一轶事的更多论述，参见 Brian Cook，*Bureaucracy and Self-Government：Reconsidering the Role of Public Administration in American Politics*（Baltimore：Johns Hopkins University Press，1996），54—55。

138. 参见 Sean Wilentz，*The Rise of American Democracy：Jefferson to Lincoln*（New York：Norton，2005），312—329，359—424；也可参见 Cook，*Bureaucracy and Self-Government*，49—59。

139. 参见 Larry Kramer，*The People Themselves：Popular Constitutionalism and Judicial Review*（New York：Oxford University Press，2004），189—206。

140. Emmanuel Sieyès，"What Is the Third Estate?" in *Political Writings*，ed. Michael Sonenscher（Indianapolis：Hackett Publishing，2003），136—137（引自第 137 页）。

141. 参见 Arnold，*The Symbols of Government*，112—114（引自第 113 页）。

142. *Muller v. Oregon*，208 U.S. 412，422(1908).

143. 参见 *Adkins v. Children's Hospital*，261 U.S. 525(1923)(引自第 553 页)。

144. *West Coast Hotel Co. v. Parrish*，398.

145. 更多有关马勒诉俄勒冈州一案、阿德金斯诉儿童医院一案与西岸宾馆诉帕里什一案之间的关系，参见格蕾琴·里特(Gretchen Ritter)对她称之为的"公民成员身份的'女性化'"的讨论，Gretchen Ritter，*The Constitution as Social Design：Gender and Civic Membership in the American Constitutional Order*（Stanford，Calif.：Stanford University Press，2006），44—53，79—83，138—142(引自第 138 页)。

结论　美国霸权时期的民主与包容

　　如今,新政,作为富兰克林·罗斯福为应对经济危机而追求的真正受欢迎的指令和政策的体现,已经逐渐消失在历史的记忆之中了。然而,这一时期所建立起来的更大范围的政治秩序,却继续推动那些主要的承诺和制度。而正如伯恩在差不多一个世纪之前所预言的那样,长期集中于安全、全球声望,以及强有力的国家权力的后果是,将君主权力与共和主义自治叙述分离开来的界线已受到侵蚀,而这一叙述为美国独立打下了基础。目前,公民投票政治在与这样一种背景相左的情况下发生,即基本的决策从根本上说集中在国家和公司实体的高层手中,而多数美国人几乎并不具有那些意味着标志自由公民权的实践经验。或许对像鲍德利或克罗利那样的人来说,最令人吃惊的恰恰是他们为之辩护的那些在新政和后新政时期行政官员手中的法令,包括最低工资法、集体商谈条款、管理机制,预示着对更大程度的改革主义愿景的放弃。由于改革主义愿景牢牢地受到被动员起来的、充满自信的选民的大众活动约束,这一愿景曾把安全看作只不过是实现真正自治和强有力政府这一目的的手段。

　　同样使人感到气馁的是,美国国内这样的发展已经与根深蒂固地致力于扩张美国全球权力结合到了一起;精确地说,即沃森所认为的使共和主义公民沦为一个帝国式国家的臣民将变得不可避免。由于美国无疑克制了自己去追求拥有永久性的殖民地属地,在某种意义上说,沃森的担心被夸大了。然而,植根于新教千禧年主义的全球和平计划,依然是今天美国政治图景中的一个根本构成要素。进而言之,最近几代人基本上已肯定了 20 世纪初的国内和平与美国实现全球稳定的义务之间存在的联系。

如果有什么的话,那就是这一国际权力无节制的增加,说明了这些主题对国家政治所具有的持续的重要性。人们可能会认为,自施行新政以来,随着对普通公民实际控制的减弱,美国全球地位的象征性含义已经得到加强。集体身份现已与美国作为国际和平力量的这种思想缠结在一起。进而言之,人们参与美国的全球性权力追求(哪怕是以经由美国出生和美国公民身份的间接方式参与),对个人来说体现了一种享有共同目的和成就感的难得政治时刻。就像特迪·罗斯福和奥利弗·温德尔·霍姆斯在一个世纪前料想的那样,社会成员身份涉及范围更大的伦理计划的思想,已经同美国超级大国地位的命运错综复杂地连接在一起了。而就像特迪·罗斯福也承认的那样,国际权力扩张已回过头来支撑着国内公民投票的政治架构。美国不断专注于应对外国危机的观念,强调美国需要灵活而权力集中的行政部门,一个代表民众意愿发声并对外国发生的事件即刻做出反应的行政部门。因此,虽然美国避免了发展成一个传统上的帝国,但历史上共和主义者对实际上的帝国政治的担忧,却被证明是准确无误的。美国权力的扩展,以及国内有增无减的经济上和政治上的等级制实践却已相继出现,从而对集体生活的基本样式起到了相互强化的作用。这最终意味着,总统不受制衡的宪政问题主要并非法律上的困难。这些问题的症结在于政治上的意见,因为这些意见将外国的不稳定看作美国干涉的永久性正当理由;而且只有通过解决那些潜在的意见,这些问题才能得到完全解决。

或许管理上的安排最具损害的影响之一,是这些安排已如何改造了平等的主要含义,进而改变了民众对政治包容性的渴望。在某种意义上,人们可以将 19 世纪农民和靠工资为生者的社会运动,在根本上理解为对得到完全成员身份利益的关心。对这些定居者来说,成员身份意味着集体自治,并要求经济独立和对政治决策的实际控制。服务于这些目标的大众动员,提供了挑战经济和政治依附性上升,以及由精英统治造成的民众制度破坏的持续压力源。然而,自那之后的年岁里,平等计划越来越集中在这个国家为数不多、日益精英化的公司职位和政府权力分配上。平等计划曾聚焦于减少那些形式上的障碍,它们阻止来自特定背景的个人凭能力取得专业性或精英地位。换言之,包容性已变成将先前的从属社会群体纳入领导角色中的手段,而不是使全部的集体生活民主化。这种结果虽然明显是定居者规范的严重倒退,但是它基本上是为了改变社会特权群体的构成,而非破坏诸如此类的特权。因此,这个国家虽然甚至可以有位非白人或女性总统,但对他/她将挑战美国国内经济等级制或美国国外干涉主义的基本特征,却不要抱有任何期待。

在本质上,虽然包容性已成为最近半个世纪核心的改革议程,但其基本要旨已被从旧的共和主义自由愿景中去除掉了。在基本层面上,改革活动的目标曾是拆除将不同公民阶级区分开来的阶层化藩篱,并通过消除形式上的歧视来创造一种所有美国人——无论其种族或性别——在法律上一致平等的条件。当然,这些努力或许是20世纪所取得的最伟大的民主胜利,并且彻底改变了美国文化,以及非白人和妇女在其中的地位。然而,尽管有这些引人注目的变化,改革的主要遗产却并非改变主要秩序,而是使这一秩序合理化。平等经常只意味着淡化国家将强制性权力施于边缘化群体身上的那些最苛刻的含义,并为那些从边缘化群体中吸收过来的极少数特权者进入精英行列提供通道。结果,通过使非白人和女性专业人员参与行动和扩张活动,这种趋势已成了对国内和全球性组织安排的支持。

然而,即便有这样的发展,此时此刻并非没有资源来解决内部自由公民权衰弱问题、来处理和平的全球化承诺问题。而且这些资源与包容性政治及其在后新政秩序中的意义紧密相连。这是因为先前更加充满活力的平等愿景从未完全消失。事实上,最近的改革努力已经接受了第二条竞争性的路线,虽然这一路线目前经常被弄得含糊不清。对激进改革者来说,包容性要求克服对公民权含义的普遍淡化,并因此恢复历史上的独立计划——直到现在才把包容性扩大到包括每一个人。在这个过程中,这意味着从根本上瓦解国内外的权力结构,因为这些权力结构削弱了自治并使自由公民身份变得不可能。在其最膨胀的时候,20世纪五六十年代的美国民权运动,尤其把内部自由观点与对外部的权力结合在一起,而与此同时主张民众应具有为公益发声的能力。这一经常被淹没的运动遗产,意味着人们具有对今天的问题继续进行系统性思考的可能性。这一遗产也为19世纪的群众运动与当今的改革计划提供了连接性的历史联系,因为后者同样寻求捍卫普遍性的非帝国理想。

尽管定居者帝国已死,但是美国对国际警察权力和全球优势地位的实践,却坚持把外部人当作实现美国国家目标的工具。在19世纪,这些目标以内部自由和政治可行性的丰富叙述形式呈现。然而,现在这些目标,则日益呈现为诸如此类的内部安全问题,以及对美国地位的无限保护。事实上,美国面向世界的倾向,虽然将定居者过去某些最有问题的意识形态特点结合到了一起,却缺乏其所具有的解放性抱负。它继续把外部人——包括美国国境之内的移民——看作依附性边缘群体的组成部分,并利用这一群体来扩展国家财富和支配权。然而,对美国人来说,这些做法已经与意味深长的经济和政治自治的规定没有联系了。在某种意义上,对当前来说,最主要的挑战是要逆转这样的发展,恢复对自治的叙述,并消除它们与国内外的外部人从属地位之间的联系,从而使自由真正普遍化。本书的最后篇幅利用民权运动时期的观点,来引出这一计划的当代意义,并提出当前的这些可能性——把为包容性而进行的努力,与更广泛地修改集体成员身份的内容和目标结合到一起。

两场民权运动

自从新政秩序得到确立以来,民权运动代表了最不屈不挠的努力,来恢复作为自治的自由愿景,并将这种自由愿景与对帝国的批判联系在一起。如今,这一遗产几乎被遗忘殆尽,在很大程度上因为20世纪中叶为黑人平等所进行的斗争总是具有两个相互冲突的维度。一方面,为结束种族隔离和正式的法律歧视所做的努力,试图将黑人完全整合到美国的国外霸权计划和国内安全计划之中。他们强调中产阶级黑人的社会流动性,以及将他们中的一些人包容到公司、专业人员和政治权力诸领域中。黑人在法律方面所做的结束种族不平等的尝试,或许最为恰到好处地说明了这些特点。虽然 20 世纪 50 年代最著名的民权诉讼涉及种族隔离的小学,但是全国有色人种促进协会(the National Association for the Advancement of Colored People,NAACP)最早的两起判例案,却是聚焦于研究生的专业学习——尤其是法学院。全国有色人种促进协会法律战略中的首要胜利之一,是 1938 年密苏里州的盖恩斯诉加拿大(ex rel Gaines v. Canada)一案,该案认为密苏里州因没能为黑人学生提供州内法学院教育而违反了平等保护的保证。十年之后,斯韦特诉佩因特(Sweatt v. Painter,1950 年)一案更进一步,认为决不能根据种族而将个人拒之于法学院大门之外。[1]对这些全国有色人种促进协会的律师来说,平等关键是要为黑人赢得实现专业性地位、在最高层参与公司和政治领导的机会。

　　20 世纪 60 年代中期,在发生贯穿美国南方声势浩大的民众动乱和动员之后,林登·约翰逊(Lyndon Johnson)总统向国会施压,以终止合法化的种族隔离,并赋予所有黑人投票权。从许多方面来说,这些改革体现了全国层面上白人政治家的选择,以保护新政自由主义——途径是清除南方丑陋的种族隔离,并使得该地区的实践与该国其他主要地方保持一致。换言之,这样的改革寻求保持美国国内经济和政治稳定,从而加强美国在国际上的道德地位。在黑人中产阶级中间,许多人对这种从根本上来说起稳定作用的做法有同感,因为长期以来,他们是根据自由主义的包容性和精英的社会流动性来看待民权斗争的。事实上,黑人社会内的许多传统领袖,反对将法律歧视的批评与以下两件事情混合在一起:其一是更广泛的国内改革倡议;其二是对美国全球权力的挑战,尤其是在越南(战争)背景下。例如,美国城市联盟(Urban League)负责人惠特尼·扬(Whitney Young)就曾在全国有色人种促进协会 1966 年的大会上警告活动分子说,城市联盟将谴责任何团体把"国内民权与越南冲突"的议题联系在一起。[2]

　　这些意见在民权运动内取得的长期胜利,不仅为今天的种族讨论设定了条件,而且也决定了以前那些斗争的真正含义,并因而决定了我们作为美国人的政治遗产的真正含义。尤其是,它意味着美国黑人平等的目标,基本上与亚洲、拉丁美洲和非洲争取更大范围独立斗争的政治想象力脱节了。种族平等被理解为具体的美国融合计划,这一计划主要包括为黑人社会内的那些富裕分子提供平等的机会,以获得专业人员和中产阶级的尊严。毫无疑问,这一计划为黑人社会带来了显而易见的好处,尤其是使得那些日常羞辱做法——从辱骂到正式歧视和随机性暴力——稳步减少,而这些做法在历史上标志着黑人的经历。然而,聚焦于将黑人精英融入美国权力结构也伴之以显而易见的代价。它完全忽视了我们最近所做的集体尝试,即创建一个以民主自治为前提的真正的包容性社会——将包容性想象为要求把所有人提升到自由公民地位。

　　对许多民权活动分子来说,民众流动性的目标和嵌入黑人解放计划中的希望,恰恰在于实现这一愿景。在生命行将结束之际,杜波依斯(W.E.B.Du Bois)对民权领袖们警告说,仅仅消除法律上的种族隔离,并不会改变大多数黑人所遭遇的经济和政治从属地位。就在动身流亡到新独立的加纳之前,杜波依斯在北卡罗来纳告诉大学的听众们说,虽然美国"正绝对接近……一个美国黑人将在法律上与其他美国人的公民身份平等的时刻",但这只代表"甚至更困难的种族和文化问题的开始"。结束形式化的不平等,只是建立一个以其成员拥有实质性自由为基础的社会的前提条件。无论是在种族上、经济独立上,以及在对自己工作生活的日常控制上,这样的自由都需要挑战公司和政府的等级制,因为这样的等级制排斥大多数的个人。唯有消除这些等级制,美国人才终将"恢复民主制,而我们对此虽然长期吹嘘却几乎无所作为"[3]。

　　进而言之,杜波依斯直接将这一国内的自由计划,与对抗帝国的所有表现形式联系在一起,包括由强大国家操纵的不断对外进行控制的非正式模式。杜波依斯将美国黑人的经历理解为欧洲的更大范围殖民遗产的特别变体;因而认为,任何消除殖民主义遗迹的意味深长的承诺,都意味着支持在世界各地消除殖民主义。并不意外的是,作为反帝一致性的象征,杜波依斯选择在恩克鲁玛的加纳度过他的余生。杜波依斯希望,美国黑人将率先重塑美国在世界上的立场,与全世界被殖民民族携手合作,以改变其政治经济依附状况。在模仿美国自己的后殖民时期建国者的那些话中,他想像一个真正的自由非洲:那是一个"拒绝受其他大陆的人剥削的非洲,那些人为了自身利益而非非洲各民族的利益";那是一个将"强调和平,不加入军事同盟,并拒绝为平息欧洲人的争吵而进行战斗"的非洲。[4]

有一位领导人,马丁·路德·金(Martin Luther King),他不仅曾聆听过杜波依斯的号召,而且为了使这一号召成为一场有组织社会运动——可以作为政府监督者而存在的运动——的基础而斗争。如今,金被广泛地认为是民权行动主义的守护者(patron saint),而这种行动基本上被看作努力结束法律上的歧视,并为向上移动的黑人提供取得社会权力的平等机会。然而,他实际上的观点,还有他的许多支持者的那些观点远远更加坦率。在金去世前的最后一本书《我们何去何从?》(Where Do We Go from Here? 1967年)里,他明确将他的自由愿景,与激进民粹主义者和进步主义者的一般性共和主义理想联系在一起。金认为美国的黑人处境问题,是一个"教育上被阉割、经济上受剥削"的问题;而克服种族主义,要求的不仅仅是终结形式上的种族隔离,它需要"对美国社会的体制进行彻底的改造"。按照他的观点,那些将财富和政治权力集中到越来越少的人手中,同时使美国军队足迹永远向全球延伸正当化的相同力量,也使黑人的从属地位得到维系。在他看来,"种族主义、贫穷和军国主义的罪恶"深深地交缠在一起,必须通过行动来加以克服;这些行动既要解决美国的国际警察权力问题,也要解决美国国内民众权力被消除的问题。[5]

对金的首要挑战,并非是坚持某项具体的纲领性议程,而是要求恢复集体机构,这一机构因集权化公司和国家制度的崛起而受到侵蚀。他希望民权运动将发展出新的组织手段,社会内部的选民由此能够被永久性地动员起来,以便维持民主的管理。他认为,如果没有这样的社会基础,政府将"回避我们的要求";而且无论政府通过什么样的措施,它们都将是供"恳求者所使用",而不是自我实现的公众意志的产物。

按照他的观点,对于在实践中存在的民主来说,必须有不限于常规的选举;个人必须直接参与对集体生活的改造。就像金所写的那样:"我们必须从实力出发,发展出这样一种局势,政府在其中发现与我们合作是明智而有远见的。"在某种意义上,他希望民权团体及其支持者将作为公众的代表,显而易见地取代 19 世纪的劳工团体。如此被动员起来的力量,将把政治引导到遵从自治理想的方向,而不是依赖人们所推测的那些掌权者拥有的美德,或"消极等待,直到行政当局不知怎么充满了……善意的祝福"。就像过去的农民和薪资劳工的集体一样,这一新的选民具有将具体利益——在经济和政治自由方面的——与总体利益结合在一起的可能性。它因此可以为大众权力发声,以迫使国家和经济精英实行必要的结构变化。[6]

就像韦尔一样,金从承认美国社会富饶无比的特点开始来说明这些变化。事实上,美国黑人乃是处于"富足中的贫穷"状态。就此而论,是时候放弃盛行的做法,即花费精力"将我们的富饶紧紧塞进中、上层阶级满是食物的口中,直到他们多得要呕吐了"。相反,社会财富的使用,不仅仅要使个人免于最极度的贫困形式,而且要为每个人享有创造性的有意义的工作而创造条件。在要求根除贫困时,尤其是通过保证所有人享有收入这样的措施时,金并没有把提供经济安全本身作为目的。相反,他认为,对于致力于使劳动成为一种个人实现的活动——或者像卡伦称赞的那样,将劳动变成休闲——的社会来说,此乃一种根本的要求。为此目的,他大段引用了亨利·乔治(Henry George)《进步与贫穷》(*Progress and Poverty*,1879 年)一书中的话,这是 19 世纪坚定的民粹主义传统的经典文本:

> 事实是,改善人类状况的工作,扩展知识、增加权力、丰富文学、使思想变得高尚的工作,不是用来保证生活安全的。它不是奴隶的工作,因受主人鞭笞或动物需求而被驱使去完成任务。它是人的工作,人们因自身的原因而工作,而并非因为他们可以得到更多的吃、喝、穿或炫耀的东西。在这样一种社会状态中,即需求已不是问题了,此类工作就能够大大增加。

　　对于金来说,就像他之前的亨利·乔治一样,经由被动员起来的、自信的社会选民,自由既带来了经济自治,又带来了实际的政治控制。[7]

　　进而言之,恰恰因为历史上黑人被排除在外的地位,金把任何的解放计划,理解为拒绝承认种族界线或国家壁垒。在国内,这种想法要求将民权运动设想为恰当的穷人运动,它把黑人、穷困的白人,以及移民团体(尤其是那些来自中南美洲的团体)联合到一起。按照金的说法,既然他们中的每一个群体都发现自己经济独立和政治权力上的利益受到排斥,那么"唯有通过他们联合起来的力量",才有可能"克服我们必须实际预料到的激烈反对"。[8]

　　在国际上,金致力于自治意味着他追随斯基德莫尔和伯恩的足迹,意味着他明白国内不平等与不断的全球性剥夺做法之间存在的联系。在金看来,"如果与白人的平等,意味着是在遭受贫穷打击和遭受战争而注定灭绝的世界里的平等,那么这种平等将既不能解决白人的问题,也不能解决黑人的问题"。在冷战背景下,他将共产主义的意识形态权力,很大程度上看作西方努力在全球大部分地区维持正式和非正式统治的产物。金写道:"共产主义是我们没能真正实现民主的结果,是我们没能完成自己所发动革命的结果。我们今日唯一的希望,在于我们有能力重获革命精神,在于我们有能力出来投身于一个常常充满敌意的世界,宣告我们永远反对贫穷、种族主义和军国主义。"[9]

　　实际上,这意味着美国外交政策的两个基本转变。第一,它需要声明放弃形成中的全球权力模式,因为就像恩克鲁玛所担忧的那样,这一模式削弱了新独立国家的正式主权,并使大片南方地区沦落到事实上被外部力量控制的地步。金将在拉丁美洲的门罗主义遗产看作"对美国的极大愤怒",这种愤怒因美国对当地经济和政治实践进行经久不变的干涉而被激起:

　　　　拉丁美洲的生活和命运掌握在美国公司手中。虽然影响南美人生命的决定,表面上由他们的政府做出,但是在整个南美大陆几乎不存在有活力的合法民主国家。其他的政府则由巨型的剥削性卡特尔所掌控,它们在剥夺拉丁美洲的资源时,将一小部分返还给少数的腐败贵族成员。[10]

按照金的说法,美国与当地独裁主义的串通和经济剥夺,最终是由于其致力于维护自己的国际警察权。结果,第二个主要转变,需要在美国外交政策中涉及在意识形态上拒绝这样的干涉主义,并消除支持这种干涉主义的全球军事足迹。这种警察权主张,美国有权利干涉自己所认为民主秩序处于危险之中的事件,无论在何时何地。金坚决主张,美国的行动不是促进真正的自决,而是倾向于以这样的方式冻结争议,即暗中破坏对问题的永久性解决,或为外部利益而非当地公众服务。他们还支持几乎没有内部合法性的政权,这意味着要使这些政权继续掌权,唯有不断投入更多的经济和军事资源。金认为,美国通过公司资本投资、贸易和防御联盟对整个南部非洲种族隔离政府的支持,完全证明了其国际警察权及其所声称的促进和平目的,已变成了对民众镇压的工具。

对于金来说,美国这一世界倾向最明显的后果是,它没有形成真正的和平状态,而是使更大的军事冒险主义最终正当化。它把当地社会作为实现美国意识形态野心目的之手段,以及永久扩充美国全球权力的工具。正是因为需要克服无论何地存在的国际失序,美国因此陷入了无休止地延伸其地理足迹和防御责任的计划中。按照金的说法,这样的现实强调:"在准备战争时,国家领导人是如何一再谈论和平的。"[11]它也意味着,美国发现自己总是容易受到当地叛乱和新潜在危险的影响,就像在越南那样,而这又反过来保证了甚至更多的军事支出和他国领土上的驻外军队存在。

在他的观点里,美国军事基础设施的逻辑,带给它的是国内经济政治和自由的持续减少,这与哈林顿时期的共和主义者观点一致。它使权力集中成为必要,并意味着美国无与伦比的社会财富背离其应有的使命——建立一个致力于全部成员经济独立和民主提升的包容性社会。在注视以内部不平等和对外干涉主义为特点的美国时,金评论道:"年复一年,一个不断在军事防御上比社会进步事业上耗费更多金钱的国家,正在精神上走向死亡。"[12]

　　自从金去世以来的岁月里,他的一般性共和主义自由叙述——更毋庸说他对美国同胞的严厉警告,已在公众话语中或多或少地被忽视了。虽然人们坚持把他看作 20 世纪的英雄,一个与美国建国者比肩的人,但是他的真正观点却被悄然丢弃了。就人们在根本上追求民权议程所达到的程度而言,其基本上只涉及进一步把黑人精英融入美国经济政治权力的制度之中而已。将美国内部经济上的从属地位与全球不平等模式联系起来的想法,基本上已没有人提起,更不用说将社会行动者持久动员起来的民主理想。然而,恰恰是这一愿景坚持认为存在这一可能性,即重塑美国的集体制度,将包容性的群众政治与在国内外无限地致力于自治结合在一起。

人道主义的帝国主义、移民与美国的边缘群体

　　金的愿景,以及民权运动更全面的遗产,对此时此刻的美国提出了一个根本问题。对于指出有关依附性的观点、发展出一种对抗主流体制的民众可能性来说,存在什么样的空间? 回答这一问题,涉及对社会选民进行构想、涉及对能够追求自治理想的改革倡议进行构想。因此,它意味着将特定群体的具体物质利益,与更大范围的公益联系起来,从而表明不平等或从属的经历是如何阐明了更加普遍的社会困境。具体来说,它涉及解决当今的双重现实问题:坚定的集体可能性理想的退却与美国权力似乎永久的扩张。虽然这一权力现在与作为自治的内部自由脱节了,但是它继续导致对外部的控制关系,并使得几乎不受限制的总统权力的增长正当化。这些对外部的控制关系,既使得外部人工具化,又使得美国的支配变成目的本身。这样的双重性现实,因集体生活中移民地位的急剧变化而最为明显突出:他们从定居者帝国中的共同族裔参与者,变成了非白人的边缘性依附成员——这是一种甚至存在于我们边境之内的现象。在某种意义上,

维持这一坦率的民权遗产,意味着面对这一事实。它也意味着一种新的包容性政治,一种有可能恢复自治并使之作为一般指导性社会承诺的包容性政治。

就像我在本书开篇中指出的那样,对于全世界的许多人来说,尤其是对于全球南方的许多人来说,人们注意美国政治竞争不仅仅是为了娱乐。美国(政治)变化以非常真实的方式给他们的当地状况带来变化。通过选择性地恰当利用经济援助、贸易合同,以及军事援助,自第二次世界大战以来,美国的权力一直在干涉弱国事务、构筑友好安排的基础上运转。这些安排继续因全球和平而获得动力,这一事实因战后外交政策精英明确的大战略而得到有力强调。

没有什么文本比美国国家安全委员会第 68 号文件(National Security Council paper 68,NSC-68)更好地表达了这种和平的动力。撰写于 1950 年的美国国家安全委员会第 68 号文件,一般被认为是美国冷战外交政策的基础性文件;它不仅强调由苏联所造成的具体安全困境,而且重申作为享有独特历史计划的美国的形象,这一计划的目的是通过清除所有潜在国外混乱场所来保护美国的国家自由:

> 在一个正在变小的世界里,而且现在还面临原子战争威胁,仅仅寻求制衡克里姆林宫的企图并不是足够合适的目标,因为国家之间缺乏秩序变得越来越不能忍受。这一事实使我们需要承担世界领袖的责任,这符合我们的利益。它要求我们应努力通过符合自由民主原则的方式带来秩序和正义,并接受这种努力中固有的风险。[13]

在本质上,美国国家安全委员会第 68 号文件呼应了阿诺德的"人道主义的帝国主义"理想,并将美国对全球权力的追求,描述为集体事业(充满风险和牺牲),这一事业使美国的公众生活凝聚在一起并赋予社会成员价值。

如今,为了保护其领土上的影响力和国际优势地位,从许多方面来说,美国涉及帝国统治的那些典型特征。美国决策者认为,这个国家享有在全世界所有地方秘密或公开行动的权利,以平息那些被认为存在的威胁,建立有助于国家利益的经济联系。然而,恰恰因为美国不是一个传统帝国,当地人发现他们自己处在一种令人关注的困境之中。在殖民地依附时期,虽然帝国带有强制性,但是由于实际的主权关系,它们仍然受到被殖民群体的束缚。仅仅为了维持难以控制的居民的秩序,欧洲帝国不得不至少部分地对原住民社会做出回应——这一事实在英国的加拿大决定中得到了说明,而在导致美国革命的那些年里,这一决定将权利扩大到法国天主教徒身上。相反,目前并不是以明显的控制关系为特点,而是以实际权力的扩散为特点;这种权力扩散在各种各样正在变化中的地区场所(从全球南方地区的国内精英,到国际机构和捐助国),并最终经常因美国的警察权而得到加强。由于分散的控制与责任之间这种相互重叠的网状系统,包括美国在内的国外实体可以对弱国内政施加事实上的高度权力影响,而且当地公众没有任何直接手段可对此加以改变,更不用说排斥。就像恩克鲁玛、杜波依斯和金所担忧的那样,虽然结束了实际的殖民统治,但是形式上的国家主权因实质上的依附形式而依然受损。

这些事实不仅决定了全球形势和美国在国际秩序中的优势地位,而且也与追求有意义的国内自由叙述计划深深交织在一起。这是因为今天的全球性依附关系,甚至本身就是国内情形的再现;进而言之,今天的全球性依附关系,是在一个对内部人和外部人来说都缺乏真正自治理想的环境中再现。换言之,集体实践还在维持中心与边缘之间的区别,即便这一区别主要是为了加强公司和国家的等级制,而这些等级制损害了对所有人而言的民主希望。结果,虽然定居主义终结了并朝向黑人和妇女的正式平等方向发展,然而美国权力的延伸却带来了两个持久的发展:一方面是完全成员资格价值的降低,另一方面是一以贯之的内部人-外部人二分法。后一发展牢固确立了历史的偏见和从属模式,并对此进行了狡猾的转换;在美国经济和政治生活中,这种内部人-外部人二分法在非公民移民的边缘地位方面表现得最为明显。

目前的绝大多数移民团体最初来自全球南方地区(亚洲某些地区、

非洲、加勒比地区,以及中南美洲),而恰恰是这些地区面临全球财富和实际权力的巨大冲击。结果,移民到美国不单单是偶发事件,而是国际不平等结构的产物、是美国在全球秩序内"同侪之首"(the first among equals)地位的产物。因此,如今移民的一个显著特点是,在移民方式中颠覆了典型的定居者范式。记得在整个 18 和 19 世纪,欧洲移民基本上被认为是以种族来界定的扩张计划的共同参与者。这一计划为白人定居者的共和主义自由前提条件——通过土地拥有权获得经济独立——提供了保障。就此而言,因为联邦政府允许非公民的白人获得西部地产,许多州提供非公民的白人投票权,所以他们经常作为社会平等者被即刻包括进去。定居者共同事业的这种包容性,意味着在美国领地征服的高潮期,移民值得被当作自由劳工和自由公民来对待,而其他从属群体(最明显的是非洲奴隶)则被遣送去做等而下之的工作。

而今,来到美国的移民绝大多数是非白人,而不是欧洲的共同族裔。今天的新来者本质上正好代表了这一边缘群体朝帝国权力中心移动,而不是像 19 世纪的移民那样,将定居者计划扩展到边疆或"边缘"地区。在很大程度上,这一移动之所以可能,是因为 1965 年民权运动高涨期间对移民来源国配额的废除。但是,虽然这样的政策变化对这个国家的种族认同构成挑战,今天的移民却并没有享受到任何类似其先辈所享受的即刻而完全包容的待遇。相反,他们经常发现自己起到了类似传统从属群体的经济和政治功能。作为美国经济阶梯底层的廉价劳动力,移民维持新的分层化,而这种分层化将那些从事地位高的工作者,与那些从事低技术工作者进行了区分。[14] 如果有什么的话,那就是面对大量的社会障碍和不断被强制移除的可能性,这些身处集体生活边缘的移民的地位,恰恰在美国边界之内,重复了这种支配国外西方国家与其历史上殖民地之间的依附性关系。

没有什么比美国与墨西哥之间的共生关系,能够更好地强调全球等级制及其与美国生活之间存在的内部关联性。在过去的一个世纪里,美国政府反复利用其移民权力,永久性地以廉价墨西哥劳动力供应来为工商界提供利益。而无论什么时候，只要雇主认为合适，这些劳动力就会被终止使用；或者在经济下行期被驱逐。这些尝试中最为人所知的是"合法入境墨西哥短期工人项目"（Bracero Program），在20世纪40年代至60年代之间，这一项目每年使20万作为农业劳工的临时工来到美国西南部。这一项目有助于在两国之间建立社会网络人和家庭网络，并且今天还在维持新移民向北流动。当雇主不再需要劳动力的时候，这一项目也与大规模驱逐墨西哥劳动力同时进行。在大萧条期间，这样的驱逐以大规模的"遣送回国"运动的形式进行，结果有超过40万人被打发回墨西哥，其中包括许多正式美国公民在内。在"合法入境墨西哥短期工人项目"处于高潮时，1954年的"湿背人行动"（Operation Wetback）＊ 在三个月期间拘押了17万无证工人，并用公共汽车、火车和船只强制迁移他们。[15]

如今，来自墨西哥的美国移民比世界上任何其他国家都要多，其中包括超过10万永久性合法居民，他们在1988年至1998年期间每年进入美国。除此之外，还有650万无证墨西哥劳工，其中许多人已在美国工作数十年了。[16]虽然这些人数是两国之间长期共生关系的直接结果，但墨西哥移民却发现自己遭受严厉的边境执法企图和驱逐图谋。在形成和维持在美国的墨西哥人社群方面，这种处理忽视了美国政府特别项目在其中的作用，以及各州对公司雇主的悄悄支持。

如此的移民模式，也可以用上文提示过的有关当代美国经济生活这一更深刻的事实加以说明。目前，那些来自全球南方地区的人，尤其是那些1100万无证移民[17]，经常提供定居者长期以来认为是与自治不一致的劳动——从为专业精英做家政的妇女，到依然保留在制造业部门的非技术性工厂雇工。这些移民所扮演的经济角色突出了深刻的民主问题，激进的进步主义者视之为尖锐的劳动分工问题。对于像杜威这样的思想家来说，工业等级制和官僚化意味着大多数工人被从创

＊ 湿背人，尤指非法进入美国的墨西哥人，是对他们的蔑称；这些人游过美墨边境的格兰德河（Rio Grande），偷渡进入美国。参见 Operation Wetback，https://en.wikipedia.org/wiki/Operation_Wetback，2018年4月11日登录。——译者注

造性和管理领域中清除走了,而只从事报酬糟糕的重复性工作。对他来说,解决这些问题的最好办法,是为工人提供拥有对自身雇佣条件更大的实际权力,并挑战将任务制定与任务完成分离开,虽然官僚和公司的实践明显以此为特点。

同样地,像夏洛特·珀金斯·吉尔曼这样的女权主义者,已提出"女性工作"的本质这样类似的问题。她认为,通过家务活动这样的日常苦差事、而非在工业工厂或农业田野里的工作,妇女基本上体验的是经济上的依附性。在她看来,妇女所提供的这种服务价值被系统性地忽视了。此外,劳动性别差异意味着许多妇女没有机会选择她们愿意从事的实践,或确定她们发现哪种工作最能实现个人的价值。因此,就像经济独立和自由劳动一样,共和主义理想实际上是排他性地使男性拥有优势。按照吉尔曼的看法,解决劳动性别差异问题意味着使儿童保育责任社会化,途径是使性别之间的负担对等,以及设立给予支持的国家机构。

与这些愿望相对,除贫穷白人和少数族裔公民外,如今的移民侨民人数还在不断扩大,从而减缓了劳动分工带来的紧张关系。恰恰因为移民工人,许多中产阶级美国人已经回避认为自己站在生产分工的错误一边。在家政活动方面,从事专业性和管理层工作的妇女,越来越依赖家政服务行业来维持她们的地位。而这些家政行业的员工通常都是来自全球南方地区的跨国妇女,尽管家政行业决非这样的唯一行业。家政劳动以如此方式进行,即几乎完全将这类活派给妇女,并强调高级雇佣与低级雇佣之间的差别;而不是让所有人平等地分担家务劳动,并因此使之失去性别地位的色彩。在更广泛的层面上,当代的组织安排已让这一生产分工变得更加极端,而非挑战这种分工——一种区分受人赞扬的劳动种类与遭人贬低的劳动种类之间的分工。在某种意义上,定居主义的终结,并不意味着利用从属性群体从事最卑微的不自由实践活动的结束。因此,虽然定居者充满活力的参与式自治理想可能已经变得渺茫,但旧的经济等级制结构依然以变异的形式存在,结果使得内部人继续保持排除外部人的特权。

就像在过去一样,保留这些等级制的核心机制是旧的帝国特权,它不受约束地针对所有的非公民,无论这些公民是否有合法证件。就像最近一项肯定能说明问题的实例那样,1996 年国会利用其全体会议的权力通过了一项新立法,结果大大限制了移民的基本权利。用艾明如(Mae Ngai)*的话来说:"1996 年的法律结束了合法外国人的福利好处,为更广泛的违法行为制定了移民清除令(removal mandatory),进一步缩减了司法复核,并在移民驱逐案中实际取消了行政指导。"通过用新的办法取消长期居民的合法地位,以及进一步削弱无证工人使其地位"合法化"的能力,最终结果是合法与非法移民之间界限模糊。[18] 目前,由于轻微违法都会招致强制驱逐,无论移民们是否已服刑或与美国有长久的联系——包括其在军中服役的历史,甚至连永久性居民都是在"一种遭受不断检查的条件下"在美国生活。[19]

与此同时,通过动用美国惩罚系统的全部力量来影响非公民,美国已经继续执行这些政策,就像追求其全球安全目标一样。在遭受 2001 年 9 月 11 日的袭击之后,移民法被用来遏制那些被认为由阿拉伯人和穆斯林构成的威胁,结果导致大约 5 000 名移民被逮捕和拘留。[20] 而作为更普遍的问题,寻求避难或个人驱逐诉讼的移民,如今都例行公事地被拘押在一个驱逐中心和县监狱的精心设计的网络里,而且在县监狱中还是与犯罪分子关押在一起。为强调州的威慑执法程度,美国国土安全部 2007 财政年度报告显示,该部总共拘留了 311 213 名移民,原因包括轻微过错甚或行政错误。[21] 在某种意义上,移民已经从定居者扩张的动力,变成了以集体生活为基础的依附性劳动关键而清楚可辨的组成部分;前一种情况移民因此值得被完全包含进来,后一种情况中依附性劳动则体现了特权和结构不平等的情况,并使之永久化。

---

* 艾明如是哥伦比亚大学历史系教授(她是前中华民国外交部长、中国法学界前辈王世杰的外孙女,中文名字艾明如),是美国史学界研究亚裔美国史的新秀,她的第一本著作 *Impossible Subjects* 曾获得 6 项史学奖。https://huixue.baidu.com/book/detail?nid = 1bfe0266f5335a8102d220d4,2020 年 8 月 8 日登录。——译者注

一般性的非帝国共和国的希望

这些发展表明,半个世纪之前困扰着像金和杜波依斯那样的民权领袖所关注的问题,还在引人注目地继续着。对金和杜波依斯来说,美国黑人的困境既是有关法律上的歧视问题,又是系统性的经济依附和贫穷问题。这意味着黑人自由所涉及的不仅仅是结束形式上的种族隔离;这种自由需要发生基本的改变,通过有意义的工作和有保证的收入,为整个政治组织提供经济自治。因此,这两位民权领袖都将这些目标理解为从根本上来说是一般性的、所有人都能够获得的,并因而有必要进行不限于特定种族的根本改革。与此同时,金和杜波依斯也把美国黑人的状况,看作更大范围帝国权力的全球性叙述的组成部分。被殖民世界的独立与非裔美国人的自由,乃是并行不悖的目标,需要共同追求,因为二者依然由欧洲帝国的历史事实连接在一起。

类似地,移民当前的困境将法律歧视、经济依附和西方殖民统治的长期遗产联系在一起。应对这一困境因此涉及彻底评估美国国内自由与美国对外权力运用之间的关联性。它也提供了一个重要的共同机会。一个政治上、法律上和经济上对移民的包容性计划,将意味着对当前的内部特权结构、工作场所的权力机构,甚至全球性的监督组织形成根本挑战。在某种意义上,欧洲移民的定居者方法将这些(欧洲移民)群体视为可能的——或者如本村宏所称的——"意向性的"公民,因而这一方法既体现了定居者理想最好的一面,也体现了其最坏的一面。[22]一方面,这样的开放性以对那些文化上不适合作为成员的人保持排外性为基础,从而维持和重复那些阶层化臣民的从属关系。另一方面,它却意味着将丰富的自由公民叙述,看作注定要将外部人完全融入进来。目前,使这一定居者方法复兴和普遍化的做法,提供了一种恢复定居者自由愿景的可能方法。它包括用包容性逻辑来将美国过去的解放潜力看作与现在相关的,既非必然的外部人依附性劳动,也非必然的扩张性计划。在本质上,它为削弱自由与帝国之间的一般联系提供了一种可能渠道,这种联系继续巩固着帝国中心特权与边缘地区从属性之间的区别。而恰恰是由于标志着移民经历基本要素的政治经济依附的极端类型,它也显然提供了一个场所,来对工作生活和集体决策中无所不在的等级制提出质疑。虽然这些等级制适用于移民经历,但它们是被强化的官僚化和公司控制的更普遍的产物,是削弱许多美国人实际自治的发展,无论其种族或公民地位如何。

当前,随着公民投票规则和公司治理不受限制的发展,我们已同共和主义自由和普遍开放性的政治变得疏远了,这种政治源自人民党党员和进步主义者的历史观点。公众参与政治和经济生活的机会如今大受限制,并且还不确定哪些社会群体有能力来代表这些理想进行动员。这样的选民需求是关键性的,因为归根结底,如今的难题唯有通过政治认同的变化才能得到合适的解决。例如,只要美国人接受这样的看法,即把安全和防止内外威胁看作社会的指导性承诺,那么人们就不能期待旨在抑制政府权力的法律改革取得成功。通过加强对集权化和等级制的需求,这些承诺不可避免地将削弱制度变化的效用。在制度能够反映并体现改革抱负之前,社会选民必须出现在公共领域,以争取和支持自由理想。

在过去,土地平权论者的抗议和民权活动显示,社会内部的一个组成部分是如何能够为主张这样的自治思想起到聚焦作用,因而能够在政治上象征性地代表整个社会的利益。目前,虽然移民并非在独自承受制度性的等级制压力,但他们经常被强化的排他性立场——这一立场的特点是拒不承认政治发言权和经济权力,以及他们初期的动员形式,意味着新的社会基础的可能发展。就像与先前的群体一样,恰恰是他们被排除在外的经历,使其具有揭开从属性观点的潜在可能性。它意味着有个明确一致的主体,其自身目标能够与更大范围的经济独立和对参与的控制相匹配,能够使过去那些运动的遗产发扬光大。以这种方式,移民行动主义代表了一个楔子,它撬开了对经济政治实践进行更加持续讨论的空间。一个世纪以前,白人土地平权论激进分子使城市工薪人员与黑人小佃农之间的联系得到了发展;在此过程中,对两个建制派政党的支配地位进行挑战,并对总统和公司特权的崛起提出质疑。久而久之,通过利用其身处内部自由与外部权力结合处的空间,来提出有关当代美国生活本质的结构性问题,或许移民选民能够开始扮演类似的角色。

在 2006 年,移民行动主义预示着致力于反对美国非公民边缘地位的新生民众运动的诞生。作为对国会议案的回应,浪潮汹涌般的抗议者走上街头,因为该法案将进一步对无证工人提高惩罚,并将所有非法移民(以及那些帮他们进入或留在这个国家的人)当重罪犯对待。在那一年的 3、4 月份,大规模示威在全国发生,包括洛杉矶有超过 100 万人、达拉斯有 50 万人,以及芝加哥有 30 万人参与。移民工人也筹划了 5 月 1 日全国范围的抵制活动,结果有 300 万人罢工、走出学校、抵制商业,或在数以百计的美国城市游行。[23]这些事件选择在 5 月 1 日这一天,使其所做出的努力与 19 世纪末的美国劳工共和主义者联系到了一起,那时他们利用 1886 年 5 月 1 日那一天,进行全国范围的一天工作 8 小时的呼吁活动。它也意味着参与抵制的移民,是如何将他们的经济地位,看作努力争取法律和政治包容性的核心。正如一位无证建筑工人所宣称的那样,他以一种使人想起过去对"薪资奴役"进行详尽批评的方式说道:"我们唯一拥有的权利是努力工作、别无他求。"因此,那一天压倒一切的观点,一方面是呼吁全面大赦和结束宣布无证地位为非法,另一方面是呼吁远远更大程度的经济权力。[24]

在此后的时期,这些群体继续向前推动反对对工作场所进行突击搜查和大规模的驱逐出境。但是,政府对无证工人的清除——部分是因 2006 年的抗议所引起的,以及组织者之间的内部政治分歧,已经使他们付出代价。具体而言,对有关包容性政治适当路线的典型争论——是使得现有安排合理化还是对其进行调整,已经再次使活动分子们分裂了。由于担忧集会将导致更多的清除,许多移民已作壁上观,而且最近的抗议规模在相当程度上已经变得更小了。[25]然而,虽然有这些挫折,移民的组织规划依然对大规模动员显示出引人注目的开放性。通过持续的政治行动,这种动员最终能够为工作和政治中的集体需求进行施压。就像生产阶级和民权活动分子一样,移民团体具有将自己构建为自信的集体代理人的潜力——这种潜力至今为止还未被利用。

由于诸多因素,这一前景在可见的将来依然是不大可能的。首先,恰恰是将许多移民团结在一起的边缘化状况——包括害怕驱逐、低工资、工作场所有限的法律保护、缺乏投票权——也大大危及他们在美国生活中的实际权力。与定居者时期贫穷白人对依附者的反应十分相似,大量美国公民,尤其是来自工人阶级的那些公民,把对移民的包容性看作对内部秩序和其自身经济地位的直接威胁。只是到最近,美国才有工会开始接受移民工人;而到目前为止,只有一小部分美国公民致力于将权利有效地扩及非公民。

而即便有更充分的群众政治基础出现,与历史上对更大程度的包容性进行努力一样,改革无疑会受到阻碍,以限制其变革意义。如此动员的权力和能量,很可能被导向狭隘的立法目标方向,并因此可以避免直接面对旧时的皇家式做法,即把国内臣民与外国侨民区分开来。换言之,移民权利的增加,仅仅可能意味着控制那些加诸非公民身上最恶名昭彰的强制性权力因素,例如,减少将引发拘押和驱逐的诱发因素数量,或设立部分赦免项目。与"后新政改革"(post-New Deal reform)的主导路线一样,这些政策的结果将会减缓目前实践做法的不和谐。这样的减缓当然将提供具体的改进措施,但是这种方法将不会改变起主导作用的依附性特点,更不要说将包容性与更广泛的经济独立和民众自治复兴结合在一起。如果有什么的话,那么这种减缓可能将与外部关系再造同时进行;在这样的关系中,享有特权的内部人继续从处于美国权力边缘、从事次要工作和业务的那些人那里获得好处。然而,这些面对可能的动员的所有问题——从有限的改革愿景,到拒绝给予选举权,再到内部人的强烈反对,也同样让以前的团体感到困惑,并使以前的民众运动复杂化。就像在过去一样,没有理由表明这些问题不可克服。

在此过程中,对于清楚说明一种有关社会成员身份和包容性内涵的更丰富、更广泛的理想来说,如今所做的努力能够提供一种关键的方法。这样一个理想承载了伦道夫·伯恩以往的心愿,即在美国国内创建第一个"国际性国家",一个必然不会有边缘性依附臣民和隶属领地的都市。这一目标将意味着把美国看作一种政治开放性的实验,而非孤立主义的退却。这样的实验不会工具性地看待社会群体,无论在美国边界内外。相反,它认为自由始于国内经济政治等级制的逆转,而不是始于努力争取对外的和平。这种变化将起到两方面的作用:其一,重新定位美国的国际角色;其二,作为评估这个国家之内的工作场所和政府机构的基础,而这些机构削弱了所有人的自治——对移民和土生土长的人来说都一样。

在最后的几页篇幅中,我对黑人解放和移民地位的集中关注源自一种基本的洞察力。在许多方面,目前的挑战与早先美国人所面对的那些挑战一样,从威廉·曼宁到约翰·杜威和沃尔特·韦尔都是如此。美国自由的希望长期以来已包含了这一可能性,即大大增加自治的能力和经验,而古代和现代的共和主义传统却经常将其视为特权阶级和精英的禁脔。这一希望意味着使知识民主化,并重塑经济和政治制度,以表达所有个体全部的自由潜能,无论是内部人还是外部人。为保护它,作为自治的自由要求有真正被动员起来的群体——被组织起来并愿意作为政府监督者的群体——存在,以保证民主机构不会被少数选出来的一些人的意志所取代。或许,有关目前最具讽刺性的事实是,其一,如今这一根本的美国希望,似乎已经不为这个国家大部分的真正公民所关注;其二,维持这些政治经济承诺的一个实际机会,取决于许多人认为不应被完全包容的那些人。但另一方面,这一事实只是使我们与自己复杂的过去联系在一起;在过去的数个世纪里,关于解放的雄心壮志的复兴,并不是与对建国者或统治体制的集体敬畏密切关联的,而是与被视为软弱无能的男男女女的坚定行动密切关联的。

注　释

1. 参见 *Missouri ex rel Gaines v. Canada*, 305 U.S. 337(1938);以及 *Sweatt v. Painter*, 339 U.S. 629(1950)。

2. 引自 Manning Marable, *Race, Reform, and Rebellion: The Second Reconstruction in Black America, 1945—1982* (Jackson: University Press of Mississippi, 1984), 105。

3. 参见 W.E.B. Du Bois, "Whither Now and Why," in *The Education of*

Black People: Ten Critiques, *1906—1960*, ed. Herbert Aptheker(New York: Monthly Review Press, 1973), 149—158(引自第 149、157 页)。

4. W.E.B. Du Bois, *The Autobiography of W.E.B. Du Bois: A Soliloquy on Viewing My Life from the Last Decade of Its First Century*(New York: Oxford University Press, 2007), 259.

5. 参见 Martin Luther King, *Where Do We Go from Here: Chaos or Community?*（New York: Harper & Row, 1967), 112, 133。

6. 引自 Ibid., 137。

7. Ibid., 112, 165；以及亨利·乔治引自 Ibid., 163—164。

8. Ibid., 165.

9. Ibid., 167, 190.

10. Ibid., 175.

11. Ibid., 182.

12. Ibid., 188.

13. U.S. Department of State, "United States Objectives and Programs for National Security," in *Foreign Relations of the United States: 1950*, vol.1 （Washington, D.C.: Government Printing Office, 1977), 241.保密时间直到 1977 年,美国国家安全委员会第 68 号文件一般归功于保罗·尼采（Paul Nitze),因为他当时是美国国务院政策规划室主任,并担任撰写这一文件的国家安全委员会研究小组(the National Security Council Study Group)主席。

14. 参见 Kevin Johnson, "The End of Civil Rights as We Know It? Immigration and Civil Rights in the New Millennium," *U.C.L.A. Law Review* 49 (2002):1481—1512。

15. 一般参见 Mae Ngai, *Impossible Subjects: Illegal Aliens and the Making of Modern America* (Princeton, N.J.: Princeton University Press, 2004), 127—166(第 139、135、156 页上对有关"合法入境墨西哥短期工人项目"和驱逐努力进行的统计);Kitty Calavita, *Inside the State: The Bracero Program, Immigration, and the I.N.S.*(New York: Routledge, 1992), 18—112;以及 Kevin Johnson, "Open Borders?" *U.C.L.A. Law Review* 51(2003—2004):230—232。

16. 参见 Johnson, "Open Borders?" 231 有关永久居民的统计;以及 Michael Hoefer, Nancy Rytina, and Bryan C. Baker, Department of Homeland Security Office of Immigration Statistics, "Estimates of the Unauthorized Immigrant Population Residing in the United States: January 2009," January 2010, www.dhs.gov(accessed March 13, 2010), 4。

17. 参见 Hoefer, Rytina, and Baker, "Estimates of the Unauthorized Immigrant Population," 1。

18. 参见 Ngai，*Impossible Subjects*，265—270（引自第 268 页）。

19. 引自 Ibid.，269。更多有关强制驱逐所带来的影响，参见"Group Reports That 1996 Immigration Law Separated 1.6 Million from Families," Associated Press，July 18，2007，www.foxnews.com/story/0,2933,289734,00. html（accessed September 2，2009）；以及 Serena Hoy，"The Other Detainees," *Legal Affairs*，September/October 2004，www.legalaffairs.org（accessed September 2，2009）。移民被驱逐的犯罪原因包括"开空头支票、卖价值 10 美元的大麻，或者在聚会打架时扯人的头发"。Hoy，"Other Detainees."

20. 参见 David Cole，"Are We Safer?" *New York Review of Books*，March 9，2006，www.nybooks.com（accessed October 27，2009）。

21. 关于利用刑罚制度的论述，一般参见 Mark Dow，*American Gulag*： *Inside U.S. Immigration Prisons*（Berkeley：University of California Press，2004）。关于移民的被拘留者统计，参见 Nina Bernstein and Julia Preston，"Better Health Care Sought for Detained Immigrants," *New York Times*，May 7，2008，www.nytimes.com（accessed September 2，2009）。

22. 参见 Hiroshi Motomura，*Americans in Waiting*：*The Lost Story of Immigration and Citizenship in the United States*（New York：Oxford University Press，2006），189—204 关于他对 19 世纪"作为过渡的移民"的叙述，以及关于他认为如今应采用可推定的或"意向性的"公民资格模式——无论移民种族构成发生何种变化——的观点。

23. 关于抗议的统计，参见 Justin Akers Chacón and Mike Davis，*No One Is Illegal*：*Fighting Violence and State Repression on the U.S.-Mexico Border*（Chicago：Haymarket Books，2006），292。

24. 参见 Sarah Furgeson，"A Day without White People," *The Village Voice*，April 26，2009，www.villagevoice.com（accessed October 27，2009）。

25. Randal C. Archibold，"Crowds Are Smaller at Protests by Immigrants," *New York Times*，May 2，2008，www.nytimes.com（accessed September 3，2009）.

图书在版编目(CIP)数据

美国自由的两面性/(美)阿齐兹·拉纳
(Aziz Rana)著;王传兴,赵丽娟译.—上海:上海
人民出版社,2021
书名原文:The Two Faces of American Freedom
ISBN 978-7-208-16714-8

Ⅰ.①美… Ⅱ.①阿… ②王… ③赵… Ⅲ.①自由-
政治思想史-研究-美国 Ⅳ.①D097.12

中国版本图书馆 CIP 数据核字(2020)第 185627 号

责任编辑　　钱　　敏　　项仁波
封面设计　　周伟伟

美国自由的两面性

[美]阿齐兹·拉纳 著

王传兴　赵丽娟 译

王传兴 校

出　　版　上海人民出版社
　　　　　　（200001　上海福建中路 193 号）
发　　行　上海人民出版社发行中心
印　　刷　上海商务联西印刷有限公司
开　　本　635×965　1/16
印　　张　27
插　　页　2
字　　数　378,000
版　　次　2021 年 1 月第 1 版
印　　次　2021 年 1 月第 1 次印刷
ISBN 978-7-208-16714-8/D·3660
定　　价　85.00 元